2020 蘭州
统计年鉴
LANZHOU STATISTICAL YEARBOOK

兰州市统计局　国家统计局兰州调查队　编

中国统计出版社
China Statistics Press

图书在版编目（CIP）数据

兰州统计年鉴. 2020 = Lanzhou Statistical Yearbook 2020 / 兰州市统计局, 国家统计局兰州调查队编. -- 北京 : 中国统计出版社, 2020.10
ISBN 978-7-5037-9278-6

Ⅰ. ①兰… Ⅱ. ①兰… ②国… Ⅲ. ①统计资料—兰州—2020—年鉴 Ⅳ. ①C832.421-54

中国版本图书馆CIP数据核字(2020)第174865号

兰州统计年鉴-2020

作　　者 / 兰州市统计局　国家统计局兰州调查队
责任编辑 / 钟钰
装帧设计 / 徐静斌
出版发行 / 中国统计出版社有限公司
地　　址 / 北京市丰台区西三环南路甲6号
邮政编码 / 100073
电　　话 / 邮购（010）63376909　书店（010）68783171
网　　址 / http://www.zgtjcbs.com
印　　刷 / 甘肃澳翔印业有限公司
经　　销 / 新华书店
开　　本 / 890mm × 1240mm　1/16
字　　数 / 980千字
印　　张 / 24.75
版　　别 / 2020年10月第1版
版　　次 / 2020年10月第1次印刷
定　　价 / 280.00元

如有印装差错，由本社发行部调换。

《兰州统计年鉴——2020》编辑部

编辑说明

一、《兰州统计年鉴—2020》是全面反映兰州市经济社会发展情况的资料性年刊。本书通过大量翔实可靠的资料，全面系统地记录了2019年兰州市经济和社会发展各方面的数据以及历史年份的重要数据，是各级党政部门以及国内外各界人士认识兰州、了解兰州必备的、不可缺少的综合性工具书。

二、《兰州统计年鉴—2020》分为两个部分。第一部分为特载篇，刊载了2019年全国、甘肃省、兰州市国民经济和社会发展统计公报；第二部分为统计资料篇，分综合、人口、工业、农业、投资、消费等十五个单元，反映了2019年兰州市经济指标及甘肃省十四个市州、全国各直辖市和重点城市的主要经济指标数据。为方便使用，每一部分资料后附有主要指标解释。

三、《兰州统计年鉴—2020》统计范围按兰州市行政辖区内全部经济社会活动计算。

四、《兰州统计年鉴—2020》在内容上主要做了如下修订：“综合”篇中删减了非公经济增加值和支出法地区生产总值核算的相关指标；“工业”篇中删除了工业增加值绝对数和市属工业部分；“投资、建筑”篇中增加了“各区县固定资产投资项目个数”统计表。

五、所有价值指标绝对量为现价；价值指标发展（增长）速度按可比价计算。

六、《兰州统计年鉴—2020》中2002-2018年GDP及增加值为按2018年经济普查口径调整后数据。

七、年鉴中涉及到的历史数据，均以最新出版的年鉴数据为准；由于国家核算制度和调查方法的原因，部分行业区域汇总数与全市数据存在一些误差；部分数据合计数或相对数由于单位取舍不同而产生的计算误差，均未做机械调整。

八、使用符号说明：年鉴各表中的“空格”表示该项统计指标数据不足本表最小单位数、数据不详或无该项数据；#表示其中项。

九、对在年鉴编辑过程中，各部门和有关企事业单位给予的大力支持表示衷心的感谢！

十、由于时间仓促，编辑水平有限，难免有错漏之处，恳请广大读者批评指正。

《兰州统计年鉴—2020》编辑部

2020年10月

地区生产总值构成（%）

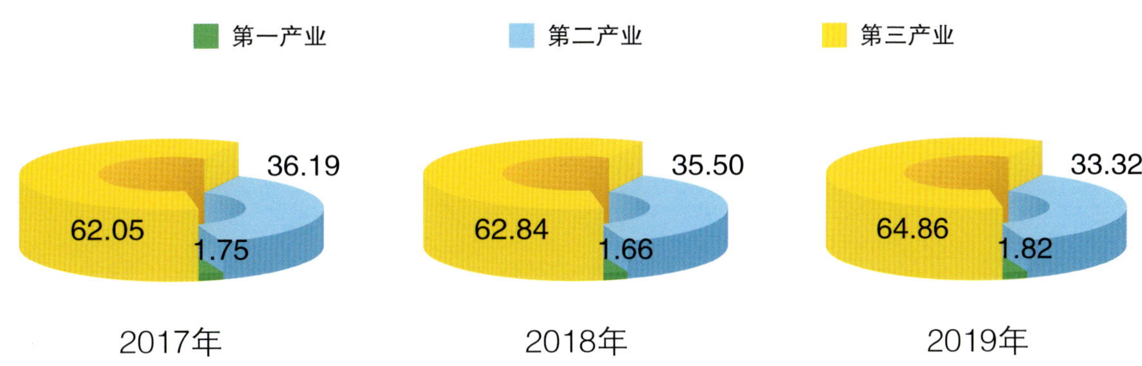

地区生产总值（亿元）

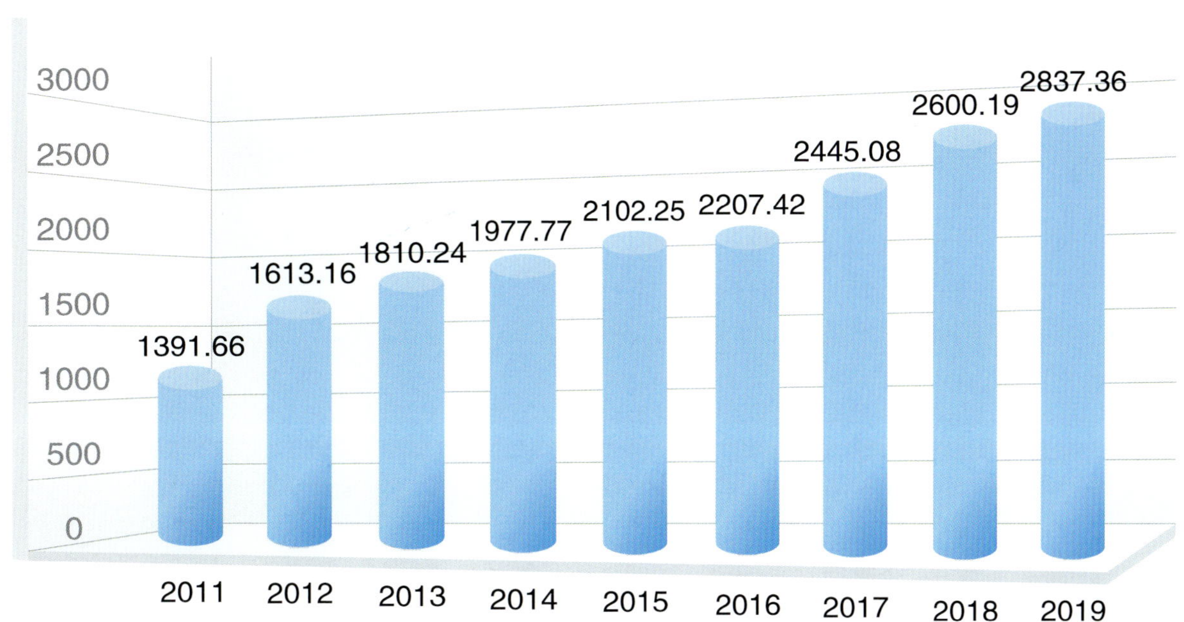

农林牧渔业增加值（亿元）

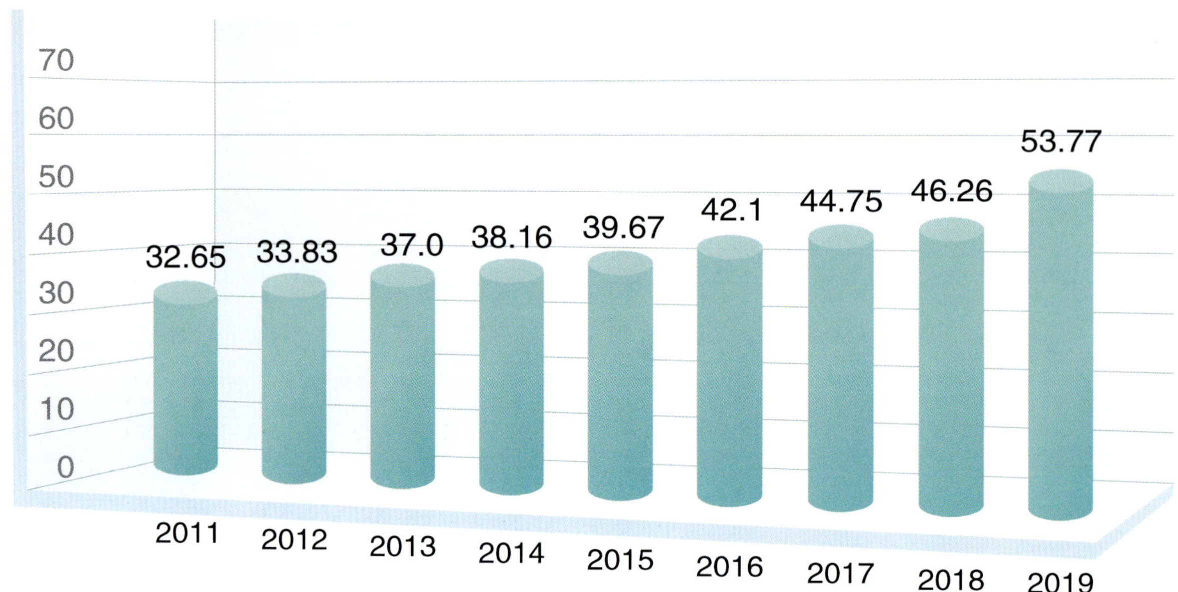

主要农产品产量（万吨）

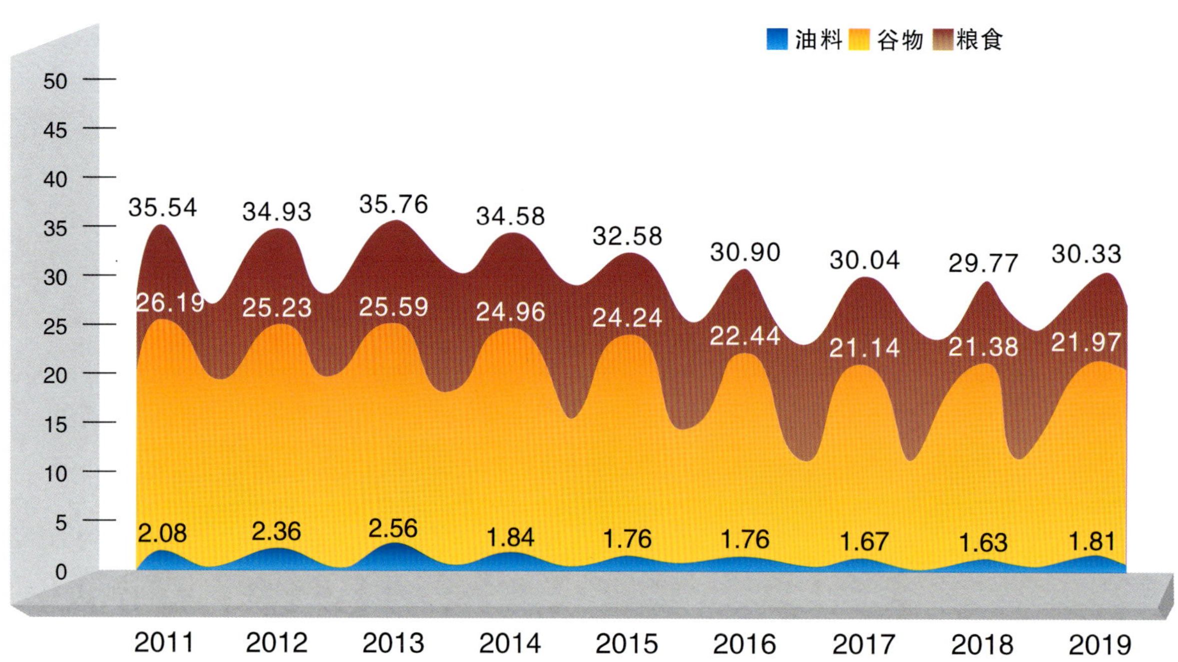

社会从业人数（万人）

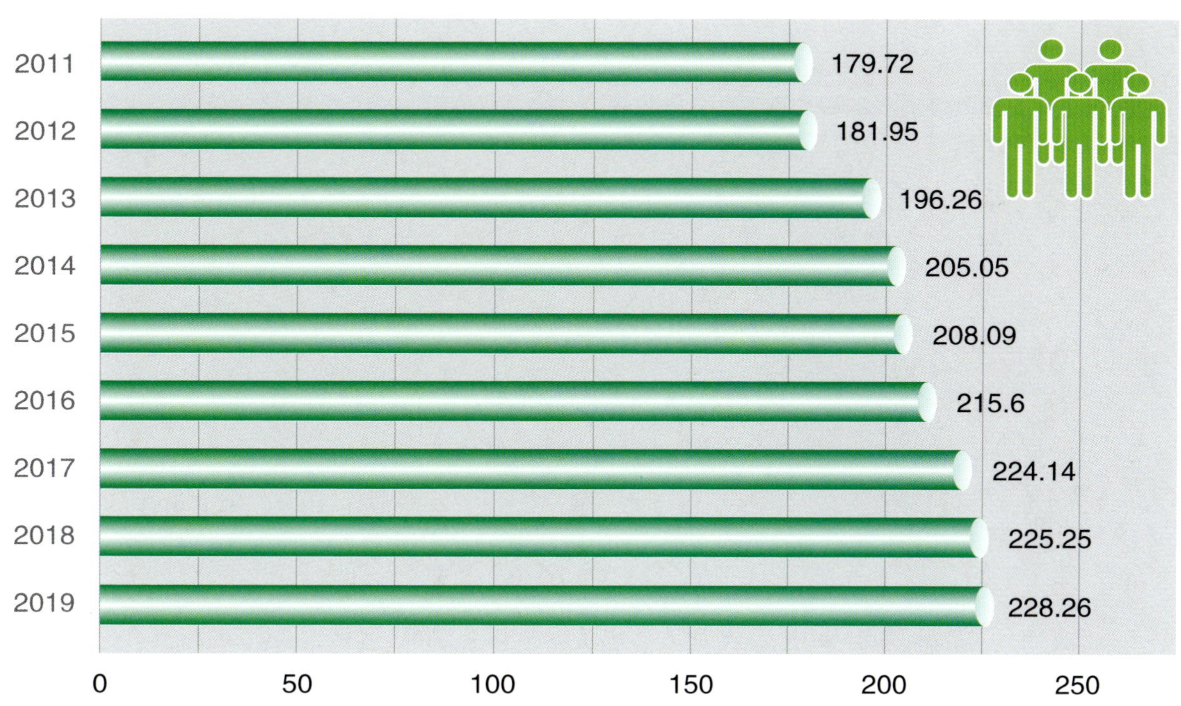

城镇非私营单位在岗职工平均工资（元）

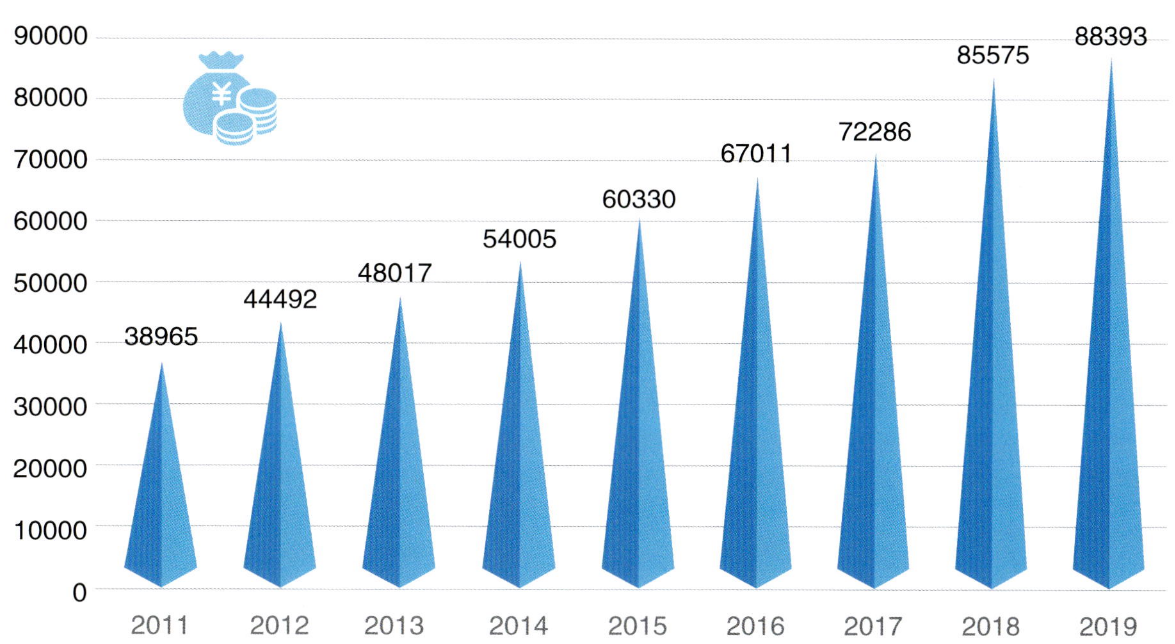

文化产业增加值及占GDP比重（亿元、%）

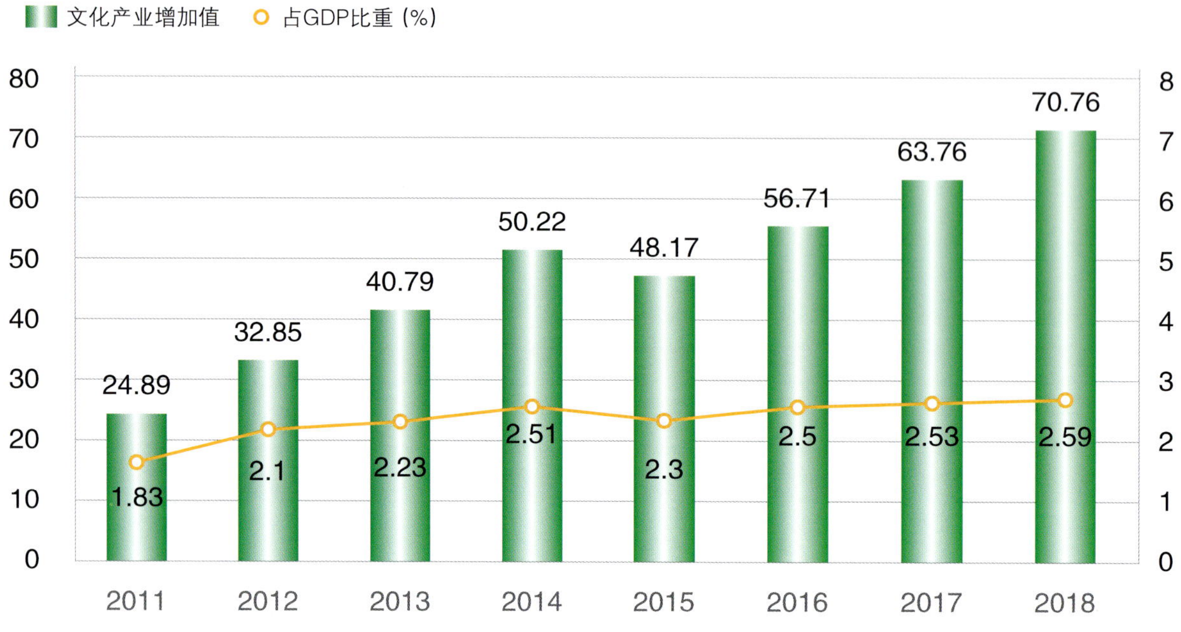

R&D经费内部支出及占GDP比重（亿元、%）

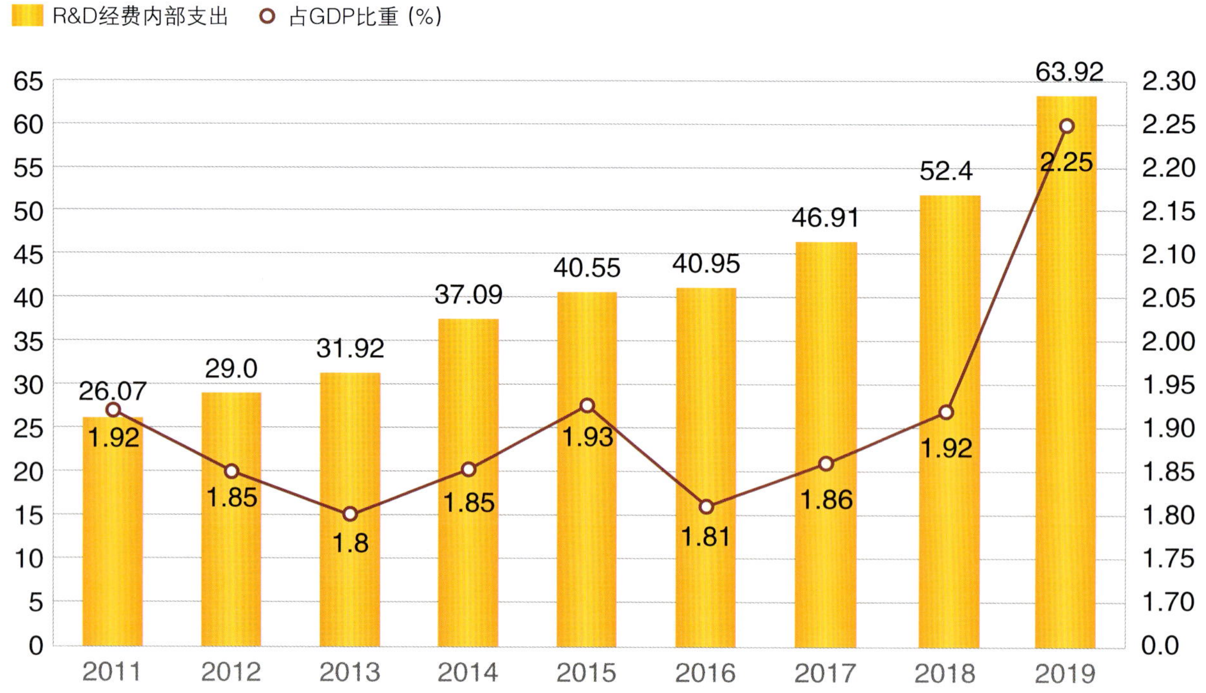

房地产开发投资（亿元）

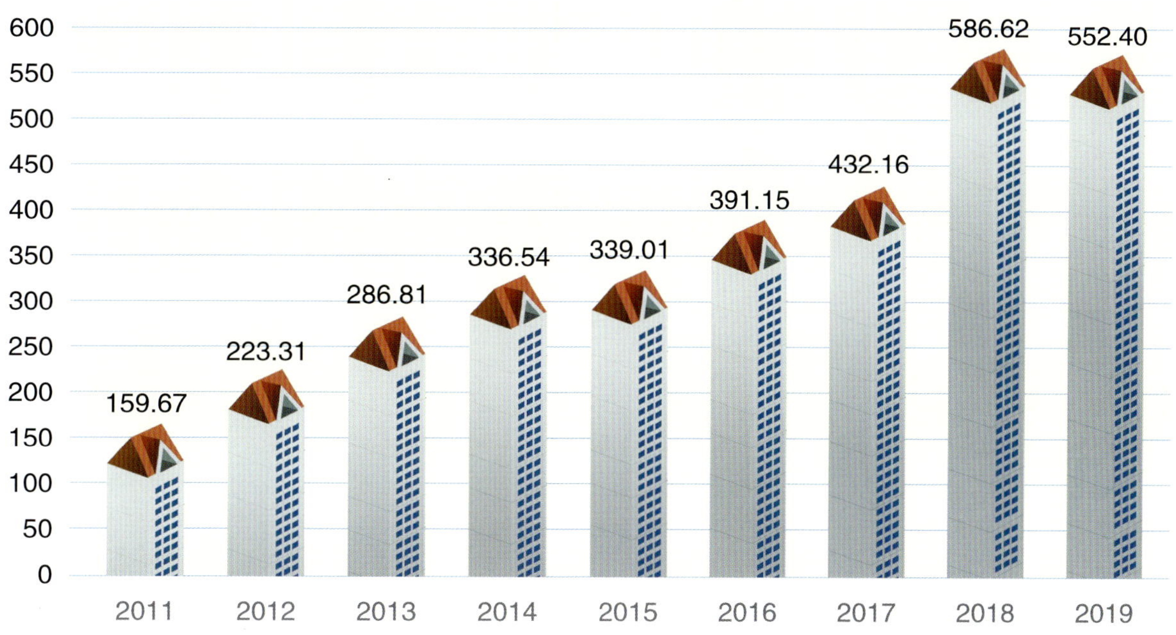

社会消费品零售总额（亿元）

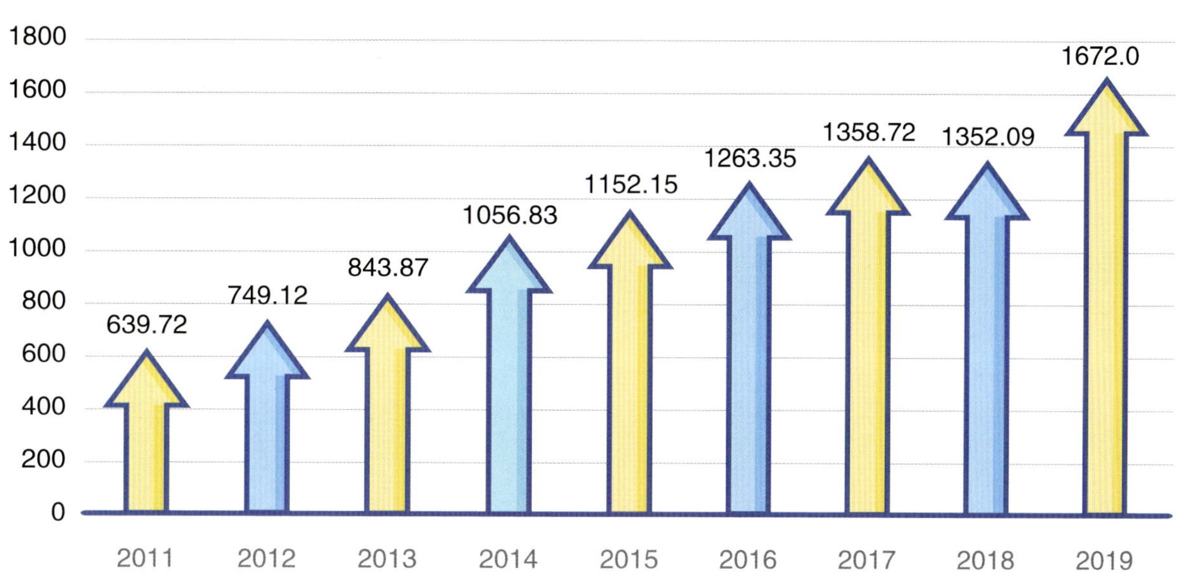

人均GDP（元）

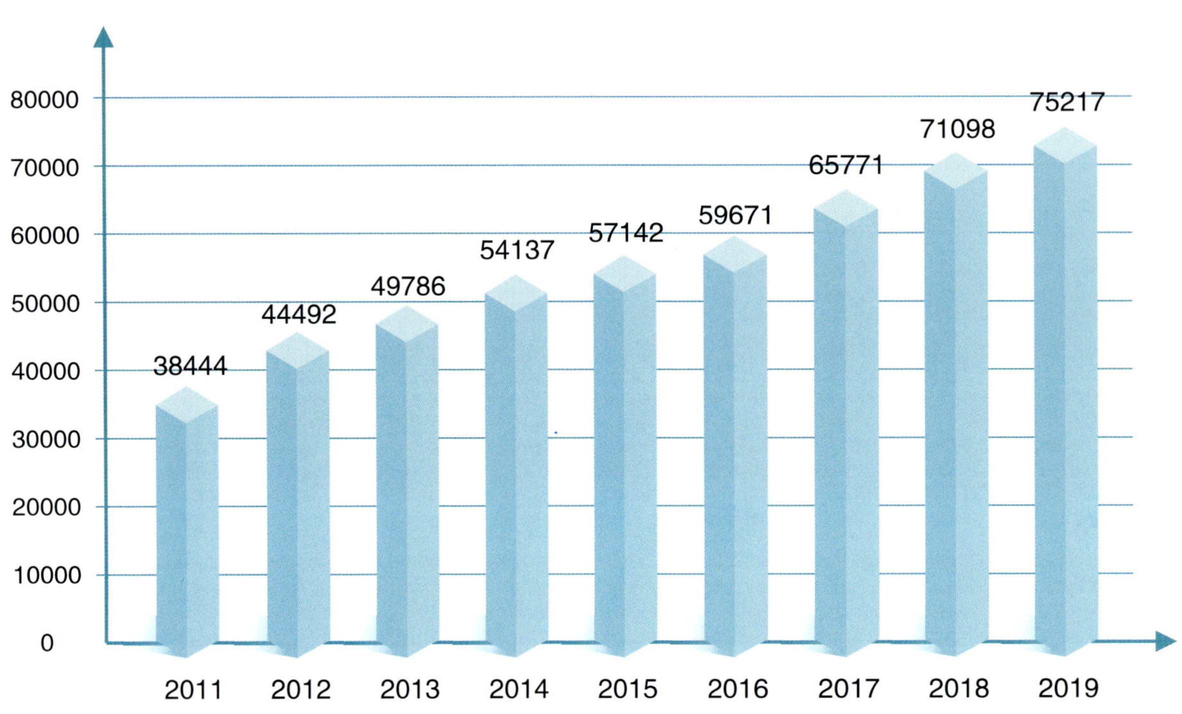

工业增加值（亿元）

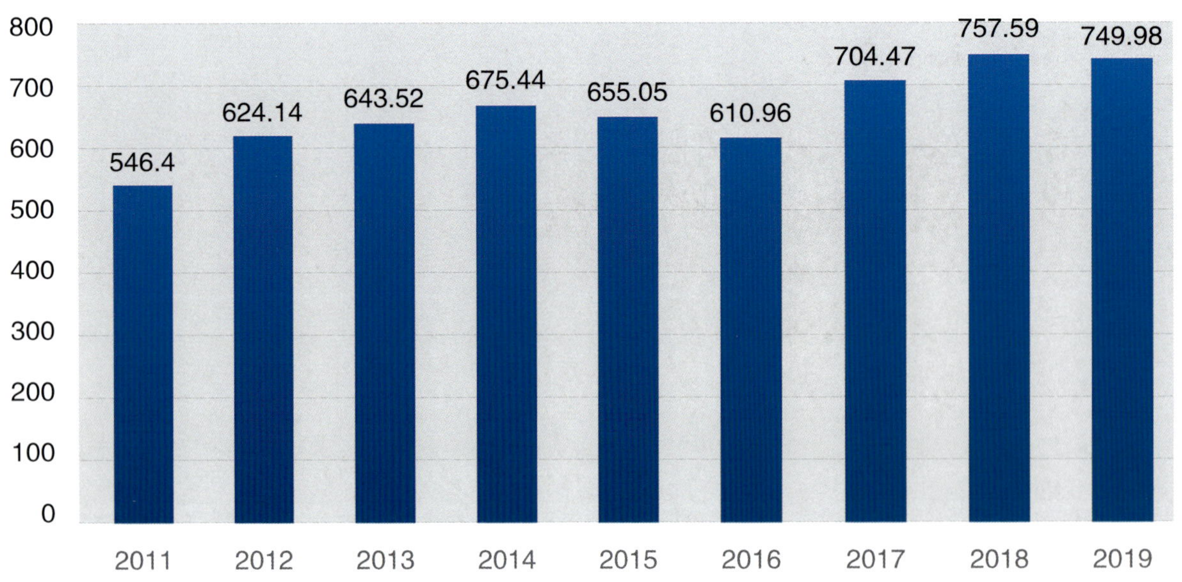

城镇居民人均可支配收入（元）

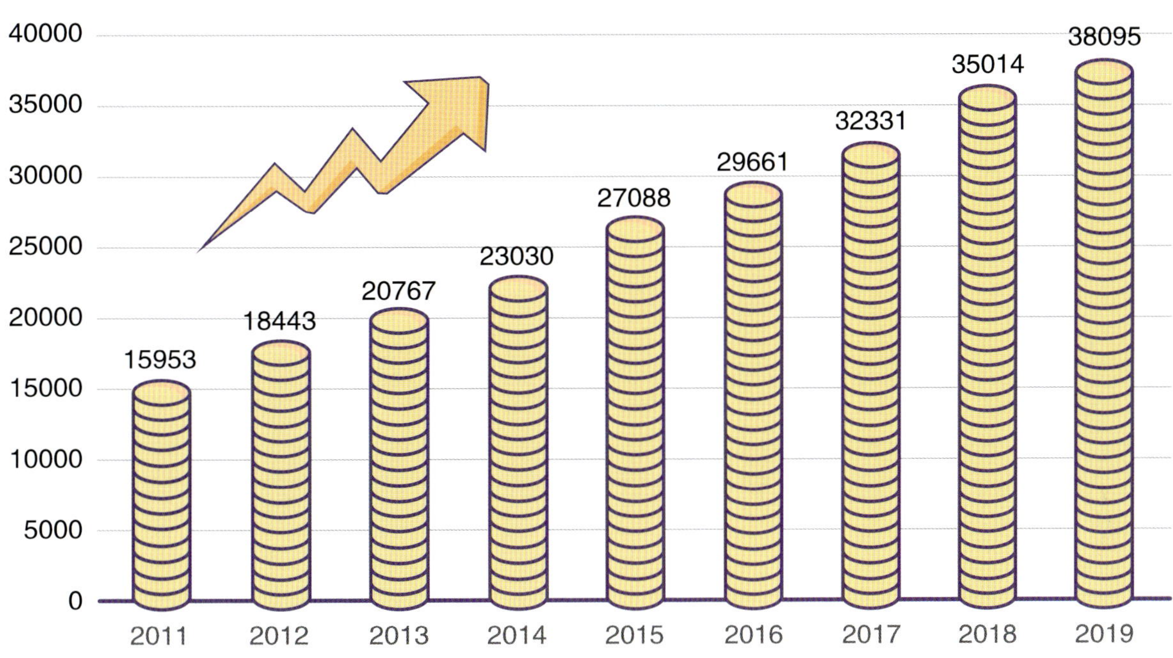

农村居民人均可支配收入（元）

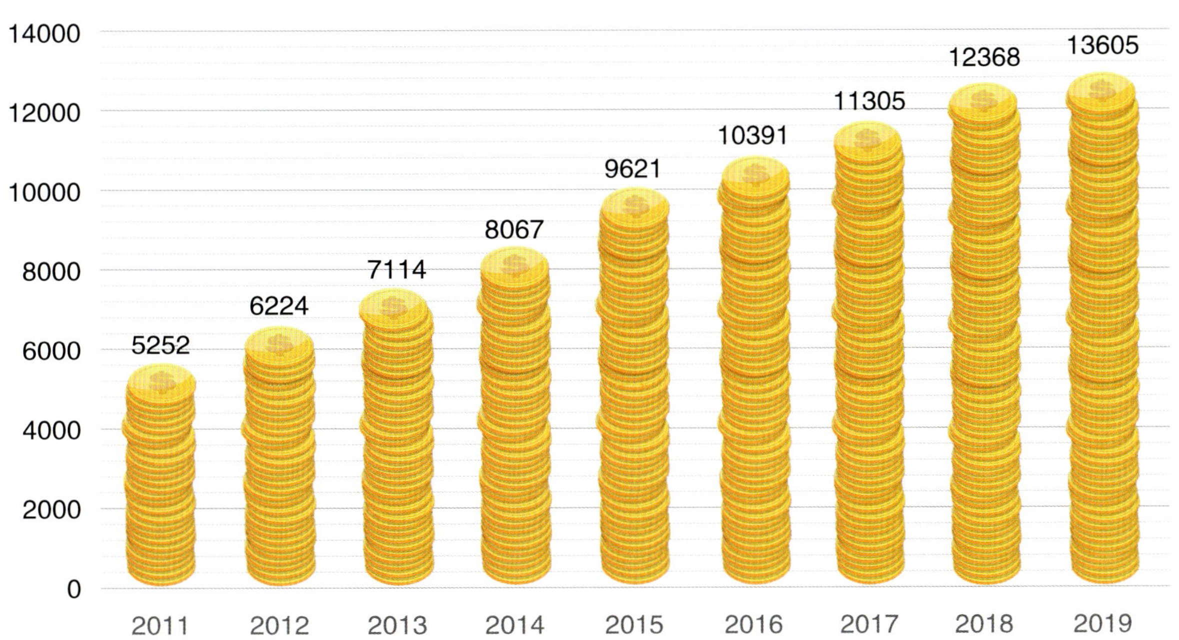

目　录

统 计 公 报

统 计 资 料

一、综合

二、人口

三、工业、能源

四、交通运输业

五、农 业

六、投资、建筑

七、城市建设

八、商业、物价

九、财政、金融

十、劳动、工资

十一、教育、科技文化

十二、卫生、司法

十三、人民生活

十四、市州主要经济指标

十五、全国主要指标对比

中华人民共和国2019年国民经济和社会发展统计公报[1]

国家统计局

2020年2月28日

2019年，面对国内外风险挑战明显上升的复杂局面，在以习近平同志为核心的党中央坚强领导下，各地区各部门以习近平新时代中国特色社会主义思想为指导，全面贯彻党的十九大和十九届二中、三中、四中全会精神，按照党中央、国务院决策部署，坚持稳中求进工作总基调，坚持新发展理念和推动高质量发展，坚持以供给侧结构性改革为主线，着力深化改革扩大开放，持续打好三大攻坚战，统筹稳增长、促改革、调结构、惠民生、防风险、保稳定，扎实做好稳就业、稳金融、稳外贸、稳外资、稳投资、稳预期工作，经济运行总体平稳，发展水平迈上新台阶，发展质量稳步提升，人民生活福祉持续增进，各项社会事业繁荣发展，生态环境质量总体改善，“十三五”规划主要指标进度符合预期，全面建成小康社会取得新的重大进展。

一、综合

初步核算，全年国内生产总值[2]990865亿元，比上年增长6.1%。其中，第一产业增加值70467亿元，增长3.1%；第二产业增加值386165亿元，增长5.7%；第三产业增加值534233亿元，增长6.9%。第一产业增加值占国内生产总值比重为7.1%，第二产业增加值比重为39.0%，第三产业增加值比重为53.9%。全年最终消费支出对国内生产总值增长的贡献率为57.8%，资本形成总额的贡献率为31.2%，货物和服务净出口的贡献率为11.0%。人均国内生产总值70892元，比上年增长5.7%。国民总收入[3]988458亿元，比上年增长6.2%。全国万元国内生产总值能耗[4]比上年下降2.6%。全员劳动生产率[5]为115009元/人，比上年提高6.2%。

图1　2015–2019年国内生产总值及其增长速度

图2　2015-2019年三次产业增加值占国内生产值比重[6]

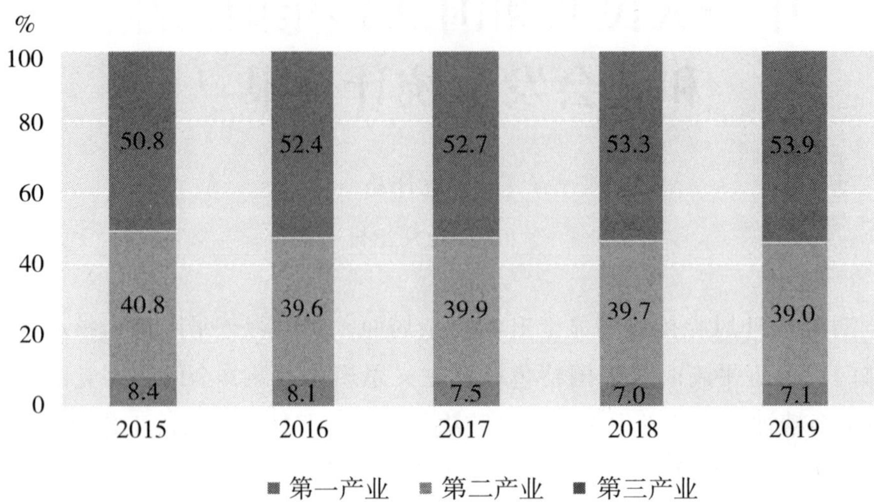

图3　2015-2019年万元国内生产总值能耗降低率[7]

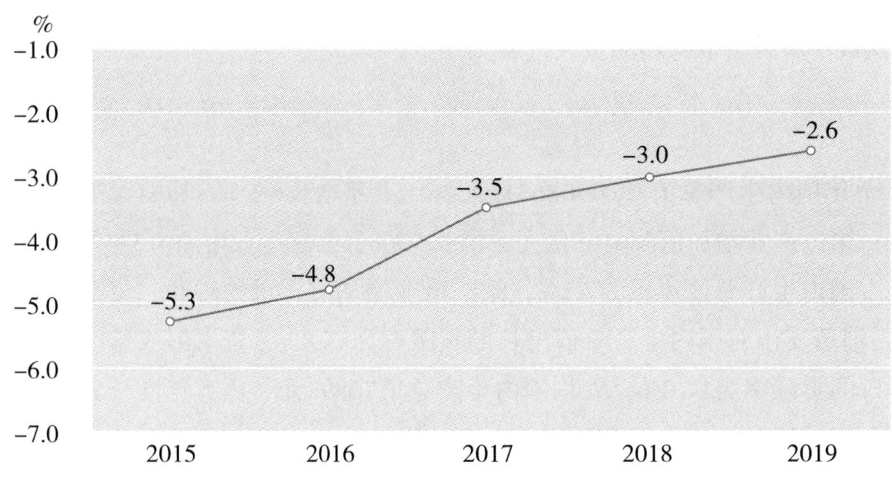

图4　2015-2019年全员劳动生产率[8]

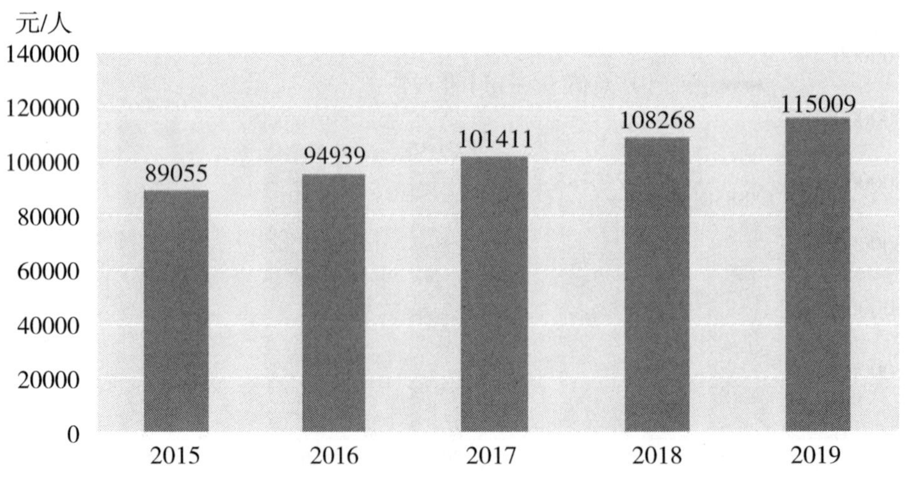

年末全国大陆总人口140005万人，比上年末增加467万人，其中城镇常住人口84843万人，占总人口比重（常住人口城镇化率）为60.60%，比上年末提高1.02个百分点。户籍人口城镇化率为44.38%，比上年末提高1.01个百分点。全年出生人口1465万人，出生率为10.48‰；死亡人口998万人，死亡率为7.14‰；自然增长率为3.34‰。全国人户分离的人口[9]2.80亿人，其中流动人口[10]2.36亿人。

表1　2019年年末人口数及其构成

指　标	年末数（万人）	比重（%）
全国总人口	140005	100.0
其中：城镇	84843	60.60
乡村	55162	39.40
其中：男性	71527	51.1
女性	68478	48.9
其中：0–15岁（含不满16周岁）[11]	24977	17.8
16–59岁（含不满60周岁）	89640	64.0
60周岁及以上	25388	18.1
其中：65周岁及以上	17603	12.6

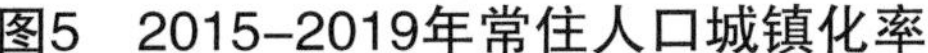

图5　2015–2019年常住人口城镇化率

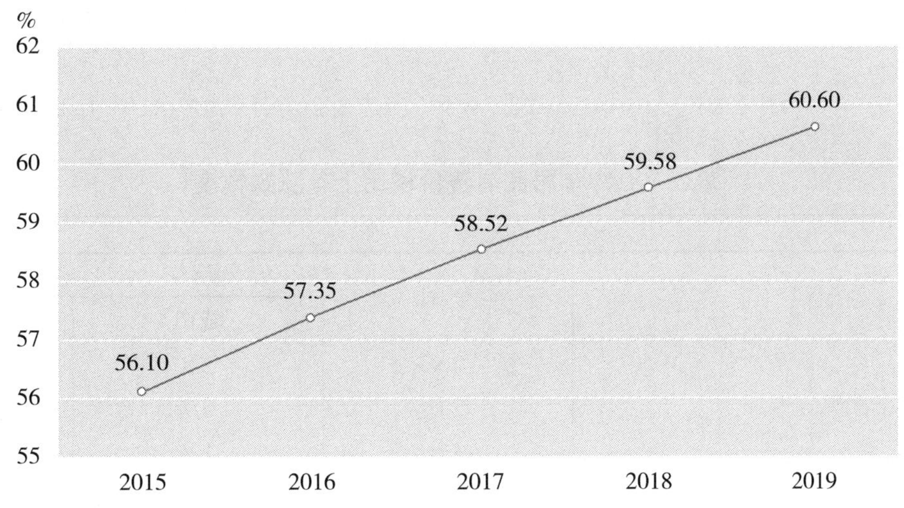

年末全国就业人员77471万人，其中城镇就业人员44247万人，占全国就业人员比重为57.1%，比上年末上升1.1个百分点。全年城镇新增就业1352万人，比上年少增9万人。年末全国城镇调查失业率为5.2%，城镇登记失业率为3.6%。全国农民工[12]总量29077万人，比上年增长0.8%。其中，外出农民工17425万人，增长0.9%；本地农民工11652万人，增长0.7%。

图6 2015-2019年城镇新增就业人数

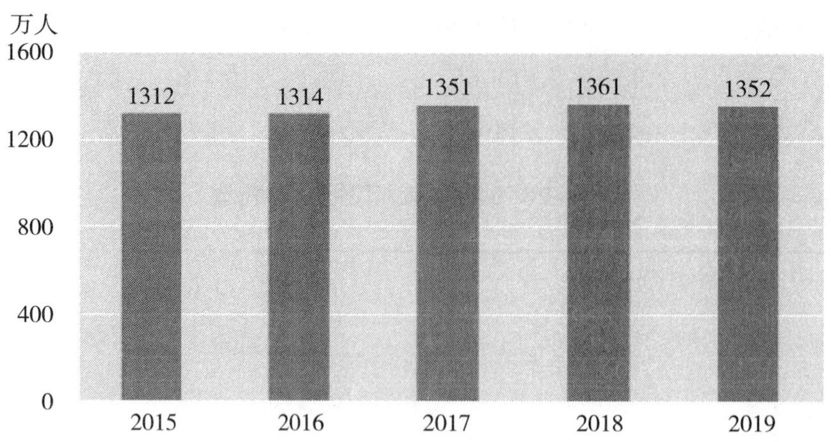

全年居民消费价格比上年上涨2.9%。工业生产者出厂价格下降0.3%。工业生产者购进价格下降0.7%。固定资产投资价格上涨2.6%。农产品生产者价格[13]上涨14.5%。12月份，70个大中城市新建商品住宅销售价格同比上涨的城市个数为68个，下降的为2个。

图7 2019年居民消费价格月度涨跌幅度

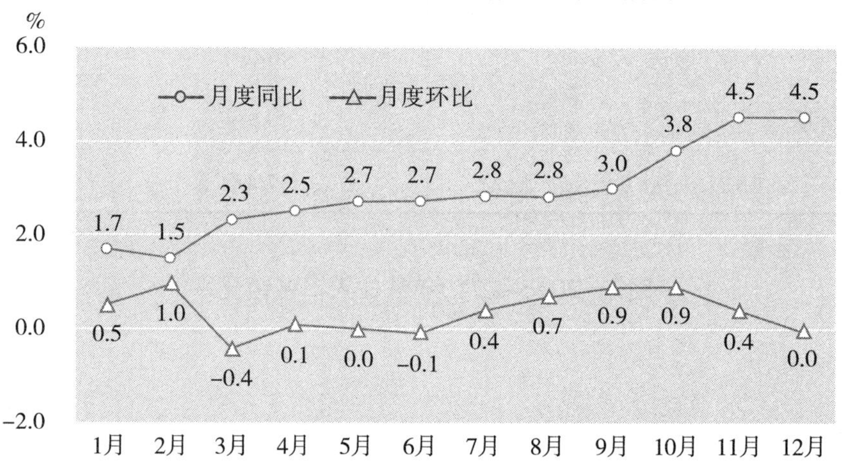

表2 2019年居民消费价格比上年涨跌幅度

单位：%

指标	全国	城市	农村
居民消费价格	2.9	2.8	3.2
其中：食品烟酒	7.0	6.7	7.9
衣　着	1.6	1.7	1.2
居　住[14]	1.4	1.3	1.5
生活用品及服务	0.9	0.9	0.8
交通和通信	-1.7	-1.8	-1.4
教育文化和娱乐	2.2	2.3	1.9
医疗保健	2.4	2.5	2.1
其他用品和服务	3.4	3.5	3.1

年末国家外汇储备31079亿美元，比上年末增加352亿美元。全年人民币平均汇率为1美元兑6.8985元人民币，比上年贬值4.1%。

图8　2015-2019年年末国家外汇储备

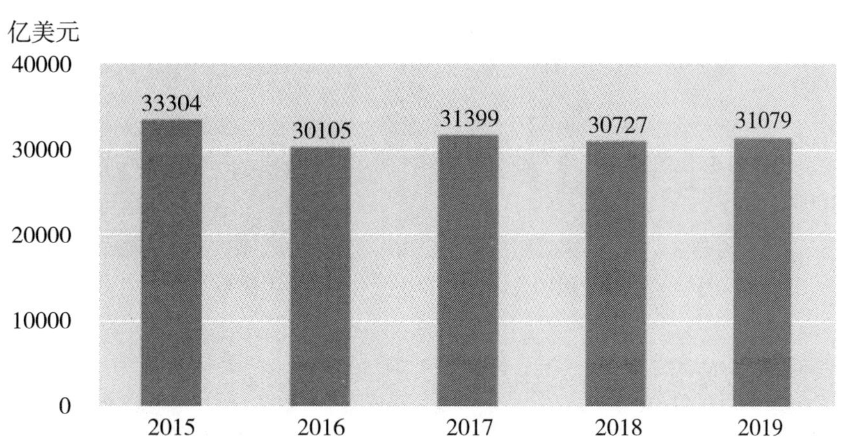

供给侧结构性改革继续深化。全年全国工业产能利用率[15]为76.6%，比上年提高0.1个百分点。其中，黑色金属冶炼和压延加工业产能利用率为80.0%，提高2.0个百分点；煤炭开采和洗选业产能利用率为70.6%，与上年持平。年末商品房待售面积49821万平方米，比上年末减少2593万平方米。其中，商品住宅待售面积22473万平方米，减少2618万平方米。年末规模以上工业企业资产负债率为56.6%，比上年末下降0.2个百分点[16]。全年教育、生态保护和环境治理业固定资产投资（不含农户）分别比上年增长17.7%和37.2%。“放管服”改革持续深化，微观主体活力不断增强。全年新登记市场主体2377万户，日均新登记企业2万户，年末市场主体总数达1.2亿户。全年减税降费超过2.3万亿元。

新动能保持较快发展。全年规模以上工业中，战略性新兴产业[17]增加值比上年增长8.4%。高技术制造业[18]增加值增长8.8%，占规模以上工业增加值的比重为14.4%。装备制造业[19]增加值增长6.7%，占规模以上工业增加值的比重为32.5%。全年规模以上服务业[20]中，战略性新兴服务业[21]企业营业收入比上年增长12.7%。全年高技术产业投资[22]比上年增长17.3%，工业技术改造投资[23]增长9.8%。全年服务机器人产量346万套，比上年增长38.9%。全年网上零售额[24]106324亿元，按可比口径计算，比上年增长16.5%。

区域协调发展扎实推进。分区域看[25]，全年东部地区生产总值511161亿元，比上年增长6.2%；中部地区生产总值218738亿元，增长7.3%；西部地区生产总值205185亿元，增长6.7%；东北地区生产总值50249亿元，增长4.5%。全年京津冀地区生产总值84580亿元，比上年增长6.1%；长江经济带地区生产总值457805亿元，增长6.9%；长江三角洲地区生产总值237253亿元，增长6.4%。

脱贫攻坚成效明显。按照每人每年2300元（2010年不变价）的农村贫困标准计算，年末农村贫困人口551万人，比上年末减少1109万人[26]；贫困发生率[27]0.6%，比上年下降1.1个百分点。全年贫困地区[28]农村居民人均可支配收入11567元，比上年增长11.5%，扣除价格因素，实际增长8.0%。

图9 2015-2019年年末全国农村贫困人口和贫困发生率

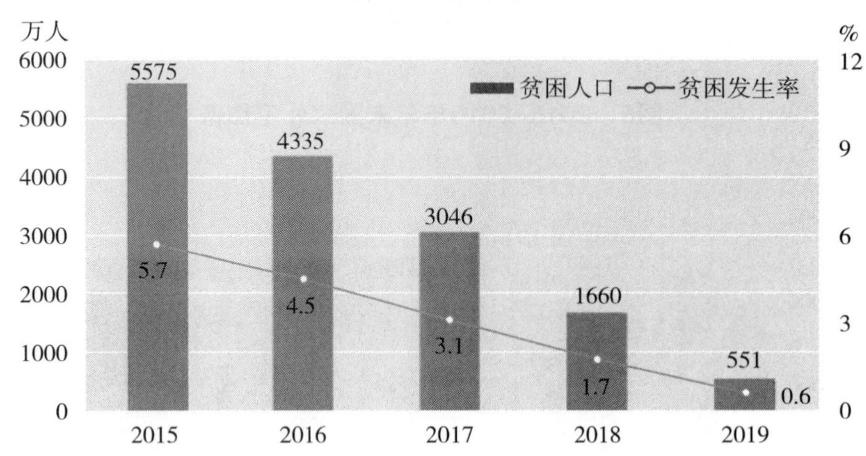

二、农业

全年粮食种植面积11606万公顷，比上年减少97万公顷。其中，小麦种植面积2373万公顷，减少54万公顷；稻谷种植面积2969万公顷，减少50万公顷；玉米种植面积4128万公顷，减少85万公顷。棉花种植面积334万公顷，减少2万公顷。油料种植面积1293万公顷，增加6万公顷。糖料种植面积162万公顷，减少1万公顷。

全年粮食产量66384万吨，比上年增加594万吨，增产0.9%。其中，夏粮产量14160万吨，增产2.0%；早稻产量2627万吨，减产8.1%；秋粮产量49597万吨，增产1.1%。全年谷物产量61368万吨，比上年增产0.6%。其中，稻谷产量20961万吨，减产1.2%；小麦产量13359万吨，增产1.6%；玉米产量26077万吨，增产1.4%。

图10 2015-2019年粮食产量

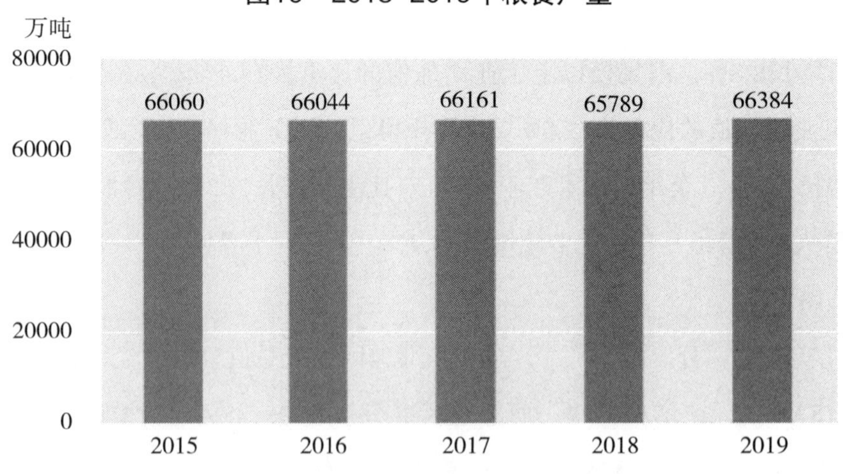

全年棉花产量589万吨，比上年减产3.5%。油料产量3495万吨，增产1.8%。糖料产量12204万吨，增产2.2%。茶叶产量280万吨，增产7.2%。

全年猪牛羊禽肉产量7649万吨，比上年下降10.2%。其中，猪肉产量4255万吨，下降21.3%；牛肉产量667万吨，增长3.6%；羊肉产量488万吨，增长2.6%；禽肉产量2239万吨，增长12.3%。禽蛋产量

3309万吨，增长5.8%。牛奶产量3201万吨，增长4.1%。年末生猪存栏31041万头，下降27.5%；生猪出栏54419万头，下降21.6%。

全年水产品产量6450万吨，比上年下降0.1%。其中，养殖水产品产量5050万吨，增长1.0%；捕捞水产品产量1400万吨，下降5.0%。

全年木材产量9028万立方米，比上年增长2.5%。

全年新增耕地灌溉面积27万公顷，新增高效节水灌溉面积146万公顷。

三、工业和建筑业

全年全部工业增加值317109亿元，比上年增长5.7%。规模以上工业增加值增长5.7%。在规模以上工业中，分经济类型看，国有控股企业增加值增长4.8%；股份制企业增长6.8%，外商及港澳台商投资企业增长2.0%；私营企业增长7.7%。分门类看，采矿业增长5.0%，制造业增长6.0%，电力、热力、燃气及水生产和供应业增长7.0%。

图11　2015-2019年全部工业增加值及其增长速度[29]

全年规模以上工业中，农副食品加工业增加值比上年增长1.9%，纺织业增长1.3%，化学原料和化学制品制造业增长4.7%，非金属矿物制品业增长8.9%，黑色金属冶炼和压延加工业增长9.9%，通用设备制造业增长4.3%，专用设备制造业增长6.9%，汽车制造业增长1.8%，电气机械和器材制造业增长10.7%，计算机、通信和其他电子设备制造业增长9.3%，电力、热力生产和供应业增长6.5%。

表3　2019年主要工业产品产量及其增长速度[30]

产品名称	单　位	产　量	比上年增长（%）
纱	万吨	2892.1	-6.1
布	亿米	575.6	-17.6
化学纤维	万吨	5952.8	9.9
成品糖	万吨	1389.4	15.9

产品名称	单　位	产　量	比上年增长（%）
卷烟	亿支	23642.5	1.1
彩色电视机	万台	18999.1	-3.5
其中：液晶电视机	万台	18689.7	-1.5
家用电冰箱	万台	7904.3	6.3
房间空气调节器	万台	21866.2	4.3
一次能源生产总量	亿吨标准煤	39.7	5.1
原煤	亿吨	38.5	4.0
原油	万吨	19101.4	0.9
天然气	亿立方米	1761.7	10.0
发电量	亿千瓦小时	75034.3	4.7
其中：火电[31]	亿千瓦小时	52201.5	2.4
水电	亿千瓦小时	13044.4	5.9
核电	亿千瓦小时	3483.5	18.3
粗钢	万吨	99634.2	7.2
钢材[32]	万吨	120477.4	6.3
十种有色金属	万吨	5866.0	2.2
其中：精炼铜（电解铜）	万吨	978.4	5.5
原铝（电解铝）	万吨	3504.4	-2.2
水泥	亿吨	23.5	4.9
硫酸（折100%）	万吨	8935.7	-1.3
烧碱（折100%）	万吨	3464.4	-0.3
乙烯	万吨	2052.3	10.2
化肥（折100%）	万吨	5731.2	6.1
发电机组（发电设备）	万千瓦	9274.1	-14.9

产品名称	单　位	产　量	比上年增长（%）
汽车	万辆	2552.8	-8.3
其中：基本型乘用车（轿车）	万辆	1018.2	-16.4
运动型多用途乘用车（SUV）	万辆	876.0	-3.6
大中型拖拉机	万台	27.8	5.9
集成电路	亿块	2018.2	8.9
程控交换机	万线	790.5	-23.7
移动通信手持机	万台	170100.6	-5.5
微型计算机设备	万台	34163.2	8.2
工业机器人	万台（套）	17.7	-3.1

年末全国发电装机容量201066万千瓦，比上年末增长5.8%。其中[33]，火电装机容量119055万千瓦，增长4.1%；水电装机容量35640万千瓦，增长1.1%；核电装机容量4874万千瓦，增长9.1%；并网风电装机容量21005万千瓦，增长14.0%；并网太阳能发电装机容量20468万千瓦，增长17.4%。

全年规模以上工业企业利润61996亿元，比上年下降3.3%[34]。分经济类型看，国有控股企业利润16356亿元，比上年下降12.0%；股份制企业45284亿元，下降2.9%，外商及港澳台商投资企业15580亿元，下降3.6%；私营企业18182亿元，增长2.2%。分门类看，采矿业利润5275亿元，比上年增长1.7%；制造业51904亿元，下降5.2%；电力、热力、燃气及水生产和供应业4816亿元，增长15.4%。全年规模以上工业企业每百元营业收入中的成本为84.08元，比上年增加0.18元；营业收入利润率为5.86%，下降0.43个百分点。

全年全社会建筑业增加值70904亿元，比上年增长5.6%。全国具有资质等级的总承包和专业承包建筑业企业利润8381亿元，比上年增长5.1%，其中国有控股企业2585亿元，增长14.5%。

图12　2015–2019年建筑业增加值及其增长速度[35]

四、服务业

全年批发和零售业增加值95846亿元，比上年增长5.7%；交通运输、仓储和邮政业增加值42802亿元，增长7.1%；住宿和餐饮业增加值18040亿元，增长6.3%；金融业增加值77077亿元，增长7.2%；房地产业增加值69631亿元，增长3.0%；信息传输、软件和信息技术服务业增加值32690亿元，增长18.7%；租赁和商务服务业增加值32933亿元，增长8.7%。全年规模以上服务业企业营业收入比上年增长9.4%，营业利润增长5.4%。

图13 2015-2019年服务业增加值及其增长速度[36]

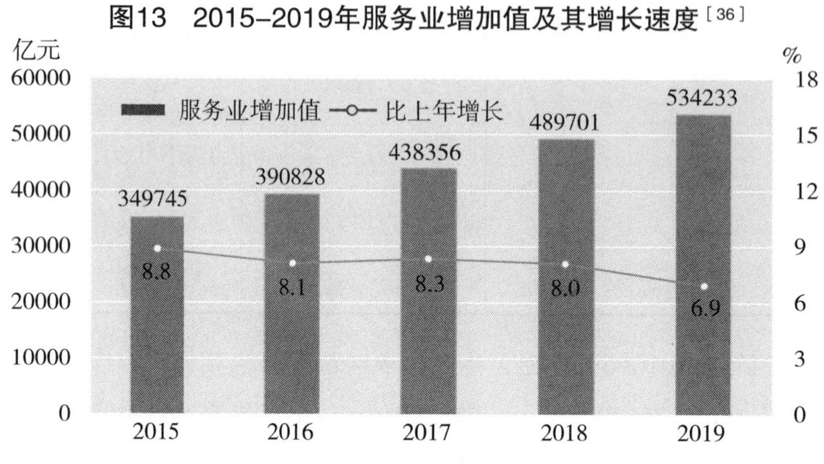

全年货物运输总量471亿吨，货物运输周转量199290亿吨公里。全年港口[37]完成货物吞吐量140亿吨，比上年增长5.7%，其中外贸货物吞吐量43亿吨，增长4.7%。港口集装箱吞吐量26107万标准箱，增长4.4%。

表4 2019年各种运输方式完成货物运输量及其增长速度[38]

指　标	单　位	绝对数	比上年增长（%）
货物运输总量	亿吨	470.6	—
铁路	亿吨	43.2	7.2
公路	亿吨	343.5	—
水运	亿吨	74.7	6.3
民航	万吨	753.2	2.0
管道	亿吨	9.1	1.8
货物运输周转量	亿吨公里	199289.5	—
铁路	亿吨公里	30074.7	4.4
公路	亿吨公里	59636.4	—
水运	亿吨公里	103963.0	5.0
民航	亿吨公里	263.2	0.3
管道	亿吨公里	5352.2	1.0

全年旅客运输总量176亿人次，比上年下降1.9%[39]。旅客运输周转量35349亿人公里，增长3.3%。

表5　2019年各种运输方式完成旅客运输量及其增长速度

指　标	单　位	绝对数	比上年增长（%）
旅客运输总量	亿人次	176.0	-1.9
铁路	亿人次	36.6	8.4
公路	亿人次	130.1	-4.8
水运	亿人次	2.7	-2.6
民航	亿人次	6.6	7.9
旅客运输周转量	亿人公里	35349.1	3.3
铁路	亿人公里	14706.6	4.0
公路	亿人公里	8857.1	-4.6
水运	亿人公里	80.2	0.8
民航	亿人公里	11705.1	9.3

年末全国民用汽车保有量26150万辆（包括三轮汽车和低速货车762万辆），比上年末增加2122万辆，其中私人汽车保有量22635万辆，增加1905万辆。民用轿车保有量14644万辆，增加1193万辆，其中私人轿车保有量13701万辆，增加1112万辆。

全年完成邮政行业业务总量[40]16230亿元，比上年增长31.5%。邮政业全年完成邮政函件业务21.7亿件，包裹业务0.2亿件，快递业务量635.2亿件，快递业务收入7498亿元。全年完成电信业务总量[41]106789亿元，比上年增长62.9%。年末全国电话用户总数179238万户，其中移动电话用户160134万户。移动电话普及率上升至114.4部/百人。固定互联网宽带接入用户[42]44928万户，比上年末增加4190万户，其中固定互联网光纤宽带接入用户[43]41740万户，增加4907万户。全年移动互联网用户接入流量1220亿GB，比上年增长71.6%。全年软件和信息技术服务业[44]完成软件业务收入71768亿元，按可比口径计算，比上年增长15.4%。

图14　2015-2019年快递业务量及其增长速度

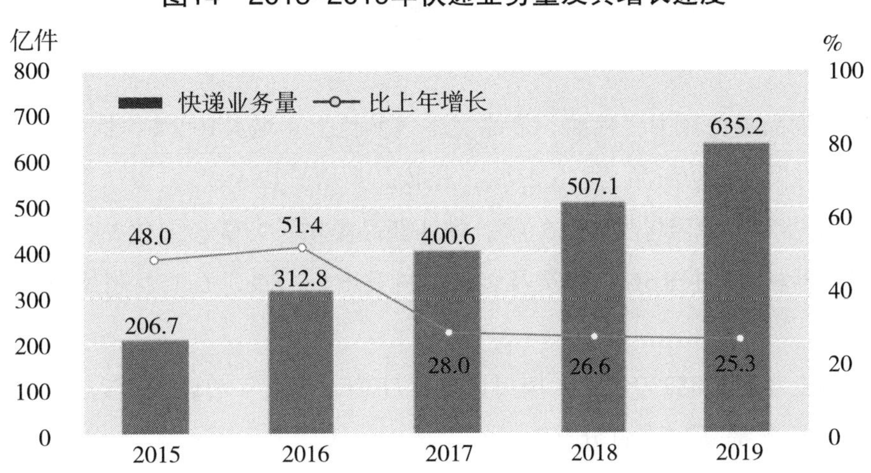

图15　2015-2019年年末固定互联网宽带接入用户数

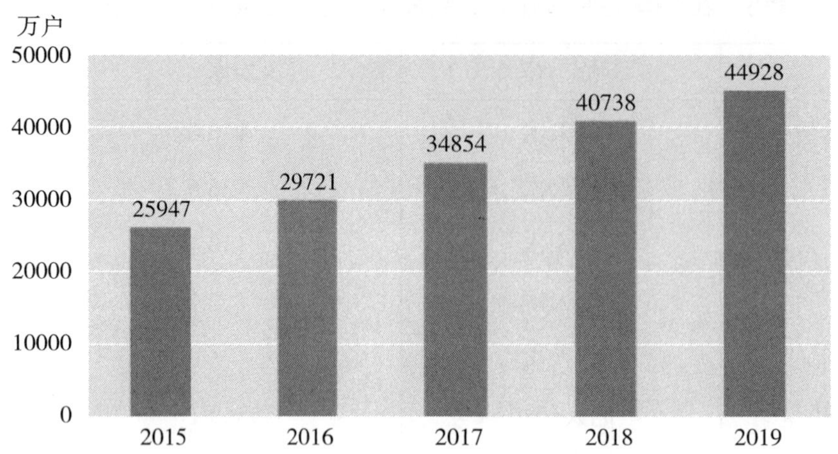

五、国内贸易

全年社会消费品零售总额411649亿元，比上年增长8.0%。按经营地统计，城镇消费品零售额351317亿元，增长7.9%；乡村消费品零售额60332亿元，增长9.0%。按消费类型统计，商品零售额364928亿元，增长7.9%；餐饮收入额46721亿元，增长9.4%。

图16　2015-2019年社会消费品零售总额

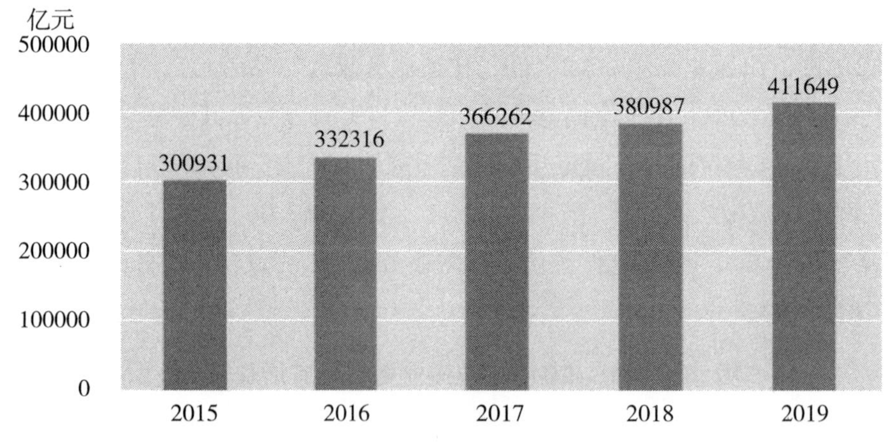

在限额以上单位商品零售额中，粮油、食品类零售额比上年增长10.2%，饮料类增长10.4%，烟酒类增长7.4%，服装、鞋帽、针纺织品类增长2.9%，化妆品类增长12.6%，金银珠宝类增长0.4%，日用品类增长13.9%，家用电器和音像器材类增长5.6%，中西药品类增长9.0%，文化办公用品类增长3.3%，家具类增长5.1%，通讯器材类增长8.5%，建筑及装潢材料类增长2.8%，石油及制品类增长1.2%，汽车类下降0.8%。

全年实物商品网上零售额85239亿元，按可比口径计算，比上年增长19.5%，占社会消费品零售总额的比重为20.7%，比上年提高2.3个百分点。

六、固定资产投资

全年全社会固定资产投资[45]560874亿元，比上年增长5.1%。其中，固定资产投资（不含农户）551478亿元，增长5.4%。分区域看[46]，东部地区投资比上年增长4.1%，中部地区投资增长9.5%，西部地区投资增长5.6%，东北地区投资下降3.0%。

在固定资产投资（不含农户）中，第一产业投资12633亿元，比上年增长0.6%；第二产业投资163070亿元，增长3.2%；第三产业投资375775亿元，增长6.5%。民间固定资产投资[47]311159亿元，增长4.7%。基础设施投资[48]增长3.8%。六大高耗能行业投资增长4.7%。

图17　2019年三次产业投资占固定资产投资（不含农户）比重

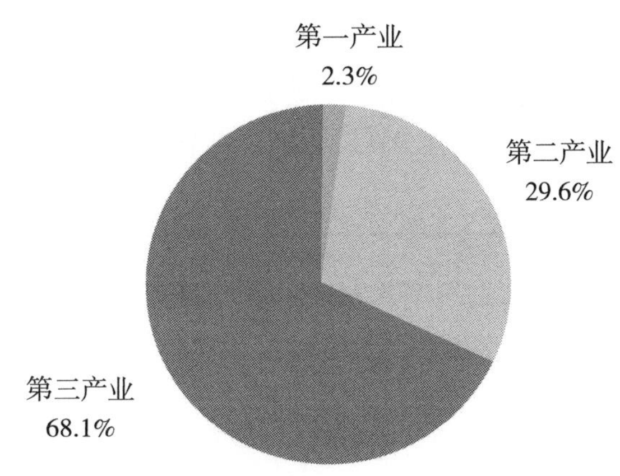

表6　2019年分行业固定资产投资（不含农户）增长速度

行　业	比上年增长（%）	行　业	比上年增长（%）
总计	5.4	金融业	10.4
农、林、牧、渔业	0.7	房地产业[49]	9.1
采矿业	24.1	租赁和商务服务业	15.8
制造业	3.1	科学研究和技术服务业	17.9
电力、热力、燃气及水生产和供应业	4.5	水利、环境和公共设施管理业	2.9
建筑业	−19.8	居民服务、修理和其他服务业	−9.1
批发和零售业	−15.9	教育	17.7
交通运输、仓储和邮政业	3.4	卫生和社会工作	5.3
住宿和餐饮业	−1.2	文化、体育和娱乐业	13.9
信息传输、软件和信息技术服务业	8.6	公共管理、社会保障和社会组织	−15.6

表7　2019年固定资产投资新增主要生产与运营能力

指标	单位	绝对数
新增220千伏及以上变电设备	万千伏安	23042
新建铁路投产里程	公里	8489
其中：高速铁路[50]	公里	5474
增、新建铁路复线投产里程	公里	6448
电气化铁路投产里程	公里	7919
新改建公路里程	公里	327626
其中：高速公路	公里	8313
港口万吨级码头泊位新增通过能力	万吨/年	12022
新增民用运输机场	个	3
新增光缆线路长度	万公里	434

全年房地产开发投资132194亿元，比上年增长9.9%。其中住宅投资97071亿元，增长13.9%；办公楼投资6163亿元，增长2.8%；商业营业用房投资13226亿元，下降6.7%。

全年全国各类棚户区改造开工316万套，基本建成254万套。全国农村地区建档立卡贫困户危房改造63.8万户[51]。

表8　2019年房地产开发和销售主要指标及其增长速度

指标	单位	绝对数	比上年增长（%）
投资额	亿元	132194	9.9
其中：住宅	亿元	97071	13.9
房屋施工面积	万平方米	893821	8.7
其中：住宅	万平方米	627673	10.1
房屋新开工面积	万平方米	227154	8.5
其中：住宅	万平方米	167463	9.2
房屋竣工面积	万平方米	95942	2.6
其中：住宅	万平方米	68011	3.0
商品房销售面积	万平方米	171558	–0.1
其中：住宅	万平方米	150144	1.5
本年到位资金	亿元	178609	7.6
其中：国内贷款	亿元	25229	5.1
个人按揭贷款	亿元	27281	15.1

七、对外经济

全年货物进出口总额315505亿元，比上年增长3.4%。其中，出口172342亿元，增长5.0%；进口143162亿元，增长1.6%。货物进出口顺差29180亿元，比上年增加5932亿元。对“一带一路”[52]沿线国家进出口总额92690亿元，比上年增长10.8%。其中，出口52585亿元，增长13.2%；进口40105亿元，增长7.9%。

图18　2015–2019年货物进出口总额

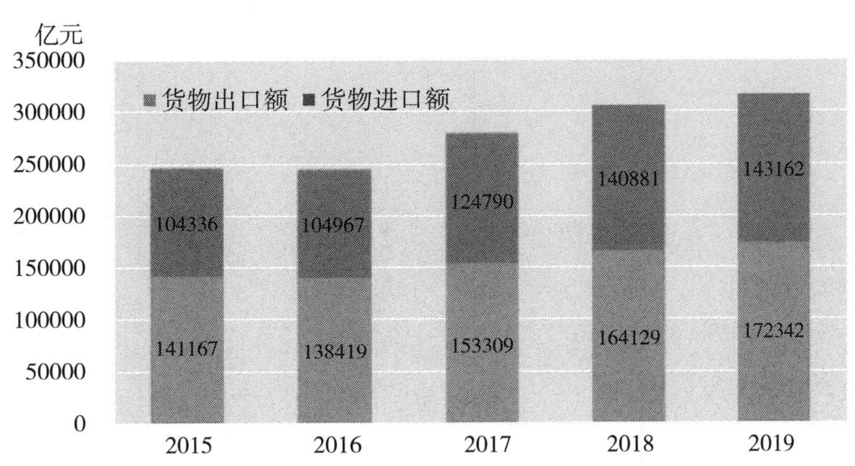

表9　2019年货物进出口总额及其增长速度

指　标	金额（亿元）	比上年增长（%）
货物进出口总额	315505	3.4
货物出口额	172342	5.0
其中：一般贸易	99546	7.8
加工贸易	50729	-3.7
其中：机电产品	100631	4.4
高新技术产品	50427	2.1
货物进口额	143162	1.6
其中：一般贸易	86599	3.1
加工贸易	28778	-7.4
其中：机电产品	62596	-1.8
高新技术产品	43978	-0.8
货物进出口顺差	29180	—

表10　2019年主要商品出口数量、金额及其增长速度

商品名称	单位	数量	比上年增长（%）	金额（亿元）	比上年增长（%）
钢材	万吨	6429	-7.3	3699	-7.1
纺织纱线、织物及制品	—	—	—	8283	5.5
服装及衣着附件	—	—	—	10447	0.3
鞋类	万吨	451	0.6	3290	6.3
家具及其零件	—	—	—	3730	5.3
箱包及类似容器	万吨	307	-2.9	1878	5.1
玩具	—	—	—	2152	29.6
塑料制品	万吨	1424	8.5	3333	16.2
集成电路	亿个	2187	0.7	7008	25.3
自动数据处理设备及其部件	万台	148430	0.8	11415	0.5
手持或车载无线电话机	万台	99433	-11.1	8611	-7.8
集装箱	万个	242	-29.0	459	-33.0
液晶显示板	万个	150780	-14.2	1475	-3.4
汽车	万辆	122	6.1	1049	8.0

表11　2019年主要商品进口数量、金额及其增长速度

商品名称	单位	数量	比上年增长（%）	金额（亿元）	比上年增长（%）
谷物及谷物粉	万吨	1785	-12.8	358	-7.0
大豆	万吨	8851	0.5	2437	-2.6
食用植物油	万吨	953	51.5	438	39.9
铁矿砂及其精矿	万吨	106895	0.5	6995	39.6
煤及褐煤	万吨	29967	6.3	1605	-1.1
原油	万吨	50572	9.5	16627	4.6
成品油	万吨	3056	-8.7	1175	-11.7
天然气	万吨	9656	6.9	2875	12.8
初级形状的塑料	万吨	3691	12.4	3670	-1.3
纸浆	万吨	2720	9.7	1178	-9.3
钢材	万吨	1230	-6.5	973	-10.2
未锻轧铜及铜材	万吨	498	-6.0	2240	-9.2
集成电路	亿个	4451	6.6	21079	2.4
汽车	万辆	105	-7.6	3332	0.0

表12　2019年对主要国家和地区货物进出口金额、增长速度及其比重

国家和地区	出口额（亿元）	比上年增长（%）	占全部出口比重（%）	进口额（亿元）	比上年增长（%）	占全部进口比重（%）
欧盟	29564	9.6	17.2	19063	5.5	13.3
美国	24797	17.8	14.4	19456	9.8	13.6
东盟	28865	-8.7	16.7	8454	-17.1	5.9
日本	9875	1.7	5.7	11837	-0.6	8.3
韩国	19243	-3.6	11.2	626	10.9	0.4
中国香港	7648	6.6	4.4	11960	-11.4	8.4
中国台湾	3799	18.3	2.2	11934	1.9	8.3
巴西	2453	10.8	1.4	5501	7.4	3.8
俄罗斯	3434	8.5	2.0	4208	7.5	2.9
印度	5156	2.1	3.0	1239	-0.2	0.9
南非	1141	6.4	0.7	1784	-0.8	1.2

全年服务进出口[53]总额54153亿元，比上年增长2.8%。其中，服务出口19564亿元，增长8.9%；服务进口34589亿元，下降0.4%。服务进出口逆差15025亿元。

全年外商直接投资（不含银行、证券、保险领域）新设立企业40888家，比上年下降32.5%。实际使用外商直接投资金额9415亿元，增长5.8%，折1381亿美元，增长2.4%。其中“一带一路”沿线国家对华直接投资新设立企业5591家，增长24.8%；对华直接投资金额（含通过部分自由港对华投资）576亿元，增长36.0%，折84亿美元，增长30.6%。全年高技术产业实际使用外资2660亿元，增长25.6%，折391亿美元，增长21.7%。

表13　2019年外商直接投资（不含银行、证券、保险领域）及其增长速度

行　业	企业数（家）	比上年增长（%）	实际使用金额（亿元）	比上年增长（%）
总　计	40888	-32.5	9415	5.8
其中：农、林、牧、渔业	495	-33.2	38	-27.9
制造业	5396	-12.3	2416	-11.0
电力、热力、燃气及水生产和供应业	295	3.9	239	-17.6
交通运输、仓储和邮政业	591	-21.6	309	-1.6

行　业	企业数（家）	比上年增长（%）	实际使用金额（亿元）	比上年增长（%）
信息传输、软件和信息技术服务业	4295	-40.5	999	29.4
批发和零售业	13837	-39.5	614	-4.5
房地产业	1050	-0.3	1608	8.0
租赁和商务服务业	5777	-36.5	1499	20.6
居民服务、修理和其他服务业	361	-25.6	37	-0.4

全年对外非金融类直接投资额7630亿元，比上年下降4.3%，折1106亿美元，下降8.2%。其中，对“一带一路”沿线国家非金融类直接投资额150亿美元，下降3.8%。

表14　2019年对外非金融类直接投资额及其增长速度

行业	金额（亿美元）	比上年增长（%）
总　计	1106.0	-8.2
其中：农、林、牧、渔业	15.4	-13.0
采矿业	75.2	-18.5
制造业	200.8	6.7
电力、热力、燃气及水生产和供应业	25.2	-20.5
建筑业	85.1	15.6
批发和零售业	125.7	18.6
交通运输、仓储和邮政业	55.5	-4.3
信息传输、软件和信息技术服务业	61.2	-10.5
房地产业	48.2	22.0
租赁和商务服务业	355.6	-20.3

全年对外承包工程完成营业额11928亿元，比上年增长6.6%，折1729亿美元，增长2.3%。其中，对“一带一路”沿线国家完成营业额980亿美元，增长9.7%，占对外承包工程完成营业额比重为56.7%。对外劳务合作派出各类劳务人员49万人。

八、财政金融

全年全国一般公共预算收入190382亿元，比上年增长3.8%。其中税收收入157992亿元，比上年增加1589亿元，增长1.0%。全国一般公共预算支出238874亿元，比上年增长8.1%。

图19　2015-2019年全国一般公共预算收入

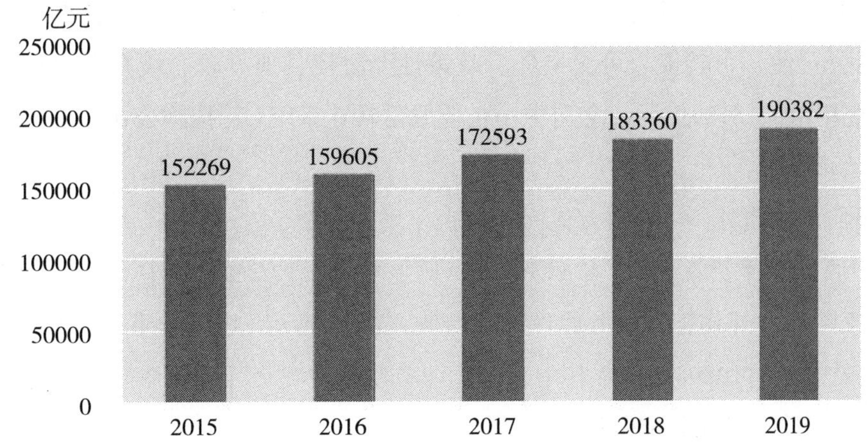

注：图中2015年至2018年数据为全国一般公共预算收入决算数，2019年为执行数。

年末广义货币供应量（M2）余额198.6万亿元，比上年末增长8.7%；狭义货币供应量（M1）余额57.6万亿元，增长4.4%；流通中货币（M0）余额7.7万亿元，增长5.4%。

全年社会融资规模增量[54]25.6万亿元，按可比口径计算，比上年多3.1万亿元；年末社会融资规模存量[55]251.3万亿元，按可比口径计算，比上年末增长10.7%，其中对实体经济发放的人民币贷款余额151.6万亿元，增长12.5%。年末全部金融机构本外币各项存款余额198.2万亿元，比年初增加15.7万亿元，其中人民币各项存款余额192.9万亿元，增加15.4万亿元。全部金融机构本外币各项贷款余额158.6万亿元，增加16.8万亿元，其中人民币各项贷款余额153.1万亿元，增加16.8万亿元。

表15　2019年年末全部金融机构本外币存贷款余额及其增长速度

指标	年末数（亿元）	比上年末增长（%）
各项存款	1981643	8.6
其中：境内住户存款	821296	13.4
其中：人民币	813017	13.5
境内非金融企业存款	621147	5.4
各项贷款	1586021	11.9
其中：境内短期贷款	472380	6.6
境内中长期贷款	971805	13.7

年末主要农村金融机构（农村信用社、农村合作银行、农村商业银行）人民币贷款余额190688亿元，比年初增加20866亿元。全部金融机构人民币消费贷款余额439669亿元，增加61667亿元。其中，个人短期消费贷款余额99226亿元，增加14519亿元；个人中长期消费贷款余额340443亿元，增加47148亿元。

全年沪深交易所A股累计筹资[56]13534亿元，比上年增加2076亿元。首次公开发行A股201只，筹资2490亿元，比上年增加1112亿元，其中科创板股票70只，筹资824亿元；A股再融资（包括公开增发、定向增发、配股、优先股、可转债转股）11044亿元，增加964亿元。全年各类主体通过沪深交易所发行债券（包括公司债、可转债、可交换债、政策性金融债、地方政府债和企业资产支持证券）筹资71987亿元，比上年增加15109亿元。全国中小企业股份转让系统[57]挂牌公司8953家，全年挂牌公司累计股票筹资265亿元。

全年发行公司信用类债券[58]10.71万亿元，比上年增加2.92万亿元。

全年保险公司原保险保费收入[59]42645亿元，比上年增长12.2%。其中，寿险业务原保险保费收入22754亿元，健康险和意外伤害险业务原保险保费收入8241亿元，财产险业务原保险保费收入11649亿元。支付各类赔款及给付12894亿元。其中，寿险业务给付3743亿元，健康险和意外伤害险业务赔款及给付2649亿元，财产险业务赔款6502亿元。

九、居民收入消费和社会保障

全年全国居民人均可支配收入30733元，比上年增长8.9%，扣除价格因素，实际增长5.8%。全国居民人均可支配收入中位数[60]26523元，增长9.0%。按常住地分，城镇居民人均可支配收入42359元，比上年增长7.9%，扣除价格因素，实际增长5.0%。城镇居民人均可支配收入中位数39244元，增长7.8%。农村居民人均可支配收入16021元，比上年增长9.6%，扣除价格因素，实际增长6.2%。农村居民人均可支配收入中位数14389元，增长10.1%。按全国居民五等份收入分组[61]，低收入组人均可支配收入7380元，中间偏下收入组人均可支配收入15777元，中间收入组人均可支配收入25035元，中间偏上收入组人均可支配收入39230元，高收入组人均可支配收入76401元。全国农民工人均月收入3962元，比上年增长6.5%。

全年全国居民人均消费支出21559元，比上年增长8.6%，扣除价格因素，实际增长5.5%。其中，人均服务性消费支出[62]9886元，比上年增长12.6%，占居民人均消费支出的比重为45.9%。按常住地分，城镇居民人均消费支出28063元，增长7.5%，扣除价格因素，实际增长4.6%；农村居民人均消费支出13328元，增长9.9%，扣除价格因素，实际增长6.5%。全国居民恩格尔系数为28.2%，比上年下降0.2个百分点，其中城镇为27.6%，农村为30.0%。

图20 2015-2019年全国居民人均可支配收入及其增长速度

图21 2019年全国居民人均消费支出及其构成

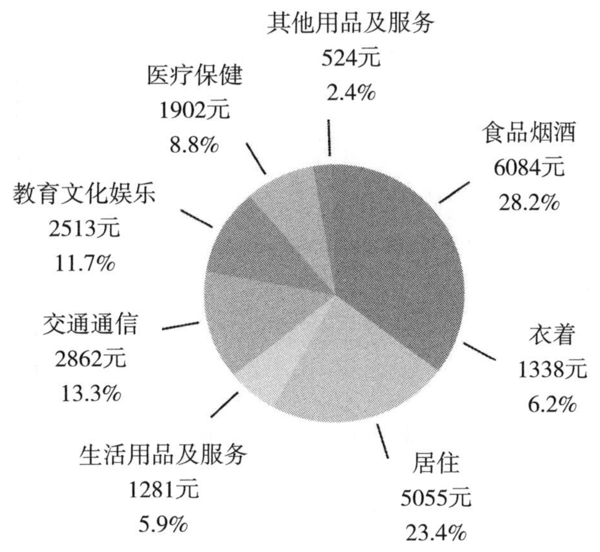

年末全国参加城镇职工基本养老保险人数43482万人，比上年末增加1581万人。参加城乡居民基本养老保险人数53266万人，增加874万人。参加基本医疗保险人数135436万人，增加978万人。其中，参加职工基本医疗保险人数32926万人，增加1245万人；参加城乡居民基本医疗保险人数102510万人。参加失业保险人数20543万人，增加899万人。年末全国领取失业保险金人数228万人。参加工伤保险人数25474万人，增加1600万人，其中参加工伤保险的农民工8616万人，增加530万人。参加生育保险人数21432万人，增加997万人。年末全国共有861万人享受城市最低生活保障，3456万人享受农村最低生活保障，439万人享受农村特困人员[63]救助供养，全年临时救助[64]918万人次。全年资助7782万人参加基本医疗保险，实施门诊和住院救助6180万人次。全年国家抚恤、补助退役军人和其他优抚对象861万人。

年末全国共有各类提供住宿的社会服务机构3.7万个，其中养老机构3.4万个，儿童服务机构663个。社会服务床位[65]790.1万张，其中养老服务床位761.4万张，儿童服务床位9.7万张。年末共有社区服务中心2.6万个，社区服务站16.7万个。

十、科学技术和教育

全年研究与试验发展（R&D）经费支出21737亿元，比上年增长10.5%，与国内生产总值之比为2.19%，其中基础研究经费1209亿元。国家科技重大专项共安排234个课题，国家自然科学基金共资助45192个项目。截至年底，正在运行的国家重点实验室515个，累计建设国家工程研究中心133个，国家工程实验室217个，国家企业技术中心1540家。国家科技成果转化引导基金累计设立21支子基金，资金总规模313亿元。国家级科技企业孵化器[66]1177家，国家备案众创空间[67]1888家。全年境内外专利申请438.0万件，比上年增长1.3%；授予专利权259.2万件，增长5.9%；PCT专利申请受理量[68]为6.1万件。截至年底，有效专利972.2万件，其中境内有效发明专利186.2万件，每万人口发明专利拥有量13.3件。全年商标申请783.7万件，比上年增长6.3%；商标注册640.6万件，增长27.9%。全年共签订技术合同48.4万项，技术合同成交金额22398亿元，比上年增长26.6%。

图22　2015-2019年研究与试验发展（R&D）经费支出及其增长速度

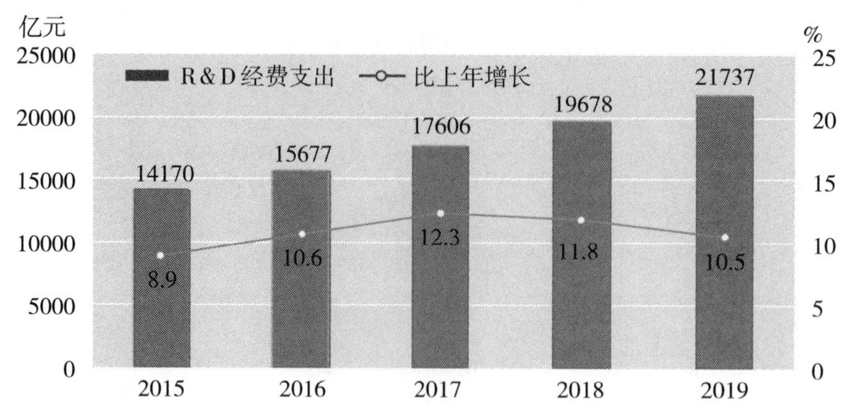

表16　2019年专利申请、授权和有效专利情况

指标	专利数（万件）	比上年增长（%）
专利申请数	438.0	1.3
其中：境内专利申请	417.2	1.2
其中：发明专利申请	140.1	-9.2
其中：境内发明专利	123.1	-10.8
专利授权数	259.2	5.9
其中：境内专利授权	245.8	6.0
其中：发明专利授权	45.3	4.8
其中：境内发明专利	35.4	4.3
年末有效专利数	972.2	16.0
其中：境内有效专利	869.2	17.5
其中：有效发明专利	267.1	12.9
其中：境内有效发明专利	186.2	16.3

全年成功完成32次宇航发射。长征五号遥三运载火箭和高分七号卫星成功发射，长征系列运载火箭发射突破300次大关。嫦娥四号探测器世界上首次实现月球背面软着陆和巡视探测。固体运载火箭海上发射圆满完成。北斗三号全球系统核心星座完成部署，雪龙2号首航南极，首艘国产航母正式列装。

年末全国共有国家质检中心835家。全国现有产品质量、体系和服务认证机构596个，累计完成对72万家企业的认证。全年制定、修订国家标准2021项，其中新制定1448项。全年制造业产品质量合格率[69]为93.86%。

全年研究生教育招生91.7万人，在学研究生286.4万人，毕业生64.0万人。普通本专科招生914.9万人，在校生3031.5万人，毕业生758.5万人。中等职业教育[70]招生600.4万人，在校生1576.5万人，毕业生493.4万人。普通高中招生839.5万人，在校生2414.3万人，毕业生789.2万人。初中招生1638.8万人，在校生4827.1万人，毕业生1454.1万人。普通小学招生1869.0万人，在校生10561.2万人，毕业生1647.9

万人。特殊教育招生14.4万人，在校生79.5万人，毕业生9.8万人。学前教育在园幼儿4713.9万人。九年义务教育巩固率为94.8%，高中阶段毛入学率为89.5%。

图23　2015-2019年普通本专科、中等职业教育及普通高中招生人数

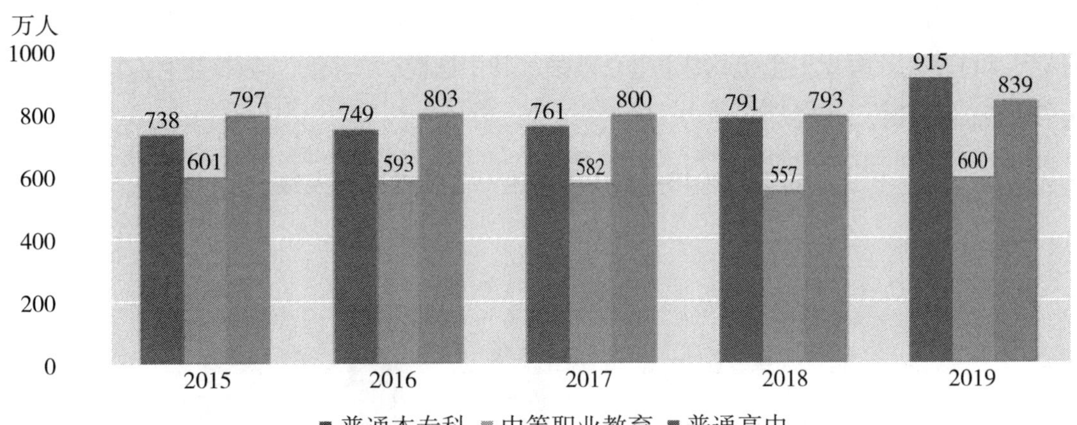

十一、文化旅游、卫生健康和体育

年末全国文化和旅游系统共有艺术表演团体2072个，博物馆3410个。全国共有公共图书馆3189个，总流通[71]87774万人次；文化馆3325个。有线电视实际用户2.12亿户，其中有线数字电视实际用户1.98亿户。年末广播节目综合人口覆盖率为99.1%，电视节目综合人口覆盖率为99.4%。全年生产电视剧254部10646集，电视动画片94659分钟。全年生产故事影片850部，科教、纪录、动画和特种影片[72]187部。出版各类报纸315亿份，各类期刊22亿册，图书102亿册（张），人均图书拥有量[73]7.29册（张）。年末全国共有档案馆4136个，已开放各类档案14341万卷（件）。全年全国规模以上文化及相关产业企业营业收入86624亿元，按可比口径计算，比上年增长7.0%。

全年国内游客60.1亿人次，比上年增长8.4%；国内旅游收入57251亿元，增长11.7%。入境游客14531万人次，增长2.9%。其中，外国人3188万人次，增长4.4%；香港、澳门和台湾同胞11342万人次，增长2.5%。在入境游客中，过夜游客6573万人次，增长4.5%。国际旅游收入1313亿美元，增长3.3%。国内居民出境16921万人次，增长4.5%。其中因私出境16211万人次，增长4.6%；赴港澳台出境10237万人次，增长3.2%。

图24　2015-2019年国内游客人次及其增长速度

年末全国共有医疗卫生机构101.4万个，其中医院3.4万个，在医院中有公立医院1.2万个，民营医院2.2万个；基层医疗卫生机构96.0万个，其中乡镇卫生院3.6万个，社区卫生服务中心（站）3.5万个，门诊部（所）26.7万个，村卫生室62.1万个；专业公共卫生机构1.7万个，其中疾病预防控制中心3456个，卫生监督所（中心）3106个。年末卫生技术人员1010万人，其中执业医师和执业助理医师382万人，注册护士443万人。医疗卫生机构床位892万张，其中医院697万张，乡镇卫生院138万张。全年总诊疗人次[74]85.2亿人次，出院人数[75]2.7亿人。

图25　2015-2019年年末卫生技术人员人数

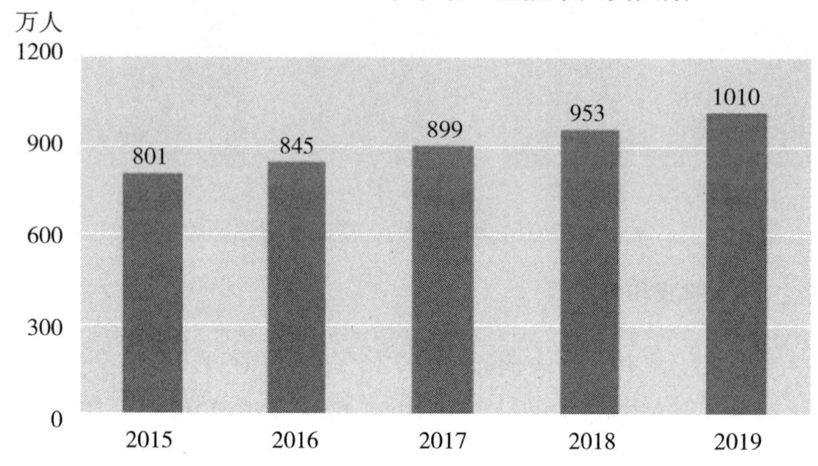

全国共有体育场地[76]316.2万个，体育场地面积[77]25.9亿平方米，人均体育场地面积1.86平方米。全年我国运动员在33个运动大项中获得128个世界冠军，共创16项世界纪录。全年我国残疾人运动员在53项国际赛事中获得350个世界冠军。

十二、资源、环境和应急管理

全年全国国有建设用地供应总量[78]62.4万公顷，比上年下降3.6%。其中，工矿仓储用地14.7万公顷，增长10.3%；房地产用地[79]14.2万公顷，下降1.4%；基础设施用地33.5万公顷，下降9.5%。

全年水资源总量28670亿立方米。全年总用水量5991亿立方米，比上年下降0.4%。其中，生活用水增长1.9%，工业用水下降2.1%，农业用水下降0.5%，生态补水增长0.5%。万元国内生产总值用水量[80]67立方米，比上年下降6.1%。万元工业增加值用水量42立方米，下降7.2%。人均用水量429立方米，比上年下降0.8%。

全年完成造林面积707万公顷，其中人工造林面积365万公顷，占全部造林面积的51.6%。森林抚育面积773万公顷。截至年底，国家级自然保护区474个。新增水土流失治理面积5.4万平方公里。

初步核算，全年能源消费总量[81]48.6亿吨标准煤，比上年增长3.3%。煤炭消费量增长1.0%，原油消费量增长6.8%，天然气消费量增长8.6%，电力消费量增长4.5%。煤炭消费量占能源消费总量的57.7%，比上年下降1.5个百分点；天然气、水电、核电、风电等清洁能源消费量占能源消费总量的23.4%，上升1.3个百分点。重点耗能工业企业单位电石综合能耗下降2.1%，单位合成氨综合能耗下降2.4%，吨钢综合能耗下降1.3%，单位电解铝综合能耗下降2.2%，每千瓦时火力发电标准煤耗下降0.3%。全国万元国内生产总值二氧化碳排放下降4.1%。

图26　2015-2019年清洁能源消费量占能源消费总量的比重

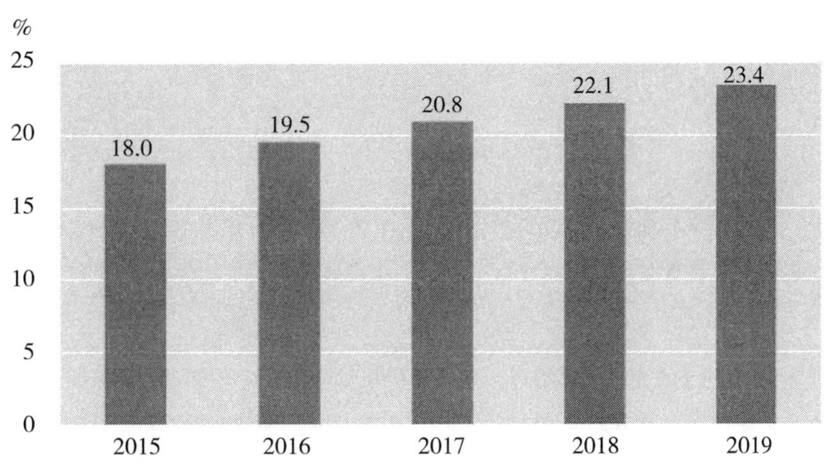

近岸海域1257个海水水质监测点中，达到国家一、二类海水水质标准的监测点占76.6%，三类海水占7.0%，四类、劣四类海水占16.4%。

在监测的337个地级及以上城市中，空气质量达标的城市占46.6%，未达标的城市占53.4%。细颗粒物（PM2.5）未达标城市（基于2015年PM2.5年平均浓度未达标的城市）年平均浓度40微克/立方米，比上年下降2.4%。

在开展城市区域声环境监测的322个城市中，声环境质量好的城市占2.5%，较好的占66.8%，一般的占28.9%，较差的占1.9%。

全年平均气温为10.34℃，比上年上升0.25℃。共有5个台风登陆。

全年农作物受灾面积1926万公顷，其中绝收280万公顷。全年因洪涝和地质灾害造成直接经济损失1923亿元，因旱灾造成直接经济损失457亿元，因低温冷冻和雪灾造成直接经济损失28亿元，因海洋灾害造成直接经济损失117亿元。全年大陆地区共发生5.0级以上地震20次，成灾13次，造成直接经济损失约59亿元。全年共发生森林火灾2345起，受灾森林面积1.4万公顷。

全年各类生产安全事故共死亡29519人。工矿商贸企业就业人员10万人生产安全事故死亡人数1.474人，比上年下降4.7%；煤矿百万吨死亡人数0.083人，下降10.8%。道路交通事故万车死亡人数1.80人，下降6.7%。

注释：

［1］本公报中数据均为初步统计数。各项统计数据均未包括香港特别行政区、澳门特别行政区和台湾省。部分数据因四舍五入的原因，存在总计与分项合计不等的情况。

［2］国内生产总值、三次产业及相关行业增加值、地区生产总值、人均国内生产总值和国民总收入绝对数按现价计算，增长速度按不变价格计算。根据第四次全国经济普查结果，对国内生产总值、三次产业及相关行业增加值等相关指标的历史数据进行了修订。

［3］国民总收入，原称国民生产总值，是指一个国家或地区所有常住单位在一定时期内所获得的初次分配收入总额，等于国内生产总值加上来自国外的初次分配收入净额。

［4］万元国内生产总值能耗按2015年价格计算，根据第四次全国经济普查结果对历史数据进行了修订。

［5］全员劳动生产率为国内生产总值（按2015年价格计算）与全部就业人员的比率，根据第四次全国经济普查结果对历史数据进行了修订。

［6］见注释［2］。

［7］见注释［4］。

［8］见注释［5］。

［9］人户分离的人口是指居住地与户口登记地所在的乡镇街道不一致且离开户口登记地半年及以上的人口。

［10］流动人口是指人户分离人口中扣除市辖区内人户分离的人口。市辖区内人户分离的人口是指一个直辖市或地级市所辖区内和区与区之间，居住地和户口登记地不在同一乡镇街道的人口。

［11］2019年年末，0-14岁（含不满15周岁）人口为23492万人，15-59岁（含不满60周岁）人口为91125万人。

［12］年度农民工数量包括年内在本乡镇以外从业6个月及以上的外出农民工和在本乡镇内从事非农产业6个月及以上的本地农民工。

［13］农产品生产者价格是指农产品生产者直接出售其产品时的价格。

［14］居住类价格包括租赁房房租、住房保养维修及管理、水电燃料等价格。

［15］产能利用率是指实际产出与生产能力（均以价值量计量）的比率。企业的实际产出是指企业报告期内的工业总产值；企业的生产能力是指报告期内，在劳动力、原材料、燃料、运输等保证供给的情况下，生产设备（机械）保持正常运行，企业可实现并能长期维持的产品产出。

［16］由于统计调查制度规定的口径调整、统计执法、剔除重复数据、企业改革剥离、第四次全国经济普查核实调整等因素，2019年规模以上工业企业财务指标增速及变化按可比口径计算。

［17］工业战略性新兴产业包括新一代信息技术产业，高端装备制造产业，新材料产业，生物产业，新能源汽车产业，新能源产业，节能环保产业和数字创意产业等八大产业中的工业相关行业。2019年工业战略性新兴产业增加值增速按可比口径计算。

［18］高技术制造业包括医药制造业，航空、航天器及设备制造业，电子及通信设备制造业，计算机及办公设备制造业，医疗仪器设备及仪器仪表制造业，信息化学品制造业。

［19］装备制造业包括金属制品业，通用设备制造业，专用设备制造业，汽车制造业，铁路、船舶、航空航天和其他运输设备制造业，电气机械和器材制造业，计算机、通信和其他电子设备制造业，仪器仪表制造业。

［20］规模以上服务业统计范围包括年营业收入1000万元及以上，或年末从业人员50人及以上的交通运输、仓储和邮政业，信息传输、软件和信息技术服务业，房地产业（不含房地产开发经营），租赁和商务服务业，科学研究和技术服务业，水利、环境和公共设施管理业，教育，卫生和社会工作；年营业收入500万元及以上，或年末从业人员50人及以上的居民服务、修理和其他服务业，文化、体育和娱乐业法人单位。

［21］战略性新兴服务业包括新一代信息技术产业，高端装备制造产业，新材料产业，生物产业，新能源汽车产业，新能源产业，节能环保产业和数字创意产业等八大产业中的服务业相关行业，以及新技术与创新创业等相关服务业。2019年战略性新兴服务业企业营业收入增速按可比口径计算。

［22］高技术产业投资包括医药制造、航空航天器及设备制造等六大类高技术制造业投资和信息服务、电子商务服务等九大类高技术服务业投资。

［23］工业技术改造投资是指工业企业利用新技术、新工艺、新设备、新材料对现有设施、工艺条件及生产服务

等进行改造提升，实现内涵式发展的投资活动。

［24］网上零售额是指通过公共网络交易平台（主要从事实物商品交易的网上平台，包括自建网站和第三方平台）实现的商品和服务零售额。

［25］东部地区是指北京、天津、河北、上海、江苏、浙江、福建、山东、广东和海南10省（市）；中部地区是指山西、安徽、江西、河南、湖北和湖南6省；西部地区是指内蒙古、广西、重庆、四川、贵州、云南、西藏、陕西、甘肃、青海、宁夏和新疆12省（区、市）；东北地区是指辽宁、吉林和黑龙江3省。

［26］减贫人口等于当年贫困人口减去上年贫困人口，也相当于当年脱贫人口减去当年返贫人口。

［27］贫困发生率是指贫困人口占目标调查人口的比重。

［28］贫困地区包括集中连片特困地区和片区外的国家扶贫开发工作重点县，原共有832个县。2017年开始将新疆阿克苏地区纳入贫困监测范围。

［29］见注释［2］。

［30］2018年部分产品产量数据根据第四次全国经济普查结果进行了修订，2019年产量增速按可比口径计算。

［31］火电包括燃煤发电量，燃油发电量，燃气发电量，余热、余压、余气发电量，垃圾焚烧发电量，生物质发电量。

［32］钢材产量数据中含企业之间重复加工钢材约25200万吨。

［33］少量发电装机容量（如地热等）公报中未列出。

［34］见注释［16］。

［35］见注释［2］。

［36］见注释［2］。

［37］2019年港口统计范围由规模以上港口调整为全国所有港口，相关指标增速按可比口径计算。

［38］交通运输部根据专项调查，调整2019年公路货物运输量、公路货物运输周转量统计口径，数据与上年不可比。

［39］旅客运输总量包括铁路、公路、水运、民航营业性旅客运输量，其中公路旅客运输量占70%以上。近年来，随着人们出行方式的变化，居民自驾出行、网络约车及拼车人数增长较快，分流了公路客运量，导致旅客运输总量下降。

［40］邮政行业业务总量按2010年价格计算。

［41］电信业务总量按2015年价格计算。

［42］固定互联网宽带接入用户是指报告期末在电信企业登记注册，通过xDSL、FTTx+LAN、FTTH/O以及其他宽带接入方式和普通专线接入公众互联网的用户。

［43］固定互联网光纤宽带接入用户是指报告期末在电信企业登记注册，通过FTTH或FTTO方式接入公众互联网的用户。

［44］软件和信息技术服务业包括软件开发，集成电路设计，信息系统集成和物联网技术服务，运行维护服务，信息处理和存储支持服务，信息技术咨询服务，数字内容服务和其他信息技术服务等行业。

［45］根据第四次全国经济普查、统计执法检查和统计调查制度规定，对2018年固定资产投资数据进行修订，2019年增速按可比口径计算。

［46］见注释［25］。

［47］民间固定资产投资是指具有集体、私营、个人性质的内资企事业单位以及由其控股（包括绝对控股和相对

控股）的企业单位建造或购置固定资产的投资。

［48］基础设施投资包括交通运输、邮政业，电信、广播电视和卫星传输服务业，互联网和相关服务业，水利、环境和公共设施管理业投资。

［49］房地产业投资除房地产开发投资外，还包括建设单位自建房屋以及物业管理、中介服务和其他房地产投资。

［50］高速铁路是指线路最大速度200公里/小时及以上的铁路和200公里/小时以下仅运行动车组列车的铁路。

［51］数据为截至2019年年底全国建档立卡贫困户农村危房改造中央任务开工数。

［52］“一带一路”是指“丝绸之路经济带”和“21世纪海上丝绸之路”。

［53］服务进出口按照《国际收支手册（第六版）》标准统计，增速按可比口径计算。

［54］社会融资规模增量是指一定时期内实体经济从金融体系获得的资金额。2019年，社会融资规模统计口径有所调整。

［55］社会融资规模存量是指一定时期末（月末、季末或年末）实体经济从金融体系获得的资金余额。

［56］沪深交易所股票筹资额按上市日统计，筹资额包括了可转债实际转股金额，2018年、2019年可转债实际转股金额分别为80亿元和995亿元。

［57］全国中小企业股份转让系统又称“新三板”，是2012年经国务院批准的全国性证券交易场所。全年全国中小企业股份转让系统挂牌公司累计筹资不含优先股，股票筹资按发行报告书的披露日统计。

［58］公司信用类债券包括非金融企业债务融资工具、企业债券以及公司债、可转债等。

［59］原保险保费收入是指保险企业确认的原保险合同保费收入。

［60］人均收入中位数是指将所有调查户按人均收入水平从低到高（或从高到低）顺序排列，处于最中间位置调查户的人均收入。

［61］全国居民五等份收入分组是指将所有调查户按人均收入水平从高到低顺序排列，平均分为五个等份，处于最高20%的收入群体为高收入组，依此类推依次为中间偏上收入组、中间收入组、中间偏下收入组、低收入组。

［62］服务性消费支出是指调查户用于本家庭生活方面的各种非商品性服务费用。

［63］农村特困人员是指无劳动能力，无生活来源，无法定赡养、抚养、扶养义务人或者其法定义务人无履行义务能力的农村老年人、残疾人以及未满16周岁的未成年人。

［64］临时救助是国家对遭遇突发事件、意外伤害、重大疾病或其他特殊原因导致基本生活陷入困境，其他社会救助制度暂时无法覆盖或救助之后基本生活暂时仍有严重困难的家庭或个人给予的应急性、过渡性的救助。

［65］社会服务床位数除收养性机构外，还包括救助类机构、社区类机构的床位。

［66］国家级科技企业孵化器是指符合《科技企业孵化器管理办法》规定的，以促进科技成果转化、培育科技企业和企业家精神为宗旨，提供物理空间、共享设施和专业化服务的科技创业服务机构，且经过科技部批准认定的科技企业孵化器。

［67］国家备案众创空间是指符合《发展众创空间工作指引》规定的新型创新创业服务平台，且按照《国家众创空间备案暂行规定》经科技部火炬中心审核备案的众创空间。

［68］PCT专利申请受理量是指国家知识产权局作为PCT专利申请受理局受理的PCT专利申请数量。PCT(Patent Cooperation Treaty)即专利合作条约，是专利领域的一项国际合作条约。

［69］制造业产品质量合格率是指以产品质量检验为手段，按照规定的方法、程序和标准实施质量抽样检测，判

定为质量合格的样品数占全部抽样样品数的百分比，统计调查样本覆盖制造业的29个行业。

[70]中等职业教育包括普通中专、成人中专、职业高中和技工学校。

[71]总流通人次是指本年度内到图书馆场馆接受图书馆服务的总人次，包括借阅书刊、咨询问题以及参加各类读者活动等。

[72]特种影片是指采用与常规影院放映在技术、设备、节目方面不同的电影展示方式，如巨幕电影、立体电影、立体特效（4D）电影、动感电影、球幕电影等。

[73]人均图书拥有量是指在一年内全国平均每人能拥有的当年出版图书册数。

[74]总诊疗人次指所有诊疗工作的总人次数，包括门诊、急诊、出诊、预约诊疗、单项健康检查、健康咨询指导（不含健康讲座）人次。

[75]出院人数指报告期内所有住院后出院的人数，包括医嘱离院、医嘱转其他医疗机构、非医嘱离院、死亡及其他人数，不含家庭病床撤床人数。

[76]体育场地相关数据来源于第七次全国体育场地普查结果，体育场地普查调查对象不包括军队、铁路系统所属体育场地，数据为截至2018年底。

[77]体育场地面积指体育训练、比赛、健身场地的有效面积。

[78]国有建设用地供应总量是指报告期内市、县人民政府根据年度土地供应计划依法以出让、划拨、租赁等方式与用地单位或个人签订出让合同或签发划拨决定书、完成交易的国有建设用地总量。

[79]房地产用地是指商服用地和住宅用地的总和。

[80]万元国内生产总值用水量、万元工业增加值用水量按2015年价格计算。

[81]根据第四次全国经济普查结果，对能源消费总量等相关指标历史数据进行了修订。

资料来源：

本公报中户籍人口城镇化率、民用汽车、道路交通事故数据来自公安部；城镇新增就业、登记失业率、社会保障、技工学校数据来自人力资源和社会保障部；外汇储备、汇率数据来自国家外汇管理局；市场主体、质量检验、国家标准制定修订、制造业产品质量合格率数据来自国家市场监督管理总局；减税降费数据来自国家税务总局；水产品产量、新增高效节水灌溉面积数据来自农业农村部；木材产量、造林面积、森林抚育面积、国家级自然保护区数据来自国家林业和草原局；新增耕地灌溉面积、水资源、新增水土流失治理面积数据来自水利部；发电装机容量、新增220千伏及以上变电设备、电力消费量数据来自中国电力企业联合会；港口货物吞吐量、港口集装箱吞吐量、公路运输、水运、新改建公路里程、港口万吨级码头泊位新增通过能力数据来自交通运输部；铁路运输、新建铁路投产里程、增新建铁路复线投产里程、电气化铁路投产里程数据来自中国国家铁路集团有限公司；民航、新增民用运输机场数据来自中国民用航空局；管道数据来自中国石油天然气集团有限公司、中国石油化工集团有限公司、中国海洋石油集团有限公司；邮政业务数据来自国家邮政局；通信业、软件业务收入、新增光缆线路长度等数据来自工业和信息化部；棚户区改造、农村地区建档立卡贫困户危房改造数据来自住房和城乡建设部；货物进出口数据来自海关总署；服务进出口、外商直接投资、对外直接投资、对外承包工程、对外劳务合作等数据来自商务部；财政数据来自财政部；货币金融、公司信用类债券数据来自中国人民银行；境内交易场所筹资数据来自中国证券监督管理委员会；保险业数据来自中国银行保险监督管理委员会；医疗保险、生育保险、资助参加基本医疗保险、实施门诊和住院救助数据来自国家医疗保障局；城乡低保、农村特困人员救助供养、临时救助、社会服务数据来自民政部；优抚对象数据来自退役军人事务部；国家科技重大专项、国家重点实验室、国家科技成果转化引导基金、国家级科技企业孵化器、国家备案众创空间、技术合同等数据来自科学技术部；国家自然科学基金项目数据来自国家自然科学基金委员会；国家工程研究中心、国家工程实验室、国家企业技术中心等数据来自国家发展和改革委员会；专利、商标数据来自国家知识产权局；宇航发射数据来自国家国防科技工业局；教育数据来自教育部；艺术表演团体、博物馆、公共图书馆、文化馆、图书、旅游数据来自文化和旅游部；电视、广播数据来自国家广播电视总局；电影数据来自国家电影局；报纸、期刊数据来自国家新闻出版署；档案数据来自国家档案局；居民出境数据来自国家移民管理局；医疗卫生数据来自国家卫生健康委员会；体育数据来自国家体育总局；残疾人运动员数据来自中国残疾人联合会；国有建设用地供应、海洋灾害造成直接经济损失数据来自自然资源部；万元国内生产总值二氧化碳排放、环境监测等数据来自生态环境部；平均气温、登陆台风数据来自中国气象局；农作物受灾面积、洪涝和地质灾害造成直接经济损失、旱灾造成直接经济损失、低温冷冻和雪灾造成直接经济损失、森林火灾、受灾森林面积、安全生产数据来自应急管理部；地震次数、地震灾害造成直接经济损失数据来自中国地震局；其他数据均来自国家统计局。

2019年甘肃省国民经济和社会发展统计公报

甘肃省统计局　国家统计局甘肃调查总队

2020年3月20日

2019年，面对错综复杂的国内外经济环境，在省委省政府的坚强领导下，全省各级各部门以习近平新时代中国特色社会主义思想为指导，深入贯彻落实习近平总书记对甘肃重要讲话和指示精神，全面贯彻党的十九大和十九届二中、三中、四中全会精神，坚持稳中求进工作总基调，坚持以供给侧结构性改革为主线，坚持新发展理念，积极推动高质量发展，全力做好“六稳”工作，统筹推进稳增长、促改革、调结构、惠民生、防风险、保稳定，落实落细“四补”稳增长措施，全省经济运行保持总体平稳、稳中向好的发展态势，人民生活福祉持续改善，各项社会事业繁荣发展，为全面建成小康社会奠定了坚实基础。

一、综合

初步核算，全年全省地区生产总值8718.3亿元，比上年增长6.2%。其中，第一产业增加值1050.5亿元，增长5.8%；第二产业增加值2862.4亿元，增长4.7%；第三产业增加值4805.4亿元，增长7.2%。三次产业结构比为12.05：32.83：55.12。按常住人口计算，人均地区生产总值32995元，比上年增长5.7%。全员劳动生产率53019元/人，增长6.3%。

全年全省十大生态产业增加值2061.9亿元，比上年增长7.8%，占全省地区生产总值的23.7%。

年末全省常住人口2647.43万人，比上年末增加10.17万人。其中，城镇人口1283.74万人，占常住人口比重（常住人口城镇化率）为48.49%，比上年末提高0.8个百分点。全年出生人口28.06万人，出生率为10.60‰；死亡人口17.87万人，死亡率为6.75‰；人口自然增长率为3.85‰。

表1　2019年甘肃省年末人口数及其构成

指　标	年末数（万人）	比重（%）
常住人口	2647.43	
其中：城镇	1283.74	48.49
乡村	1363.69	51.51
其中：男性	1350.19	51.00
女性	1297.24	49.00
其中：0–14岁	461.18	17.42
15–64岁	1878.88	70.97
65岁及以上	307.37	11.61

年末全省就业人员1549.45万人，其中城镇就业人员656.66万人。全年城镇新增就业39.22万人，其中失业人员再就业16.2万人。城镇登记失业率为3.0%。全年输转城乡富余劳动力518.5万人，其中，省外输转191.1万人，省内输转327.4万人。

全年居民消费价格比上年上涨2.3%。商品零售价格上涨1.9%。工业生产者出厂价格下降1.7%。工业生产者购进价格下降1.0%。固定资产投资价格上涨2.6%。农产品生产者价格上涨9.9%。农业生产资料价格上涨1.1%。

表2　2019年甘肃省居民消费价格比上年涨跌幅度

单位：%

指　标	全省	城市	农村
居民消费价格	2.3	2.2	2.4
其中：食品烟酒	5.4	5.3	5.4
衣着	0.7	0.9	0.2
居住	1.7	0.6	3.7
生活用品及服务	0.8	0.9	0.6
交通和通信	–1.0	–0.6	–1.8
教育文化和娱乐	0.7	1.0	0.0
医疗保健	2.0	2.5	1.3
其他用品和服务	2.8	2.9	2.7

按照每人每年3218元（2010年不变价）的农村贫困标准计算，年末全省农村贫困人口46万人，比上年末减少75万人；贫困发生率2.2%，比上年下降3.6个百分点。全年贫困地区农村居民人均可支配收入8591.7元，比上年增长11.8%。

二、农业

全年全省粮食种植面积258.1万公顷，比上年减少6.4万公顷。油料种植面积29.0万公顷，减少3.6万公顷。蔬菜种植面积38.1万公顷，增加2.9万公顷。中药材种植面积27.1万公顷，增加3.7万公顷。果园面积31.9万公顷，增加0.5万公顷。

全年粮食产量1163万吨，比上年增产1.0%。其中，夏粮产量328万吨，增产2.0%；秋粮产量835万吨，增产0.6%。

全年蔬菜产量1388.8万吨，比上年增产7.4%。园林水果产量438.5万吨，增产18.5%。中药材产量113.2万吨，增产11.1%。

全年肉类产量101.7万吨，比上年增长0.5%。牛奶产量44.1万吨，增长8.9%。年末牛存栏458.2万头，增长4.0%；牛出栏214.8万头，增长6.4%。羊存栏1987.1万只，增长5.4%；羊出栏1548.2万只，增长5.8%。生猪存栏480.3万头，下降11.9%；生猪出栏648.7万头，下降6.2%。

表3　2019年甘肃省主要农产品产量及其增长速度

产品名称	产量（万吨）	比上年增长（%）
粮食	1163	1.0
夏粮	328	2.0
秋粮	835	0.6
#小麦	281.1	0.2
玉米	594.1	0.7
薯类	206.9	2.2
油料	63.2	–10.3
#油菜籽	35.6	0.2
棉花	3.3	–7.5
甜菜	26.5	5.2
烟叶	0.5	–10.4
中药材	113.2	11.1
园林水果	438.5	18.5
蔬菜	1388.8	7.4
肉类	101.7	0.5
#猪肉	48.0	–5.2
牛肉	22.7	6.3
羊肉	25.0	5.9
禽肉	4.8	7.1
牛奶	44.1	8.9
禽蛋	15.1	7.1
水产品	1.4	1.4

三、工业和建筑业

全年全省全部工业增加值2319.7亿元，比上年增长4.9%。规模以上工业增加值增长5.2%。在规模以上工业中，分经济类型看，国有及国有控股企业增加值增长4.8%；集体企业下降16.1%，股份制企业增长4.3%，外商及港澳台投资企业增长9.9%；私营企业增长14.6%。分隶属关系看，中央企业增长4.2%，省属企业增长5.2%，省以下地方企业增长7.4%。分轻重工业看，轻工业增长1.9%，重工业增长5.7%。分门类看，采矿业增长7.9%，制造业增长3.9%，电力、热力、燃气及水生产和供应业增长6.5%。

表4 2019年甘肃省规模以上工业分行业增加值

行 业	比上年增长（%）	占规模以上工业增加值比重（%）
全 省	5.2	100.0
煤炭工业	4.6	5.9
电力工业	6.3	15.8
冶金工业	7.3	7.6
有色工业	9.5	9.9
石化工业	2.8	32.3
机械工业	4.0	3.5
电子工业	11.3	1.8
食品工业	3.0	10.7
建材工业	8.5	8.1
纺织工业	-8.8	0.2
医药工业	1.8	2.6
其他工业	13.9	1.4

表5 2019年甘肃省主要工业产品产量及其增长速度

产品名称	单位	产量	比上年增长（%）
卷烟	万箱	94.3	0.0
原煤	万吨	3663.1	1.3
原油	万吨	903.5	5.1
天然气	亿立方米	1.6	-30.4
原油加工量	万吨	1465.6	1.8
发电量	亿千瓦时	1479.6	2.2
#火力发电量	亿千瓦时	785.3	-2.0
水力发电量	亿千瓦时	377.2	8.7
铁矿石原矿	万吨	896.0	-0.1
电石	万吨	80.2	-3.5
水泥	万吨	4409.5	14.2
生铁	万吨	659.1	5.4
粗钢	万吨	877.8	9.4
钢材	万吨	936.7	13.7
十种有色金属	万吨	329.0	-1.9
#铜	万吨	58.0	7.7
铅	万吨	2.8	-0.8
锌	万吨	35.7	6.7
铝	万吨	217.8	-5.9
集成电路	亿块	389.9	22.7

年末全省发电装机容量5265.9万千瓦，比上年末增长3.0%。其中，火电装机容量2104.1万千瓦，增长2.0%；水电装机容量943.1万千瓦，增长1.7%；风电装机容量1297.2万千瓦，增长1.2%；太阳能发电装机容量921.5万千瓦，增长9.8%。

全年规模以上工业企业利润251.8亿元，比上年下降10.8%，其中国有及国有控股企业利润183.5亿元，增长6.3%。规模以上工业企业每百元营业收入中的成本为86.91元。年末规模以上工业企业资产负债率为62.7%，营业收入利润率为2.75%。

全年建筑业增加值553.0亿元，比上年增长3.6%。年末具有资质的总承包和专业承包建筑业企业1814个，比上年末增加243个。

四、服务业

全年全省交通运输、仓储和邮政业增加值438.4亿元，比上年增长8.0%；批发和零售业增加值646.3亿元，增长7.9%；住宿和餐饮业增加值158.3亿元，增长9.3%；金融业增加值862.3亿元，增长10.6%；房地产业增加值470.5亿元，增长4.7%。规模以上服务业企业营业收入比上年增长4.9%。

全年各种运输方式完成货物运输周转量2710.6亿吨公里，比上年增长3.9%；旅客运输周转量674.7亿人公里，增长2.4%。甘肃省民航机场集团完成旅客吞吐量1796.4万人次，比上年增长11.6%；货邮吞吐量7.5万吨，增长18.6%。年末全省公路里程15.1万公里，其中等级公路14.6万公里。

表6　2019年甘肃省主要运输方式完成货物、旅客运输量及其增长速度

指　标	单　位	绝对数	比上年增长（%）
货物运输总量	万吨	73748.0	4.8
#铁路	万吨	5365.7	-11.8
公路	万吨	68365.2	6.4
货物运输周转量	亿吨公里	2710.6	3.9
#铁路	亿吨公里	1516.7	1.7
公路	亿吨公里	1193.8	6.7
旅客运输总量	万人次	42321.3	-0.1
#铁路	万人次	5968.9	9.1
公路	万人次	36084.6	-1.5
旅客运输周转量	亿人公里	674.7	2.4
#铁路	亿人公里	419.1	4.4
公路	亿人公里	227.8	-2.3

年末全省民用汽车保有量364.1万辆，比上年末增长1.6%，其中私人汽车保有量311.4万辆，增长0.9%。民用轿车保有量162.0万辆，增长8.5%，其中私人轿车保有量143.6万辆，增长8.9%。

全年完成邮政行业业务总量38.6亿元，比上年增长24.4%。邮政业全年完成邮政函件业务722.0万件；包裹业务70.8万件；快递业务量1.04亿件，增长16.4%；快递业务收入22.6亿元，增长20.1%。全年完成电信业务总量1958.9亿元，增长64.3%。年末电话用户3082.9万户，其中移动电话用户2751.2万户，4G移动电话用户2205.4万户。移动电话普及率104.3部/百人，比上年增加0.1部/百人。固定互联网宽带接入用户870.7万户，其中固定互联网光纤宽带接入用户830.2万户，移动宽带用户2323.1万户。全年移动互联网用户接入流量22.7亿GB，比上年增长72.8%。年末互联网宽带接入端口1405.8万个，增长23.0%。移动宽带接入用户普及率90.8部/百人，固定宽带接入用户普及率33.0部/百人。

五、国内贸易和对外经济

全年全省社会消费品零售总额3700.3亿元，比上年增长7.7%。按经营地统计，城镇消费品零售额3055.3亿元，增长7.4%；乡村消费品零售额645.0亿元，增长9.0%。按消费形态统计，商品零售额3249.9亿元，增长7.5%；餐饮收入额450.3亿元，增长9.1%。

在限额以上单位商品零售额中，粮油、食品类零售额比上年增长17.4%，烟酒类增长1.8%，化妆品类增长14.6%，金银珠宝类增长1.1%，日用品类增长4.2%，中西药品类增长1.3%，汽车类增长1.6%，服装、鞋帽、针纺织品类下降2.4%，家用电器和音像器材类下降14.3%，石油及制品类下降0.1%。限额以上批零住餐企业通过公共网络实现零售额增长40.3%。

全年进出口总额379.9亿元，比上年下降3.9%。其中，出口131.4亿元，下降10.0%；进口248.5亿元，下降0.4%。对"一带一路"沿线国家进出口总额200.9亿元，比上年增长2.8%，占全省进出口总额的52.9%。其中，出口61.6亿元，下降14.1%；进口139.3亿元，增长12.6%。

全年外商直接投资合同项目17个，外商直接投资实际使用金额8205万美元，比上年增长62.8%。对外承包工程完成营业额35169万美元，增长33.0%。对外承包工程新签合同金额33380万美元，增长1.6%。

六、固定资产投资

全年全省固定资产投资比上年增长6.6%。按三次产业分，第一产业投资下降9.7%；第二产业投资增长23.8%，其中工业投资增长24.4%；第三产业投资增长4.3%。基础设施投资增长2.4%。民间固定资产投资增长4.8%。

全年项目投资比上年增长4.2%。其中，制造业投资增长24.8%，电力、热力、燃气及水生产和供应业投资增长27.3%，交通运输、仓储和邮政业投资增长21.1%，水利、环境和公共设施管理业投资下降20.8%。

表7　2019年甘肃省分行业项目投资情况

行　业	比上年增长（%）	占项目投资比重（%）
项目投资	4.2	100.0
农林牧渔业	-9.7	5.5

行　业	比上年增长（%）	占项目投资比重（%）
采矿业	14.6	3.0
制造业	24.8	11.5
电力、热力、燃气及水生产和供应业	27.3	10.1
建筑业	–69.4	0.04
批发和零售业	–12.9	1.9
交通运输、仓储和邮政业	21.1	29.0
住宿和餐饮业	–6.3	1.1
信息传输、软件和信息技术服务业	–25.2	1.2
金融业	–58.6	0.03
房地产业	–1.2	10.0
租赁和商务服务业	8.6	2.0
科学研究和技术服务业	33.0	0.7
水利、环境和公共设施管理业	–20.8	13.6
居民服务和其他服务业	31.3	0.3
教育	8.1	3.9
卫生、社会保障和社会福利业	–1.2	2.3
文化、体育和娱乐业	–9.4	2.7
公共管理和社会组织	–48.8	1.1

全年房地产开发投资比上年增长12.7%，其中住宅投资增长28.8%。房屋施工面积10977.3万平方米，增长16.4%，其中住宅施工面积7473.3万平方米，增长21.2%。在房屋施工面积中,房屋新开工面积3307.3万平方米，增长35.4%，其中住宅新开工面积2406.6万平方米，增长49.3%。房屋竣工面积674.1万平方米，下降10.4%，其中住宅竣工面积470.5万平方米，下降5.6%。商品房销售面积1705.3万平方米，增长6.9%，其中住宅销售面积1569.2万平方米，增长9.1%。

全年城镇棚户区住房改造开工18.27万套，棚户区改造基本建成12.35万套。农村危房改造3.92万户，其中农村地区建档立卡贫困户危房改造2.13万户。

七、财政金融

全年全省一般公共预算收入850.2亿元，比上年下降2.4%；考虑政策性减税因素，同口径增长

5.2%。其中，税收收入577.6亿元，下降5.4%；非税收入272.6亿元，增长4.6%。从主体税种看，国内增值税276.6亿元，下降5.7%；企业所得税64.8亿元，下降13.2%；个人所得税20.3亿元，下降33.5%。一般公共预算支出3956.7亿元，增长4.9%。其中，民生支出3185.1亿元，增长6.0%。扶贫支出331.1亿元，增长3.9%。

年末全省金融机构本外币各项存款余额19768.5亿元，比上年末增长5.8%，其中人民币各项存款余额19717.0亿元，增长6.2%。金融机构本外币各项贷款余额20677.9亿元，增长6.7%，其中人民币各项贷款余额20424.3亿元，增长7.0%。

表8　2019年甘肃省金融机构本外币各项存贷款余额及其增长速度

指标	年末数（亿元）	比上年末增长（%）
金融机构本外币各项存款余额	19768.5	5.8
#境内存款	19757.9	5.9
#住户存款	11181.9	12.4
非金融企业存款	4940.3	0.4
广义政府存款	3182.0	–3.6
金融机构本外币各项贷款余额	20677.9	6.7
#境内贷款	20530.9	6.7
#住户贷款	5464.2	7.9
非金融企业及机关团体贷款	15065.7	6.2

年末全省境内上市公司33家，与上年末持平。股票总市值2159.4亿元，增长20.3%。全年发行、配售股票筹集资金16.6亿元。

全年保险公司原保险保费收入444.3亿元，比上年增长11.4%；支付各类赔款及给付151.6亿元，增长9.0%。

表9　2019年甘肃省保险业务情况

指标	绝对数（亿元）	比上年增长（%）
原保险保费收入	444.3	11.4
财产险	138.0	9.7
人身险	306.3	12.1
支付各类赔款及给付	151.6	9.0
财产险	109.1	18.8
人身险	42.4	1.1

八、居民收入消费和社会保障

全年全省城镇居民人均可支配收入32323.4元，比上年增长7.9%；农村居民人均可支配收入9628.9元，增长9.4%。

全年全省城镇居民人均消费支出24453.9元，比上年增长8.2%；农村居民人均消费支出9693.9元，增长6.9%。城镇居民恩格尔系数为28.6%，农村居民恩格尔系数为29.2%。

表10　2019年甘肃省城乡居民家庭人均收支情况

指标	城镇		农村	
	绝对数（元）	比上年增长（%）	绝对数（元）	比上年增长（%）
可支配收入	32323.4	7.9	9628.9	9.4
工资性收入	21707.5	8.9	2769.2	9.3
经营净收入	2483.9	6.4	4322.0	13.0
财产净收入	2539.2	0.5	129.5	-38.8
转移净收入	5592.8	8.3	2408.2	7.8
生活消费支出	24453.9	8.2	9693.9	6.9
食品烟酒	6996.1	7.8	2827.0	4.9
衣着	1920.1	0.7	551.9	-1.1
居住	5621.8	11.1	1866.9	8.2
生活用品及服务	1455.0	0.6	577.6	12.4
交通通信	3050.2	24.6	1195.5	10.9
教育文化娱乐	2554.8	4.7	1330.5	10.7
医疗保健	2224.2	0.8	1183.0	4.5
其他用品和服务	631.7	4.6	161.5	0.9

年末全省共有40万人享受城市居民最低生活保障，138万人享受农村居民最低生活保障，9.3万人享受农村特困人员救助供养。

年末全省共有各类社区养老机构和设施7829个。其中，社区服务指导中心13个，社区服务中心589个，社区服务站2377个，社区养老照料机构和设施955个，社区互助型养老设施3631个。

九、科学技术和教育

全省共有国家工程技术研究中心5个，国家级企业技术中心25家。全年登记省级科技成果1479项，其中，基础理论504项，应用技术类成果922项，软科学53项。获得奖励152项。专利申请量27637件，比上年下降0.88%；专利授权量14894件，增长6.71%，其中发明专利授权量1154件，下降9.84%。有效发明专利7432件，每万人口发明专利拥有量2.82件。共签订技术合同5921项，增长16.7%；技术合同成交金额196.42亿元，增长8.6%。

全年研究生教育招生1.51万人，在学研究生4.25万人，毕业生1.04万人。普通本专科招生17.1万人，在校生52.49万人，毕业生12.33万人。中等职业教育招生7.61万人，在校生18.67万人，毕业生5.97万人。普通高中招生17.2万人，在校生52.63万人，毕业生19.36万人。初中招生30万人，在校生88.18万人，毕业生28.59万人。普通小学招生35.24万人，在校生194.14万人，毕业生30.36万人。特殊教育招生0.38万人，在校生1.93万人。幼儿园在园幼儿93.28万人。

十、文化旅游、卫生健康和体育

年末全省广播节目综合人口覆盖率98.57%，比上年末提高0.12个百分点；电视节目综合人口覆盖率98.9%，提高0.09个百分点。

全年接待国内游客3.7亿人次，比上年增长24.0%；国内旅游收入2676亿元，增长30.0%。接待入境游客19.82万人次，增长98.0%。其中，接待外国游客11.37万人次，增长99.8%；接待港澳台同胞8.45万人次，增长95.6%。国际旅游外汇收入5904.6万美元，增长108.7%。旅游人均花费716元，比上年增加34元。

年末全省共有医疗卫生机构26692个。其中医院718个，医院中有综合医院381个，中医医院123个，专科医院165个；基层医疗卫生机构24758个，其中，社区卫生服务中心(站)675个，卫生院1379个，村卫生室16458个；专业公共卫生机构1123个，其中，疾病预防控制中心103个，妇幼保健院(所、站)99个，卫生监督所（中心）94个，计划生育技术服务机构784个。年末卫生技术人员17.88万人。其中，执业医师和执业助理医师6.29万人，注册护士7.95万人。医疗卫生机构床位17.26万张。其中，医院13.43万张，卫生院2.79万张。全年总诊疗人次12732.2万人次，出院人数520.9万人。

全省共有体育场地61439个，体育场地面积3721.37万平方米，人均体育场地面积1.41平方米。全年体育获得各类奖牌296枚，其中金牌78枚。

十一、资源、环境和应急管理

全年全省水资源总量326.36亿立方米。人均水资源量1232立方米，比上年下降8.0%。年末全省大中型水库蓄水总量46.85亿立方米，比上年末下降6.8%。全年总用水量106.96亿立方米，比上年下降4.8%。其中，生活用水量9.06亿立方米，下降0.5%；工业用水量8.7亿立方米，下降5.9%；农业用水量84.82亿立方米，下降4.9%；生态用水量7.37亿立方米，增长57.8%。人均用水量415立方米，下降5.7%。

全省共有自然保护区56个，其中国家级自然保护区21个。国家地质公园12个，省级地质公园24个。

全年全省规模以上工业能源消费量4708.1万吨标准煤，比上年下降2.7%。六大高耗能行业能源消费量4293.5万吨标准煤，下降2.3%。

省内38个地表水监测断面中，达到或优于Ⅲ类断面比例为94.7%。全年全省14个市州空气质量优良天数比率为93.1%，比上年提高4.5个百分点。省内监测的14个城市中，城市区域声环境评价（昼间）总体较好，14个城市区域声环境质量等级均为二级。

全年全省平均气温为8.9℃，与上年持平。年日照小时数2200小时，比上年减少134小时。年降水量491.1毫米，比上年减少23.8毫米。全省气象雷达观测站点8个，卫星云图接收站点10个。

全省共有地震台站（点）427个，其中，有人值守的地震监测台站27个，无人值守的地震监测台站（点）400个。

全年农作物受灾面积16.14万公顷，比上年下降69.84%；农作物成灾面积9.92万公顷，下降71.7%。全年实际发生地质灾害33起，造成直接经济损失28678.91万元，下降41.1%。各类自然灾害造成直接经济损失57.43亿元。

全年共发生各类生产安全事故843起，比上年下降11.7%；死亡709人，下降8.6%；受伤617人，下降13.2%；直接经济损失1.65亿元，下降14.6%。亿元地区生产总值生产安全事故死亡人数为0.081人，下降13.6%；工矿商贸企业就业人员10万人生产安全事故死亡人数2.92人，增长8.6%；煤矿百万吨死亡人数0.244人，增长75.5%；十二类营运车辆道路交通事故万车死亡人数11.66人，下降6.2%。

注：

1.本公报各项数据均为初步统计数，正式数据以《甘肃发展年鉴2020》为准。部分数据因四舍五入的原因，存在着总计与分项合计不等的情况。

2.地区生产总值、三次产业及相关行业增加值和人均地区生产总值绝对数按现价计算，增长速度按不变价格计算。

3.全员劳动生产率为地区生产总值（按2015年价格计算）与全部就业人员的比率。

4.农产品生产者价格是指农产品生产者直接出售其产品时的价格。

5.减贫人口等于当年贫困人口减去上年贫困人口，也相当于当年脱贫人口减去当年返贫人口。

6.贫困发生率是指贫困人口占目标调查人口的比重。

7.工业增加值、利润、原油、天然气产量含长庆油田甘肃境内部分。

8.主要工业产品产量中发电量数据为规模以上工业企业发电量。

9.规模以上工业企业财务指标增速及变化按可比口径计算。

10.规模以上服务业统计范围包括年营业收入1000万元及以上，或年末从业人员50人及以上的交通运输、仓储和邮政业，信息传输、软件和信息技术服务业，房地产业（不含房地产开发经营），租赁和商务服务业，科学研究和技术服务业，水利、环境和公共设施管理业，教育，卫生和社会工作；年营业收入500万元及以上，或年末从业人员50人及以上的居民服务、修理和其他服务业，文化、体育和娱乐业法人单位。

11.邮政业务总量按2010年不变价格计算。

12.电信业务总量按2015年不变价格计算。

13.“一带一路”是指“丝绸之路经济带”和“21世纪海上丝绸之路”。

14.基础设施投资包括交通运输、邮政业，电信、广播电视和卫星传输服务业，互联网和相关服务业，水利、环境和公共设施管理业投资（其中不含土地管理业）。

15.民间固定资产投资是指具有集体、私营、个人性质的内资企事业单位以及由其控股（包括绝对控股和相对控股）的企业单位建造或购置固定资产的投资。

16.原保险保费收入是指保险企业确认的原保险合同保费收入。

17.体育场地相关数据来源于第七次全国体育场地普查结果，体育场地普查调查对象不包括军队、铁路系统所属体育场地，数据为截至2018年年底。

18.资料来源：本公报中城镇登记失业率、城镇新增就业人员数据来自甘肃省人力资源和社会保障厅；发电装机容量数据来自甘肃省电力公司；财政数据来自甘肃省财政厅；进出口数据来自兰州海关；利用外资数据来自甘肃省商务厅；交通运输数据来自甘肃省交通运输厅、甘肃省公安厅交警总队、中国铁路兰州局集团有限公司、甘肃省民航机场集团、东航甘肃分公司；邮政数据来自甘肃省邮政管理局；通信数据来自甘肃省通信管理局；棚户区改造、农村地区建档立卡贫困户危房改造数据来自甘肃省住房和城乡建设厅；旅游数据来自甘肃省文化和旅游厅；金融数据来自中国人民银行兰州中心支行；保险数据来自中国保监会甘肃监管局；证券数据来自中国证监会甘肃监管局；城乡低保、农村特困人员救助供养、社会服务数据来自甘肃省民政厅；教育数据来自甘肃省教育厅；除国家级企业技术中心数据外，其他科技数据来自甘肃省科技厅；专利数据来自甘肃省市场监督管理局（知识产权局）；广播、电视数据来自甘肃省广播电视局；卫生数据来自甘肃省卫生健康委员会；体育数据来自甘肃省体育局；用水量数据来自甘肃省水利厅；自然灾害、安全生产数据来自甘肃省应急管理厅；自然保护区、地质公园数据来自甘肃省林业和草原局；环境监测数据来自甘肃省生态环境厅；地质灾害数据来自甘肃省自然资源厅；气象数据来自甘肃省气象局；地震数据来自甘肃省地震局。

2019年兰州市国民经济和社会发展统计公报

兰州市统计局　国家统计局兰州调查队

2020年3月27日

2019年，是习近平总书记时隔六年再次视察兰州，也是兰州发展历程中意义非凡的一年。全市上下坚持以习近平新时代中国特色社会主义思想为指导，深入贯彻党的十九大和十九届二中、三中、四中全会精神，全面落实习近平总书记在甘肃重要讲话和指示精神，始终坚持新发展理念，积极应对错综复杂的国内外经济环境，坚持稳中求进工作总基调，落实高质量发展要求，着力做好“六稳”工作，落实落细“五个补”稳增长硬措施，全市经济运行总体平稳，民生保障稳步提升，各项社会事业繁荣发展，为全面建成小康社会奠定了坚实基础。

一、综合

初步核算，全年全市地区生产总值2837.36亿元，比上年增长6%。其中，第一产业增加值51.68亿元，增长5.5%；第二产业增加值945.38亿元，增长1.9%；第三产业增加值1840.3亿元，增长8.4%。三次产业结构比为1.82：33.32：64.86。按常住人口计算，人均地区生产总值75217元，比上年增长5.1%。

年末全市户籍人口为331.92万人，其中，城镇人口235.72万人，乡村人口96.2万人。年末全市常住人口379.09万人，比上年末增加3.73万人。其中，城镇人口307.21万人，占常住人口比重（常住人口城镇化率）为81.04 %，比上年末提高 0.01 个百分点。全年出生人口3.41万人，出生率为9.0‰；死亡人口2.1万人，死亡率为5.53‰；人口自然增长率为3.47‰。

表1　2019年兰州市年末人口数及其构成

指　标	年末数（万人）	比重（%）
全市常住人口	379.09	
其中：城镇	307.21	81.04
乡村	71.88	18.96
其中：男性	192.58	50.8
女性	186.51	49.2
其中：0–14岁	54.06	14.26
15–64岁	274.23	72.34
65岁及以上	50.8	13.4

年末全市就业人员230.86万人，其中城镇就业人员165.46万人。全年城镇新增就业9.36万人，其中失业人员再就业3.75万人。年末城镇登记失业率为3.38%。全年输转城乡富余劳动力25.94万人，创劳务收入64.17亿元。

全年居民消费价格累计上涨2.2%。其中，食品烟酒上涨5.6%，衣着上涨1.3%，生活用品及服务上涨1.2%，医疗保健上涨2.5%，教育文化和娱乐上涨0.8%，其他用品和服务上涨2.5%，交通和通信下降0.4%，居住下降0.1%。商品零售价格累计上涨2.0%。

表2 2019年兰州市居民消费价格

类 别	累计指数（%）
居民消费价格总指数	102.2
商品零售价格总指数	102.0
服务项目价格指数	100.5
食品	108.0
其中：粮食	100.8
食用油	102.5
畜肉类	120.3
禽肉类	115.9
蛋类	106.3
水产品	100.8
菜	105.3
糖果糕点	100.7
干鲜瓜果类	113.4
奶类	101.6
在外餐饮	101.4

按照每人每年3800元（2010年不变价）的农村贫困标准计算，年末全市农村贫困人口为0.38万人，比上年末减少1.02万人；农村贫困发生率0.32%，比上年下降0.9个百分点。

二、农业

全年全市粮食作物播种面积114.61万亩，比上年减少2.67万亩。油料播种面积13.63万亩，增加1.55万亩。蔬菜播种面积82.96万亩，增加5.04万亩。中药材播种面积13.78万亩，增加2万亩。果园面积13.40万亩，减少0.21万亩。

全年粮食产量30.33万吨，增产1.88%。其中，夏粮产量9.71万吨，增产0.71%；秋粮产量20.62万吨，增产2.44%。

全年蔬菜产量180.49万吨，比上年增产8.14%。园林水果产量13.22 万吨，增产12.72%。中药材产量3.26万吨，增产2.92%。

全年肉类产量4.30万吨，比上年下降6.82%。牛奶产量8.47万吨，增长7.15%。年末大牲畜存栏7.06万头，比上年末下降5.3%，其中牛存栏4.95万头，下降3.7%；羊存栏67.9万只，增长3.90%；生猪存栏37.74万头，增长1.74%。牛出栏1.07万头，下降10.05%；羊出栏38.39万只，增长6.12%。生猪出栏40.77万头，下降4.18%。

表3　2019年兰州市主要农产品产量及其增长速度

产品名称	单　位	产　量	比上年增长（%）
粮食	万吨	30.33	1.88
#夏粮	万吨	9.71	0.71
秋粮	万吨	20.62	2.44
#小麦	万吨	7.86	-0.12
玉米	万吨	13.81	4.71
油料	万吨	1.81	11.21
#油菜籽	万吨	0.43	-7.31
中药材	万吨	3.26	2.92
园林水果	万吨	13.22	12.72
蔬菜	万吨	180.49	8.14
肉类	万吨	4.30	-6.82
#猪肉	万吨	2.94	-4.18
牛肉	万吨	0.11	-9.62
羊肉	万吨	0.70	11.92
禽肉	万吨	0.54	-31.63
牛奶	万吨	8.47	7.15
水产品	万吨	0.06	-48.10
年末大牲畜存栏数	万头	7.06	-5.3
#牛存栏	万头	4.95	-3.7
羊存栏	万只	67.9	3.9
猪存栏	万头	37.74	1.74
牛出栏	万头	1.07	-10.05
羊出栏	万只	38.39	6.12
猪出栏	万头	40.77	-4.18

三、工业和建筑业

全年全市工业增加值749.98亿元，比上年增长2.0%。规模以上工业增加值增长2.0%。在规模以上工业中，分经济类型看，国有及国有控股企业增加值增长2.6%，集体企业增加值下降48.5%，股份制企业增加值增长1.2%，外商及港澳台投资企业增加值增长5.3%。分隶属关系看，中央企业增加值增长1.5%，地方企业增加值增长3.0%。分轻重工业看，轻工业增加值增长1.6%，重工业增加值增长2.2%。分门类看，采矿业增加值增长0.1%，制造业增加值增长1.0%，电力、热力、燃气及水生产和供应业增加值增长10.0%。

表4　2019年兰州市规模以上工业分行业增加值

行　业	比上年增长（%）
合　　计	2.0
煤炭工业	–0.1
电力工业	10.4
冶金工业	21.6
有色工业	–9.5
石化工业	–3.6
机械工业	2.3
电子工业	25.9
食品工业	1.4
建材工业	2.5
纺织工业	–8.0
医药工业	1.7
其他工业	11.8

表5　2019年兰州市主要工业产品产量及其增长速度

产品名称	单位	产量	比上年增长（%）
卷烟	万箱	56.99	2.4
原煤	万吨	509.17	1.17
原油	万吨	2.83	8.91
原油加工量	万吨	914.73	–1.32
发电量	亿千瓦时	144.75	–3.67
#火力发电量	亿千瓦时	114.53	–7.25
水力发电量	亿千瓦时	29.55	13.31

产品名称	单位	产量	比上年增长（%）
水泥	万吨	1088.99	40.6
生铁	万吨	216.81	6.6
粗钢	万吨	377.51	18.2
钢材	万吨	419.43	23.3
原铝	万吨	50.75	–26.4
乙烯	万吨	53.34	–17.2
平板玻璃	万重量箱	556.51	4.0

年末全市发电装机容量682.41万千瓦，比上年末增长0.57%。其中，火电装机容量331.5万千瓦，增长0%；水电装机容量338.4万千瓦，增长0.09%；并网太阳能发电装机容量12.51万千瓦，增长39.76%。

全年规模以上工业企业利润19.7亿元，比上年下降71.2%。规模以上工业企业每百元主营业务收入中的成本为80.13元。年末规模以上工业企业资产负债率为62.5%。每百元营业收入中的费用为7.65元，产成品存货周转天数为7.2天，营业收入利用率为1.14%。

全年建筑业增加值197.19亿元，比上年增长1.6%。年末具有资质等级的总承包和专业承包建筑业企业459个，比上年末减少1个。

四、服务业

全年全市交通运输、仓储和邮政业增加值255.14亿元，比上年增长8.9%；批发和零售业增加值223.43亿元，增长9.6%；住宿和餐饮业增加值43.03亿元，增长10.3%；金融业增加值421.58亿元，增长11.7%；房地产业增加值191.94亿元，增长5.3%。规模以上服务业企业营业收入比上年增长5.9%。

全年各种运输方式完成货物周转量218.24亿吨公里，比上年增长8.1%；旅客周转量42.92亿人公里，下降39.07%。兰州中川国际机场完成旅客吞吐量1530.30万人次，比上年增长10.43%；货邮吞吐量7.2万吨，增长17.17%。年末全市公路里程0.84万公里，其中等级公路0.83万公里。全年新建二级以上公路88.3公里。

表6　2019年兰州市主要运输方式完成货物、旅客运输量及其增长速度

指 标	单位	绝对数	比上年增长（%）
货运量	万吨	14114.62	4.46
#铁路	万吨	834.09	–4.12
公路	万吨	13280.53	5.03
货物周转量	亿吨公里	218.24	8.1
#铁路	亿吨公里	—	—
公路	亿吨公里	218.24	8.1

指 标	单位	绝对数	比上年增长（%）
客运量	万人次	6450.11	-7.1
#铁路	万人次	2837.25	11.22
公路	万人次	3612.86	-17.74
旅客周转量	亿人公里	42.92	-39.07
#铁路	亿人公里	—	—
公路	亿人公里	42.92	-39.07

年末全市机动车保有量109.50万辆，比上年末增长3.2%，其中私人汽车保有量69.77万辆，增长4.2%。民用轿车保有量44.94万辆，增长4.3%，其中私人轿车保有量37.61万辆，增长4.0%。

全年邮政业务总量14.78亿元，比上年增长26.98%。邮政业完成邮政函件业务454.65万件；包裹业务8.85万件；快递业务量5255.75万件，增长14%；快递业务收入12.06亿元，增长20.04%。电信业务总量526.81亿元，增长52.13%。年末电话用户665.5万户，其中移动电话用户594.1万户，4G移动电话用户491.1万户。移动电话普及率156.7部/百人，比上年增加2.9部/百人。固定互联网宽带接入用户197.3万户，其中固定互联网光纤宽带接入用户185.1万户。年末互联网宽带接入端口336.5万个，增长15.6%。固定宽带接入用户普及率52.04部/百人。

五、国内贸易和对外经济

全年全市社会消费品零售总额1454.94亿元，比上年增长7.6%。按经营地统计，城镇消费品零售额1246.95亿元，增长7.5%，乡村消费品零售额207.99亿元，增长8.26%。按消费类型统计，商品零售额1290.26亿元，增长7.20%，餐饮收入额164.67亿元，增长10.88%。

全年全市限额以上企业实现商品零售额507.43亿元，比上年增长2.44%。其中，石油及制品类零售额108.35亿元，下降3.6%；汽车类零售额171.46亿元，增长3.0%；粮油、食品类零售额24.80亿元，增长1.3%；服装鞋帽、针纺织品类零售额41.24亿元，下降0.2%；中西药类零售额34.44亿元，下降0.9%；家用电器和音像器材类零售额14.61亿元，下降9.0%；金银珠宝类零售额11.42亿元，增长0.9%。限额以上批零住餐企业通过公共网络实现零售额增长19.1%。

全年进出口总额119.41亿元，比上年下降10.36%。其中，出口71.83亿元，下降4.58%；进口47.58亿元，下降17.86 %。对“一带一路”沿线国家进出口总额62.93亿元，比上年增长44.47%，占全市进出口总额的52.7%。其中，出口38.37亿元，增长7.1%；进口24.56亿元，增长217.72%。

全年对外承包工程营业额32267.9万美元，增长39.9%。对外承包工程新签合同金额51599.47万美元，增长123.2%。

六、固定资产投资

全年固定资产投资比上年下降4.7%。按三次产业分，第一产业投资增长82.95%；第二产业投资增长20.74%，其中工业投资增长21.31%；第三产业投资下降8.62%，基础设施投资下降16.78%。民间固定资产投资下降2.88%。

全年项目投资比上年下降3.75%。其中，制造业投资增长22.89%，交通运输、仓储和邮政业投资增长20.52%，房地产业投资下降4.5%，水利、环境和公共设施管理业投资下降36.92%。

表7　2019年兰州市分行业项目投资增长速度

行　业	比上年增长（%）	占项目投资比重（%）
项目投资	–3.75	100
农林牧渔业	82.95	5.44
采矿业	51.84	1.6
制造业	22.89	13.03
电力、热力、燃气及水的生产和供应业	8.79	4.24
建筑业	–42.91	0.08
批发和零售业	–6.03	2.87
交通运输、仓储和邮政业	20.52	19.79
住宿和餐饮业	–76.59	0.31
信息传输、软件和信息技术服务业	–28.06	3.26
金融业	–65.24	0.06
房地产业	–4.5	16.47
租赁和商务服务业	–27.69	2.3
科学研究和技术服务业	23.96	0.98
水利、环境和公共设施管理业	–36.92	15.14
居民服务和其他服务业	41.67	0.2
教育	–1.74	6.81
卫生、社会保障和社会福利业	–6.74	3.02
文化、体育和娱乐业	20.76	3.32
公共管理和社会组织	–25.28	1.08

全年房地产开发投资比上年下降5.83%，其中住宅投资增长12.71%。房屋施工面积5305.04万平方米，增长16.90%，其中住宅施工面积3532.28万平方米，增长21.74%。在房屋施工面积中,房屋新开工面积1471.01万平方米，增长78.43%，其中住宅新开工面积1064.50万平方米，增长112.55%。房屋竣工面积131.10万平方米，下降19.14%，其中住宅竣工面积88.06万平方米，增长7.75%。商品房销售面积731.25万平方米，增长9.34%，其中住宅销售面积684.96万平方米，增长16.01%。

全年全市城镇棚户区住房改造开工13296套，棚户区改造基本建成14413套，新筹集公租房688套。

农村危房改造172户，其中农村地区建档立卡贫困户危房改造12户。

七、财政金融

全年全市大口径财政收入679.51亿元，比上年下降5.82%，一般公共预算收入233.23亿元，下降0.1%。其中，税收收入177.33亿元，增长2.63%；非税收入55.9亿元，下降7.9%。从主体税种看，国内增值税64.98亿元，下降5.21%；企业所得税17.77亿元，下降6.67%；个人所得税6.13亿元，下降19.44%。一般公共预算支出456.66亿元，下降1.93%。其中，民生支出330.95亿元，下降0.4%。扶贫支出12.8亿元，下降17.26%。

年末全市金融机构本外币各项存款余额8875.5亿元，比上年末增长0.69%，金融机构本外币各项贷款余额12272.83亿元，比上年末增长8.91%。金融机构人民币各项存款余额8834.46亿元，比上年末增长1.35%，金融机构人民币各项贷款余额12028.51亿元，比上年末增长9.25%。

表8 2019年兰州市金融机构各项存贷款余额及其增长速度

指标	本外币		人民币	
	年末数（亿元）	比上年末增长（%）	年末数（亿元）	比上年末增长（%）
金融机构各项存款余额	8875.5	0.69	8834.46	1.35
住户存款	3594.48	9.98	3517.18	10.08
非金融企业存款	3141.6	-0.97	3130.46	0.88
金融机构各项贷款余额	12272.83	8.91	12028.51	9.25
住户贷款	1737.71	18.01	1737.5	18.01
非金融企业及机关团体贷款	10387.07	7.44	10276.57	7.86

年末全市境内上市公司20家。股票总市值1033.39亿元，增长2.78%。全年发行、配售股票筹集资金22.05亿元。

全年保费收入157.9亿元，比上年增长16.08%；赔付额65.1亿元，增长22.22%。

表9 2019年兰州市保险业务情况

指标	绝对数（亿元）	比上年增长（%）
保费收入	157.9	16.08
财产险收入	52.0	10.52
人身险收入	105.9	19.02
赔付支出	65.1	22.22
财产险赔款	27.7	25.55
人身险赔付	37.4	19.88

八、居民收入消费和社会保障

全年全市城镇居民人均可支配收入38095元，增长8.8%；农村居民人均可支配收入13605元，增长10.0%。

全年全市城镇居民人均消费支出27035元，比上年增长3.5%，恩格尔系数为30.0%；农村居民人均消费支出11245元，增长16.0%，恩格尔系数为31.7%。

表10 2019年兰州市城乡居民家庭人均收支情况

指标	城镇		农村	
	绝对数（元）	比上年增长（%）	绝对数（元）	比上年增长（%）
可支配收入	38095	8.8	13605	10.0
工资性收入	21383	7.7	6874	11.5
经营净收入	1232	15.2	4436	6.8
财产净收入	4468	5.7	256	13.3
转移净收入	11012	11.6	2038	11.7
生活消费支出	27035	3.5	11245	16.0
食品烟酒	8104	9.3	3565	13.9
衣着	2081	9.6	725	7.8
居住	6681	4.8	2265	7.7
生活用品及服务	1528	-6.2	578	15.4
交通通信	2905	7.6	1467	40.2
教育文化娱乐	2584	0.4	1252	13.6
医疗保健	2312	-6.1	1162	21.0
其他用品和服务	839	-22.0	232	26.5

年末全市共有3.3万人享受城镇居民最低生活保障，4.4万人享受农村居民最低生活保障，0.34万人享受农村特困人员救助供养。全年315.8万人参加基本医疗保险，医疗救助资助保险人数35.3万次。全市共有社区服务机构和设施1269个。其中，社会服务中心52个，社区服务站390个，社区养老机构和设施170个，社区互助型养老设施503个，其他社区服务机构和设施154个。

九、科学技术和教育

全市共有国家工程技术研究中心3个。全年登记市级科技成果1026项，其中，基础理论485项，应用技术类成果521项，软科学47项。获得国家级科技奖励2项。专利申请量13728件，比上年增长

28.2%；专利授权量6385件，增长22.1%，其中发明专利授权量840件，下降5.9%。有效发明专利4897件，每万人口发明专利拥有量12.92件。共签订技术合同4653项，增长16%；技术合同成交金额67.18亿元，增长6.87%。

全年研究生教育招生1.5万人，在校生4.21万人，毕业生1.02万人。普通高等教育招生16.95万人，在校生54.66万人，毕业生14.52万人。中等职业教育招生1.31万人，在校生3.5万人，毕业生1.3万人。普通高中招生2.06万人，在校生6.3万人，毕业生2.26万人。初中招生3.53万人，在校生10.2万人，毕业生3.25万人。普通小学招生4.34万人，在校生23.39万人，毕业生3.55万人。特殊教育招生0.02万人，在校生0.06万人。幼儿园在园幼儿12.02万人。学龄儿童入学率为100%，九年义务教育巩固率为100.31%，高中阶段毛入学率为99.04%。

表11 2019年兰州市各类教育招生和在校生情况

指 标	招生数（万人）	比上年增长（%）	在校生数（万人）	比上年增长（%）	毕业生数（万人）	比上年增长（%）
研究生教育	1.5	9.49	4.21	11.08	1.02	8.51
普通高等教育	16.95	5.89	54.66	2.09	14.52	5.29
中等职业教育	1.31	4.8	3.5	7.65	1.3	5.8
普通高中	2.06	4.04	6.3	3.52	2.26	0
普通初中	3.53	5.06	10.2	2.2	3.25	5.88
普通小学	4.34	1.4	23.39	3.36	3.55	3.5

十、文化旅游、卫生健康和体育

年末广播综合人口覆盖率99.74%，比上年末提高0.09个百分点；电视综合人口覆盖率99.75%，提高0.05个百分点。

全年接待国内游客8205.02万人次，比上年增长22.12%；国内旅游收入765.27亿元，增长28.95%。接待入境游客5.78万人次，增长73.07%。其中，接待外国游客3.79万人次，增长15.40%；接待港澳台同胞2.38万人次，下降17.27%。国际旅游外汇收入1861.6万美元，增长92.41%。旅游人均花费933元，同比增加49元。

年末全市共有医疗卫生机构2275个，其中，医院、卫生院196个，妇幼保健院（所、站）10个，专科疾病防治院（所、站）2个，社区卫生服务中心（站）251个，诊所、卫生所、医务室922个。卫生技术人员3.97万人，其中，执业医师和执业助理医师1.44万人，注册护士1.93万人。疾病预防控制中心（防疫站）10个，疾病预防控制中心（防疫站）卫生技术人员582人；卫生监督所（中心）8个，卫生监督所（中心）卫生技术人员181人。乡镇卫生院67个，乡镇卫生院卫生技术人员1581人。医疗卫生机构拥有床位数3.14万张，其中医院、卫生院拥有床位2.86万张。全年总诊疗人次2447.50万人次，出院人数92.02万人。

全年全市共获得国家级金牌1枚、银牌6枚、铜牌3枚，国际赛事金牌1枚，合计全年体育获得各类奖牌11枚，比上年增加2枚。

十一、资源、环境和应急管理

全年水资源总量3.53亿立方米。人均水资源量93.04立方米，比上年下降1%。全年总用水量12.5亿立方米，比上年增长0.6%。其中，生活用水量3.09亿立方米，增长29.26%；工业用水量2.75亿立方米，下降20.61%；农业用水量5.69亿立方米，下降3.17%；生态用水量0.96亿立方米，增长41.2%。人均用水量329.74立方米，下降12.83%。

全年全市规模以上工业能源消费量1587.34万吨标准煤，比上年下降4.54%。六大高耗能行业能源消费量1502.32万吨标准煤，比上年下降5.14%。

全年全市空气质量达标天数296天，同比增加39天，空气质量优良天数比率为81.1%，比上年提高15.2个百分点。

全年平均气温为11.2℃，比上年上升0.2℃。年日照小时数2088.3小时，比上年减少122.5小时。年降水量367.9毫米，比上年减少89.2毫米。全市气象雷达观测站点1个，卫星云图接收站点2个。

全市地震台站（点）97个，其中，有人值守的地震监测台站1个，无人值守的地震监测台站（点）96个。全年发生5.0级以上的地震0次。

全年农作物受灾面积7.45万亩，比上年下降70.46%；农作物成灾面积5.24万亩，下降71.16%。全年实际发生各类地质灾害13起，造成直接经济损失29万元。

全年共发生各类生产安全事故164起，比上年下降1.2%。死亡126人，下降9.35%；受伤110人，下降17.91%；直接经济损失3762.4万元，下降47.58%。煤矿百万吨死亡人数3人，百万吨死亡率0.58；十二类营运车辆道路交通事故万车死亡人数72人，下降19.1%。

注：

1.本公报各项数据均为初步统计数，正式数据以《兰州统计年鉴-2020》为准。部分数据因四舍五入的原因，存在着总计与分项合计不等的情况。

2.公报中地区生产总值、各产业增加值和人均地区生产总值绝对数按现价计算，增长速度按不变价格计算。

3. 农业生产数据增长速度根据第三次全国农业普查结果修订后的2017年数据为基数计算。

4.主要工业产品产量数据均为规模以上工业产品产量。

5.规模以上工业企业增加值增速及变化按可比口径计算。

6.邮政业务总量按2010年不变价格计算,电信业务总量按2015年不变价格计算。

7.基础设施投资包括交通运输、邮政业，电信、广播电视和卫星传输服务业，互联网和相关服务业、水利管理业、生态保护和环境治理业、公共设施管理业。

8. 规模以上工业企业能耗指标按等价值计算。

9.年末电话用户数、移动电话用户数、固定互联网宽带接入用户数、年末互联网宽带接入端口数等指标较之前年份调整统计口径，以省通信管理局提供数据为准。

10.“一带一路”是指“丝绸之路经济带”和“21世纪海上丝绸之路”。

11.资料来源：本公报中物价、粮食产量、人民生活数据来自国家统计局兰州调查队，城镇登记失业率、城镇新增就业人员、社会保障数据来自兰州市人力资源和社会保障局；财政数据来自兰州市财政局；发电装机容量数据来自甘肃省电力公司兰州供电公司；外贸数据来自兰州市商务局；交通运输数据来自兰州市交通运输委员会、兰州市公安局交警支队、中国铁路兰州局集团有限公司、兰州中川国际机场有限公司；邮政数据来自兰州市邮政管理局；通信数据来自甘肃省通信管理局；艺术表演团体、文化馆、公共图书馆、博物馆和旅游数据来自兰州市文化和旅游局；金融数据来自中国人民银行兰州中心支行；保险、证券数据来自兰州市政府金融工作办公室；城乡低保、农村特困人员救助供养、社会服务数据来自兰州市民政局；农村贫困人口相关数据来自兰州市扶贫开发办公室；教育数据来自兰州市教育局；科技数据来自兰州市科技局；专利数据来自兰州市市场监督管理局（知识产权局）；广播、电视数据来自兰州市广播电视局；卫生数据来自兰州市卫生健康委员会；体育数据来自兰州市体育局；用水量数据来自兰州市水务局；棚户区改造、安全生产数据来自兰州市应急管理局，环境监测数据来自兰州市生态环境局；地质公园、地质灾害数据来自兰州市自然资源局；气象数据来自兰州市气象局；地震数据来自兰州市地震局。

一、综合

1-1 行政区划

	镇数	乡数	街道办事处数	社区居委会数	村民委员会数
全市	**47**	**14**	**54**	**428**	**730**
市区	14	2	54	388	151
城关区	0	0	26	156	18
七里河区	5	1	9	80	59
西固区	5	1	7	70	40
安宁区	0	0	8	60	0
红古区	4	0	4	22	34
各县	33	12	0	40	579
永登县	15	3	0	26	240
皋兰县	7	0	0	8	71
榆中县	11	9	0	6	268

1-2 气象

	市区	榆中县	皋兰县	永登县
平均气温（摄氏度）	**11.2**	**7.5**	**8.0**	**6.4**
冬季（12–2）	–2.1	–5.7	–6.4	–6.8
春季（3–5）	13.5	9.7	10.4	8.2
夏季（6–8）	22.0	18.1	19.8	17.0
秋季（9–11）	10.7	7.3	7.7	6.6
年降水量（毫米）	**367.9**	**494.2**	**276.4**	**434.3**
冬季	5.8	12.2	6.1	8.3
春季	67.1	100.3	79.7	96.7
夏季	218.9	297.9	131.0	260.1
秋季	78.6	88.0	61.1	70.5

1-3 区县所辖街道办事处、乡、镇名称

	街道办事处、镇			乡
城关区	临夏路街道 伏龙坪街道 东岗西路街道 雁南街道 草场街街道 铁路东村街道 火车站街道 焦家湾街道 高新区街道	张掖路街道 酒泉路街道 皋兰路街道 雁北街道 靖远路街道 铁路西村街道 拱星墩街道 东岗街道 雁园街道	白银路街道 广武门街道 渭源路街道 盐场路街道 团结新村街道 五泉街道 嘉峪关路街道 青白石街道	
七里河区	秀川街道 西园街道 龚家湾街道 黄峪镇 八里镇	土门墩街道 西湖街道 晏家坪街道 西果园镇 彭家坪镇	西站街道 建兰路街道 敦煌路街道 阿干镇	魏岭乡
西固区	西固城街道 四季青街道 临洮街街道 新城镇	先锋路街道 陈坪街道 达川镇 河口镇	福利路街道 西柳沟街道 东川镇 柳泉镇	金沟乡
安宁区	培黎街道 刘家堡街道 安宁堡街道	安宁西路街道 孔家崖街道 沙井驿街道	银滩路街道 十里店街道	
红古区	窑街街道 海石湾镇 华龙街道	下窑街道 花庄镇 红古镇	矿区街道 平安镇	
永登县	城关镇 中川镇 红城镇 大同镇 龙泉寺镇	武胜驿镇 连城镇 上川镇 苦水镇 柳树镇	中堡镇 河桥镇 树屏镇 秦川镇 通远镇	坪城乡 民乐乡 七山乡
皋兰县	九合镇 忠和镇 水阜镇	西岔镇 石洞镇	什川镇 黑石镇	
榆中县	甘草店镇 高崖镇 定远镇 新营镇	夏官营镇 青城镇 和平镇 贡井镇	城关镇 金崖镇 连搭镇	小康营乡 清水驿乡 中连川乡 园子岔乡 上花岔乡 哈岘乡 马坡乡 龙泉乡 韦营乡

1-4 各部门机构数和人数

	机构数（个）										
	2006	2010	2011	2012	2013	2014	2015	2016	2017	2018	2019
基层组织											
镇政府	34	34	35	35	35	37	40	46	47	47	47
乡政府	27	26	26	26	26	24	21	15	14	14	14
街道	51	52	52	52	53	53	53	53	54	54	54
社区居委会	353	390	399	399	399	405	405	402	420	424	428
村民委员会	785	749	731	731	731	730	730	730	730	730	730
居民总户数（万户）	91.16	100.18	102.00	103.17	104.93	106.33	107.65	109.57	110.5	114.81	114.61
规模以上工业企业	**546**	**480**	**342**	**344**	**390**	**374**	**367**	**359**	**361**	**350**	**325**
国有及国有控股企业	148	121	106	90	94	87	87	90	96	92	103
集体企业	111	49	28	24	21	12	10	9	8	5	2
建筑施工企业	**294**	**329**	**327**	**464**	**493**	**492**	**494**	**470**	**466**	**458**	**459**
国有经济	53	41	41	44	27	23	22	21	19	12	16
集体经济	40	34	36	40	31	30	29	25	22	19	18
其他经济	201	254	250	380	435	439	443	424	425	427	425
卫生											
医院、卫生院	168	163	167	166	165	167	164	172	194	192	196
卫生防疫站	12	11	11	11	11	11	11	11	10	10	10
妇幼保健站、所	10	10	10	10	10	10	10	10	10	10	10
教育											
高等院校(含成人教育)	18	19	19	19	25	24	25	23	23	23	23
中等职业教育学校	34	40	40	41	42	44	61	57	56	59	58
普通中学	249	219	211	206	205	204	198	197	199	205	206
小学	870	697	676	616	607	570	523	515	518	519	507
幼儿园	239	281	295	324	324	456	464	815	863	882	877
文化事业机构											
图书馆	8	8	8	8	8	8	8	8	8	8	8
群众艺术馆	9	9	9	9	9	9	9	9	9	9	9

1-5 国民经济和社会

	总量指标						
	1995	2005	2006	2007	2008	2009	2010
人口							
户籍总人口（万人）	270.84	311.74	313.64	319.28	322.28	323.59	323.54
非农业人口	142.99	183.93		198.53	201.63	202.77	202.92
农业人口	127.85	127.81		120.75	120.65	120.82	120.62
男女性别比（以女性为100）	107.18			105.20	105.03	104.30	104.20
人口自增率（‰）	9.78			7.64	6.27	4.35	3.06
就业							
从业人员（万人）	161.22	150.75	150.63	153.98	157.15	162.72	176.48
单位从业人员	87.39	57.06	56.71	56.41	53.15	54.68	55.74
在岗职工		52.70	55.60	54.19	50.96	52.18	53.14
城镇登记失业人数（万人）	1.70	1.85	2.26	2.20	1.89	2.12	2.37
宏观经济							
地区生产总值（亿元）	210.43	576.65	649.42	746.33	868.14	938.85	1129.59
第一产业增加值	11.83	21.49	22.00	24.25	24.72	25.90	27.23
第二产业增加值	120.85	251.69	293.32	340.66	405.36	438.95	537.87
第三产业增加值	77.75	303.47	334.10	381.41	438.06	474.00	564.48
固定资产投资							
固定资产投资总额（亿元）	66.02	259.59	298.21	358.61	431.98	506.18	660.69
房地产投资	10.52	52.57	53.81	74.54	92.51	98.61	118.28
财政							
地区财政收入（亿元）			106.19	134.06	152.44	254.80	304.13
公共财政预算收入	10.09	28.93	33.14	46.63	50.86	57.04	72.76
公共财政预算支出	11.77	50.22	63.13	83.30	99.56	119.83	146.93
物价总指数（上年=100）							
商品零售价格指数（%）	115.5	98.8	100.3	103.1	107.2	100.5	103.9
居民消费价格总指数（%）	119.0	100.6	101.7	105.3	107.2	99.6	103.8
利用外资							
合同投资总额（亿美元）	1.88		0.96	3.10	1.87	1.79	0.97
合同外资额（亿美元）	0.97			0.82	0.95	0.78	0.33
实际使用外资额（亿美元）		2.22	0.38		0.39	0.43	0.20

发展总量与速度指标

					年平均增长速度（%）			
2011	2012	2013	2014	2015	1996–2000	2001–2005	2006–2010	2011–2015
323.30	321.52	321.43	321.64	321.90	1.42	1.41	0.75	–0.10
202.67	202.50	201.41	200.99	214.17	2.24	2.86	1.98	1.09
120.63	119.02	120.02	120.65	107.73	0.48	0.48	–1.15	–2.23
103.40	102.86	102.55	102.10	101.82				
5.95	4.28	6.99	8.14	5.67				
179.72	181.95	196.26	205.05	208.09	–2.00	0.68	3.20	3.35
56.76	58.32	69.60	71.37	71.47	–6.02	–2.29	–0.47	5.10
53.39	56.44	64.93	65.29	59.55	–1.58	–3.10	0.17	2.30
2.15	1.44	1.44	1.52	1.46	11.73	–8.97	5.08	
1391.66	1613.16	1810.24	1977.77	2102.25	8.9	11.2	11.7	11.7
30.80	31.88	34.80	35.76	37.09	5.0	4.4	4.7	5.6
669.76	761.34	795.94	841.22	830.48	8.1	11.9	13.6	10.5
691.10	819.93	979.50	1100.80	1234.68	10.1	11.2	10.5	13.1
870.57	1239.18	1316.86	1610.68	1803.75	18.42	11.05	20.54	31.32
159.67	223.31	286.81	336.54	339.01	13.75	21.29	17.61	23.44
350.63	406.08	394.82	467.48	593.81				14.81
86.49	103.73	124.52	152.33	185.19	10.48	11.74	20.26	22.32
175.48	202.43	242.32	280.10	344.00	12.56	18.75	23.95	18.56
105.4	102.4	102.7	101.8	100.6	0.40	–0.62	1.01	2.20
105.4	102.4	103.5	102.2	101.3	1.80	0.79	0.63	2.50
1.06	0.79	1.14	2.90	3.66	1.75			16.39
0.40	0.46	0.62	0.36	1.38	2.55	15.08		
0.17	0.75	0.21						

1-5 国民经济和社会发展

	总量指标						
	1995	2005	2006	2007	2008	2009	2010
农业							
耕地面积（万亩）	328.36	316.85	316.37	315.23	314.79	314.51	314.22
农林牧渔业劳动力（万人）	43.61	43.51		41.67	41.43	40.77	40.34
农林牧渔业增加值（亿元）	11.83	22.13		26.09	28.10	30.55	33.79
主要农产品产量（万吨）							
粮食	29.57	32.30		30.71	34.40	33.01	31.84
油料	1.20	2.39	2.17	2.26	2.15	2.01	2.15
甜菜	1.78	0.61	0.55	0.00	0.00	0.00	0.00
水果	9.22	10.58	11.85	11.25	11.43	11.54	11.61
肉类	3.81	4.18	4.37	3.96	3.46	3.38	3.38
猪牛羊肉	3.79	3.90	4.04	3.43	3.05	2.99	2.97
工业							
规模以上工业增加值（亿元）		181.39	212.39	247.92	296.59	308.17	372.67
轻工业		22.18	41.00	43.55	53.67	59.67	76.19
重工业		159.21	171.39	204.38	242.92	248.50	296.48
主要工业产品产量							
呢绒（万米）	411.00	558.57	554.25	556.64	553.70	451.75	490.40
卷烟（万支）	817500	1525845	1944414	2285550	2425481	2265221	2395810
发电量（亿千瓦时）	45.81	125.69	121.06	128.60	121.51	164.41	169.27
原煤（万吨）	147.38	510.99	553.12	575.50	464.83	452.76	486.03
水泥（万吨）	151.09	402.15	409.61	441.84	487.21	516.05	548.06
建筑业							
建筑业增加值（亿元）	17.85	52.29	59.50	68.20	79.32	102.40	130.12
房屋施工面积（万平方米）	622.00	1048.74	1162.07	1205.57	1403.85	1593.00	1842.00
房屋竣工面积（万平方米）	278.00	428.93	462.81	447.94	528.85	464.00	458.00
交通运输							
货运量（万吨）	3245.40	5972.19	6263.85	6839.45	7206.66	7358.37	8054.29
铁路	724.00	820.55	903.10	1234.50	1318.65	1202.33	1221.15
公路	2521.00	5151.00	5360.00	5604.00	5887.00	6155.00	6832.00
空运	0.40	0.64	0.75	0.95	1.01	1.04	1.14
客运量（万人）	1380.50	2545.68	2731.67	2925.50	3150.41	3373.04	3802.30
铁路	448.00	586.77	635.90	672.53	777.16	874.19	975.81
公路	904.00	1896.00	1995.62	2112.37	2253.18	2346.24	2627.00
空运	28.50	62.91	100.15	140.60	120.07	152.61	199.49
邮电通信业							
邮电业务总量（亿元）	3.42	24.07	25.23	29.75	28.50	29.36	36.05
国内商业							
社会消费品零售总额（亿元）	96.67	256.67	289.72	337.57	395.04	469.77	545.11
旅游							
国内旅游者（万人次）			348.20	435.00	522.00	700.01	887.50
入境旅游者（万人次）			5.82	6.53	4.60	2.39	3.20
旅游总收入（亿元）			21.84	26.70	31.00	37.20	63.50
对外经济贸易（亿美元）							
进出口总额	4.47	7.16	7.88	7.15	7.15	4.88	10.60
进口额	0.86	2.16	2.08		1.29	1.82	1.90
出口额	3.61	5.00	5.80	5.66	5.86	3.06	8.70

总量与速度指标（续一）

					年平均增长速度（%）			
2011	2012	2013	2014	2015	1996–2000	2001–2005	2006–2010	2011–2015
314.01	314.44	314.44	318.80	308.92	–0.39	–0.32	–0.17	–0.40
40.88	39.85	38.20	37.71	37.00	0.82	–0.86	–1.50	–1.66
40.00	44.55	49.12	53.64	57.56	4.99	4.48	8.83	8.65
35.54	34.93	35.76	34.58	32.58	2.50	–0.70	4.57	2.62
2.08	2.36	2.56	1.84	1.76	5.66	8.63	–1.11	–2.12
0.00	0.00	0.00	0.00	0.00	9.01	–25.95	–2.77	
11.42	12.73	13.42	14.65	14.07	1.62	1.15	4.04	4.47
3.14	3.30	3.40	3.75	3.67	1.40	3.32	–5.56	5.43
2.72	2.86	2.96	3.26	3.17	–2.38	3.03	–6.15	2.03
465.03	538.15	575.10	565.00	515.00		13.14	15.49	10.80
97.27	128.83	148.80	164.37	168.80		11.83	27.99	12.41
367.76	409.32	426.30	429.90	346.20		12.89	13.24	7.91
491.60	459.00	386.20	405.80	340.10	–3.16	0.98	–2.57	–7.06
2602713	2771520	3197600	3344568	3462000	10.96	8.82	9.44	7.64
182.13	203.74	210.38	185.92	178.47	–3.19	18.91	6.13	1.98
511.37	716.32	714.57	629.18	628.12	–7.19	–1.30	–1.00	10.77
568.56	847.17	966.90	1104.30	1154.20	4.17	8.03	6.39	14.36
159.30	182.28	205.97	234.90	251.52	13.66	9.13	20.00	12.96
2709.00	4815.33	4409.92	5508.88	4960.84	0.39	10.59	11.92	21.91
720.00	1108.43	1136.51	1372.34	1468.49	2.62	6.28	1.32	26.24
8907.70	9671.89	10490.84	11139.69	11801.02	9.75	2.94	6.16	7.94
1214.52	1003.95	955.66	936.11	799.42	2.40	0.14	8.28	–8.03
7663.50	8664.34	9531.00	10198.88	10996.60	11.53	3.43	5.81	9.99
2.68	3.60	4.18	4.70	5.00	5.79	3.84	12.24	14.32
4388.82	4829.07	5324.79	5655.52	6153.30	7.66	5.02	8.35	9.20
1042.06	996.95	1039.97	1084.23	1277.30	1.22	4.27	10.71	5.53
2965.86	3373.82	3719.86	3871.29	4067	10.41	5.04	6.74	9.14
380.90	458.30	564.96	700.00	809.00	5.29	13.77	25.96	17.55
44.27	48.90	53.38	69.34	92.39	41.01	4.77	8.41	19.81
639.72	749.16	843.87	1056.83	1152.15	10.61	9.91	16.26	14.14
1403.60	2101.51	2602.52	3030.77	3703.75				35.74
3.80	3.90	3.48	2.71	1.74				
102.30	154.35	206.50	232.28	290.93				39.08
18.80	33.94	40.57	45.60	50.59	2.00	12.13	8.16	36.69
6.50	7.02	4.69	5.53	6.00	7.59	11.74		25.86
12.30	26.92	35.88	40.07	44.59	4.95	12.30	11.71	38.66

1-5 国民经济和社会发展

	总量指标						
	1995	2005	2006	2007	2008	2009	2010
金融保险							
金融机构各项存款（亿元）	263.29	1421.92	1615.51	1791.12	2156.29	2621.20	3235.84
金融机构各项贷款（亿元）	223.79	1089.42		1346.58	1520.26	2007.19	2359.28
中外资保险公司保险金额（亿元）	276.00	1667.93		2403.70	2652.02	3141.01	12335.43
中外资保险公司保费（亿元）	2.32	18.17		24.11	35.45	35.85	58.12
中外资保险公司赔款及给付（亿元）	0.80	3.05		4.53	4.92	5.76	11.12
教育							
在校学生数（万人）	53.94	76.40	80.51	84.13	91.10	92.86	94.76
普通高等学校	3.87	17.98	16.79	17.14	20.07	21.82	22.76
中等职业学校	2.28	3.60	4.04	4.92	5.78	6.18	6.22
普通中学	12.99	22.02	22.20	21.56	20.80	20.35	19.89
小学	27.61	25.10	25.11	24.92	23.46	22.16	21.76
地方财政用于教育支出（万元）	20994	108284	129103	181881	230436	269714	295364
文化							
图书印数（万册）	6181	7521	7571	7591	7593	8890	9260
家庭、生活、环境							
家庭							
家庭总户数（万户）	72.09	89.99	91.16	94.33	96.31	98.35	100.18
城镇居民平均每户家庭人口（人）	3.14	2.79	2.78	2.74	2.67	2.65	2.60
农村居民平均每户家庭人口（人）	4.86	4.23	4.20	4.15	4.18	4.14	4.14
婚姻							
结婚数（万对）	2.16	2.03	4.74	2.36		2.65	2.47
离婚数（万对）	0.12	0.22	0.44	0.45	0.41	0.48	0.50
居住							
城镇居民人均居住面积（平方米）	8.81	16.69	17.98	17.00	17.60	17.76	18.46
农村居民人均居住面积（平方米）	17.21	22.32	21.94	22.37	22.90	24.26	25.00
生活							
城市居民人均可支配收入（元）	3539	8529	9418	10271	11677	12761	14062
农村居民人均纯收入（元）	1142	2713	2898	3103	3503	4001	4587
城乡居民储蓄存款余额（亿元）	137.16	581.71	687.75	710.52	907.10	1089.97	1295.95
工资							
单位从业人员劳动报酬总额（亿元）	50.69	87.15	98.79	115.20	133.16	147.12	171.78
单位从业人员平均劳动报酬（元）	5564	16609	18822	22152	25849	28569	33340
卫生							
卫生机构数	957	285	290	1646	1456	1534	2257
医院、卫生院个数	250	170	168	160	160	159	163
卫生机构床位数	14098	148825	15658	17045	31461	21873	25498
医院、卫生院床位数	14322	13954	14854	15884	21220	14841	16916
卫生技术人员	21344	18738	20651	20573	20721	22372	24388
医生	9585	7951	8801	8890	8971	9440	10060
市政建设							
全年供水总量（万立方米）	38345	23105	21437	21770	28670	27891	24276
道路面积（万平方米）	868	1805	2214	2318	1635	1974	2162
园林绿地面积（公顷）	1911	4977	4770	3920	4593	4651	4441
环境							
工业废水排放量（万吨）			4029	3725	3737.12	2945.18	2529.10
工业废气排放量（亿标立方米）			1342.00	1766.00	1869.68	2070.00	1805.00

总量与速度指标（续二）

					年平均增长速度（%）			
2011	2012	2013	2014	2015	1996-2000	2001-2005	2006-2010	2011-2015
3833.55	4589.26	5499.15	6617.51	7803.12	20.61	16.18	17.88	19.25
2917.88	3672.85	4407.71	5612.72	6892.02	21.35	13.10	16.71	23.91
13319.38	11462.40	13759.57	15917.50	36309.49	42.13	0.82	49.21	24.05
52.43	59.66	65.90	74.52	87.05	24.36	21.36	26.18	11.37
13.84	16.34	23.25	29.93	32.20	18.00	10.76	29.53	23.49
94.60	92.90	108.11	100.73	99.57	3.19	3.89	4.40	0.89
23.85	24.75	46.28	41.42	41.64	13.31	19.99	4.83	12.84
6.31	6.29	7.76	6.50	5.98	10.93	1.23	11.56	-0.78
18.74	18.42	18.06	17.82	17.01	5.55	5.29	-2.01	-3.08
20.88	20.38	20.28	20.35	20.80	1.06	2.92	-2.82	-0.90
339636	403815	429489	514802	671067	15.81	19.87	22.22	17.84
9502	9350	6573	5312	6650	2.55	1.42	4.25	4.80
102.00	103.17	104.93	106.33	107.65	2.49	1.99	2.17	1.45
2.73	2.73				0.13	2.21	-1.40	
3.97	3.95	4.03	4.11		1.79	0.96	-0.43	
2.81	2.50	2.87	2.73	2.83	2.43	1.22		2.79
0.60	0.55	0.65	0.65	0.71	5.92	6.58	17.84	5.46
18.42	19.08	22.45	33.50	34.67	6.55	6.64	2.04	13.43
24.00	31.00	33.99	30.95	32	0.73	6.11	2.29	5.06
15953	18443	20767	23030	27088	12.28	7.83	10.52	12.60
5252	6224	7114	8067	9621	11.92	6.24	11.07	14.58
1480.16	1743.18	2021.56	2262.94	2608.54	16.79	14.31	17.38	15.02
198.37	239.77	307.61	354.39	390.64	4.22	6.93	14.54	17.86
37754	43658	46621	51928	58967	10.45	12.67	14.95	12.08
2362	2359	2288	2288	2385	6.97	3.41	51.26	
167	166	165	167	164	0.60	平	-0.84	0.12
25411	27545	23614	23614	22774	0.09	0.91	-29.73	
18444	19936	21441	22753	22409	165.00	3.47	3.92	5.79
26363	27914	28489	30859	30967	4.85	2.39	5.41	4.89
10745	11308	11349	12252	12354	6.54	2.99	4.82	4.19
29401	26828	21818	23903	27491.60	2.96	6.88	0.99	2.50
2168	2219	2910.44	3545.53	4294.88	1.71	17.77	3.67	14.72
4471	5495	6584	7201.62	7742.59	5.37	27.97	-2.25	11.76
4097.28	4624.55	4909.07	4563.49	4138.48	3.18	11.76	-9.42	10.35
3183.02	3954.42	4068.37	3768.00	3576.57				

1-5　国民经济和社会发展总量与速度指标（续三）

	总量指标				比上年增长（%）
	2016	2017	2018	2019	
人口					
户籍总人口（万人）	324.23	325.55	328.47	331.92	1.05
非农业人口	222.73	226.05	231.25	235.72	1.93
农业人口	101.50	99.50	97.22	96.20	-1.05
男女性别比（以女性为100）	101.47	100.90	100.40	100.06	-0.34
人口自增率（‰）	7.75	5.37	4.78	6.81	2.03
就业					
从业人员（万人）	215.60	224.14	225.25	228.26	1.34
单位从业人员	77.25	80.81	78.53	73.66	-6.20
在岗职工	63.01	65.67	64.19	57.37	-10.62
城镇登记失业人数（万人）	1.73	1.55	1.79	3.09	72.63
宏观经济					
地区生产总值（亿元）	2207.42	2445.08	2660.19	2837.36	6.0
第一产业增加值	40.31	42.79	44.29	51.67	5.5
第二产业增加值	788.85	885.00	944.28	945.38	1.9
第三产业增加值	1378.26	1517.29	1671.62	1840.30	8.4
固定资产投资					
固定资产投资总额（亿元）	1990.95	1315.35	-	-	-4.66
房地产投资	391.15	432.16	586.62	552.40	-5.83
财政					
地区财政收入（亿元）	606.75	671.65	721.53	679.51	-5.82
公共财政预算收入	215.48	234.20	253.32	233.23	-7.93
公共财政预算支出	424.16	429.36	465.64	456.66	-1.93
物价总指数（上年=100）					
商品零售价格指数（%）	100.7	101.8	101.7	102.0	0.3
居民消费价格总指数（%）	100.8	101.5	101.7	102.2	0.5
利用外资					
合同投资总额（亿美元）	10.55	3.53	5.89	5.53	-6.11
合同外资额（亿美元）	3.38	1.00	1.80	1.23	-31.7

1-5　国民经济和社会发展总量与速度指标（续四）

	总量指标				比上年增长（%）
	2016	2017	2018	2019	
农业					
耕地面积（万亩）	304.84	303.50			
农林牧渔业劳动力（万人）	36.94	36.16	35.60	33.88	-4.83
农林牧渔业增加值（亿元）	42.10	44.75	46.26	53.77	5.50
主要农产品产量（万吨）					
粮食	30.90	30.04	29.77	30.33	1.88
油料	1.76	1.67	1.63	1.81	11.04
水果	14.26	13.99	11.73	13.22	12.70
肉类	4.32	4.47	4.62	4.30	-6.93
猪牛羊肉	3.16	3.65	3.81	3.74	-1.84
工业					
规模以上工业增加值（亿元）	502.00	583.69	614.98		2.0
轻工业	154.10	151.60	145.80		1.6
重工业	347.90	432.10	462.70		2.2
主要工业产品产量					
呢绒（万米）	414.30	435.00	430.20	430.30	0.0
卷烟（万支）	2938458	2824246	2783794	2849710	2.4
发电量（亿千瓦时）	147.53	155.32	148.70	144.75	-3.67
原煤（万吨）	637.63	503.24	503.29	509.17	1.17
水泥（万吨）	1130.00	905.91	774.63	1088.99	40.6
建筑业					
建筑业增加值（亿元）	267.12	279.00	296.86	197.19	1.60
房屋施工面积（万平方米）	4877.02	5031.90	5364.61	5643.83	5.20
房屋竣工面积（万平方米）	1317.80	1090.84	1102.36	1029.32	-6.62
交通运输					
货运量（万吨）	12208.84	12882.39	13518.52	14121.83	4.46
铁路	741.90	837.12	869.96	834.09	-4.12
公路	11461.00	12039.18	12642.41	13280.54	5.05
空运	5.94	6.09	6.15	7.20	17.17
客运量（万人）	6950.64	7684.69	8328.64	7980.41	-4.18
铁路	1648.89	2039.42	2550.96	2837.25	11.22
公路	4212.75	4363.63	4391.86	3612.86	-17.74
空运	1089.00	1281.64	1385.82	1530.30	10.43
邮电通信业					
电信业务总量（亿元）	64.52	133.81	346.28	526.81	52.13
邮政业务总量（亿元）	8.49	9.99	11.64	14.78	26.98
国内商业					
社会消费品零售总额（亿元）	1263.35	1358.72	1352.09	1672.00	7.61
旅游					
国内旅游者（万人次）	5337.57	5431.40	6718.56	8205.02	22.12
入境旅游者（万人次）	4.40	3.98	3.34	5.78	73.07
旅游总收入（亿元）	448.12	456.50	593.45	766.50	29.00
对外经济贸易（亿元人民币）					
进出口总额	277.05	125.11	133.18	119.41	-10.36
进口额	56.70	52.23	57.58	47.58	-17.86
出口额	220.35	72.88	75.60	71.83	-4.58

1-5 国民经济和社会发展总量与速度指标（续五）

	总量指标				比上年增长（%）
	2016	2017	2018	2019	
金融保险					
金融机构人民币各项存款（亿元）	8623.11	8513.59	8716.44	8834.47	1.35
金融机构人民币各项贷款（亿元）	8401.56	9643.55	11010.54	12028.51	9.25
中外资保险公司保险金额（亿元）	255548.01	157159.54			
中外资保险公司保费（亿元）	98.92	122.44	136.05	157.7	15.9
中外资保险公司赔款及给付（亿元）	39.26	42.67			
教育					
在校学生数（万人）	102.62	103.80	108.37	110.03	1.51
普通高等学校	42.48	44.56	47.40	48.66	2.59
中等职业学校	4.90	4.10	3.79	3.50	-8.29
普通中学	16.69	16.53	16.51	16.51	0.00
小学	21.20	21.78	22.60	23.39	3.38
地方财政用于教育支出（万元）	740910	803250	799798	882874	10.39
文化					
图书印数（万册）	7576	7288			
家庭、生活、环境					
家庭					
家庭总户数（万户）	109.57	110.50	114.81	114.61	-0.17
城镇居民平均每户家庭人口（人）					
农村居民平均每户家庭人口（人）	3.87	3.83	3.97	4.30	8.31
婚姻					
结婚数（万对）	2.64	2.46	2.47	2.26	-8.16
离婚数（万对）	0.78	0.85	0.95	0.97	2.28
居住					
城镇居民人均居住面积（平方米）	36.18	36.42	41.24	40.2	-2.5
农村居民人均居住面积（平方米）	32.86	33	34.2	32.2	-5.85
生活					
城市居民人均可支配收入（元）	29661	32331	35014	38095	8.8
农村居民人均可支配收入（元）	10391	11305	12368	13605	10.0
住户存款余额（亿元）	2796.24	2949.27	3244.08	3571.18	10.08
工资					
单位从业人员劳动报酬总额（亿元）	462.51	524.61	640.46	609.51	-4.83
单位从业人员平均劳动报酬（元）	64551	69555	82480	83542	1.29
卫生					
卫生机构数	2408	2464	2211	2277	2.99
医院、卫生院个数	172	194	192	196	2.08
卫生机构床位数	26538	29164	30655	31409	2.46
医院、卫生院床位数	24031	26589	28009	28616	2.17
卫生技术人员	32153	35251	36775	39723	8.02
医生	13123	13692	13954	14337	2.74
市政建设					
全年供水总量（万立方米）	26441	27178	28463	22288	-0.09
道路面积（万平方米）	4536.73	4805.11	5611.84	2686.79	2.60
园林绿地面积（公顷）	7852.30	9592.07	10076.76	7868.46	0.50
环境					
工业废水排放量（万吨）	3341.89	3527.75	3780.53	3260.03	-13.77
工业废气排放量（亿标立方米）	2566.45	2146.49	2731.78	2467.52	-9.67

1-6　地区生产总值

单位：亿元

	地区生产总值	第一产业	第二产业			第三产业			人均GDP（元）（按常住人口计算）
				工业	建筑业		交通运输仓储及邮政业	批发和零售业	
“一五”时期									
1953	1.46	0.20	0.36	0.24	0.12	0.90	0.38	0.32	179
1954	1.76	0.21	0.46	0.32	0.14	1.09	0.39	0.38	202
1955	2.43	0.23	0.85	0.59	0.26	1.35	0.46	0.44	255
1956	3.31	0.24	1.52	0.93	0.59	1.55	0.49	0.51	308
1957	3.72	0.26	1.70	1.06	0.64	1.76	0.50	0.57	313
“二五”时期									
1958	4.99	0.25	2.65	2.01	0.64		0.78	0.58	388
1959	7.69	0.25	5.23	4.39	0.84	2.21	0.86	0.66	548
1960	8.09	0.25	5.88	4.89	0.99	1.96	0.64	0.61	553
1961	4.52	0.25	2.62	2.45	0.17	1.65	0.47	0.47	314
1962	4.32	0.24	2.37	2.24	0.13	1.71	0.43	0.54	314
三年调整期									
1963	5.82	0.29	3.67	3.42	0.25	1.86	0.43	0.63	421
1964	7.94	0.34	5.39	5.07	0.32	2.21	0.48	0.64	544
1965	10.01	0.39	7.09	6.48	0.61	2.53	0.65	0.59	647
“三五”时期									
1966	9.85	0.40	6.91	6.69	0.22	2.54	0.62	0.59	609
1967	11.70	0.41	8.80	8.52	0.28	2.49	0.57	0.57	702
1968	12.92	0.43	10.15	9.82	0.33	2.34	0.50	0.51	759
1969	13.55	0.46	10.68	10.40	0.28	2.41	0.54	0.54	786
1970	14.99	0.52	11.92	11.51	0.41	2.55	0.60	0.59	856
“四五”时期									
1971	16.22	0.53	13.03	12.78	0.25	2.66	0.62	0.60	896
1972	17.96	0.53	14.34	13.89	0.45	3.09	0.67	0.79	958
1973	18.91	0.53	14.91	14.26	0.65	3.47	0.73	0.98	981
1974	20.84	0.66	16.40	15.82	0.58	3.78	0.79	1.11	1063
1975	22.70	0.67	17.89	17.23	0.66	4.14	0.85	1.26	1143
“五五”时期									
1976	22.69	0.69	17.76	17.10	0.66	4.24	0.88	1.32	1130
1977	21.82	0.70	16.78	16.21	0.57	4.34	0.91	1.38	1077
1978	21.80	0.74	16.56	15.85	0.71	4.50	0.94	1.44	1067
1979	24.54	0.78	18.60	17.72	0.88	5.16	0.95	1.63	1180
1980	25.68	0.94	18.80	17.64	1.16	5.94	0.98	1.96	1209

1-6 地区生产总值（续一）

单位：亿元

	地区生产总值	第一产业	第二产业			第三产业			人均GDP（元）（按常住人口计算）
				工业	建筑业		交通运输仓储及邮政业	批发和零售业	
“六五”时期									
1981	24.01	0.80	16.75	15.61	1.14	6.46	10.60	2.27	1116
1982	25.82	0.84	18.09	16.67	1.42	6.89	1.28	2.27	1179
1983	29.49	1.12	20.89	19.25	1.64	7.48	1.51	2.39	1326
1984	35.40	1.40	23.74	21.80	1.94	10.26	1.90	4.00	1579
1985	43.50	1.90	28.16	25.46	2.70	13.44	2.72	5.17	1915
“七五”时期									
1986	50.79	2.20	32.01	28.66	3.35	16.58	3.87	6.18	2198
1987	56.11	2.33	33.95	29.68	4.27	19.83	4.27	7.23	2383
1988	64.30	3.06	36.77	32.15	4.62	24.47	4.74	9.76	2682
1989	73.69	3.80	42.60	38.52	4.08	27.29	5.31	10.03	3015
1990	77.89	4.26	45.05	40.13	4.92	28.58	5.21	10.09	3126
“八五”时期									
1991	85.23	5.01	45.50	40.17	5.33	34.72	5.49	11.20	3364
1992	100.57	5.53	52.52	46.11	6.41	42.52	6.41	13.37	3918
1993	126.72	6.54	73.65	64.64	9.01	46.53	7.55	14.87	4878
1994	172.49	9.57	100.92	87.69	13.23	62.00	9.22	20.75	6548
1995	210.43	11.83	120.85	103.01	17.82	77.75	10.25	26.82	7844
“九五”时期									
1996	225.01	13.72	119.25	96.82	22.43	92.04	12.58	31.98	8228
1997	237.42	14.08	119.36	94.04	25.32	103.98	17.31	35.79	8532
1998	252.55	15.24	121.06	92.09	28.97	116.25	21.11	39.29	8949
1999	267.46	15.61	125.65	94.42	31.23	126.19	23.57	42.21	9360
2000	300.32	15.89	140.71	107.04	33.67	143.72	29.60	45.66	10387
“十五”时期									
2001	341.68	16.89	156.38	116.37	37.01	171.42	37.10	49.27	11638
2002	386.41	17.19	166.87	126.38	40.49	202.34	45.45	41.87	11819
2003	440.85	18.04	188.85	144.62	44.24	233.96	52.03	44.72	13197
2004	508.15	20.00	218.86	171.06	47.81	269.28	47.18	48.24	14931
2005	576.65	21.49	251.69	203.67	48.02	303.47	52.89	53.59	16692
“十一五”时期									
2006	649.42	22.00	293.32	240.21	53.11	334.10	59.18	58.47	18597
2007	746.33	24.25	340.66	281.49	59.17	381.41	69.14	65.66	21196
2008	868.14	24.72	405.36	338.47	66.89	438.06	78.99	74.94	24464
2009	938.85	25.90	438.95	355.02	83.93	474.00	78.92	82.52	26251
2010	1129.59	27.23	537.87	434.21	103.67	564.48	90.27	97.81	31336
“十二五”时期									
2011	1391.66	30.80	669.76	546.40	123.36	691.10	115.65	119.31	38444
2012	1613.16	31.88	761.34	624.14	137.20	819.93	145.23	130.73	44492
2013	1810.24	34.80	795.94	643.52	153.62	979.50	157.04	152.71	49786
2014	1977.77	35.76	841.22	675.44	167.08	1100.80	169.36	167.07	54137
2015	2102.25	37.09	830.48	655.05	176.93	1234.68	178.33	171.10	57142
“十三五”时期									
2016	2207.42	40.31	788.85	610.96	179.46	1378.26	186.76	178.44	59671
2017	2445.08	42.79	885.00	704.47	182.19	1517.29	212.07	183.72	65771
2018	2660.19	44.29	944.28	757.59	188.42	1671.62	234.37	198.44	71098
2019	2837.36	51.67	945.38	749.98	197.19	1840.30	255.14	223.43	75217

1-7　地区生产总值构成

单位：%

	地区生产总值	第一产业	第二产业			第三产业		
				工业	建筑业		交通运输仓储及邮政业	批发和零售业
“一五”时期								
1953	100.00	13.62	24.39	16.44	8.22	61.99	26.03	21.92
1954	100.00	11.93	26.14	18.18	7.95	61.93	22.16	21.59
1955	100.00	9.34	34.95	24.28	10.70	55.71	18.93	18.11
1956	100.00	7.32	45.91	28.10	17.82	46.77	14.80	15.41
1957	100.00	6.99	45.70	28.49	17.20	47.31	13.44	15.32
“二五”时期								
1958	100.00	5.14	53.04	40.28	12.83	41.82	15.63	11.62
1959	100.00	3.25	68.01	57.09	10.92	28.74	11.18	8.58
1960	100.00	3.09	72.68	60.44	12.24	24.23	7.91	7.54
1961	100.00	5.53	57.96	54.20	3.76	36.50	10.40	10.40
1962	100.00	5.56	54.86	51.85	3.01	39.58	9.95	12.50
三年调整期								
1963	100.00	5.01	62.99	58.76	4.30	32.00	7.39	10.82
1964	100.00	4.28	67.88	63.85	4.03	27.83	6.05	8.06
1965	100.00	3.90	70.83	64.74	6.09	25.27	6.49	5.89
“三五”时期								
1966	100.00	4.06	70.15	67.92	2.23	25.79	6.29	5.99
1967	100.00	3.50	75.21	72.82	2.39	21.28	4.87	4.87
1968	100.00	3.37	78.55	76.01	2.55	18.08	3.87	3.95
1969	100.00	3.39	78.82	76.75	2.07	17.79	3.99	3.99
1970	100.00	3.48	79.55	76.78	2.74	16.97	4.00	3.94
“四五”时期								
1971	100.00	3.23	80.34	78.79	1.54	16.43	3.82	3.70
1972	100.00	2.95	79.84	77.34	2.51	17.20	3.73	4.40
1973	100.00	2.80	78.85	75.41	3.44	18.35	3.86	5.18
1974	100.00	3.17	78.69	75.91	2.78	18.14	3.79	5.33
1975	100.00	2.93	78.83	75.90	2.91	18.24	3.74	5.55
“五五”时期								
1976	100.00	3.04	78.27	75.36	2.91	18.69	3.88	5.82
1977	100.00	3.18	76.93	74.29	2.61	19.89	4.17	6.32
1978	100.00	3.39	75.96	72.71	3.26	20.64	4.31	6.61
1979	100.00	3.18	75.79	72.21	3.59	21.03	3.87	6.64
1980	100.00	3.66	73.21	68.69	4.52	23.13	3.82	7.63

1-7 地区生产总值构成（续一）

单位：%

	地区生产总值	第一产业	第二产业			第三产业		
				工业	建筑业		交通运输仓储及邮政业	批发和零售业
“六五”时期								
1981	100.00	3.33	69.77	65.01	4.75	26.90	4.41	9.45
1982	100.00	3.25	70.06	64.56	5.50	26.68	4.96	8.79
1983	100.00	3.80	70.85	65.28	5.56	25.35	5.12	8.10
1984	100.00	3.96	67.06	61.58	5.48	28.98	5.37	11.30
1985	100.00	4.37	64.74	58.53	6.21	30.90	6.25	11.89
“七五”时期								
1986	100.00	4.33	63.02	56.43	6.60	32.64	7.62	12.17
1987	100.00	4.15	60.51	52.90	7.61	35.34	7.61	12.89
1988	100.00	4.76	57.19	50.00	7.19	38.06	7.37	15.18
1989	100.00	5.16	57.81	52.27	5.54	37.03	7.21	13.61
1990	100.00	5.46	57.85	51.52	6.32	36.69	6.69	12.95
“八五”时期								
1991	100.00	5.88	53.38	47.13	6.25	40.74	6.44	13.14
1992	100.00	5.49	52.23	45.85	6.37	42.28	6.37	13.29
1993	100.00	5.16	58.12	51.01	7.11	36.72	5.96	11.74
1994	100.00	5.55	58.51	50.84	7.67	35.94	5.34	12.03
1995	100.00	5.62	57.43	48.95	8.48	36.95	4.87	12.74
“九五”时期								
1996	100.00	6.10	53.00	43.03	9.97	40.91	5.59	14.21
1997	100.00	5.93	50.27	39.61	10.66	43.80	7.29	15.07
1998	100.00	6.04	47.93	36.46	11.47	46.03	8.36	15.56
1999	100.00	5.84	46.98	35.30	11.68	47.18	8.81	15.78
2000	100.00	5.29	46.85	35.64	11.21	47.86	9.86	15.20
“十五”时期								
2001	100.00	4.94	44.89	34.06	10.83	50.17	10.86	14.42
2002	100.00	4.45	43.19	32.71	10.48	52.36	11.76	10.84
2003	100.00	4.09	42.84	32.80	10.03	53.07	11.80	10.14
2004	100.00	3.94	43.07	33.66	9.41	52.99	9.28	9.49
2005	100.00	3.73	43.65	35.32	8.33	52.63	9.17	9.29
“十一五”时期								
2006	100.00	3.39	45.17	36.99	8.18	51.45	9.11	9.00
2007	100.00	3.25	45.65	37.72	7.93	51.10	9.26	8.80
2008	100.00	2.85	46.69	38.99	7.70	50.46	9.10	8.63
2009	100.00	2.76	46.75	37.81	8.94	50.49	8.41	8.79
2010	100.00	2.41	47.62	38.44	9.18	49.97	7.99	8.66
“十二五”时期								
2011	100.00	2.21	48.13	39.26	8.86	49.66	8.31	8.57
2012	100.00	1.98	47.20	38.69	8.51	50.83	9.00	8.10
2013	100.00	1.92	43.97	35.55	8.49	54.11	8.68	8.44
2014	100.00	1.81	42.53	34.15	8.45	55.66	8.56	8.45
2015	100.00	1.76	39.50	31.16	8.42	58.73	8.48	8.14
“十三五”时期								
2016	100.00	1.83	35.74	27.68	8.13	62.44	8.46	8.08
2017	100.00	1.75	36.19	28.81	7.45	62.05	8.67	7.51
2018	100.00	1.66	35.50	28.48	7.08	62.84	8.81	7.46
2019	100.00	1.82	33.32	26.43	6.95	64.86	8.99	7.87

1-8 地区生产总值指数

（上年=100）

单位：%

	地区生产总值	第一产业	第二产业			第三产业			人均GDP（按常住人口计算）
				工业	建筑业		交通运输仓储及邮政业	批发和零售业	
1955	119.70	103.30	125.20	124.10	120.60	122.80			109.30
1956	119.60	104.20	135.60	126.50	162.70	114.30			106.20
1957	116.00	105.10	124.60	130.20	111.60	112.70			105.10
“二五”年均	**104.12**	**96.01**	**112.02**	**117.02**	**90.33**	**97.98**			**101.15**
1958	128	92.4	150.9	163.9	115.8	118.4			118.30
1959	128.5	82.4	156.7	168.8	110.4	108.9			117.80
1960	111.9	100.1	128.8	135.8	88	89.7			107.30
1961	61.9	99.2	50.1	48.6	63.8	80.5			63.00
1962	107.4	107.9	115.6	120.2	83.8	97			112.40
三年调整期	**122.79**	**119.1**	**127.91**	**125.82**	**145.77**	**114.99**			**118.06**
1963	120.6	118.6	128.6	125	164.3	108.9			119.90
1964	122.9	119.8	124.4	124.4	124.1	120.9			116.30
1965	124.9	118.9	130.8	128.1	151.9	115.5			118.00
“三五”年均	**103.02**	**103.54**	**103.69**	**104.86**	**94.73**	**101.54**			**100.48**
1966	102.3	102.9	100.7	107.2	59.4	105.6			97.60
1967	92.4	103	87.6	86	106.1	99.6			89.90
1968	102.3	103.3	107.1	107.4	104.5	93.9			100.10
1969	108.1	103.7	111.2	113.1	93.5	103			106.70
1970	111	104.8	114.1	113.2	123.9	106.1			109.30
“四五”年均	**109.27**	**104.32**	**109.75**	**110.6**	**98.63**	**109.38**			**106.59**
1971	107.5	100.6	109.4	113.7	64.2	104.7			104.00
1972	110.3	100.6	110.8	110.3	120	111.5			106.40
1973	105.9	97.1	103.9	103.5	110.5	112.9			103.10
1974	109.4	124	108.5	108.8	104.1	108.8			107.60
1975	113.4	101.4	116.5	117.2	105.3	109.2			112.10
“五五”年均	**102.56**	**100.54**	**101.86**	**101.68**	**105.16**	**106.2**			
1976	100.5	100.6	99.6	99.6	99.5	102.7			99.40
1977	100.2	100.7	98.9	99	98.1	102.8			99.30
1978	102.2	95.6	102.5	102.1	110.4	102.7			101.30
1979	109.7	102.1	108.6	108.5	109.5	113.6			107.80
1980	100.5	103.9	100	99.5	109	109.7			101.00

1-8 地区生产总值指数（续一）

（上年=100） 单位：%

	地区生产总值	第一产业	第二产业	工业	建筑业	第三产业	交通运输仓储及邮政业	批发和零售业	人均GDP（按常住人口计算）
“六五”年均	**108.9**	**111.0**	**106.5**	**105.0**	**114.2**	**112.5**			**107.5**
1981	96.7	80.8	92.6	87.5	109.0	106.8			95.5
1982	106.9	110.1	107.5	106.5	120.6	105.5			105.1
1983	111.4	124.9	112.2	113.0	103.5	108.5			109.7
1984	117.0	117.8	110.9	111.0	110.0	127.0			116.1
1985	113.5	128.5	110.6	109.0	130.0	115.9			112.1
“七五”年均	**106.4**	**105.5**	**107.8**	**107.3**	**112.0**	**104.6**			**104.5**
1986	112.3	109.9	109.6	108.0	125.9	116.3			110.4
1987	107.8	97.5	108.1	106.0	126.3	108.9			105.8
1988	103.8	100.5	108.0	108.0	108.1	98.7			101.9
1989	103.8	109.6	106.4	107.5	98.3	99.3			101.8
1990	104.6	110.9	106.7	107.0	104.2	100.7			102.6
“八五”年均	**109.5**	**104.9**	**110.6**	**110.0**	**115.2**	**108.7**			**108.6**
1991	102.2	112.5	98.8	98.0	105.2	106.3			101.2
1992	110.3	107.2	110.4	109.8	114.8	110.7			108.9
1993	111.6	102.7	114.9	115.3	114.0	107.9			110.3
1994	114.5	101.2	119.6	118.8	125.9	110.9	114.5	113.8	110.3
1995	109.2	101.2	110.3	109.3	117.3	108.9	113.2	111.3	107.2
“九五”年均	**108.9**	**105.0**	**108.1**	**107.1**	**113.7**	**110.1**	**115.5**	**110.1**	**107.1**
1996	109.2	105.8	109.3	108.4	114.8	109.5	112.0	112.2	107.1
1997	108.9	103.6	108.8	107.0	119.7	109.5	125.6	109.6	107.0
1998	108.7	107.1	106.6	105.0	115.0	111.3	117.1	111.4	107.2
1999	108.2	104.5	107.4	107.0	109.5	109.5	109.9	109.0	106.9
2000	109.2	104.0	108.2	107.9	109.6	110.8	113.7	108.2	107.2
“十五”年均	**111.2**	**104.4**	**111.9**	**113.2**	**107.3**	**111.2**	**113.5**	**108.6**	**109.3**
2001	110.5	105.5	109.9	110.1	109.4	111.6	113.9	108.3	108.9
2002	110.8	104.8	110.8	110.8	110.7	111.4	116.7	108.6	108.9
2003	111.0	104.8	111.7	113.0	107.8	110.9	112.2	107.2	108.6
2004	111.7	103.0	112.9	114.7	106.8	111.4	114.2	108.1	109.6
2005	112.1	104.0	114.2	117.6	102.1	110.9	110.7	111.0	110.4
“十一五”年均	**111.7**	**104.7**	**113.6**	**114.7**	**108.4**	**110.5**	**110.2**	**110.7**	**110.8**
2006	112.0	102.8	115.5	117.8	106.0	109.7	111.8	108.8	110.8
2007	112.1	103.5	116.4	118.3	107.2	109.0	113.6	110.1	111.2
2008	111.6	105.7	112.2	114.3	101.1	111.4	110.9	107.8	110.7
2009	110.3	106.3	110.5	110.5	110.4	110.4	104.1	113.7	109.4
2010	112.6	105.2	113.7	113.0	118.0	112.0	111.0	113.4	111.7
“十二五”年均	**111.7**	**105.6**	**110.5**	**110.6**	**110.2**	**113.1**	**112.8**	**108.4**	**111.3**
2011	115.0	103.6	116.3	116.3	116.3	114.2	119.8	112.0	114.5
2012	113.8	106.7	112.4	112.9	110.3	115.4	122.8	107.3	113.6
2013	110.7	105.7	108.0	107.6	110.9	113.5	109.6	113.9	110.4
2014	110.3	106.0	109.1	109.2	108.4	111.6	105.7	107.6	109.8
2015	109.0	105.8	106.9	107.2	105.5	111.1	107.1	101.4	108.2
“十三五”年均									
2016	108.1	106.0	103.9	103.8	104.3	111.0	105.3	103.4	107.5
2017	105.7	105.9	103.8	105.6	97.2	106.9	113.4	101.5	105.2
2018	106.4	106.1	105.5	106.8	100.1	106.9	110.6	106.2	105.7
2019	106.0	105.5	101.9	102.0	101.6	108.4	108.9	109.6	105.1

1-9 各区县生产总值

单位：亿元

	生产总值	第一产业	第二产业	工业	建筑业	第三产业	交通运输仓储及邮政业	批发和零售业	人均GDP（元）（按常住人口计算）
兰州市	**2837.36**	**51.67**	**945.38**	**749.98**	**197.19**	**1840.30**	**255.14**	**223.43**	**75217**
城关区	1034.98	0.61	150.46	74.76	76.21	883.92	67.21	126.62	78118
七里河区	504.68	6.10	187.63	147.71	40.61	310.95	71.80	22.36	86932
西固区	411.63	3.27	233.10	212.48	20.82	175.26	43.06	10.90	110998
安宁区	225.06	0.12	68.15	55.22	12.93	156.79	0.14	32.46	78638
红古区	115.73	5.44	69.89	68.77	1.52	40.39	14.76	2.49	80927
永登县	112.15	12.87	30.82	27.86	2.96	68.46	28.05	5.76	32125
皋兰县	75.77	7.60	33.51	31.99	1.53	34.65	4.43	3.33	68851
榆中县	155.71	14.09	72.45	67.54	4.92	69.17	9.04	4.06	34861
兰州新区	201.64	1.58	99.36	63.66	35.70	100.70	16.66	15.45	125282

1-10 各区县生产总值构成

单位：%

	生产总值	第一产业	第二产业	工业	建筑业	第三产业	交通运输仓储及邮政业	批发和零售业
兰州市	**100.00**	**1.82**	**33.32**	**26.43**	**6.95**	**64.86**	**8.99**	**7.87**
城关区	100.00	0.06	14.54	7.22	7.36	85.40	6.49	12.23
七里河区	100.00	1.21	37.18	29.27	8.05	61.61	14.23	4.43
西固区	100.00	0.80	56.63	51.62	5.06	42.58	10.46	2.65
安宁区	100.00	0.05	30.28	24.54	5.74	69.67	0.06	14.42
红古区	100.00	4.70	60.40	59.42	1.31	34.90	12.75	2.15
永登县	100.00	11.47	27.48	24.84	2.64	61.05	25.01	5.14
皋兰县	100.00	10.03	44.23	42.21	2.02	45.74	5.84	4.39
榆中县	100.00	9.05	46.53	43.37	3.16	44.42	5.80	2.61
兰州新区	100.00	0.78	49.28	31.57	17.70	49.94	8.26	7.66

1-11 各区县生产总值指数

（上年=100）

	生产总值	第一产业	第二产业			第三产业			人均GDP（按常住人口计算）
				工业	建筑业		交通运输仓储及邮政业	批发和零售业	
兰州市	106.0	105.5	101.9	102.0	101.6	108.4	108.9	109.6	105.1
城关区	104.5	101.5	106.0	110.5	101.3	104.3	107.9	105.1	104.0
七里河区	104.5	103.5	101.6	101.7	101.3	106.6	109.5	105.4	103.7
西固区	103.0	104.2	99.2	98.8	101.4	106.7	108.7	108.9	102.1
安宁区	105.5	60.8	103.8	103.7	104.0	107.1	113.6	116.7	104.8
红古区	97.3	104.8	91.7	91.5	105.6	110.0	108.0	108.2	96.0
永登县	105.0	106.9	97.9	97.5	102.0	108.9	108.0	108.9	104.5
皋兰县	117.2	105.1	132.4	134.0	104.1	108.2	106.9	112.3	115.7
榆中县	109.6	107.0	113.1	113.8	102.1	105.8	108.3	102.2	109.1
兰州新区	117.1	100.2	118.6	122.5	102.5	114.3	106.9	123.1	111.8

主要统计指标解释

行政区划　指国家对行政区域的划分。根据宪法规定，我国的行政区域划分如下：（1）全国分为省、县、自治区、直辖市；（2）省、自治区分为自治州、县、自治县、市；（3）自治州分为县、自治县、市；（4）县、自治县分为乡、民族乡、镇；（5）直辖市和较大的市区分为区、县；（6）国家在必要时设立的特别行政区。

耕地面积　指经过开垦用以种植农作物并经常进行耕耘的土地面积。包括种有作物的土地面积、休闲地、新开荒地和抛荒未满三年的土地面积。

林业面积　指成品种植乔木、竹类、灌木、沿海红树林等林木的土地面积，包括有林地、灌木林、疏林地、未成林造林地、迹地、苗圃等。

草地面积　指牧区和农区用于放牧牲畜或割草，植被盖度在5%以上的草原、草坡、草山等面积。包括天然的和人工种植或改良的草地面积。

气温　指空气的温度，我国一般以摄氏度（℃）为单位表示。气象观测的温度表是放在离地面约1.5米处通风良好的百叶箱里测量的，因此，通常说的气温指的是离地面1.5米处百叶箱中的温度。其统计计算方法为：

月平均气温　是将全月各日的平均气温相加，除以该月的天数而得。

年平均气温　是将12个月的平均气温累加后除以12而得。

降水量　指从天空降落到地面的液态或固态（经融化后）水、未经蒸发、渗透、流失而在地面上积聚的深度。其统计计算方法为：

月降水量　是将全月各日的降水量累加而得。

年降水量　是将12个月的月降水量累加而得。

日照时数　指太阳实际照射地面的时间。其统计方法与降水量相同。

可比价格　指计算各种总量指标所采用的扣除了价格变动因素的价格，可进行不同时期总量指标的对比。按可比价格计算总量指标有两种方法：一种是直接用产品产量乘某一年的不变价格计算；另一种是用价格指数进行缩减。

平均增长速度　我国计算平均增长速度有两种方法：一种是习惯上经常使用的“水平法”，又称几何平均法，是以间隔期最后一年的水平同基期水平对比来计算平均每年增长（或下降）速度；另一种是“累计法”，又称代数平均法或方程法，是以间隔期内各年水平的总和同基期水平对比来计算平均每年增长（或下降）速度。

在一般正常情况下，两种方法计算的平均每年增长速度比较接近；但在经济发展不平衡、出现大起大落时，两种方法计算的结果差别较大。

企业（单位）登记注册类型　是以在工商行政管理机关登记注册的各类企业为划分对象，以工商行政管理部门对企业登记注册的类型为依据，将企业登记注册类型分为内资企业、港澳台商投资企业和外商投资企业三大类。内资企业包括国有企业、集体企业、股份合作企业、联营企业、有限责任公司、股份有限公司、私营公司和其他企业；港澳台商投资企业和外商投资企业分别包括合资经营企业、合作经营企业、独资经营企业和股份有限公司。对不在工商行政管理部门进行登记注册的行政机关、事业单位和社会团体，主要按其经费来源和管理方式进行划分。

国有企业 指企业全部资产归国家所有，并按《中华人民共和国企业法人登记管理条例》规定登记注册的非公司制的经济组织。不包括有限责任公司中的国有独资公司。

集体企业 指企业资产归集体所有，并按《中华人民共和国企业法人登记管理条例》规定登记注册的经济组织。

股份合作企业 指以合作制为基础，由企业职工共同出资入股，吸收一定比例的社会资产投资组建，实行自主经营，自负盈亏，共同劳动，民主管理，按劳分配与按股分红相结合的一种集体经济组织。

联营企业 指两个及两个以上相同或不同所有制性质的企业法人或事业单位法人，按自愿、平等、互利的原则，共同投资组成经济组织。联营企业包括国有联营企业、集体联营企业、国有与集体联营企业和其他联营企业。

有限责任公司 指根据《中华人民共和国公司登记管理条例》规定登记注册，由两个以上、五十个以下的股东共同出资，每个股东以其所认缴的出资额对公司承担有限责任，公司以其全部资产对其债务承担责任的经济组织。有限责任公司包括国有独资公司以及其他有限责任公司。

股份有限公司 指根据《中华人民共和国公司登记管理条例》规定登记注册，其全部注册资本由等额股份构成并通过发行股票筹集资本，股东以其认购的股份对公司承担有限责任，公司以其全部资产对其债务承担责任的经济组织。

私营企业 指由自然人投资设立或由自然人控投，以雇佣劳动为基础的营利性经济组织。包括按照《公司法》、《合伙企业法》、《私营企业暂行条例》规定登记注册的私营有限责任公司、私营股份有限公司、私营合伙企业和私营独资企业。

其他企业 指上述企业之外的其他内资经济组织。

与港澳台商合资经营企业 指港澳台地区投资企业与内地企业依照《中华人民共和国中外合资经营企业法》及有关法律的规定，按合同规定的比例投资设立、分享利润和分担风险的企业。

与港澳台商合作经营企业 指港澳台地区投资者与内地企业依照《中华人民共和国中外合作经营企业法》及有关法律的规定,依照合作合同的约定进行投资或提供条件设立、分配利润和分担风险的企业。

港澳台商独资经营企业 指依照《中华人民共和国外资企业法》及有关法律的规定，在内地由港澳台地区投资者全额投资设立的企业。

港澳台商投资股份有限公司 指根据国家有关规定，经外贸部依法批准设立，其中港、澳、台商的股本占公司注册资本的比例达25%以上的股份有限公司。凡其中港、澳 、台商的 股本占公司注册资本的比例小于25%的，属于内资 企业中的股份有限公司。

中外合资经营企业 指外国企业或外国人与中国内地企业依照《中华人民共和国中外合资企业法》及有关法律的规定，按合同规定的比例投资设立、分享利润和分担风险的企业。

中外合作经营企业　指外国企业或外国人与中国内地企业依照《中华人民共和国中外合作经营企业法》及有关法律的规定，依照合作合同的约定进行投资或提供条件设立、分配利润和分担风险的企业。

外资企业　指依照《中华人民共和国外资企业法》及有关法律的规定，在中国内地由外国投资者全额投资设立的企业。

外商投资股份有限公司　指根据国家有关规定，经外经贸部部依法批准设立，其中外资的股本占公司注册资本的比例达25%以上的股份有限公司。凡其中外资股本占公司注册资本的比例小于25%的，属于内资企业中的股份有限公司。

行政机关、事业单位和社会团体　参照企业登记注册类型，主要按其经费来源和管理方式划分。具体规定如下：

（1）行政机关：包括国家机关和政党机关，原则上均列为“国有”。但有特殊规定的，如供销社等，则列为“集体”。

（2）事业单位：包括经国家机构编制部门和有关业务主管部门批准成立的各类事业单位，不包括实行企业化管理的事业单位。事业单位的划分办法如下：

①由国家财政预算拨款或列入财政预算外资金管理以及经费主要来源于国有主管部门或国有上级单位的事业单位，列为“国有”。

②经费主要来源于集体单位的事业单位，列为“集体”。

③公民个人（或个人合伙）开办的事业单位，列为“私营”。

④上述以外的其他事业单位，如果其经费来源不明确，按管理方式进行归类。

（3）社会团体：包括经民政部门批准成立以及未纳入社会团体管理条例范围的工会、妇联等各类社会团体。社会团体的划分办法如下：

①未纳入民政部社会团体管理条例范围的工会、妇联、共青团、青联、工商联、科协、侨联等社会团体，国家拨款设立的基金会或基金管理组织以及经费主要来源于国有业务主管部门或国有上级单位的社会团体，列为“国有”。

②经费主要来源于集体单位的社会团体，列为“集体”。

③公民个人（或个人合伙）开办的社会团体，划为“私营”。

④上述以外的其他社会团体，如果其经费来源不明确，改按管理方式进行归类。

进出口总额　海关进出口总额指实际进出我国国境的货物总金额。包括对外贸易实际进出口货物，来料加工装配进出口货物，国家间、联合国及国际组织无偿援助物资和赠送品，华侨、港澳台同胞和外籍华人捐赠品，租赁期满归承租人所有的租赁货物，进料加工进出口货物，边境地方贸易及边境地区小额贸易进出口货物（边民互市贸易除外），中外合资企业、中外合作经营企业、外商独资经营企业进出口货物和公用物品，到、离岸价格在规定限额以上的进出口货样和广告品（无商业价值、无使用价值和免费提供出口的除外），从保税仓库提取在中国境内销售的进口货物，以及其他进出口货物。进出口总额用以观察一个国家在对外贸易方面的总规模。我国规定出口货物按离岸价格统计，进口货物按到岸价格统计。

国际旅游（外汇）收入　指入境旅游的外国人、华侨、港澳同胞和台湾同胞在中国大陆旅游过程中发生的一切旅游支出，对于国家来说就是国际旅游（外汇）收入。

地区生产总值（GDP）　指一个国家（或地区）所有常住单位在一定时期内生产活动的最终成果。地区生产总值有三种表现形态，即价值形态、收入形态和产品形态。从价值形态看，它是所有常住单位在一定时期内生产的全部货物和服务价值超过同期中间投入的全部非固定资产货物和服务价值的差额、即所有常住单位的增加值之和；从产品形态看，它是所有常住单位在一定时期内最终使用的货物和服务价值与货物和服务净出口价值之和。在实际核算中，地区生产总值有三种计算方法，即生产法、收入法和支出法。三种方法分别从不同的方面反映地区生产总值及其构成。

三次产业是根据社会生产活动历史发展的顺序对产业结构的划分，产品直接取自自然界的部门称为第二产业，为生产和消费提供各种服务的部门称为第三产业。它是世界上较为通用的产业结构分类，但各国的划分不尽一致。

我国的三次产业划分是：

第一产业：农业（包括种植业、林业、牧业和渔业）。

第二产业：工业（包括采掘业、制造业、电力、煤气及水的生产和供应业）和建筑业。

第三产业：除第一、第二产业以外的其他各业。由于第三产业包括的行业多、范围广、根据我国的实际情况，第三产业可分为两大部分：一是流通部门，二是服务部门。具体又可分为四个层次：

第一层次：流通部门，包括交通运输、仓储及邮电通信业、批发和零售贸易、餐饮业。

第二层次：为生产和生活服务的部门，包括金融、保险业、地质勘查业、水利管理业，记地产业，社会服务业、农、林、牧、渔服务业，交通运输辅助业，综合技术服务业等。

第三层次：为提高科学文化水平和居民素质服务的部门，包括教育、文化艺术及广播电影电视业，卫生、体育和社会福利业，科学研究业等。

第四层次：为社会公共需要服务的部门，包括国家机关、政党机关和社会团体以及军队、警察等。

支出法国内生产总值　指一个国家（或地区）所有常住单位在一定时期内用于最终消费，资本形成总额，以及货物和服务的净出口总额，它反映本期生产的国内生产总值的使用及构成。

最终消费　指常住单位在一定时期内对于货物和服务的全部最终消费支出，也就是常住单位为满足物质、文化和精神生活的需要，从本国经济领土和国外购买的货物和服务的支出；不包括非常住单位在本国经济领土内的消费支出。最终消费分为居民消费和政府消费。

居民消费　指常住住户对货物和服务的全部最终消费支出。居民消费按市场价格计算，即按居民支付的购买者价格计算。购买者价格是购买者取得货物所支付的价格，包括购买者支付的运输和商业费用。居民消费除了直接以货币形式购买货物和服务的消费之外，还包括以其他方式获得的货物和服务的消费支出，即所谓的虚拟消费支出。居民虚拟消费支出包括以下几种类型：单位以实物报酬及实物转移的形式提供给劳动者的货物和服务；住户生产并由本住户消费了的货物和服务，其中的服务仅指住户的自有住房服务；金融机构提供的金融媒介服务；保险公司提供的保险服务。

政府消费　指政府部门为全社会提供公共服务的消费支出和免费或以较低价格向住户提供的货物

和服务的净支出。前者等于政府服务的产出价值减去政府单位所获得的经营收入的价值，政府服务的产出价值等于它的经常性业务支出加上固定资产折旧；后者等于政府部门免费或以较低价格向住户提供的货物和服务的市场价值减去向住户收取的价值。

资本形成总额　指常住单位在一定时期内获得的减去处置的固定资产加存货的变动，包括固定资本形成总额和存货增加。

固定资本形成总额　指常住单位购置、转入和自产自用的固定资产，扣除固定资产的销售和转出后的价值，分有形固定资产形成总额和无形固定资产形成总额。有形固定资产形成总额包括一定时期内完成的建筑工程、安装工程和设备工器购置（减处置）价值，以及土地改良、新增役、种、奶、毛、娱乐用牲畜和新增经济林木价值。无形固定资产形成总额包括矿藏的勘探，计算机软件、娱乐和文学艺术品原件等获得减处置。

存货增加　指常住单位存货实物量变动的市场价值，即期末价值减去期初价值的差额。存货增加可以是正值，也可是负值；正值表示存货上升，负值表示存货下降。它包括生产单位购进的原材料、燃料和储备物资等存货，以及生产单位生产的产成品、在制品等。

货物和服务净出口　指货物和服务出口减货物和服务进口的差额。出口包括常住单位向非常住单位出售或无偿转让的各种货物和服务的价值；进口包括常住单位从非常住单位购买或无偿得到的各种货物和服务的价值。由于服务活动的提供与使用同时发生，因此服务的进出口业务并不发生出入境现象，一般把常住单位从国外得到的服务作为进口，非常住单位从本国得到的服务作为出口。货物的出口和进口都按离岸价格计算。

劳动者报酬　指劳动者因从事生产活动所获得的全部报酬。包括劳动者获得的各种形式的工资、奖金和津贴，既包括货币形式的，也包括实物形式的；还包括劳动者所享受的公费医疗和医药卫生费、上下班交通补贴和单位支付的社会保险费等。对于个体经济来说，其所有者所获得的劳动报酬和经营利润不易区分，这两部分统一作为劳动者报酬处理。

生产税净额　指生产税减生产补贴后的余额。生产税指政府对生产单位生产、销售和从事经营活动以及因从事生产活动使用某些生产要素（如固定资产、土地、劳动力）所征收的各种税、附加费和规费。生产补贴与生产税相反，指政府对生产单位的单方面收入转移，因此视为负生产税，包括政策亏损补贴、粮食系统价格补贴、外贸企业出口退税收等。

固定资产折旧　指一定时期内为弥补固定资产损耗按照核定的固定资产折旧率提取的固定资产折旧，或按国民经济核算统一规定的折旧率虚拟计算的固定资产折旧。它反映了固定资产在当期生产中的转移价值。各类企业和企业化管理的事业单位的固定资产折旧是指实际计提并计入成本费中的折旧费；不计提折旧的政府机关、非企业化管理的事业单位和居民住房的固定资产折旧是按照统一规定的折旧率和固定资产原值计算的虚拟折旧。原则上，固定资产折旧应按固定资产的重置价值计算，但是目前我国尚不具备对全社会固定资产进行重估价的基础，所以暂时只能采用上述办法。

营业盈余　指常住单位创造的增加值扣除劳动者报酬、生产税净额和固定资产折旧后的余额。它相当于企业的营业利润加上生产补贴，但要扣除从利润中开支的工资和福利等。

二、人口

2-1 人口数及构成（户籍数）

单位：万人、%

年份	年末户籍总人口	按性别分				按城乡分			
		男		女		非农业人口		农业人口	
		人口数	比重	人口数	比重	人口数	比重	人口数	比重
1979	210.35	110.72	52.64	99.63	47.36	97.75	46.47	112.60	53.53
1980	214.50	112.68	52.53	101.82	47.47	100.17	46.70	114.33	53.30
1981	215.98	113.53	52.57	102.45	47.43	102.42	47.42	113.56	52.58
1982	221.96	116.09	52.30	105.87	47.70	103.56	46.66	118.40	53.34
1983	222.84	116.74	52.39	106.10	47.61	107.63	48.30	115.21	51.70
1984	225.59	118.09	52.35	107.50	47.65	109.68	48.62	115.91	51.38
1985	228.71	119.60	52.29	109.11	47.71	112.69	49.27	116.02	50.73
1986	233.40	121.73	52.16	111.67	47.84	116.53	49.93	116.87	50.07
1987	237.49	123.55	52.02	113.94	47.98	119.24	50.21	118.25	49.79
1988	241.98	126.00	52.07	115.98	47.93	122.66	50.69	119.32	49.31
1989	246.74	128.27	51.99	118.47	48.01	125.56	50.89	121.18	49.11
1990	251.69	131.54	52.26	120.15	47.74	127.10	50.50	124.59	49.50
1991	255.01	132.70	52.04	122.31	47.96	129.85	50.92	125.16	49.08
1992	258.38	134.10	51.90	124.28	48.10	132.20	51.16	126.18	48.84
1993	261.21	135.43	51.85	125.78	48.15	133.87	51.25	127.34	48.75
1994	265.67	137.73	51.84	127.94	48.16	138.70	52.21	126.97	47.79
1995	270.84	140.11	51.73	130.73	48.27	142.99	52.80	127.85	47.20
1996	276.09	142.41	51.58	133.68	48.42	147.54	53.44	128.55	46.56
1997	280.46	144.57	51.55	135.89	48.45	150.65	53.72	129.81	46.28
1998	283.93	146.22	51.50	137.71	48.50	153.75	54.15	130.18	45.85
1999	287.19	148.08	51.56	139.11	48.44	156.58	54.52	130.61	45.48
2000	290.68	149.62	51.47	141.06	48.53	159.75	54.96	130.93	45.04
2001	296.51	152.47	51.42	144.04	48.58	164.87	55.60	131.64	44.40
2002	300.95	154.67	51.39	146.28	48.61	170.09	56.52	130.86	43.48
2003	304.36	156.53	51.43	147.83	48.57	175.54	57.68	128.82	42.32
2004	308.11	158.53	51.45	149.58	48.55	180.27	58.51	127.84	41.49
2005	311.74	160.29	51.42	151.45	48.58	183.93	59.00	127.81	41.00
2006	313.64	160.94	51.31	152.70	48.69	185.69	59.20	127.95	40.80
2007	319.28	163.68	51.27	155.6	48.73	198.53	62.18	120.75	37.82
2008	322.28	165.09	51.23	157.19	48.77	201.63	62.56	120.65	37.44
2009	323.59	165.2	51.05	158.39	48.95	202.77	62.66	120.82	37.34
2010	323.54	165.09	51.03	158.44	48.97	202.92	62.72	120.62	37.28
2011	323.30	164.35	50.84	158.95	49.16	202.67	62.69	120.63	37.31
2012	321.52	163.03	50.71	158.49	49.29	202.5	62.98	119.02	37.02
2013	321.43	162.74	50.63	158.69	49.37	201.41	62.66	120.02	37.34
2014	321.64	162.50	50.52	159.14	49.48	200.99	62.49	120.65	37.51
2015	321.90	162.4	50.45	159.50	49.55	214.17	66.53	107.73	33.47
2016	324.23	163.30	50.37	160.93	49.63	222.73	68.69	101.5	31.31
2017	325.55	163.5	50.22	162.05	49.78	226.05	69.44	99.5	30.56
2018	328.47	164.59	50.11	163.88	49.89	231.25	70.40	97.22	29.60
2019	331.92	166.01	50.02	165.91	49.98	235.72	71.02	96.20	28.98

2-2 人口自然变动情况

年份	出生人口（人）	出生率（‰）	死亡人口（人）	死亡率（‰）	自然增长率（‰）
1979	30212	14.36	9410	4.73	9.63
1980	23621	11.01	9702	4.85	6.16
1981	35132	16.27	9940	4.82	11.45
1982	36541	16.46	10409	4.70	11.76
1983	34831	15.63	10403	4.68	10.95
1984	33714	14.91	10441	4.62	10.29
1985	31721	13.87	10430	4.55	9.32
1986	37634	16.12	10430	4.46	11.66
1987	39136	16.48	10400	4.69	11.79
1988	39024	16.13	10411	4.67	11.46
1989	35728	14.48	9549	3.87	10.61
1990	32518	12.92	9539	3.79	9.13
1991	34554	13.55	12546	4.92	8.63
1992	33693	13.04	13229	5.12	7.92
1993	33905	12.98	10762	4.12	8.86
1994	31987	12.04	10228	3.85	8.19
1995	38621	14.40	12398	4.62	9.78
1996	41756	15.27	12428	4.54	10.73
1997	34588	12.34	14824	5.28	7.06
1998	31938	11.24	15842	5.56	5.68
1999	26837	9.39	11002	3.85	5.54
2000	39386	13.62	19904	6.88	6.74
2001	32626	11.00	10324	3.48	7.52
2002	28276	9.40	12730	4.22	5.18
2003	26083	8.62	12399	4.10	4.52
2004	30509	9.96	18249	5.96	4.00
2005	32817	10.59	11202	3.61	6.98
2006	31249	9.99	12962	4.15	5.84
2007	36346	11.49	12180	3.85	7.64
2008	33596	10.47	13462	4.20	6.27
2009	31660	9.81	17641	5.46	4.35
2010	35785	11.06	25904	8.00	3.06
2011	30598	9.46	11342	3.51	5.95
2012	34178	10.60	20381	6.32	4.28
2013	34295	10.67	11817	3.68	6.99
2014	40861	12.71	14698	4.57	8.14
2015	34909	10.84	16654	5.17	5.67
2016	38453	11.86	13311	4.11	7.75
2017	37463	10.11	17564	4.74	5.37
2018	42349	12.89	26649	8.11	4.78
2019	40727	12.27	18116	5.46	6.81

2-3　各区县人口情况

	行政区划面积（平方公里）	建成区面积（平方公里）	常住人口（万人）	户籍人口			人口密度（人/平方公里）
				年末总户数（万户）	年末总人口（万人）	非农业人口	
兰州市	**13192.31**	**366.84**	**379.09**	**114.61**	**331.92**	**235.72**	**287**
城关区	207.84	75.30	133.07	35.46	96.19	95.35	6403
七里河区	394.47	42.88	58.34	17.27	47.50	40.05	1479
西固区	358.32	42.00	37.27	11.89	32.29	29.23	1040
安宁区	82.33	28.03	28.76	7.93	21.72	21.72	3493
红古区	531.14	13.64	14.37	5.53	14.34	11.27	271
永登县	5846.73	63.86	34.95	16.70	54.02	17.94	60
皋兰县	2476.78	53.20	11.06	6.36	19.75	9.23	45
榆中县	3294.70	47.92	44.70	13.46	46.11	10.92	136

注：根据国家统一安排2019年度土地利用变更调查工作还未开展。此表行政区划面积和建成区面积为2018年度数据。建成区面积为2018年度城镇土地变更调查数据，即《土地利用现状分类》TD/T1014-2007中城市（201）和建制镇（202）面积之和，由兰州市自然资源局提供。

2-4 就业

	2000	2010	2011	2012
从业人员合计	145.67	176.48	179.72	181.95
第一产业	45.43	40.78	41.19	40.75
第二产业	43.88	47.16	47.25	47.16
第三产业	56.36	88.54	91.28	94.04
从业人员构成	**100.00**	**100.00**	**100.00**	**100.00**
第一产业	31.39	23.11	22.92	22.40
第二产业	30.12	26.72	26.29	25.92
第三产业	38.69	50.17	50.79	51.68
按城乡分从业人员	**145.67**	**176.48**	**179.72**	**181.95**
城镇从业人员	64.06	105.33	108.99	110.93
国有单位	51.78	40.43	38.80	39.13
城镇集体单位	9.06	1.91	1.92	2.02
股份合作单位	3.22	0.23	0.19	0.19
联营单位		0.25	0.04	0.03
有限责任公司		8.19	11.00	11.63
股份有限公司		3.83	4.09	4.48
私营企业	6.38	30.67	31.48	29.07
港澳台商投资单位		0.27	0.05	0.13
外商投资单位		0.36	0.40	0.50
其他		0.27	0.27	0.21
个体	6.44	18.92	20.75	23.54
乡村从业人员	68.79	71.15	70.73	71.02
城镇单位从业人数	**64.06**	**55.74**	**56.76**	**58.32**
国有单位	51.78	37.63	38.80	39.13
城镇集体单位	9.06	1.91	1.92	2.02
其他单位	3.22	16.20	16.04	17.17
城镇单位女性从业人员		**18.28**	**18.17**	**19.96**
城镇登记失业人数	**2.96**	**2.37**	**2.15**	**1.44**
城镇登记失业率（%）	**2.60**	**3.12**	**2.94**	**1.63**
下岗失业人员再就业人数	**0.96**	**1.00**	**2.72**	**3.17**

基本情况

单位：万人

2013	2014	2015	2016	2017	2018	2019
196.26	205.05	208.09	215.6	224.14	225.25	228.26
39.64	39.51	38.73	39.04	40.56	39.39	36.96
52.50	53.73	55.25	59.50	61.18	56.32	57.49
104.12	111.81	114.11	117.06	122.4	129.54	133.81
100.00	100.00	100.00	100.00	100.00	100.00	100.00
20.20	19.27	18.61	18.11	18.1	17.49	16.19
26.75	26.20	26.55	27.60	27.3	25	25.19
53.05	54.53	54.84	54.29	54.6	57.51	58.62
196.26	205.05	208.09	215.6	224.14	225.25	228.26
127.01	136.03	137.19	144.62	153.74	154.61	162.86
36.46	36.26	36.61	42.59	40.75	35.06	32.61
2.55	2.08	1.89	1.74	1.53	1.02	1.06
0.13	0.08	0.09	0.08	0.07	0.15	0.17
0.20	0.19	0.05	0.03	0.03	0.03	0.06
20.06	22.72	23.16	23.00	26.2	32.19	28.2
8.10	8.13	8.02	8.14	10.43	8.31	8.75
31.66	35.89	35.28	36.29	37.56	42.01	52.35
0.66	0.61	0.57	0.61	0.55	0.45	0.43
1.04	1.08	0.88	0.86	1.04	1.02	1.04
0.40	0.23	0.21	0.18	0.21	0.29	1.34
25.75	28.76	30.44	31.08	35.37	34.08	36.85
69.25	69.02	70.89	70.98	70.4	70.64	65.4
69.60	71.37	71.47	77.25	80.81	78.52	73.66
36.46	36.26	36.61	42.59	40.75	35.06	32.61
2.55	2.08	1.89	1.74	1.53	1.02	1.06
30.59	33.03	32.97	32.91	38.53	42.44	39.99
23.14	24.19	24.08	25.96	27.91	26.79	26.36
1.44	1.52	1.46	1.73	1.55	1.79	3.09
1.71	1.77	1.77	2.17	2.04	2.09	3.38
1.41	2.19	2.5	2.46	1.9	4.81	3.75

2-5 城乡劳动力资源配置情况

单位：万人

	合 计	城 镇	乡 村
年末劳动力资源总数	321.40	245.87	75.53
当年新增加的劳动力资源	1.52	7.79	
年末16岁以上全部人数	323.92	247.76	76.16
不计入劳动力资源的人数	2.52	1.89	0.63
经济活动人口			
从业人员	228.26	162.86	65.40
按就业身份分			
在岗职工	64.83	64.83	
私营业主	15.98	14.77	1.21
个体户主	19.64	17.70	1.94
私营企业和个体从业人员	57.97	49.32	8.65
农村劳动力	58.66	5.06	53.60
其他从业人员	11.18	11.18	
按经济类型分			
国有经济	32.61	32.61	
集体经济	56.39	5.81	50.58
私营经济	55.31	44.59	10.72
个体经济	39.82	35.72	4.10
联营经济	0.06	0.06	
股份制经济	41.26	41.26	
外商投资经济	1.04	1.04	
港、澳、台投资经济	0.43	0.43	
其他经济	1.34	1.34	
按国民经济行业分			
农林牧渔业	0.04	2.91	34.01
采矿业	1.10	0.11	1.86
制造业	8.70	3.49	5.65
电力、燃气及水的生产和供应业	5.34	0.25	
建筑业	15.08	5.91	10.00
批发和零售业	3.42	46.82	2.75
交通运输、仓储和邮政业	3.30	0.98	3.72
住宿和餐饮业	1.13	8.78	5.36
信息传输、计算机服务和软件业	2.12	2.94	0.26
金融业	2.52	0.22	0.13
房地产业	3.00	0.80	
租赁和商务服务业	2.14	5.81	
科学研究、技术服务和地质勘查业	3.82	1.56	0.12
水利、环境和公共设施管理	2.12	0.26	
居民服务和其他服务业	0.08	6.22	
教育	7.18	0.31	0.40
卫生、社会保障和社会福利业	3.86	0.42	0.32
文化、体育和娱乐业	1.07	1.39	0.11
公共管理和社会组织	7.64	0.02	0.71
非经济活动人口			
16岁以上在校学生	48.21	48.19	0.02

2-6　从业人员

单位：万人

年　份	从业人员合计	单位从业人员	国有单位	集体单位	其他单位	城镇私营企业及个体劳动者	农村劳动者
1979	103.23	61.66		8.55		0.05	41.52
1980	106.56	59.93		6.81		0.20	44.43
1981	108.90	63.00		7.16		0.72	45.18
1982	115.51	64.20		7.45		0.53	50.78
1983	118.74	66.22	58.05	8.17		0.87	51.65
1984	123.35	67.01	58.61	8.40	0.02	1.98	54.36
1985	127.98	71.05	61.68	9.37	0.03	2.57	54.36
1986	132.58	73.38	63.33	9.96	0.09	2.52	56.68
1987	135.35	75.47	65.45	9.91	0.11	2.31	57.55
1988	138.54	76.36	66.25	9.97	0.14	3.50	58.68
1989	140.17	76.37	65.94	10.30	0.14	3.40	60.40
1990	143.97	79.34	67.36	11.85	0.14	2.86	61.77
1991	151.47	84.86	68.87	15.81	0.19	3.84	62.78
1992	157.36	87.58	69.47	17.68	0.44	5.91	63.86
1993	160.12	87.30	69.58	17.18	0.53	8.13	64.89
1994	160.89	88.14	70.33	16.67	1.14	7.29	65.46
1995	161.22	87.40	70.03	15.20	2.16	7.82	65.99
1996	162.27	86.26	68.93	15.31	2.02	9.44	66.57
1997	160.26	82.64	67.83	13.00	1.81	10.39	67.23
1998	160.37	82.53	67.22	10.11	5.21	13.23	67.48
1999	152.32	65.17	51.12	9.00	5.06	19.53	67.61
2000	145.70	64.06	51.78	9.06	3.22	12.82	68.79
2001	141.40	59.04	47.17	5.28	6.59	13.19	69.17
2002	153.36	59.42	46.06	4.83	8.53	13.87	80.07
2003	154.23	60.01	45.18	4.13	10.90	15.85	78.25
2004	150.04	59.34	44.75	3.52	11.06	23.80	66.90
2005	150.75	57.06	43.87	3.11	10.08	23.33	70.36
2006	150.63	56.71	35.35	2.69	18.67	23.09	70.83
2007	153.98	56.46	35.35	2.69	18.42	26.98	70.54
2008	157.15	53.15	34.32	1.76	17.07	33.44	70.56
2009	162.72	54.68	37.33	1.74	15.61	37.35	70.69
2010	176.48	55.74	37.63	1.91	16.20	49.59	71.15
2011	179.72	56.76	38.80	1.92	16.04	52.23	70.73
2012	181.95	58.32	39.13	2.02	17.17	52.61	71.02
2013	196.26	69.60	36.46	2.55	30.59	57.41	69.25
2014	205.05	71.37	36.26	2.08	33.03	64.66	69.02
2015	208.09	71.47	36.61	1.89	32.97	65.72	70.89
2016	215.60	77.25	42.59	1.74	32.91	67.37	70.98
2017	224.14	80.81	40.75	1.53	38.53	72.93	70.4
2018	225.24	78.52	35.06	1.02	42.44	76.08	70.64
2019	228.26	73.66	32.61	1.06	39.99	89.2	65.4

2-6 从业人员（续一）

单位：万人

年 份	从业人员	第一产业	第二产业	第三产业	构成（%）		
					第一产业	第二产业	第三产业
1979	103.23						
1980	106.56						
1981	108.90						
1982	115.51						
1983	118.74						
1984	123.35						
1985	127.98						
1986	132.58	38.80	56.39	37.79	29.27	42.53	28.50
1987	135.35	41.60	56.40	37.35	30.74	41.67	27.60
1988	138.54	43.76	58.13	37.64	31.59	41.96	27.17
1989	140.17	43.56	57.86	38.76	31.08	41.28	27.65
1990	143.97	44.99	58.54	40.44	31.25	40.66	28.09
1991	151.47	45.80	61.31	44.36	30.24	40.48	29.29
1992	157.36	46.46	63.86	47.03	29.52	40.58	29.89
1993	160.12	43.43	64.83	51.86	27.12	40.49	32.39
1994	160.89	43.53	61.48	55.88	27.06	38.21	34.73
1995	161.22	43.61	61.96	55.64	27.05	38.43	34.51
1996	162.27	43.57	60.48	58.23	26.85	37.27	35.88
1997	160.26	44.44	58.16	57.66	27.73	36.29	35.98
1998	160.37	44.80	55.49	60.08	27.94	34.40	37.46
1999	152.32	44.60	45.91	61.80	29.28	30.14	40.57
2000	145.70	45.43	43.88	56.36	31.18	30.12	38.70
2001	141.40	45.56	39.88	55.91	32.22	28.20	39.58
2002	142.96	45.04	40.09	57.83	31.51	28.04	45.45
2003	145.63	44.72	42.78	58.13	30.71	29.73	39.92
2004	150.04	41.65	48.09	59.00	27.75	32.93	39.32
2005	150.75	44.68	43.18	62.89	29.64	28.64	41.72
2006	150.63	42.81	44.92	62.90	28.42	29.82	41.76
2007	153.98	42.04	45.86	66.08	27.26	29.73	43.01
2008	157.15	41.75	42.37	73.03	26.57	26.96	46.47
2009	162.72	41.08	44.72	76.92	25.25	27.48	47.27
2010	176.48	40.78	47.16	88.54	23.11	26.72	50.17
2011	179.72	41.19	47.25	91.28	22.92	26.29	50.79
2012	181.95	40.75	47.16	94.04	22.40	25.92	51.68
2013	196.26	39.64	52.50	104.12	20.20	26.75	53.05
2014	205.05	39.51	53.73	111.81	19.27	26.20	54.53
2015	208.09	38.73	55.25	114.11	18.61	26.55	54.84
2016	215.60	39.04	59.50	117.06	18.11	27.60	54.29
2017	224.14	40.56	61.18	122.4	18.1	27.3	54.6
2018	225.25	39.39	56.32	129.54	17.49	25.00	57.51
2019	228.26	36.96	57.49	133.81	16.19	25.19	58.62

2–7 全市分行业从业人员

单位：万人

	从业人员	单位从业人员	城镇私营企业	城镇个体劳动者	农村劳动者
合计	**228.26**	**73.66**	**52.35**	**36.85**	**65.40**
农、林、牧、渔业	36.96	0.04	2.01	0.90	34.01
采矿业	3.07	1.10	0.11		1.86
制造业	17.84	8.70	2.50	0.99	5.65
电力、煤气和水生产和供应业	5.59	5.34	0.25		
建筑业	30.99	15.08	5.78	0.13	10.00
批发和零售业	52.99	3.42	25.02	21.80	2.75
交通、仓储和邮政业	8.00	3.30	0.56	0.42	3.72
住宿和餐饮业	15.27	1.13	1.49	7.29	5.36
信息传输、计算机服务和软件	5.32	2.12	2.79	0.15	0.26
金融业	2.87	2.52	0.22		0.13
房地产业	3.80	3.00	0.80		
租赁和商务服务业	7.95	2.14	5.12	0.69	
科学研究技术服务和地质勘探业	5.50	3.82	1.51	0.05	0.12
水利、环境和公共设施管理	2.38	2.12	0.26		
居民服务和其他服务业	6.30	0.08	2.38	3.84	
教育	7.89	7.18	0.29	0.02	0.40
卫生、社会保障和社会福利业	4.60	3.86	0.12	0.30	0.32
文化、体育和娱乐业	2.57	1.07	1.13	0.26	0.11
公共管理和社会组织	8.37	7.64	0.01	0.01	0.71
按三次产业分					
第一产业	36.96	0.04	2.01	0.90	34.01
第二产业	57.49	30.22	8.64	1.12	17.51
第三产业	133.81	43.40	41.70	34.83	13.88

2-8　全市城镇非私营单位从业人员

单位：人

	合计		国有单位	城镇集体单位	其他单位
		在岗职工			
合计	**736595**	**573717**	**326054**	**10628**	**399913**
按执行会计标准类别分组					
企业	510783	385989	117125	6504	387154
事业	155777	130977	140741	3158	11878
机关	65893	53223	65752	65	76
民间非营利组织	2213	2010	531		781
其他	1929	1518	1905		24
按国民经济行业分					
农、林、牧、渔业	396	322	338	6	52
农业	1	1			1
林业	359	289	313		46
畜牧业					
渔业					
农、林、牧、渔服务业	36	32	25	6	5
采矿业	10963	9609			10963
制造业	86959	80007	8016	198	78745
电力、热力、燃气及水生产和供应业	53383	48951	46001		7382
电力、热力生产和供应业	49678	45488	45939		3739
燃气生产和供应业	1490	1416			1490
水的生产和供应业	2215	2047	62		2153
建筑业	150790	79774	33603	2118	115069
房屋建筑业	89095	52277	16579	1415	71101
土木工程建筑业	38605	18719	2363	344	35898
建筑安装业	18584	5741	14047		4537
建筑装饰和其他建筑业	4506	3037	614	359	3533
批发和零售业	34163	31586	1119	367	32677
批发业	11016	10352	739	180	10097
零售业	23147	21234	380	187	22580
交通运输、仓储和邮政业	33016	26530	5257	2	27757
铁路运输业	255	133			255
道路运输业	18394	17384	835	2	17557
水上运输业	183	183			183
航空运输业	6093	4757	2369		3724
管道运输业	256	256	256		
装卸搬运和运输代理业	273	266	43		230
仓 储 业	1375	1048	56		1319
邮政业	6187	2503	1698		4489
住宿和餐饮业	11270	8360	2135	189	8946
住宿业	7119	5855	2135	159	4825
餐饮业	4151	2505		30	4121
信息传输、软件和信息技术服务业	21199	20516	4676		16523
电信、广播电视和卫星传输服务	17910	17503	4676		13234
互联网和相关服务	181	154			181
软件和信息技术服务业	3108	2859			3108

2-8 全市城镇非私营单位从业人员（续一）

单位：人

	合计		国有单位	城镇集体单位	其他单位
		在岗职工			
金融业	25216	18469	5785		19431
货币金融服务业	16166	15637	5549		10617
资本市场服务业	143	143	143		
保险业	8814	2603			8814
其他金融业	93	86	93		
房地产业	30040	19195	721	439	28880
房地产开发经营	10016	9265	270	14	9732
物业管理	18208	8160	294	339	17575
房地产中介服务	704	692		26	678
租赁和商务服务业	21432	15500	5036	2733	13663
租赁业	865	203	2	6	857
商务服务业	20567	15297	5034	2727	12806
科学研究、技术服务业	38229	32614	19451	160	18618
研究和试验发展	7496	6942	4957	75	2464
专业技术服务业	28539	23664	13188	85	15266
科技推广和应用服务业	2194	2008	1306		888
水利、环境和公共设施管理业	21241	14400	15928	138	5175
水利管理业	2378	2030	2058	132	188
生态保护和环境治理业	176	170	176		
公共设施管理业	18368	11936	13496	6	4866
居民服务、修理和其他服务业	778	599	235	25	518
居民服务业	467	315	235	25	207
机动车、电子产品和日用产品修理业	240	240			240
其他服务业	71	44			71
教育	71822	64710	62457	2647	6718
卫生和社会工作	38588	31574	33810	968	3810
卫生	37609	30848	32960	950	3699
社会工作	979	726	850	18	111
文化、体育和娱乐业	10672	9020	6203	348	4121
新闻和出版业	3296	3197	862		2434
广播、电视、电影和影视录音制作业	2829	1981	2185		644
文化艺术业	3403	2881	2365	348	690
体育	608	527	547		61
娱乐业	536	434	244		292
公共管理、社会保障和社会组织	76438	61981	75283	290	865
中国共产党机关	3516	3310	3508		8
国家机构	70915	57011	69847	290	778
人民政协、民主党派	762	611	762		
社会保障	389	349	389		
群众社团、社会团体和其他成员组织	856	700	777		79

2-9 按登记注册类型分的其他单位从业人员

单位：万人

	2010	2011	2012	2013	2014	2015	2016	2017	2018	2019
城镇单位从业人员	16.20	16.04	17.17	30.59	33.03	32.97	32.91	38.53	42.46	39.99
内资	15.57	15.95	16.54	28.89	31.34	31.52	31.44	36.95	40.99	38.53
股份合作	0.23	0.19	0.19	0.13	0.08	0.09	0.08	0.07	0.15	0.17
联营	0.25	0.04	0.03	0.20	0.19	0.05	0.03	0.03	0.03	0.06
国有联营	0.21			0.15	0.14					0.01
集体联营				0.02	0.01	0.01	0.01			
有限责任公司	10.99	11.36	11.63	20.07	22.72	23.16	23	26.2	32.21	28.2
国有独资	2.80	3.55	3.70	3.43	3.96	4.29	4.72	5.86	5.57	8.98
股份有限公司	3.83	4.09	4.49	8.09	8.13	8.02	8.14	10.43	8.31	8.75
其他	0.27	0.27	0.21	0.40	0.22	0.21	0.18	0.21	0.29	1.35
港、澳、台商投资	0.27	0.05	0.13	0.66	0.61	0.57	0.61	0.55	0.45	0.43
外商投资	0.36	0.40	0.50	1.04	1.08	0.88	0.86	1.04	1.02	1.04

主要统计指标解释

人口数 指一定时点、一定地区范围内的有生命的个人的总和。

出生率 （又称粗出生率）指在一定时期内（通常为一年）一定地区的出生人数与同期内平均人数（或期中人数）之比。一般用于千分率表示。本资料中的出生率指年出生率，其计算公式为：

出生率=出生人数/年平均人数×1000

式中：出生人数指活产婴儿，即胎儿脱离母体时（不管怀孕月数），有过呼吸或其他生命现象。年平均人数指年初、年底人口数的平均数，也可用年中人口数代替。

死亡率（又称粗死亡率） 指在一定时期内（通常为一年）一定地区的死亡人数与同期内平均人数（或期中人数）之比，一般用千分率表示。本资料中的死亡率指年死亡率，其计算公式为：

死亡率=年死亡人数/年平均人数×1000

人口自然增长率 指在一定时期内（通常为一年）人口自然增加数（出生人数减死亡人数）与该时期内平均人数（或期中人数）之比，一般用于千分率表示。计算公式为：

人口自然增长率=（本年出生人数-本年死亡人数）/年平均人数×1000

社会劳动者人数 指在16岁以上，有劳动能力，参加或要求参加社会经济活动的人口；包括就业人员和失业人员。

就业人员 指从事一定社会劳动并取得劳动报酬或经营收入的人员，包括在岗职工、劳务派遣人员、再就业的离退休人员、私营业主、个体户主、私营和个体业人员、乡镇就业人员、农村就业人员、其他就业人员（包括民办教师、宗教职业者、现役军人等）。这一指标反映了一定时期内全部劳动力资源的实际利用情况，是研究我国基本国情国力的重要指标。

单位从业人员 指在各级国家机关、政党机关、社会团体及企业、事业单位中工作，取得工资或其他形式的劳动报酬的全部人员。包括在岗职工、劳务派遣人员、再就业的离退休人员、民办教师以及在各单位中工作的外方人员和港澳台方人员、兼职人员、借用的外单位人员和第二职业者。不包括离开本单位仍保留劳动关系的职工。各单位的就业人员反映了各单位实际参加生产或工作的全部劳动力。

城镇私营和个体就业人员 城镇私营就业人员指在工商管理部门注册登记，其经营地址设在县城关镇（含城关镇）以上的私营企业就业人员；包括私营企业投资者和雇工。城镇个体就业人员指在工商管理部门注册登记，并持有城镇户口或在城镇长期居住，经批准从事个体工商经营的就业人员；包括个体经营者和在个体工商户劳动的家庭帮工和雇工。

城镇登记失业人员 指有非农业户口，在一定的劳动年龄内，有劳动能力，无业而要求就业，并在当地就业服务机构进行求职登记的人员。

城镇登记失业率 指城镇登记失业人数同城镇单位就业人数、城镇私营企业及个体就业人数和城外地登记失业人数之和的比。计算公式为：

城镇登记失业率=城镇登记失业人数/（城镇单位就业人数+城镇私营企业及个体就业人数+城镇登记失业人数）×100%

职工 指在国有经济、城镇集体经济、联营经济、股份制经济、外商和港、澳、台投资经济、其他经济单位及其附属机构工作，并由其支付工资的各类人员，不包括返聘的离休人员、民办教师、在国有经济单位工作的外方人员和港、澳、台人员（1998年以后的数据无均为在岗职工数据，其他相关指标如职工工资总额，职工平均工资等指标也从1998年按此口径进行了相应调整）。

国有单位职工 指在国有经济单位及其附属机构工作，并由其支付工资的各类人员。

城镇集体单位职工 指在城镇集体经济单位及其管理部门工作，并由其支付工资的各类人员。

其他单位职工 指在联营经济、股份制经济、外商投资经济、港、澳、台投资经济单位工作，并由其支付工资的各类人员。

在岗职工 指在本单位工作并由单位支付工资的人员，以及有工作岗位，但由于学习、病伤产假等原因暂未工作，仍由单位支付工资的人员。

三、工业、能源

3-1 工业总产值

单位：万元

	工业总产值	规模以上工业总产值	轻工业	重工业	规模以下工业总产值
1979	387180	382146		313867	5034
1980	393214	388655		306011	4559
1981	393634	368655		284776	24979
1982	402933	397848		303337	5085
1983	452318	446016	100809	345207	6302
1984	506286	497314	119696	377618	8972
1985	650997	636937	170041	466896	14060
1986	736686	716432	183217	533215	20254
1987	814390	788055	199186	588869	26335
1988	974522	935277	255726	679551	39245
1989	1236599	1137169	296794	840375	99430
1990	1337530	1266043	310566	955477	71487
1991	1412200	1337000	320200	1016800	75200
1992	1624700	1526000	353200	1172800	98700
1993	2148400	1979800	362000	1617800	168600
1994	2813500	2536700	424500	2112200	276800
1995	3063300	2719400	487600	2231800	343900
1996	3337100	2880400	514600	2365800	456700
1997	3633400	3026500	612500	2414000	606900
1998	3458292	2874587	540416	2334171	583705
1999	3525637	2994886	510166	2484720	530751
2000	4151708	3822717	633789	3188928	328991
2001	4465245	4119243	717486	3401757	346002
2002	4855780	4501780	826553	3675227	354000
2003	5615352	5266652	924420	4342232	348700
2004	6963369	6553669	1017456	5536213	409700
2005	8324634	7883023	943905	6939118	441611
2006	10121752	9531331	1076998	8454333	590421
2007	12466174	11806174	1295577	10510597	660000
2008	14266389	13556379	1275307	12281072	710010
2009	14096146	13315146	1437491	11877655	781000
2010	16843587	15914704	1750149	14164555	928833
2011	19738858	18913058	2020394	16892664	825800
2012	21236242	20554242	2534796	18019446	682000
2013	25008485	24161985	2997312	21164673	846500
2014	26380000	25482000	3178000	22304000	898000
2015	22793000	22181000	3457000	18724000	612000
2016	21633300	20872000	3569000	17303000	761300
2017	22330111	21797211	3319572	18477639	532900
2018	20937531	20351231	2693489	17657742	586300
2019	20040300	19684000	2724000	16960000	356300

注：2000年以前工业总产值划分为乡及乡以上和乡以下。

3-2 工业总产值指数

（上年=100）

	工业总产值	规模以上工业总产值	轻工业	重工业	规模以下工业总产值
1979	105.46	105.33		109.91	124.23
1980	99.65	100.43		97.17	90.56
1981	94.05	94.01		103.24	99.30
1982	107.26	107.30		102.52	102.12
1983	111.47	111.38	160.03	102.43	123.92
1984	110.68	110.42	110.64	110.35	142.36
1985	117.13	116.89	145.79	108.55	140.03
1986	108.32	107.86	92.42	113.84	144.03
1987	109.35	109.06	114.74	107.28	125.90
1988	111.10	110.36	113.50	109.31	148.84
1989	106.90	105.75	105.27	105.91	150.30
1990	108.09	106.22	105.79	106.37	157.71
1991	103.27	103.16	101.95	103.58	105.14
1992	110.48	109.20	106.61	110.08	133.03
1993	109.55	106.77	101.37	108.39	149.61
1994	111.00	109.74	104.62	111.48	123.97
1995	109.10	105.10	108.10	101.78	148.58
1996	109.62	104.90	101.90	107.61	138.01
1997	116.40	110.90	126.73	103.74	141.96
1998	105.10	102.66	92.27	106.34	113.93
1999	106.00	106.20	105.30	106.70	105.21
2000	109.88	107.10	106.45	107.30	
2001	112.00	111.70	114.30	110.90	
2002	113.60	113.38	114.66	113.00	
2003	112.60	112.94	109.95	113.89	
2004	114.90	114.73	109.82	115.32	104.75
2005	114.65	114.82	108.43	115.98	112.17
2006	114.88	114.98	111.60	115.07	114.72
2007	121.43	122.02	113.59	123.09	110.91
2008	115.19	116.02	116.41	115.83	102.51
2009	110.10	110.50	119.60	108.50	108.74
2010	112.35	112.62	118.54	111.98	110.09
2011	116.31	116.18	110.64	116.73	118.40
2012	109.50	109.40	125.00	107.50	110.10
2013	115.20	116.80	117.80	116.60	112.40
2014	108.50	108.60	108.90	108.50	106.10
2015	100.2	100.90	116.10	101.30	88.9
2016	98.30	98.70	108.90	96.90	89.80
2017	108.3	108.30	91.30	107.40	100.1
2018	114.3	113.7	93.9	117.5	116.2
2019	96.8	96.40	102.40	95.50	101.8

3-3 工业增加值

单位：万元、%

	工业增加值	比上年增长	按轻重工业分		规模以上工业增加值	比上年增长
			轻工业	重工业		
1979	177174	8.50		145469		
1980	176356	-0.50		138881		
1981	156142	-12.50		113887		
1982	166653	6.50		127143		
1983	192461	13.00	43430	149031		
1984	218007	11.00	52314	165693		
1985	254647	9.00	67614	187033		
1986	286571	8.00	72847	213724		
1987	296764	6.00	74503	222261		
1988	321494	8.00	86969	234525		
1989	385201	7.50	96481	288720		
1990	401259	7.00	97461	303798		
1991	401739	-2.00	95368	306371		
1992	461109	9.80	95378	365731		
1993	646352	15.30	119053	527299		
1994	876935	13.20	175387	701548		
1995	1030058	9.20	206012	824046		
1996	968213	8.40	193643	774570		
1997	940371	7.00	188074	752297		
1998	920899	5.00	184180	736719	828299	3.66
1999	944221	7.00	188844	755377	846121	5.80
2000	1070358	7.90	214072	856286	963358	7.70
2001	1163695	10.10	232739	930956	1049095	10.00
2002	1263817	10.90	252764	1011053	1137817	10.86
2003	1431915	11.90	286383	1145532	1295515	12.12
2004	1677000	13.57	335400	1341600	1517200	14.58
2005	1977008	16.46	359940	1617068	1813854	18.36
2006	2308800	16.60	445669	1816131	2123855	17.17
2007	2678794	17.12	485481	2193313	2479248	17.98
2008	3189304	13.16	581414	2607886	2965904	13.50
2009	3312200	9.42	665850	2646350	3081700	9.83
2010	3990648	11.82	841902	3148746	3726746	12.30
2011	4967190	15.15	1067720	3899470	4650000	15.00
2012	5624200	11.80	1208922	4415278	5381538	11.50
2013	6144500	14.10	1731500	4413000	5751291	14.20
2014	5942700	8.20	1643700	4299000	5650000	8.10
2015	5350400	6.1	1469875	3880525	5150000	5.5
2016	5268300	2.80	1621000	3647300	5020000	2.60
2017	6071300	4.6	1750282	4321018	5836900	4.8
2018	6464800	5.8	1552500	4847500	6149800	6.0
2019	7499800	2.0				2.0

3-4 全市工业单位数及工业总产值

单位:个、万元、%

	全市		
	企业单位数	工业总产值	工业增加值增速
总计	4023	20040300	2.0
规模以上工业	325	19684000	2.0
# 国有企业	14	2054000	10.9
集体企业	2	31000	-48.5
股份合作企业			
股份制	297	15279000	1.2
港澳台及外商商投资企业	12	2320000	5.3
其他经济类型			
# 轻工业	82	2724000	1.6
重工业	243	16960000	2.2

3-5 规模以上工业企业单位数和工业总产值、销售产值

单位：个、万元

	企业单位数	工业总产值	工业销售产值
总计	325	19684000	19640000
国有控股企业	103	13652000	13606000
按登记注册类型分			
国有企业	14	2054000	2050000
集体企业	2	31000	31000
股份合作企业	0		
股份制企业	297	15279000	15236000
外商及港澳台商投资企业	12	2320000	2324000
其他企业	0		
按轻重工业			
轻工业	82.0	2724000	2640000
重工业	243.0	16960000	17001000
按工业行业大类分			
采掘业			
煤炭开采和洗选业	7	339797	489000
非金属矿采选业	0	1766	
制造业			
农副食品加工业	9	188209	189000
食品制造业	6	196488	200000
酒、饮料和精制茶制造业	6	259872	253000
烟草制品业	2	1310296	1227000
纺织业	2	30031	34000
纺织服装、服饰业	1	3560	5000
皮革、毛皮、羽毛及其制品和制鞋业	1	547	7000
木材加工和木、竹、藤、棕、草制品业	0		
家具制造业	0		
造纸和纸制品业	3	38647	40000
印刷和记录媒介复制业	5	19639	23000
石油加工、炼焦和核燃料加工业	8	4165911	5299000
化学原料和化学制品制造业	33	1707102	552000
医药制造业	15	537313	516000
化学纤维制造业	0		
橡胶和塑料制品业	18	105782	89000
非金属矿物制品业	75	1427228	1399000
黑色金属冶炼和压延加工业	10	1658820	1666000
有色金属冶炼和压延加工业	12	1723502	3215000
金属制品业	25	1727686	314000
通用设备制造业	10	217578	211000
专用设备制造业	17	566878	543000
汽车制造业	5	67193	28000
铁路、船舶、航空航天和其他运输设备制造业	1	5394	6000
电气机械和器材制造业	20	511358	533000
计算机、通信和其他电子设备制造业	3	107442	100000
仪器仪表制造业	2	8656	9000
其他制造业	0	52655	
废弃资源综合利用业	3	6010	7000
金属制品、机械和设备修理业	3	83707	111000
电力、热力的生产和供应业	17	2225957	2189000
燃气生产和供应业	2	299948	323000
水的生产和供应业	4	62511	62000

3-6 规模以上工业增加值

单位：%

	比上年增长
总计	2.0
国有控股企业	2.6
按登记注册类型分	
国有企业	10.9
集体企业	-48.5
股份合作企业	
股份制企业	1.2
外商及港澳台商投资企业	5.3
其他企业	
按隶属关系分	
中央企业	1.5
地方企业	3.0
按轻重工业分	
轻工业	1.6
重工业	2.2
按工业行业分	
煤炭开采和洗选业	-0.1
非金属矿采选业	37.8
开采辅助活动	3.0
农副食品加工业	12.0
食品制造业	8.5
酒、饮料和精制茶制造业	-3.8
烟草制品业	1.3
纺织业	-8.1

3-6 规模以上工业增加值（续一）

单位：%

	比上年增长
纺织服装、服饰业	-8.1
皮革、毛皮、羽毛及其制品和制鞋业	2.7
木材加工和木、竹、藤、棕、草制品业	
家具制造业	
造纸和纸制品业	11.4
印刷和记录媒介复制业	0.8
石油加工、炼焦和核燃料加工业	-1.5
化学原料和化学制品制造业	-14.9
医药制造业	1.7
化学纤维制造业	
橡胶和塑料制品业	9.2
非金属矿物制品业	2.5
黑色金属冶炼和压延加工业	21.6
有色金属冶炼和压延加工业	-9.5
金属制品业	-21.8
通用设备制造业	27.6
专用设备制造业	13.1
汽车制造业	180.8
铁路、船舶、航空航天和其他运输设备制造业	16.8
电气机械和器材制造业	1.7
计算机、通信和其他电子设备制造业	25.9
仪器仪表制造业	26.3
其他制造业	141.4
废弃资源综合利用业	-51.2
金属制品、机械和设备修理业	4.3
电力、热力的生产和供应业	10.4
燃气生产和供应业	10.5
水的生产和供应业	1.2

3-7 规模以上独立核

	总资产贡献率（%）	资本保值增值率（%）
总计	13.61	108.37
国有控股企业	17.84	99.82
按登记注册类型分		
国有企业	-7.70	125.95
集体企业	-7.94	113.04
股份合作企业		
股份制企业	16.12	109.03
外商和港澳台商投资企业	1.91	97.75
其他企业		
按工业行业分		
煤炭开采和洗选业	14.12	106.63
非金属矿采选业		
开采辅助活动		
农副食品加工业	8.63	89.36
食品制造业	6.78	107.25
酒、饮料和精制茶制造业	8.00	104.00
烟草制品业	69.87	88.95
纺织业	11.11	178.38
纺织服装、服饰业		120.00
皮革、毛皮、羽毛及其制品和制鞋业	-2.10	91.57
木材加工和木、竹、藤、棕、草制品业		
家具制造业		
造纸和纸制品业	12.90	185.71
印刷和记录媒介复制业	-2.50	50.00
石油加工、炼焦和核燃料加工业	72.26	79.97
化学原料和化学制品制造业	-0.28	107.78
医药制造业	14.07	147.62
化学纤维制造业		
橡胶和塑料制品业	0.41	101.82
非金属矿物制品业	10.66	117.79
黑色金属冶炼和压延加工业	3.13	126.47
有色金属冶炼和压延加工业	-1.75	86.09
金属制品业	2.07	111.11
通用设备制造业	3.95	103.39
专用设备制造业	2.18	97.07
汽车制造业	-4.29	178.05
铁路、船舶、航空航天和其他运输设备制造业	28.57	42.86
电气机械和器材制造业	12.66	126.90
计算机、通信和其他电子设备制造业	0.98	96.67
仪器仪表制造业	2.49	101.80
其他制造业		
废弃资源综合利用业		91.18
金属制品、机械和设备修理业	-0.26	90.48
电力、热力的生产和供应业	-3.56	-3.16
燃气生产和供应业	4.81	113.41
水的生产和供应业	0.68	111.74

算工业企业效益指标

资产负债率（%）	流动资产周转次数（次/年）	工业成本费用利润率（%）	全员劳动生产率（元/人、年）	产品销售率（%）
62.48	1.64	1.05	589337	99.78
67.10	2.01	-0.51	651401	99.66
87.84	2.92	-11.28	743628	99.81
58.73	2.78	-21.28	107642	100.00
61.46	1.52	2.70	546152	99.72
46.95	2.98	0.13	404674	100.17
76.86	1.44	8.40	157927	143.91
69.78	2.46	6.49	244257	100.42
49.83	1.36	6.84	161768	101.79
39.33	1.69	3.07	226610	97.36
36.67	1.37	-8.48	3514779	93.64
18.52	0.45	16.22	73299	113.21
25.00	0.71			140.46
46.85	0.05	-37.50		1279.01
58.06	3.27			103.50
92.50	1.30	-7.69	59837	117.11
70.48	9.12	-1.54	1136928	127.20
50.23	1.61	-5.01	367842	32.34
12.16	0.54	59.94	475028	96.03
54.10	0.83	-1.00	97824	84.14
46.46	0.67	18.99	579699	98.02
88.77	4.05	1.15	668703	100.43
62.94	3.16	-3.44	176045	186.54
57.16	0.79	0.70	545391	18.17
84.94	0.45	7.86	229249	96.98
81.51	0.48	0.49	219084	95.79
82.62	0.24	-34.85	141802	41.67
57.14	0.86	50.00		111.23
50.74	1.07	16.63	91059	104.23
85.78	0.77	0.98	375144	93.07
39.50	0.21	30.77		103.97
74.38	0.16	-16.67		116.46
70.77	0.69	-3.48	75555	132.60
99.87	3.45	-9.88	815627	98.34
77.64	1.54	7.05	330842	107.69
41.86	1.25	-4.55	163041	99.18

3-8 规模以上独立核

	企业单位数	亏损企业	从事工业生产活动的从业人员平均人数	流动资产合计
总计	**325**	**108**	**11**	**1185.5**
国有控股企业	103	37	7.4	671.1
按登记注册类型分				
国有企业	14	7	0.8	45.2
集体企业	2	1	0.1	1.8
股份合作企业	0	0	0	0
股份制企业	297	97	9.6	1059.1
外商和港澳台商投资企业	12	3	0.5	79.4
其他企业	0	0	0	0
按轻重工业				
轻工业	82.0	20.0	2.2	307.2
重工业	243.0	88.0	8.8	878.3
按工业行业分				
煤炭开采和洗选业	7	2	1.3	30.5
黑色金属矿采选业	0	0	0	0
有色金属矿采选业	0	0	0	0
非金属矿采选业	0	0	0	0
农副食品加工业	9	4	0.1	8
食品制造业	6	0	0.2	15.1
饮料制造业	6	0	0.3	18.3
烟草制品业	2	2	0.3	114.4
纺织业	2	0	0.1	8
纺织服装、鞋、帽制造业	1	0	0	0.7
皮革、毛皮、羽毛（绒）及其制品业	1	1	0	12
木材加工及木、竹、藤、棕、草制品业	0	0	0	0
家具制造业	0	0	0	0
造纸及纸制品业	3	0	0	1.1
印刷业和记录媒介的复制	5	2	0.1	2
石油加工、炼焦及核燃料加工业	8	2	1.4	58.5
化学原料及化学制品制造业	33	16	0.8	40
医药制造业	15	3	0.6	98.3
化学纤维制造业	0	0	0	0
橡胶和塑料制品业	18	5	0.2	12.2
非金属矿物制品业	75	20	1.1	219.6
黑色金属冶炼及压延加工业	10	4	0.7	43.4
有色金属冶炼及压延加工业	12	10	0.7	102.4
金属制品业	25	10	0.2	37.9
通用设备制造业	10	2	0.3	54.8
专用设备制造业	17	3	0.5	129.3
汽车制造业	5	3	0.1	21
铁路、船舶、航空航天和其他运输设备制造业	1	0	0	0.7
电气机械及器材制造业	20	7	0.5	45.8
通信设备、计算机及其他电子设备制造业	3	1	0.1	13.4
仪器仪表及文化、办公用机械制造业	2	0	0	5.2
其他制造业	0	0	0	0
废弃资源综合利用业	3	2	0	5.7
金属制品、机械和设备修理业	3	1	0.2	15.8
电力、热力的生产和供应业	17	6	0.8	44.5
燃气生产和供应业	2	0	0.2	21.8
水的生产和供应业	4	2	0.2	5.1

算工业企业经济指标

单位：个、亿元、万人

年末负债合计	主营业务收入	主营业务税金及附加	营业费用	管理费用	利润总额（亏损为负）	利税总额
1468.7	**1978.1**	**213.9**	**43.8**	**76.7**	**19.7**	**307.6**
1031.2	1350.6	210.8	23.9	55.9	-5.8	265.6
143.7	131.8	0.5	0.5	4.8	-16	-13.6
3.7	5	0.1	0.1	0.6	-1	-0.8
0	0	0	0	0	0	0
1259.7	1604.5	212.3	37.9	67.9	36.4	319.5
61.6	236.8	1	5.3	3.4	0.3	2.5
0	0	0	0	0	0	0
175.9	313.5	94.6	20.6	13.2	20.2	135.8
1292.8	1664.6	119.3	23.2	63.5	-0.5	171.8
58.8	43.8	1.2	0.5	4.8	3.2	9
0	0	0	0	0	0	0
0	0	0	0	0	0	0
0	0	0	0	0	0	0
9.7	19.7	0	1.1	0.7	1.2	1.4
14.7	20.5	0.1	1.8	0.9	1.3	2
11.8	31	1	6	1.2	0.9	2.8
55	156.3	92.5	2	5	-4.7	106.9
1.5	3.6	0.1	0.2	0.4	0.6	0.8
0.2	0.5	0	0	0.3	0	0
6.7	0.6	0	0.1	0.2	-0.3	-0.3
0	0	0	0	0	0	0
0	0	0	0	0	0	0
1.8	3.6	0	0.1	0.1	0	0.3
3.7	2.6	0	0	0.4	-0.2	-0.1
126.8	533.5	112.9	3.5	21.8	-6.5	127.8
54.5	64.3	0.4	2.2	4	-3.3	-1.6
18.5	52.7	0.6	8.3	3	19	23.9
0	0	0	0	0	0	0
13.2	10.1	0.1	0.3	0.6	-0.1	0.1
142.5	147.6	1.1	4.7	7.8	23.8	34
102	175.9	0.4	3.8	3.3	2	3.3
144	323.3	0.9	1.5	3.3	-11.4	-6.6
38.7	29.9	0.1	0.9	1.3	0.2	0.8
68.8	24.8	0.2	1.1	2	1.8	2.7
160.8	62.4	0.5	1.4	2.8	0.3	1.5
34.7	5.1	0.1	0.1	1.1	-2.3	-2.2
0.4	0.6	0	0.1	0.1	0.2	0.2
48.1	49.1	0.3	2	2.9	8.5	10.7
17.5	10.3	0	0.2	0.3	0.1	0.2
11.1	1.1	0	0.1	0.3	0.4	0.4
0	0	0	0	0	0	0
9	0.9	0	0	0.2	-0.2	-0.2
27.6	10.9	0.2	0.2	1.3	-0.4	-0.2
235.8	153.5	0.9	0.1	4.3	-16.3	-13
32.3	33.5	0.1	1.5	1.2	2.2	2.9
18.5	6.4	0.2	0	1.1	-0.3	0.1

3-9 规模以上工业企业

	工业总产值	工业增加值	工业销售产值
总计	100	100	100
煤炭开采和洗选业	1.73	3.42	2.49
黑色金属矿采选业			
非金属矿采选业	0.01	0.01	0.00
农副食品加工业	0.96	0.41	0.96
食品制造业	1.00	0.54	1.02
酒、饮料和精制茶制造业	1.32	1.13	1.29
烟草制品业	6.66	17.59	6.25
纺织业	0.15	0.12	0.17
纺织服装、服饰业	0.02	0.03	0.03
皮革、毛皮、羽毛（绒）及其制品业			
木材加工及木、竹、藤、棕、草制品业			
家具制造业			
造纸及纸制品业	0.20	0.07	0.20
印刷和记录媒介复制业	0.10	0.10	0.12
石油加工、炼焦及核燃料加工业	21.16	26.55	26.98
化学原料及化学制品制造业	8.67	4.91	2.81
医药制造业	2.73	4.75	2.63
化学纤维制造业			
橡胶和塑料制品业	0.54	0.33	0.45
非金属矿物制品业	7.25	10.63	7.12
黑色金属冶炼及压延加工业	8.43	7.81	8.48
有色金属冶炼及压延加工业	8.76	2.06	16.37
金属制品业	8.78	1.82	1.60
通用设备制造业	1.11	1.15	1.07
专用设备制造业	2.88	1.83	2.76
汽车制造业	0.34	0.24	0.14
铁路、船舶、航空航天和其他运输设备制造业	0.03	0.02	0.03
电气机械及器材制造业	2.60	0.76	2.71
计算机、通信和其他电子设备制造业	0.55	0.63	0.51
仪器仪表制造业	0.04	0.02	0.05
其他制造业	0.27	0.22	
废弃资源综合利用业	0.03	0.02	0.04
金属制品、机械和设备修理业	0.43	0.25	0.57
电力、热力的生产和供应业	11.31	10.88	11.15
燃气生产和供应业	1.52	1.10	1.64
水的生产和供应业	0.32	0.54	0.32

分行业主要指标构成

单位：%

年末资产总计	年末负债总计	产品销售收入	应交增值税
100	100	100	100
3.25	4.00	2.21	6.01
0.00	0.00	0.00	0.00
0.00	0.00	0.00	0.00
0.59	0.66	1.00	0.00
1.25	1.00	1.04	0.65
1.28	0.80	1.57	1.30
6.38	3.74	7.90	27.21
0.34	0.10	0.18	0.16
0.03	0.01	0.03	0.00
0.61	0.46	0.03	0.00
0.00	0.00	0.00	0.00
0.00	0.00	0.00	0.00
0.13	0.12	0.18	0.49
0.17	0.25	0.13	0.16
7.65	8.63	26.98	34.75
4.62	3.71	3.25	2.27
6.47	1.26	2.66	2.92
0.00	0.00	0.00	0.00
1.04	0.90	0.51	0.16
13.05	9.70	7.46	9.42
4.89	6.94	8.89	1.46
9.73	9.80	16.34	3.08
2.88	2.63	1.51	0.65
3.45	4.68	1.25	0.81
8.40	10.96	3.15	0.97
1.79	2.36	0.26	0.00
0.03	0.03	0.03	0.00
4.03	3.28	2.48	2.92
0.87	1.19	0.52	0.16
1.20	0.76	0.06	0.00
0.00	0.00	0.00	0.00
0.51	0.61	0.05	0.00
1.66	1.88	0.55	0.16
10.04	16.06	7.76	3.41
1.77	2.20	1.69	0.49
1.88	1.26	0.32	0.32

3-10 各区县规模以上

	城关区	七里河区	西固区	安宁区
企业及单位数（个）	30	36	49	23
亏损企业	7	8	20	5
工业销售产值	1699829	1751154	6009991.66	1813000
出口交货值	3673	0	0	2000.0
全部从业人员年平均人数（人）	10066	12376	24743	7992.0
年末资产总计	2556125	2647456	3438067.6	1625033.0
产成品	39950	82842	97296.9	42404.2
流动资产合计	1257613	1899049	1347115.7	574931.9
固定资产合计	1023900	887856	4402556.9	1684516.3
年末负债合计	1401129	1364360	2686527.5	1146741.8
年末所有者权益	1208600	1283097	751540.1	1165173.8
主营业务收入	1071085	2104742	6101899.5	1749649.2
主营业务销售税金及附加	6169	931800	1135165.8	7336.1
管理费用	76621	93500	264885.7	38110.8
利润总额	150386	-38261	-102433.8	-93259.5
利税总额	224297	1097246	1272045.00	-61009.2
总资产贡献率（%）	8.5	40.8	41.27	11.1
资产负债率（%）	54.8	51.5	78.10	70.6
流动资产周转次数（次/年）	0.9	1.1	4.67	3.0
工业成本费用利润率（%）	18.7	-3.5	-1.67	5.5
产品销售率（%）	99.5	95.6	100.56	101.2

工业企业主要经济指标

单位：万元

红古区	永登县	皋兰县	榆中县	兰州新区
21	33	24	33	76
7	12	8	10	31
1735000	862000	1006020	1723992	3039226
241000		7766	18676	44385
19000	7000	5895	7678	15047
3331000	1109000	817564	2421526	5559889
82000	55000	23098	55906	158107
1786000	369000	411462	984064	3225494
1869300	740000	207172	839014	2334395
1647000	650000	562367	1618172	3610778
1684000	459000	255197	803354	1949111
1647000	896000	1018919	1717041	3139676
21000	5000	3542	5200	14165
95000	38000	23158	45654	92520
210000	–24000	37506	–10087	66678
352000	0	60611	27451	103299
11.8	2.4	9.1	1.0	3.28
49	58.6	68.8	66.8	64.94
0.9	5.1	2.5	1.7	0.98
15.1	–2.6	3.8	–0.6	2.07
99.8	100.4	100	103.1	97.5

3-11 规模以上工业企业

	2010	2011	2012	2013
原煤（万吨）	486.03	511.37	716.32	714.57
原油加工（万吨）	1033.72	1053.36	1002.12	1050.02
汽油（万吨）	201.7	221.55	209.86	220.93
煤油（万吨）	29.48	28.75	34.27	68.06
柴油（万吨）	457.62	477.32	444.42	429.49
润滑油（万吨）	23.93	25.23	24.82	41.21
燃料油（万吨）	16.35	12.52	15.63	19.12
焦炭（万吨）	44.99	44.92	42.18	38.96
发电量总计（万千瓦时）	1692679	1821306		2103773
啤酒（千升）	470152	432683	447037	456851
合成洗涤剂（万吨）	1.74	1.39	0.05	0.05
卷烟（万支）	2395810	2602713	2771520	3197558
纱（万吨）	0.32	0.32	0.11	
绒线（毛线）（吨）				
毛机织物（呢绒）（万米）	490.4	491.6	459	386.2
合成橡胶（万吨）	18.64	18.35	17.79	16.54
合成纤维单体（万吨）	2.40	2.38	2.46	2.15
塑料制品（万吨）	5.25	4.53	7.91	10.97
塑料薄膜（万吨）	1.80	1.72	1.31	1.59
机制纸板（万吨）				
合成氨（万吨）	30.02	25.36	28.11	15.04
农用化肥（万吨）	21.61	16.35	18.12	9.51
氮肥（万吨）	21.61	16.35	18.12	9.51
磷肥（万吨）				
乙烯（万吨）	69.48	69.39	64.67	63.16
聚丙烯树脂（万吨）	38.93	40.06	40.07	39.62
水泥（万吨）	548.06	568.56	847.17	966.9
平板玻璃（万重量箱）	653.89	577.14	496.79	600.07
钢材（万吨）	138.62	163.17	212.98	380.42
铁合金（万吨）	45.54	44.93	38.5	49.84
原铝（电解铝）（万吨）	79.71	61.73	84.89	87.84
变压器（万千伏安）	227.76	224.99	294.02	261.29
家用洗衣机（万台）	8.34	6.47	5.97	4.08

主要工业产品产量

2014	2015	2016	2017	2018	2019	比上年增长(%)
629.18	628.12	637.63	503.24	503.29	509.17	1.17
916	967.2	823.02	880.84	927.01	914.73	-1.32
201.98	246.51	203.71	223.6	235.71	228.06	-3.25
46.49	58.6	63.03	81.85	86.25	82.11	-4.80
392.52	382.9	305.6	305.32	326.93	336.96	3.07
36.45	28.23	16.72		15.36	12.43	-21.39
23.94	16.54	6.06		1.43	1.2	-15.72
44.63	42.77	2.42		38.38	38.1	-0.71
1859200	1784700	1475300	1553200	1487000	1447548	-3.67
408818	386000	380127	329367	316193	293909	-7.0
					0.01	
3344568	3462000	2938458	2824246	2783794	2849710	2.4
405.8	340.1	414.3	435	430.2	430.3	
12.73	13.4	11.9	14.44	16.52	14.18	-14.2
2.1	2.5	2.2	2.67	2.72	2.43	-10.4
8.24	17.4	22.5	49.75	2.8	4.7	-5.4
2.1	2.5	3.2	2.99	2	2.3	-13.4
62.99	64.2	51.7	64	64.38	53.34	-17.2
35.69	42	33.4	41.32	43.1	36.6	-15.0
1104.3	1154.2	1130	905.91	774.63	1088.99	40.6
538.32	124.8	600.9	515.9	535.08	556.51	4.0
432.08	246.8	135	121.54	340.11	419.43	23.3
41.56	29.3	25.3	26.63	30.66	30.31	-0.7
79.81	77.2	82.3	81.29	68.99	50.75	-26.4
233.49	70.8	63.3	58.58	132.6	128.31	-3.2

3-12 规模以上工业企业

	煤炭（万吨）	焦炭（万吨）	天然气（亿立方米）	原油（万吨）
规模以上工业企业	**995.01**	**195.35**	**6.63**	**915.44**
轻工业				
重工业				
采掘业	94.61	1.97	0.96	
煤炭开采和洗选业	94.61	1.97	0.96	
黑色金属矿采选业				
非金属矿采选业				
制造业	384.77	193.39	5.03	915.44
农副食品加工业				
食品制造业	1.07		0.03	
饮料制造业				
烟草制品业				
纺织业				
纺织服装、鞋、帽制造业				
皮革、毛皮、羽毛（绒）等				
木材加工及木、竹、藤等				
家具制造业				
造纸及纸制品业	3.14			
印刷业和记录媒介的复制				
文教体育用品制造业				
石油加工炼焦及核燃料	24.78		2.30	915.44
化学原料及化学制品制造	16.60	37.56	0.04	
医药制造业	0.94	0	0.23	
化学纤维制造业				
橡胶和塑料制品业	0.01	0.02	0.01	
非金属矿物制品业	133.95	4.94	1.14	
黑色金属冶炼及压延	108.30	144.94		
有色金属冶炼及压延	95.90	5.93	0.61	
金属制品业	0.06		0.06	
通用设备制造业				
专用设备制造业				
汽车制造业				
铁路、船舶、航空航天和其他运输设备制造业				
电气机械及器材制造业			0.06	
通信设备、计算机及其他				
仪器仪表及文化、办公用				
电力、热力的生产和供应	515.63		0.63	
燃气生产和供应业				
水的生产和供应业	0.01			

主要能源品种消费量

汽油（万吨）	柴油（万吨）	燃料油（万吨）	炼厂干气（万吨）	其他石油制品（万吨）	热力（万百万千焦）	电力（亿千瓦时）
0.42	2.79	0.41	69.57	19.43	1750.28	224.33
0.03	0.16					4.75
0.03	0.16					4.75
0.29	2.51	0.41	69.57	19.43	1745.31	202.23
	0.01				0.33	0.32
						0.51
0.01	0.03	0.38	69.33	19.43	1614.88	19.49
0.02	0.14	0.01	0.24		57.83	30.88
0.01	0.01					0.83
0.01	0.01					0.60
0.14	2.00	0.02				18.13
0.01	0.02					45.95
0.02	0.12				56.62	81.07
0.03	0.01				3.52	0.29
0.01	0.01					0.81
0.10	0.12				4.97	17.35
0.01					4.97	1.48

3-13 各区县规模以上工业增加值

单位：%

	比上年增长
兰州市	2.0
城关区	11.9
七里河区	1.7
西固区	-1.2
安宁区	3.8
红古区	-8.6
永登县	-3.0
皋兰县	35.5
榆中县	15.5
兰州新区	26.2

3-14 规模以上工业主要能源消费与库存

	年初库存量	本年消费量			年末库存量
			工业生产消费量	非工业生产消费量	
原煤（万吨）	69.27	923.66	918.14	5.52	65.63
焦炭（万吨）	14.89	195.35	195.35		11.99
原油（万吨）	18.40	915.44	915.44		8.10
汽油（万吨）	0.02	0.42	0.20	0.22	0.03
煤油（万吨）					
柴油（万吨）	0.13	2.79	2.29	0.50	0.12
燃料油（万吨）	0.02	0.41	0.41		0.02
天然气（亿立方米）		6.63	6.42	0.21	
热力（万百万千焦）		1750.28	1745.09	5.19	
电力（亿千瓦小时）		224.33	219.93	4.39	

主要统计指标解释

工业 指从事自然资源的开采，对采掘品和农产品进行加工和再加工的物质部门。具体包括：（1）对自然资源的开采，如采矿、晒盐、森林采伐等（但不包括禽兽捕猎和水产捕捞）；（2）对农副产品的加工、再加工、如粮油加工、食品加工、轧花、缫丝、纺织、制革等；（3）对采掘品的加工、再加工、如炼铁、炼钢、化工生产、石油加工、机器制造、木材加工等，以及电力、自来水、煤气的生产和供应等；（4）对工业品的修理、翻新，如机器设备的修理、交通运输工具（包括小卧车）的修理等。

1984年以前农村的村及村以下办工业归属农业，1984年以后划归工业。

工业统计调查单位 工业统计调查单位分为两类：独立核算法人工业企业和工业活动单位。

（1）独立核算法人工业企业是指从事工业生产经营活动的单位。独立核算法人工业企业应同时具备以下条件：①依法成立，有自己的名称、组织机构和场所，能够承担民事责任；②独立拥有和使用资产、承担负债，有权与其他单位签订合同；③独立核算盈亏，并能够编制资产负债表。

（2）工业活动单位是指在一个场所从事一种或主要从事一种工业生产活动的经济单位。它包括独立核算工业企业按主营业务活动（即工业生产活动）划分的主营业务活动单位和非工业企业所属的工业生产活动单位（即原非独立核算工业生产单位）。工业活动单位，一般应同时具备以下三个条件：①具有一个场所，从事一种或主要从事一种工业活动；②单独组织工业生产、经营或业务活动；③单独核算收入和支出。

本年鉴中涉及的企业登记注册类型：

（1）国有及国有控股企业指国有企业加上国有控股企业。国有企业（即过去的全民所有制工业或国营工业）是指企业全部资产归国家所有，并按《中华人民共和国企业法人登记管理条例》规定登记注册的非公司制的经济组织。包括国有企业、国有独资公司和国有联营企业。1957年以前的公私合营和私营工业，后均改造为国营工业，1992年改为国有工业，这部分工业的资料不单独分列时，均包括在国有企业内。国有控股企业是对混合所有制经济的企业进行的“国有控股”分类。它是指这些企业的全部资产中国有资产（股份）相对其他所有者中的任何一个所有者占资（股）最多的企业。该分组反映了国有经济控股情况。

（2）集体企业指企业资产归集体所有，并按《中华人民共和国企业法人登记管理条例》规定登记注册的经济组织。是社会主义公有制经济的组成部分。包括城乡所有使用集体投资举办的企业，以及部分个人通过集资自愿放弃所有权并依法经工商行政管理机关认定为集体所有制的企业。

（3）股份合作企业指以合作制为基础，由企业职工共同出资入股，吸收一定比例的社会资产投资组建，实行自主经营，自负盈亏，共同劳动，民主管理，按劳分配与按股分红相结合的一种集体经济组织。

（4）联营企业指两个及两个以上相同或不同所有制性质的企业法人或事业单位法人，按自愿、平等、互利的原则，共同投资组成的经济组织。联营企业包括：

国有联营企业指国有企业与国有企业间的联营；

集体联营企业指集体企业与集体企业间的联营；

国有与集体联营企业指国有企业与集体企业间的联营。

（5）有限责任公司指根据《中华人民共和国公司登记管理条例》规定登记注册，由两个以上，五十个以下的股东共同出资，每个股东以其所认缴的出资额对公司承担有限责任，公司以其全部资产对其债务承担责任的经济组织。

有限责任公司包括国有独资公司以及其他有限责任公司。

（6）股份有限公司指根据《中华人民共和国企业法人登记管理条例》规定登记注册，其全部注册资本由等额股份构成并通过发行股票筹集体资本，股东以其认购的股份对公司承担的有限责任，公司以其全部资产对其债务承担责任的经济组织。

（7）私营企业指由自然人投资设立或由自然人控股，以雇佣劳动为基础的营利性经济组织。包括按照《公司法》、《合伙企业法》、《私营企业暂行条例》规定登记注册的私营有限责任公司、私营股份有限公司、私营合伙企业和私营独资企业。

（8）港、澳、台商投资企业　指企业注册登记类型中的港、澳、台资合资、合作、独资经营企业和股份有限公司之和。

（9）外商投资企业　指企业注册登记类型中的中外合资、合作经营企业、外资企业和外商投资股份有限公司之和。

“三资”企业　系指港、澳、台商投资企业和外资企业的简称。

规模以上工业企业　规模以上工业为年主营业务收入2000万元以上的企业。

轻工业　指主要提供生活消费品和制作手工工具的工业。按其所使用的原料不同，可分为两大类：（1）以农产品为原料的轻工业，是指直接或间接以农产品为基本原料的轻工业。主要包括食品制造、饮料制造、烟草加工、纺织、缝纫、皮革和毛皮制作、造纸以及印刷等工业；（2）以非农产品为原料的轻工业，是指以工业品为原料的轻工业。主要包括文教体育用品、化学药品制造、合成纤维制造、日用化学制品、日用玻璃制品、日用金属制品、手工工具制造、医疗器械制造、文化和办公用机械制造等工业。

重工业　是指为国民经济各部门提供物质技术基础的主要生产资料的工业。按其生产性质和产品用途，可以分为下列三类：（1）采掘（伐）工业，是指对自然资源的开采，包括石油开采、煤炭开采、金属矿开采、非金属矿开采和木材采伐等工业；（2）原材料工业，指向国民经济各部门提供基本材料、动力和燃料的工业。包括金属冶炼及加工、炼焦及焦炭、化学、化工原料、水泥、人造板以及电力、石油和煤炭加工等工业；（3）加工工业，是指对工业原材料进行再加工制造的工业。包括装备国民经济各部门的机械设备制造工业、金属结构、水泥制品等工业，以及为农业提供的生产资料如化肥、农药等工业。

根据上述划分原则，修理业中以重工业产品为修理作业对象的划为重工业，反之划为轻工业。

工业总产值 是以货币表现的工业企业在一定时期内生产的已出售或可供出售工业产品总量，它反映一定时间内工业生产的总规模和总水平。它包括：在本企业内不再进行加工，经检验，包装入库（规定不需包装的产品除外）的成品价值，对外加工费收入，自制半成品、在产品期末初差额价值。工业总产值采用“工厂法”计算，即以工业企业作为一个整体，按企业工业生产活动的最终成果来计算，企业内部不允许重复计算，不能把企业内部各个车间（分厂）生产的成果相加。但在企业之间、行业之间、地区之间存在着重复计算。

轻重工业总产值的划分是按“工厂法”计算的，即一个工业企业生产的主要产品性质属于轻工业，则该企业的全部总产值作为轻工业总产值；如它的主要产品性质属于重工业，则该企业的全部总产值作为重工业总产值。

工业增加值 是指工业行业在报告期内以货币表现的工业生产活动的最终成果。

实收资本 指企业实际收到的投资人投入的资本。按投资主体可分为国家资本、集体资本、法人资本、个人资本、港澳台资本和外商资本等。

资产合计 指企业拥有或控制的能以货币计量的经济资源。包括各种财产、债权和其他权利。资产按其流动性划分为流动资产、长期投资、固定资产、无形及递延资产和其他资产。

（1）流动资产指企业可以在一年内或者超过一年的一个生产周期内变现或耗用的资产合计。包括现金及各种存款、短期投资、应收及预付款项、存货等。

（2）固定资产指企业固定资产净值、固定资产清理、在建工程、待处理固定资产损失所占用的资金合计。

（3）无形资产指企业长期使用而没有实物形态的资产。包括专利权、非专利技术、商标权、著作权、土地使用权、商誉等。

负债合计 指企业承担能以货币计量，将以资产或劳务偿付的债务。负债一般按偿还期长短分为流动负债和长期负债、递延税项等。

（1）流动负债指企业在一年内或者超过一年的一个营周期内需要偿还的债务合计，其中包括短期借款、应付及预收款项、应付工资、应交税金和应交利润等。

（2）长期负债指企业在一年以上或者超过一年的一个营业周期以上需要偿还的债务合计，其中包括长期借款、应付债务、长期应付款项等。

所有者权益 指企业投资人对企业净资产的所有权。企业净资产等于企业全部资产减去全部负债后的余额，其中包括投资者对企业的最初投入，以及资本公积金、盈余公积金和未分配利润，对股份制企业即为股东权益。

固定资产原价 指企业在建造、购置、安装、改建、扩建、技术改造某项固定资产时所支出的全部货币总额。它一般包括买价、包装费、运杂费和安装费等。

固定资产净值 是指固定资产原价减去历年已提折旧额后的净额。

流动资产 是指可以在一年或者超过一年的一个营业周期内变现或者耗用的资产，包括现金及各种存款、短期投资、应收及预付货款、存货等。

产品销售收入 指企业销售产品和提供劳务等主要经营业务取得的收入总额。

产品销售成本 指企业销售品和提供劳务等主要经营业务的实际成本。

产品销售税金及附加 指企业销售产品和提供工业性劳务等主要经营业务应负担的城市维护建设税、消费税、资源税和教育费附加。

产品销售利润 指企业销售产品和提供工业性劳务等主要经营业务收入扣除其成本、费用、税金后的利润。

利润总额 指企业实现的利润。

应交增值税 指企业在报告期内应交纳的增值税额。

总资产贡献率 反映企业全部资产的获利能力，是企业经营业绩和管理水平的集中表现，是评价和考核企业盈利能力的核心指标。计算公式为：

总资产贡献率=（利润总额+税金总额+利息支出）/平均资产总额×100%

资产负债率 该指标既反映企业经营风险的大小，也反映企业利用债权人提供的资金从事经营活动的能力。计算公式为：

资产负债率=负债总额/资产总额×100%

工业成本费用利润率 指在一定时期内实现的利润与成本费用之比，是反映工业生产成本及费用投入的经济效益指标，同时也是反映降低成本的经济效益的指标。计算公式为：

工业成本费用利润率（%）=利润总额/成本及费用总额×100%

工业增加值率 指在一定时期内工业增加值占同期工业总产值的比重，反映降低中间消耗的经济效益。计算公式为：

工业增加值率（%）=工业增加值（现价）/工业总产值×100%

流动资产周转次数 指在一定时期内流动资产完成的周转次数，反映流动资产的周转速度。计算公式为：

流动资产周转次数=产品销售收入/全部流动资产平均余额

产品销售率 指报告期工业销售产值与同期全部工业总产值之比，是反映工业产品已实现销售的程度，分析工业产销衔接情况，研究工业产品满足社会需求程度的指标。计算公式为：

产品销售率（%）=工业销售产值/工业总产值（现价）×100%

全员劳动生产率 指根据产品的价值量指标计算的平均每一个从业人员在单位时间内的产品生产量。是考核企业经济活动的重要指标，是企业生产技术水平、经营管理水平、职工技术熟练程度和劳动积极性的综合表现。目前我国的全员劳动生产率是将工业企业的工业增加值除以同一时期全部从业人员的平均人数来计算的。计算公式为：

全员劳动生产率（%）=工业增加值/全部从业人员平均人数×100%

四、交通运输业

4-1 交通运输业基本情况

	2010	2011	2012	2013	2014	2015
客运量总计（万人）	**3802.30**	**4388.82**	**4829.07**	**5326.85**	**5655.52**	**6153.3**
铁路	975.81	1042.06	996.95	1042.03	1084.23	1277.3
公路		2965.86	3373.82	3719.86	3871.29	4067
民用航空		380.90	458.30	564.96	700.00	809.00
货运量总计（万吨）		**8907.70**	**9671.89**	**10509.61**	**11139.69**	**11801.02**
铁路		1214.52	1003.95	974.43	936.11	799.42
公路	6832.00	7663.50	8664.34	9531.00	10198.88	10996.60
民用航空	1.14	2.68	3.60	4.18	4.70	5.00
公路货运周转量（万吨公里）	**348553**	**408905.5**	**575369.5**	**822779.6**	**1033571**	**1271118**
公路旅客周转量（万人公里）	**286738**	**331490.9**	**481164.5**	**544721.33**	**582882.14**	**626095**

4-1 交通运输业基本情况（续一）

	2016	2017	2018	2019	比上年增长（%）
客运量总计（万人）	**6950.64**	**7684.69**	**8328.64**	**7980.41**	**-4.18**
铁路	1648.89	2039.42	2550.96	2837.25	11.22
公路	4212.75	4363.63	4391.86	3612.86	-17.74
民用航空	1089.00	1281.64	1385.82	1530.30	10.43
货运量总计（万吨）	**12208.84**	**12882.39**	**13518.82**	**14121.83**	**4.46**
铁路	741.9	837.12	869.96	834.09	-4.12
公路	11461.00	12039.18	12642.41	13280.54	5.05
民用航空	5.94	6.09	6.15	7.20	17.17
公路货运周转量（万吨公里）	**1484530**	**1739898**	**2018901**	**2182400**	**8.10**
公路旅客周转量（万人公里）	**660459**	**699477**	**704450**	**429249**	**-39.07**

4-2 客运量和货运量

年份	客运量合计（万人）	铁路	公路	民航	货运量合计（万吨）	铁路	公路	民航
1983	833	389	444		1616	1007	609	
1984	1165	452	709	5	1721	1040	681	0.11
1985	1000	466		7	1541	817	724	0.17
1986	1121	503		12	1723	942	781	0.17
1987	1167	517		12	1977	1073	904	0.20
1988								
1989	1273	510	753	10	2075	905	1170	0.23
1990	1037	405	620	12	2282	892	1390	0.18
1991	1163	409	736	18	2529	896	1633	0.25
1992	1250	434	790	26	3015	1191	1824	0.30
1993	1303	447	828	29	2701	703	1998	0.30
1994	1342	460	863	19	2849	599	2249	0.35
1995	1381	448	904	29	3245	724	2521	0.40
1996	1477	416	1003	59	3559	725	2833	0.32
1997	1569	431	1082	55	3932	742	3190	0.34
1998	1693	443	1224	26	4273	698	3574	0.35
1999	1832	459	1345	28	4749	764	3985	0.41
2000	2002	476	1483	43	5167	815	4351	0.53
2001	2141	499	1608	33	5401	758	4642	0.60
2002	2253	556	1662	35	5634	824	4809	0.99
2003	2209	474	1695	40	5581	653	4927	0.80
2004	2416	567	1798	51	5786	783	5002	0.88
2005	2546	587	1896	63	5972	821	5151	0.64
2006	2732	636	1996	100	6264	903	5360	0.75
2007	2926	673	2112	141	6839	1235	5604	0.95
2008	3150	777	2253	120	7207	1319	5887	1.01
2009	3373	847	2346	153	7358	1202	6155	1.04
2010	3802	976	2627	199	8054	1221	6832	1.14
2011	4389	1042	2966	381	8908	1215	7664	2.68
2012	4829	997	3374	458	9672	1004	8664	3.60
2013	5327	1042	3720	565	10510	974	9531	4.18
2014	5656	1084	3871	700	11140	936	10199	4.70
2015	6153.3	1277.3	4067	809.00	11801.02	799.42	10996.60	5.00
2016	6950.64	1648.89	4212.75	1089.00	12208.84	741.90	11461.00	5.94
2017	7684.69	2039.42	4363.63	1281.64	12882.39	837.12	12039.18	6.09
2018	8328.64	2550.96	4391.86	1385.82	13518.52	869.96	12642.41	6.15
2019	7980.41	2837.25	3612.86	1530.30	14121.83	834.09	13280.54	7.20

4-3 邮电业务基本情况

	2010	2011	2012	2013	2014	2015
邮电业务总量（亿元）	36.05	44.27	48.90	53.38	69.34	92.39
电信业务总量（亿元）	34.35	42.43	47.14	51.40	64.50	86.44
邮政业务总量（亿元）		1.84	1.76	1.98	4.84	5.95
快递企业业务量（万件）		1098.07	1360.15	1110.80	1703.92	2130.06
函件（万件）		1129.56	1548.69	1573.58	1320.33	864.59
普通包件（万件）		8.94	9.99	9.41	7.70	16.17
代办特快专递（万件）	71.00	72.42	68.24	61.61	51.30	17.25
订销报刊累计数（万份）		5750.71	6458.60	6497.37	61.33	6447.77
固定长途电话（万分）		27084.31	23156.38	18791.68	15693.23	12339
本地电话年末用户（万户）	104.66	105.45	94.39	92.57	76.72	64.61
普通电话	88.29	89.15	51.85	53.16	59.44	60.27
公用电话	16.37	16.30	15.78	16.63	14.18	6.49
年末移动电话用户（万户）	349.25	390.04	418.93	469.36	527.37	461.32
国际互联网用户（户）	500400	468600	496900	540000	737200	795898
邮电局所（处）	165	145	147	146	150	160
集邮业务（万枚）	650.83	1159.35	921.52	862.54	726.00	731.00

4-3 邮电业务基本情况（续一）

	2016	2017	2018	2019
邮电业务总量（亿元）	145.06			
电信业务总量（亿元）	136.57	133.81	346.28	526.81
邮政业务总量（亿元）	8.49	9.99	11.64	14.78
快递企业业务量（万件）	3333.97	3695.25	4610.25	5255.75
函件（万件）	534.87	475.52	500.96	453.5
普通包件（万件）	8.96	8.54	8.92	5.52
代办特快专递（万件）		60.49	83.36	65.78
订销报刊累计数（万份）	6266.50	5902.54	5760.4	6017.15
固定长途电话（万分）				
本地电话年末用户（万户）	74.81	61.86	60.27	71.37
普通电话				
公用电话				
年末移动电话用户（万户）	335.53	609.68	663.9	594.1
国际互联网用户（户）				
邮电局所（处）	159	159	156	156
集邮业务（万枚）	196.32	381.46	650	756.25

注：1、邮政报刊期发数调整为订销报刊累计数。

2、2014年邮政业务总量包括邮政企业业务总量和快递企业业务总量两部分。

3、2017年电信业务总量按照2015年不变价格计算。

4、本年本地电话年末用户数和年末移动电话用户数等指标较之前年份调整统计口径，以省通信管理局提供数据为准。”

主要统计指标解释

货（客）运量 指在一定时期内，各种运输工具实际运送的货物（旅客）数量。它是反映运输业为国民经济和人民生活服务的数量指标，也是制定和检查运输生产计划、研究运输发展规模和速度的重要指标。货运按吨计算，客运按人计算。货物不论运输距离长短、货物类别，均按实际重量统计。旅客不论行程远近或票价多少，均按一人一次客运量统计；半价票、小孩票也按一人统计。

邮电业务总量 指以价值量形式表现的邮电通信企业为社会提供各类邮电通信服务的总数量。邮电业务量按专业分类包括函件、包件、汇票、报刊发行、邮政快件、特快专递、邮政储蓄、集邮、公众电报、用户电报、传真、长途电话、出租电路、移动电话、分组交换数据通信、出租代维等。计算方法为各类产品乘以相应的平均单价（不变价）之和，再加上出租电路和设备、代用户维护电话交换机和线路等的服务收入。它综合反映了一定时期邮电业务发展的总成果，是研究邮电业务量构成和发展趋势的重要指标。计算公式为：

邮电业务总量=Σ（各类邮电业务量×不变单价）+出租代维及其他业务收入

移动电话用户 是指通过移动电话交换机进入移动电话网、占用移动电话号码的电话用户。用户数量以报告期末在移动电话营业部门实际办理登记手续进入移动电话网的户数进行计算，一部移动电话统计为一户。

电话用户 指接入国家公众固定电话网，并按固定电话业务进行经营管理的电话用户。1997年以前，电话用户分为市内电话用户和农村电话用户。“市内电话用户”是指接入县城及县以上城市的电话网上的电话用户；“农村电话用户”是指接入县邮电局农话台及县以下农村电话交换点，以县城为中心（除市话用户外）联通县、乡（镇）、行政村、村民小组的用户。从1997年起，电话用户数分组调整为以用户所在区域划分为“城市电话用户”和“乡村电话用户”，与过去的按市内电话和农村电话划分方法不同。而电话用户总数、电话机总部数统计范围不变。

城市电话用户 指直辖市、省辖市、地级市、县级市的市区、市郊区及县城（包括县人民政府所在地的县城关区或行政建制相当于县人民政府所在地的镇）范围内接入局用交换机的电话用户数，包括分布在农村地区的独立工矿区、林区、驻军等接入局用交换机的电话用户数。

乡村电话用户 指县城关区以下的集镇和农村接入局用交换机的电话用户数。

住宅电话用户 是指安装在居民住宅或农民家里并按照住宅电话登记注册和收费的电话用户。包括私人付费、单位付费和按规定免费安装的住宅电话用户。

局用交换机容量 是指安装在本地电信运营商内用于接结续本地固定电话的电话交换机容量，有倍增设备按倍增后的数量计算。包括现用和备用的人工或自动交换机的全部容量。

五、农 业

5-1　各区县农村基本情况

	乡镇数（个）	镇	村民委员会（个）	农村户数（万户）	农村人口（万人）
兰州市	**61**	**47**	**727**	**31.91**	**118.72**
城关区	0	0	16	0.35	1.56
七里河区	6	5	59	2.15	8.99
西固区	6	5	40	1.48	5.11
安宁区	0	0	0	0	0
红古区	4	4	33	1.17	4.52
永登县	16	13	200	9.27	34.12
皋兰县	6	6	57	3.52	11.89
榆中县	20	11	268	10.47	38.91
兰州新区	3	3	54	3.49	13.62

5-2　各区县农村劳动力情况

单位：万人

	乡村劳动力	乡村从业人员	农林牧渔业	工业	建筑业	交通运输仓储及邮政业	批发零售贸易业	住宿和餐饮业
兰州市	**75.53**	**65.40**	**33.88**	**5.45**	**5.70**	**3.70**	**2.38**	**2.08**
城关区	1.02	0.85	0.42	0.02	0.01	0.09	0.03	0.07
七里河区	5.63	5.06	3.03	0.53	0.20	0.23	0.21	0.15
西固区	3.44	3.11	1.31	0.45	0.26	0.25	0.13	0.09
安宁区	0.00	0.00	0.00	0.00	0.00	0.00	0.00	0.00
红古区	3.13	2.67	1.74	0.19	0.18	0.18	0.12	0.07
永登县	22.60	19.73	9.78	1.47	1.50	1.23	0.78	0.62
皋兰县	7.02	6.29	3.34	0.50	0.50	0.44	0.24	0.23
榆中县	24.93	20.73	11.46	1.35	2.42	0.91	0.61	0.61
兰州新区	7.77	6.97	2.81	0.94	0.64	0.37	0.26	0.24

5-3 农林牧渔业增加值

单位：万元

年份	农林牧渔业增加值	农业	林业	牧业	渔业	服务业
1979	7788.36	6638.07	110.88	1038.06	1.38	
1980	9392.15	8045.01		1213.24	1.04	
1981	7994.08	6504.60		1295.24	1.03	
1982	8420.08	6584.56		1378.05	2.00	
1983	11178.75	8947.76		1553.05	1.85	
1984	14017.15	11046.91	994.06	1974.45	1.73	
1985	18976.08	15294.47	1041.19	2635.64	4.78	
1986	22036.67	17611.67	911.00	3492.48	21.52	
1987	23296.91	18423.25	746.92	4077.74	49.00	
1988	30603.00	22452.91	741.23	7239.48	169.38	
1989	38054.41	27624.39	716.71	9578.27	135.05	
1990	42605.00	31278.31	1198.86	9800.29	327.54	
1991	50054.63	36455.46	1287.62	11901.63	409.92	
1992	55261.00	41527.47	968.69	12226.92	537.92	
1993	65390.76	49687.61	1320.88	13853.49	528.78	
1994	95391.00	67546.45	2431.70	24568.40	844.45	
1995	118296.96	89095.33	2856.17	25149.63	1195.83	
1996	137205.13	103602.91	3229..78	29073.27	1299.17	
1997	140826.62	101431.00	3262.37	34891.39	1240.97	
1998	152430.54	116295.29	3248.73	31399.17	1487.35	
1999	156129.94	119674.18	2851.99	31506.43	2097.34	
2000	158915.80	121106.04	3299.07	33007.61	1503.08	
2001	168914.30	129533.55	2800.48	34706.09	1874.18	
2002	176821.31	135578.93	2300.11	37217.84	1724.43	
2003	185709.77	140560.98	2754.87	38760.00	1700.40	
2004	206062.21	147959.34	2409.67	51800.50	1665.82	2226.83
2005	221299.01	162258.36	1174.17	53642.65	1880.66	2343.17
2006	227335.06	165709.78	1634.15	55151.49	2141.87	2697.77
2007	250558.67	192799.61	900.20	47718.80	1118.80	8021.25
2008	259685.09	205715.44	1128.28	39111.06	1259.37	12470.94
2009	272517.51	219099.41	1108.04	37334.10	1440.94	13535.02
2010	285232.40	226970.27	1515.00	43561.56	302.56	12883.01
2011	326505.32	254146.51	3104.99	50309.91	457.50	18486.40
2012	338327.93	260876.60	3602.24	53886.34	483.86	19478.88
2013	370041.40	284068.01	3394.22	59762.08	800.53	22016.56
2014	381593.58	293840.66	2881.75	60153.93	702.51	24014.74
2015	396686.05	305983.91	2977.55	61081.13	820.48	25822.97
2016	421023.67	314598.82	3880.40	83390.41	1252.64	17901.39
2017	447527.30	333634.08	3770.28	89332.75	1205.71	19584.50
2018	462764.50	332592.50	5508.20	103862.10	945.20	19856.50
2019	537672.07	377953.19	5797.49	131327.72	1504.83	21088.84

注：自2007年起农林牧渔业增加值数据为农普口径统计数据，增速为可比速度。

5-4 农林牧渔业增加值指数

（上年=100）

年份	农林牧渔业增加值	农业	林业	牧业	渔业	服务业
1979	91.22	90.94	97.74	91.9	120.64	
1980	116.38	116.52		117.47	76.63	
1981	80.78	77.28		92.49	84.28	
1982	110.09	105.85		108.59	193.66	
1983	124.86	128.12		106.71	93.45	
1984	117.78	114.97	140.86	121.65	92.58	
1985	128.48	131.52	85.46	135.44	358.13	
1986	109.9	108.54	87.89	122.57	198.01	
1987	97.5	97.07	81.89	101.32	394.66	
1988	100.6	101.82	85.77	98.42	113.07	
1989	109.64	107.26	79.81	129.21	119.04	
1990	110.88	110.45	115.3	106.56	129.05	
1991	112.49	116.61	74.64	102.9	98.43	
1992	107.23	108.74	96.52	102.31	106.62	
1993	102.74	92.72	169.67	137.29	159.33	
1994	101.18	101.96	104.93	98.72	101.45	
1995	101.2	102.73	97.83	96.67	120.55	
1996	105.83	107.53	102.31	101.04	106.33	
1997	103.6	100.78	97.72	113.47	95.79	
1998	107.1	112.87	101.33	90.94	114.79	
1999	120.42	119.27	121.58	127.15	107.02	
2000	107.6	107.09	116.48	107.45	90.42	
2001	105.5	105.6	98	106	105.8	
2002	104.8	105.4	70.7	105.7	107.8	
2003	104.9	104.84	130	104.87	100	
2004	103.27	100.94	96.61	111.9	96.76	115.17
2005	104.05	104.88	42.69	104.2	112.9	105.22
2006	103.11	101.97	135.51	104.92	113.92	115.13
2007	103.69	107.59	79.45	92.52	101.67	108.62
2008	105.71	103.96	123.9	115.74	103.87	103.32
2009	106.17	106.39	105	104.8	116.99	103.74
2010	105.01	104.89	138.64	109.08	34.11	99.46
2011	105.2	104.37	119.38	104.65	118.54	139.21
2012	106.7	107.26	95.3	104.56	100.37	106.29
2013	105.8	106.35	88.06	103.19	155.96	107.01
2014	106.28	106.81	97.46	103.31	89.6	111.23
2015	105.9	106.61	140.27	99.6	122.66	108.51
2016	106.03	106.96	123.11	99.22	101.8	105.76
2017	105.91	106.31	96.23	104.00	104.29	106.41
2018	105.76	105.82	88.78	107.35	102.21	101.91
2019	105.50	105.64	99.34	105.02	156.97	104.95

5-5 农林牧渔业增加值及构成

	绝对量（万元）				构成（%）				比上年增长（%）
	2016	2017	2018	2019	2016	2017	2018	2019	
农林牧渔业增加值	421023.67	447527.30	462764.50	537672.07	100.00	100.00	100.00	100.00	5.50
农业	314598.82	333634.08	332592.50	377953.19	74.72	74.55	71.87	70.29	5.64
林业	3880.40	3770.28	5508.20	5797.49	0.92	0.84	1.19	1.08	-0.66
牧业	83390.41	89332.75	103862.10	131327.72	19.81	19.96	22.44	24.43	5.02
渔业	1252.64	1205.71	945.20	1504.83	0.30	0.27	0.20	0.28	56.97
农林牧渔服务业	17901.39	19584.50	19856.50	21088.84	4.25	4.38	4.29	3.92	4.95

注：自2007年起农业相关数据为农普口径统计数据。

5-6 各区县农林牧渔业增加值

单位：万元、%

	农林牧渔业增加值	农业	林业	牧业	渔业	服务业	比上年增长
兰州市	537672.06	377953.19	5797.49	131327.72	1504.83	21088.84	5.50
城关区	6406.64	4934.11	610.15	525.43	0.00	336.95	1.88
七里河区	66824.87	38721.84	129.31	22114.95	0.00	5858.77	3.88
西固区	33220.78	25013.56	322.70	7266.74	141.97	475.81	4.21
安宁区	1287.23	808.64	345.08	60.71	0.00	72.80	-40.00
红古区	55236.04	45364.83	566.88	8442.31	38.44	823.58	4.78
永登县	130354.97	81831.01	2752.28	42849.04	1232.34	1690.30	6.82
皋兰县	77940.19	64286.51	167.73	11564.11	0.00	1921.84	5.05
榆中县	149239.45	107378.87	552.21	32662.86	92.08	8553.43	10.44
兰州新区	17161.89	9613.82	351.15	5841.57	0.00	1355.36	0.53

5-7 农林牧渔业总产值

单位：万元

年份	农林牧渔业	农业	林业	牧业	渔业	服务业
2007	415625.46	311831.62	4313.40	87643.71	2506.08	9330.65
2008	426154.25	321942.58	4337.85	75347.66	2872.39	21653.77
2009	440276.77	333282.94	4624.28	76151.41	2695.01	23523.14
2010	468906.80	349843.72	5545.69	87918.40	749.68	24849.30
2011	518620.38	373496.30	6629.19	100777.06	851.34	36866.49
2012	554788.06	393770.31	7355.69	111070.89	856.39	41734.78
2013	596279.36	418889.69	7775.68	121022.15	1156.85	47435.00
2014	603157.49	416730.20	7301.43	123172.86	1003.35	54949.65
2015	623544.50	422756.66	10207.21	128008.91	1091.11	61480.61
2016	650833.69	437710.16	12447.71	132312.17	1042.20	67321.45
2017	674283.36	455808.79	13670.34	129831.64	918.46	74054.13
2018	786311.79	533895.58	14963.87	159837.03	1244.17	76371.14
2019	947563.24	658614.27	11889.24	193711.46	2237.36	81110.91

注：自2007年起农业相关数据为农普口径统计数据。

5-8 农林牧渔业总产值构成

单位：%

年份	农林牧渔业	农业	林业	牧业	渔业	服务业
2007	100.00	75.03	1.04	21.09	0.60	2.24
2008	100.00	75.55	1.02	17.68	0.67	5.08
2009	100.00	75.70	1.05	17.30	0.61	5.34
2010	100.00	74.61	1.18	18.75	0.16	5.30
2011	100.00	72.02	1.28	19.43	0.16	7.11
2012	100.00	70.98	1.33	20.02	0.15	7.52
2013	100.00	70.25	1.30	20.30	0.19	7.96
2014	100.00	69.09	1.21	20.42	0.17	9.11
2015	100.00	67.80	1.64	20.53	0.17	9.86
2016	100.00	67.25	1.91	20.33	0.16	10.34
2017	100.00	67.60	2.03	19.25	0.14	10.98
2018	100.00	67.90	1.90	20.33	0.16	9.71
2019	100.00	69.51	1.25	20.44	0.24	8.56

注：自2007年起农业相关数据为农普口径统计数据。

5-9 农作物

	2007	2008	2009	2010	2011
总播种面积（万亩）	**292.60**	**271.01**	**256.05**	**257.63**	**267.74**
谷物及其它作物播种面积	**239.05**	**214.84**	**197.67**	**197.82**	**201.85**
粮食作物	143.51	143.84	147.26	146.15	145.38
夏粮	79.66	69.45	72.90	67.52	65.03
秋粮	63.85	74.39	74.36	78.63	80.35
谷物	87.54	85.15	96.23	94.35	95.00
小麦	52.93	47.92	54.41	49.06	48.61
玉米	17.24	25.74	30.20	37.85	40.13
豆类	26.05	27.20	17.63	19.88	18.23
大豆	5.20	10.10	3.61	4.44	4.40
薯类	29.92	31.50	33.40	31.91	32.15
油料	27.08	24.44	25.70	23.35	22.16
甜菜	0.00	0.00	0.00	0.00	0.00
蔬菜园艺播种面积	**45.42**	**47.26**	**50.13**	**51.03**	**52.63**
蔬菜	45.01	46.82	49.24	50.39	51.96
花卉	0.41	0.44	0.88	0.63	0.67
瓜果播种面积	**4.79**	**5.17**	**5.13**	**5.91**	**5.82**
瓜类	4.43	4.94	4.95	5.78	5.69
草莓	0.36	0.23	0.18	0.13	0.12
药材播种面积	**3.33**	**3.74**	**3.12**	**2.87**	**7.45**
占总播种面积比重（%）					
谷物及其它作物播种面积	**81.70**	**79.27**	**77.20**	**76.79**	**75.39**
粮食作物	49.05	53.08	57.51	56.73	54.30
夏粮	27.23	25.63	28.47	26.21	24.29
秋粮	21.82	27.45	29.04	30.52	30.01
谷物	29.92	31.42	37.58	36.62	35.48
小麦	18.09	17.68	21.25	19.04	18.15
玉米	5.89	9.50	11.79	14.69	14.99
豆类	8.90	10.04	6.89	7.72	6.81
大豆	1.78	3.73	1.41	1.72	1.64
薯类	10.23	11.62	13.04	12.39	12.01
油料	9.26	9.02	10.04	9.06	8.28
甜菜	0.00	0.00	0.00	0.00	0.00
蔬菜园艺播种面积	**15.52**	**17.44**	**19.58**	**19.81**	**19.66**
蔬菜	15.38	17.28	19.23	19.56	19.41
花卉	0.14	0.16	0.35	0.25	0.25
瓜果播种面积	**1.64**	**1.91**	**2.00**	**2.29**	**2.17**
瓜类	1.51	1.82	1.93	2.24	2.13
草莓	0.12	0.09	0.07	0.05	0.05
药材播种面积	**1.14**	**1.38**	**1.22**	**1.12**	**2.78**

注：自2007年起农业相关数据为农普口径统计数据。

播种面积

2012	2013	2014	2015	2016	2017	2018	2019
257.07	255.36	258.52	259.36	249.90	250.65	238.99	248.59
188.16	180.02	178.46	172.43	160.09	153.66	143.73	146.46
142.62	143.70	137.38	134.03	129.67	123.92	117.29	114.61
63.26	61.94	55.17	52.78	48.97	46.34	43.97	43.14
79.37	81.76	82.21	81.25	80.70	77.58	73.32	71.47
96.07	96.58	91.76	88.50	84.04	78.84	74.96	75.36
49.34	48.68	44.90	41.92	38.83	36.46	35.52	35.06
40.43	42.67	43.59	42.25	41.80	40.88	37.96	38.76
14.65	13.12	10.99	12.58	12.89	11.59	9.83	7.08
3.25	2.29	2.28	2.31	3.15	2.45	2.56	0.01
31.91	34.00	34.62	32.94	32.74	33.49	32.50	32.17
20.86	18.77	15.63	15.10	15.15	15.62	12.08	13.63
0.00	0.00	0.00	0.00	0.00	0.00	0.00	0.00
55.03	59.71	63.34	68.15	73.26	77.28	78.57	83.55
54.40	58.97	62.68	67.58	72.70	76.66	77.92	82.96
0.62	0.74	0.66	0.57	0.56	0.63	0.65	0.59
6.11	6.07	5.95	6.08	5.23	5.33	4.90	4.79
6.03	6.02	5.89	6.05	5.20	5.30	4.88	4.72
0.08	0.05	0.06	0.03	0.03	0.03	0.03	0.07
7.77	9.57	10.77	12.71	11.32	14.38	11.78	13.78
73.19	70.50	69.03	66.48	64.06	61.31	60.14	58.92
55.48	56.27	53.14	51.67	51.89	49.44	49.07	46.10
24.61	24.25	21.34	20.35	19.60	18.49	18.40	17.35
30.87	32.02	31.80	31.33	32.29	30.95	30.68	28.75
37.37	37.82	35.50	34.12	33.63	31.46	31.36	30.31
19.20	19.06	17.37	16.16	15.54	14.55	14.86	14.10
15.73	16.71	16.86	16.29	16.73	16.31	15.88	15.59
5.70	5.14	4.25	4.85	5.16	4.62	4.11	2.85
1.26	0.90	0.88	0.89	1.26	0.98	1.07	0.00
12.41	13.32	13.39	12.70	13.10	13.36	13.60	12.94
8.11	7.35	6.05	5.82	6.06	6.23	5.05	5.48
0.00	0.00	0.00	0.00	0.00	0.00	0.00	0.00
21.41	23.38	24.50	26.27	29.32	30.83	32.88	33.61
21.16	23.09	24.24	26.05	29.09	30.58	32.60	33.37
0.24	0.29	0.25	0.22	0.22	0.25	0.27	0.24
2.38	2.38	2.30	2.34	2.09	2.13	2.05	1.93
2.35	2.36	2.28	2.33	2.08	2.11	2.04	1.90
0.03	0.02	0.02	0.01	0.01	0.01	0.01	0.03
3.02	3.75	4.17	4.90	4.53	5.74	4.93	5.54

5-10 主要农

	2007	2008	2009	2010	2011
主要农产品产量(万吨)					
粮食	30.71	34.40	33.01	31.84	35.54
夏粮	16.00	17.40	16.40	12.80	13.81
秋粮	14.71	17.01	16.61	19.04	21.73
谷物	21.14	24.84	23.44	23.17	26.19
稻谷	0.07	0.07	0.07	0.11	0.11
小麦	12.49	13.89	12.89	9.99	11.00
玉米	6.15	8.15	8.15	11.15	13.15
豆类	2.73	2.73	2.73	2.53	2.54
薯类	6.84	6.84	6.84	6.14	6.81
油料	2.26	2.15	2.01	2.15	2.08
胡麻籽	1.60	1.55	1.43	1.58	1.42
油菜籽	0.46	0.36	0.31	0.43	0.50
甜菜	0.00	0.00	0.00	0.00	0.00
烟叶	0.16	0.17	0.13	0.11	0.10
药材	0.84	0.76	0.60	0.37	0.70
蔬菜	86.10	89.30	97.85	101.42	107.43
水果	11.25	11.43	11.54	11.61	11.42
农产品单位面积产量(公斤/亩)					
粮食	214.03	239.19	224.17	217.85	244.46
谷物	241.54	291.70	243.60	245.52	275.70
油菜籽	66.64	85.98	69.56	87.77	84.46
甜菜	0.00	0.00	0.00	0.00	0.00
烟叶	143.59	154.01	151.89	132.64	193.23

产品产量

2012	2013	2014	2015	2016	2017	2018	2019
34.93	35.76	34.58	32.58	30.90	30.04	29.77	30.33
13.52	13.21	12.72	12.11	10.82	10.56	9.64	9.71
21.41	22.55	21.86	20.47	20.08	19.48	20.13	20.62
25.23	25.59	24.96	24.24	22.44	21.14	21.38	21.97
0.11	0.11	0.13	0.03	0.04	0.04	0.02	0
10.69	10.54	10.21	9.74	8.71	8.47	7.87	7.86
13.15	13.80	13.79	13.24	12.79	12.27	13.19	13.81
2.39	2.26	2.27	2.04	2.22	2.12	1.89	1.62
7.31	7.91	7.35	6.31	6.24	6.78	6.50	6.74
2.36	2.56	1.84	1.76	1.76	1.67	1.63	1.81
1.73	1.54	1.21	1.20	1.15	1.02	1.12	1.36
0.46	0.50	0.48	0.46	0.46	0.50	0.46	0.43
0.00	0.00	0.00	0.00	0.00	0.00	0.00	0
0.06	0.06	0.06	0.02	0.02	0.03	0.00	0
0.96	1.38	1.97	2.17	2.07	2.67	3.17	3.26
112.52	126.30	136.45	146.53	146.80	159.11	166.91	180.49
12.73	13.42	14.65	14.07	14.26	14.00	11.73	13.22
244.91	248.85	251.68	243.11	238.31	242.41	253.83	264.92
262.59	265.02	271.95	273.83	267.04	268.08	285.27	292.3
91.66	94.76	96.73	91.98	96.05	95.82	112.51	109.63
0.00	0.00	0.00	0.00	0.00	0.00	0.00	0
132.57	184.51	209.90	339.26	372.22	353.05	264.85	150

5-11 水果、水产品

	2007	2008	2009	2010	2011
水果产量（吨）	112451.35	114293.12	115416.76	116128.29	114208.42
苹果	37463.05	37914.02	38381.39	38934.72	40685.70
梨	34299.13	33653.71	35126.27	31700.27	30437.56
葡萄	2805.46	3047.17	2683.44	2934.15	3081.70
红枣	9579.98	9228.68	10205.54	10838.45	8428.72
杏子	5933.80	5636.48	5700.50	6302.51	3868.73
桃子	15488.80	16369.89	15579.94	17781.40	19269.60
草莓	2596.90	3416.48	2810.68	2009.97	1877.97
果园面积（万亩）	14.05	14.68	13.94	13.94	14.65
苹果园	4.29	4.35	4.21	4.17	4.07
梨园	4.95	4.66	4.41	4.28	4.17
桃园	1.53	1.49	1.46	1.45	1.41
杏园	1.22	1.54	1.46	1.64	1.56
水产品产量（吨）	1218.58	1149.32	1298.81	773.50	841.02
水产品养殖面积（亩）	2862.23	2521.68	5167.42	2957.50	2966.83

注：自2007年起农业相关数据为农普口径统计数据。

生产情况

2012	2013	2014	2015	2016	2017	2018	2019
127333.66	134237.78	146450.76	140743.70	142567.88	139972.66	117279.07	132193.51
41945.52	44657.35	47102.36	49431.96	64272.03	61872.66	52937.91	57266.21
31045.28	32877.99	35581.02	36144.12	30612.52	31202.43	21657.44	27811.14
4087.81	4284.24	6077.14	7447.26	8252.93	8118.95	8539.45	8860.51
9183.98	10936.26	11051.39	11463.61	7305.39	7609.64	5584.77	6133.81
3851.23	4520.90	4596.93	4656.29	4610.77	5424.82	4046.09	7742.58
20579.00	22080.14	23019.89	23137.73	14475.30	14375.19	17969.71	18606.60
1421.25	885.50	957.25	550.86	469.99	420.58	516.53	951.11
14.23	14.25	13.91	13.60	14.27	14.32	13.61	13.40
4.07	4.14	4.13	4.27	4.24	4.13	3.89	3.69
3.77	3.74	3.63	3.48	3.41	3.37	3.23	3.10
1.42	1.40	1.40	1.39	1.34	1.37	1.46	1.45
1.70	1.72	1.66	1.36	1.32	1.42	1.41	1.68
836.36	1125.02	1027.47	1195.67	1197.93	1158.94	1177.26	611.00
2959.94	3026.02	2903.18	2984.67	2977.37	2979.40	3014.64	1504.00

5-12　各区县农作物播种面积

单位：万亩

	农作物播种面积	粮食			油料	药材	蔬菜	果园面积
			小麦	玉米				
兰州市	248.59	114.61	35.06	38.76	13.63	13.78	82.96	13.40
城关区	0.61	0.12	0.00	0.01	0.08	0.00	0.35	0.53
七里河区	13.65	1.38	0.33	1.04	0.03	0.13	12.10	0.75
西固区	6.46	0.55	0.22	0.30	0.06	0.03	5.74	1.81
安宁区	0.06	0.00	0.00	0.00	0.00	0.00	0.06	0.19
红古区	11.50	1.53	0.46	1.07	0.13	0.00	9.45	1.28
永登县	94.73	55.41	22.67	15.57	6.01	2.96	14.64	2.28
皋兰县	23.92	8.86	1.93	3.07	1.40	0.00	9.31	4.66
榆中县	86.89	40.04	5.51	17.20	4.75	10.55	30.56	0.65
兰州新区	10.76	6.72	3.95	0.50	1.17	0.11	0.75	1.27

5-13　分区县农产品产量

单位：吨

	粮食			蔬菜	油料
		小麦	玉米		
兰州市	303309.77	78645.40	138132.82	1804949.02	18079.63
城关区	291.50	0.00	71.50	5940.40	120.00
七里河区	3696.76	619.10	3040.26	227692.00	27.10
西固区	1423.11	468.67	916.06	122359.00	89.23
安宁区	0.00	0.00	0.00	938.75	0.00
红古区	4396.00	935.00	3461.00	240790.40	275.60
永登县	134977.45	46644.15	50393.00	312383.77	6972.71
皋兰县	22764.00	4334.00	9650.00	239640.00	2560.00
榆中县	120656.95	15768.48	69033.00	637662.44	6738.99
兰州新区	15104.00	9876.00	1568.00	17542.26	1296.00

5-14 分区县水果、水产品生产情况

	水果产量（吨）			水产品产量（吨）	水产品养殖面积（亩）
		苹果	桃子		
兰州市	**132193.51**	**57266.21**	**18606.60**	**611.00**	**1504.00**
城关区	9230.78	8403.10	224.60	0.00	0.00
七里河区	12074.40	5887.00	1898.00	0.00	0.00
西固区	15027.95	4241.92	476.39	0.00	0.00
安宁区	2489.00	0.00	2333.50	0.00	0.00
红古区	20651.30	14542.50	2036.70	21.00	60.00
永登县	24113.63	8914.00	43.20	499.00	570.00
皋兰县	32294.00	11025.50	11478.00	0.00	0.00
榆中县	4921.45	3783.19	6.21	91.00	874.00
兰州新区	11391.00	469.00	110.00	0.00	0.00

5-15 林业生产

	2010	2011	2012	2013	2014	2015	2016	2017	2018	2019
荒山荒(沙)地造林面积(万亩)	**6.62**	**4.8**	**4.76**	**6.04**	**8.16**	**9.9**	**8.95**	**13.89**	**13.15**	**13.09**
人工造林	6.62	4.80	4.76	5.04	5.01	4.35	5.92	13.36	11.15	6.55
飞机播种造林									1.00	0
防护林	2.22	2.20	2.89	2.70	4.75	7.75	6.61	8.47	12.03	
用材林			0.01	0.01	0.08	0.00				
经济林	4.40	2.60	1.86	3.23	3.40	2.15	2.33	5.42	1.12	
幼林抚育作业面积（万亩）	37.05	18.04	16.86	10.90	11.33	11.66	11.72	11.19	7.38	
成林抚育作业面积（万亩）	17.54	33.41	34.93	36.75	39.25	38.95	38.95	38.4	19.18	
迹地更新（万亩）					0.10					
当年零星(四旁)植树(万株)	223.59	236.19	206.04	230.93	81.25	228.21	80.32	57.71	66.92	173.24
年末实有育苗面积（万亩）	0.69	1.27	2.01	1.84	2.28	2.62	2.73	2.17	1.19	
本年新育面积（万亩）	0.16	0.17	0.75	0.51	0.34	0.59	0.34	0.25	0.11	
林产品产量（吨）										
核桃	195.00	438.53	2000.59	1146.23	5221.34	8500.43	7243.75	7227.22	1208.72	2907.61
花椒	82.54	66.72	55.45	60.30	54.08	54.75	54.20	30.1	0.00	27.9

5-16 牲畜存栏

	2007	2008	2009	2010	2011
大牲畜年末头数（万头）	**14.45**	**10.44**	**10.51**	**10.66**	**10.28**
牛	5.72	4.44	4.69	4.86	4.91
良种乳牛	2.72	1.80	2.41	2.48	2.49
马	0.00	0.16	0.16	0.22	0.20
骡	0.00	3.34	3.25	3.09	2.94
驴	0.00	2.50	2.41	2.49	2.24
肉猪出栏头数（万头）	0.00	29.23	31.08	33.32	31.72
猪年末存栏头数（万头）	34.24	28.94	31.44	34.39	34.55
羊年末存栏只数（万只）	60.30	53.15	55.04	60.46	61.79
山羊	7.80	6.86	7.04	8.82	10.61
绵羊	52.50	46.29	48.00	51.64	51.18
肉类产品（万吨）	3.96	3.46	3.38	3.38	3.14
猪牛羊肉（吨）	34349.48	30498.03	29875.17	29749.38	27243.34
猪肉（吨）	28786.96	25240.55	25325.14	25184.87	22849.61
牛肉（吨）	831.91	807.95	767.90	802.51	912.74
羊肉（吨）	4730.61	4449.53	3782.13	3762.00	3480.99
牛奶产量（吨）	5998.47	4625.34	5122.53	4922.18	4425.61
羊奶产量（吨）	159.03	0.00	0.00	0.00	147.25
绵羊毛（吨）	965.36	213.41	334.36	444.25	954.16
山羊毛（吨）	53.31	9.60	7.53	9.22	68.97
羊绒（吨）	10.23	793.43	852.64	948.31	11.67
禽蛋产量（万吨）	0.55	0.00	0.00	0.00	1.03
蜂蜜产量（吨）	0.00	0.00	0.08	0.00	0.00

注：自2007年起肉产品产量数据为农普口径统计数据。

及畜产品产量

2012	2013	2014	2015	2016	2017	2018	2019
9.82	9.34	9.07	6.52	6.89	7.72	7.45	7.06
4.79	4.98	5.01	5.11	4.29	5.30	5.14	4.95
2.55	2.64	2.74	3.11	1.90	2.79	2.66	2.55
0.19	0.25	0.23	0.13	0.18	0.18	0.18	0.16
2.74	2.22	2.07	0.64	1.29	1.23	1.18	1.07
2.10	1.89	1.76	0.64	1.13	1.00	0.95	0.87
33.41	34.76	36.18	33.31	33.92	40.58	42.54	40.77
35.53	36.50	37.20	31.64	32.95	35.97	37.09	37.74
60.62	61.93	67.30	63.96	65.19	62.13	65.35	67.90
9.20	8.79	9.23	8.65	7.78	7.14	7.59	8.59
51.42	53.14	58.07	55.30	57.41	54.99	57.76	59.31
3.30	3.40	3.75	3.67	4.32	4.47	4.62	4.30
28588.11	29588.75	32578.08	31695.69	31575.08	36507.37	38070.17	37423.56
24146.08	24886.92	27199.73	25852.96	24608.52	29215.15	30632.17	29353.24
851.54	936.21	1043.21	1077.27	1176.44	1231.71	1223.61	1114.96
3590.49	3765.62	4335.14	4765.46	5790.12	6060.51	6214..39	6955.36
4486.84	4448.39	4731.53	4696.89	78483.13	82207.36	79036.27	84726.55
211.61	208.31	231.80	250.07	178.95	152.25	164.81	174.85
971.49	981.42	1100.22	1047.91	1003.53	951.00	993.30	1014.59
61.91	62.26	67.36	60.96	46.13	42.04	43.99	49.33
10.54	10.62	11.53	10.96	11.15	10.09	10.83	12.39
1.11	1.15	1.13	1.15	2.53	2.05	1.89	1.91
0.00	0.00	0.00	0.00	0.00	0.03		0.00

5-17 分区县畜牧业生产情况

	大牲畜存栏（万头）	羊存栏数（万只）	牛出栏数（万头）	猪出栏数（万头）	羊出栏数（万只）	绵羊毛产量（吨）	猪牛羊肉总产量（吨）
兰州市	**7.06**	**67.90**	**1.07**	**40.77**	**38.39**	**1014.59**	**37423.56**
城关区	0.02	0.05	0.01	0.07	0.03	0.76	73.68
七里河区	1.08	1.69	0.14	2.01	0.73	25.97	1713.49
西固区	0.22	1.96	0.03	1.96	1.29	28.66	1655.96
安宁区	0.01	0.12	0.00	0.01	0.06	2.50	15.07
红古区	0.55	4.33	0.08	1.94	1.82	62.65	1798.61
永登县	2.39	36.36	0.37	16.71	15.70	591.57	14779.80
皋兰县	0.23	6.78	0.00	3.65	5.73	112.57	3491.58
榆中县	2.46	12.99	0.40	11.62	11.04	135.83	10423.84
兰州新区	0.10	3.62	0.03	2.79	1.99	54.08	3471.53

5-18 受灾面积和成灾面积

单位：万亩

年份	受灾面积	成灾面积	成灾面积占受灾面积比重	水灾		旱灾	
				受灾面积	成灾面积	受灾面积	成灾面积
1992	124.90	92.62	74.16	5.59	3.22	81.62	64.32
1993	94.84	60.86		0.03	0.03	27.85	19.51
1994	88.65	71.92		2.34	2.24	64.04	51.61
1995	217.71	192.91		2.47	2.02	188.66	171.63
1996	39.66	26.00		0.79	0.73	6.03	5.14
1997	137.75	99.55	72.27	21.01	20.80	89.77	57.62
1998	52.03	37.75	72.55	12.10	7.75	21.49	18.10
1999	133.22	97.84	73.44	8.69	6.36	95.52	68.71
2000	191.45	153.75	80.31	1.96	1.93	172.37	138.94
2001	120.35	92.78	77.09	1.17	0.98	101.61	77.68
2002	54.96	39.53	71.93	3.50	2.26	17.99	14.62
2003	77.81	58.62	75.34	1.41	0.82	44.81	34.53
2004	148.35	123.37	83.16	3.78	3.77	116.67	104.04
2005	122.87	100.36	81.68	5.84	5.06	110.21	91.62
2006	153.78	118.81	77.26	2.23	2.08	137.08	104.79
2007	128.05	98.71	77.09	5.00	3.77	110.85	87.60
2008	100.76	67.50	67.00	0.68	0.54	80.82	53.58
2009	124.49	91.64	73.61	0.02	0.02	111.79	82.20
2010	159.92	106.48	66.58	5.05	3.93	107.57	69.24
2011	151.06	112.56	74.51	1.59	1.07	130.28	99.57
2012	122.51	84.82	69.24	18.14	16.41	86.44	53.72
2013	136.79	72.03	52.66	7.14	6.41	111.41	50.77
2014	46.42	29.06	62.60	1.65	1.19	1.17	2.29
2015	34.09	19.02	55.79	0.35	0.25	6.12	2.24
2016	25.33	10.00	39.48	2.39	2.17	20.94	6.54
2017	10.54	7.26	68.88	0.35		3.33	1.44
2018	25.23	18.17	72.02	11.50	9.25	2.08	1.17
2019	7.45	5.24	70.33	1.7	1.04	0.02	0

5-19 农业现代化

	2010	2011	2012	2013	2014	2015	2016	2017	2018	2019
农业机械化										
当年机耕地面积（万亩）	146.75	161.28	174.66	191.39	204.84	210.21	212.13	229.35	180	210.55
占总播种面积（%）	45.86	51.36		60.99	65.99	68.27	68.87	75.24	78	84.7
当年机播面积（万亩）	90.14	102.17	111.57	121.40	134.57	134.12	136.23	138.9	143	122.33
占总播种面积（%）	28.17	31.09		35.17	38.44	37.8	38.10	38.33	59.84	49.21
农业水利化										
有效灌溉面积（万亩）	119.08	114.61	122.13	121.72	120.11	121.62	122.40	119.64	105.49	101.32
占总播种面积（%）	37.21	34.88	36.64	35.26	34.31	34.28	35.10	33.01	44.14	40.76
水平梯田面积（万亩）	97.21	101.89	111.39	114.57	115.27	118.02	119.14	120.58	121.16	121.93
占总播种面积（%）	30.38	31.00	33.41	33.19	32.92	33.26	33.86	33.27	50.70	49.05
条田面积（万亩）	54.33	54.29	39.48	39.44	39.32	40.32	41.22	40.20	22.86	21.7
农业电气化										
农村用电量（万千瓦时）	41883	42921	42698	45038	37644	37779	39784	38356	40483	36676
农村生产用电（万千瓦时）	30080	30367	29847	31047	23625	23317	24323	23302	23684	21788
农民生活用电（万千瓦时）	11803	12554	12851	13991	14019	14461	15461	15054	16800	14889
农村水电站（个）	14	14	14	15	18	18	18	18	18	18
已通电村（个）	785	786	779	764	756	754	756	753	740	725
占全市总数（%）	99.49	99.62	99.87	99.87	99.87	99.87	99.81	99.86	99.33	99.72
农业化学化										
农用化肥施用量(实物量)(吨)	137958	139493	142677	145841	146723	143432	122023	118669	111547	105612
农用化肥施用量(折纯量)(吨)	42726	43932	45308	48191	47697	47326	37358	36328	34557	33614
农用塑料薄膜使用量（吨）	8266	8726	9100	11190	9812	10473	10214	10163	8367	8441

注：农业机械化相关数据由兰州市农业农村局提供，农用塑料薄膜使用量(吨)2019年指标不含兰州新区。

5-20 农用机械、用

	合计	城关区	七里河区	西固区
农业机械化程度				
机耕面积（千公顷）	140.37	0.4	2.67	2.52
占总播种面积比重（%）	85	99	29	58
机播面积（千公顷）	81.56	0.16	1.09	0.62
机收面积（千公顷）	48.22	0.01	0.14	0.29
农业机械拥有量				
农业机械总动力（千瓦）	1164363	22372.31	67074.5	48500
大中型拖拉机（混合台）	2234	8	8	13
大中型拖拉机（千瓦）	83851.83	530.45	253	455
小型拖拉机（混合台）	44113	267	1525	825
小型拖拉机（千瓦）	468482.67	2617.86	12200	10800
农用排灌动力机械（混合台）				
农用排灌动力机械（千瓦）				
农用水泵（台）				
收获机械（混合部）	85	0	0	4
畜牧机械（台（套））	6667	0	0	0
渔业机械（部）	34	0	0	0
农产品初加工机械（混合部）	4490	0	20	150
农村电气化（万千瓦时）				
农村生产用量	36676	961	1848	4015
农民生活用电	21788	566	1083	2821
农村化肥施用量				
按实物价值量计算（吨）	105612	69	4791	1320
按折纯法计算（吨）	33614	32	2056	330
农村水利情况				
年末有效灌溉面积（万亩）	101.32	0.22	5.42	3.41
机电灌溉面积（万亩）				
保证灌溉面积（万亩）	86.42	0.22	3.81	2.87
本年新增（万亩）	6.37	0.05		0.08
水平梯田（万亩）	121.93	0.64	7.18	1.81
本年新增（万亩）	5.95	0	0	0
条田（万亩）	21.70	0	0.15	0.78
本年新增（万亩）	2.40	0	0	0
机电井达到数（眼）	1265	9	52	0
已配套机电井合计（眼）	1203	3	52	0
水窖（眼）	226154	2699	9162	3359

注：农业机械化相关数据由兰州市农业农村局提供。

电、化肥、水利情况

安宁区	红古区	永登县	皋兰县	榆中县	兰州新区
0	4.98	62.2	10.0	57.6	
0	65	98	63	99	
0	1.87	39.59	13.0	25.23	
0	1.73	25.31	2.4	18.33	
1004.5	122422.23	363070	208761	331158.46	
1	372	813	374	645	
22.1	14809.65	29205	9414	29162.63	
1	5849	19165	3933	12548	
13.2	58205.58	226602	49548	108496.03	
0	15	30	11	25	
0	0	19	0	2	
0	0	34	0	0	
0	302	1060	769	2189	
1841	4546	10044	2808	7575	3038
548	2744	6677	1885	4056	1407
9	5352	26589	9350	52932	5200
5	2050	9002	3135	15548	1456
0.03	5.93	32.89	15.50	27.87	10.04
0.03	5.54	29.48	13.11	21.46	9.91
0	0	0.10	0	5.44	0.68
0	0.74	42.12	1.52	65.44	2.48
0	0	0	0	5.95	0
0	0.35	10.10	0	8.60	1.73
0	0	0	0	2.40	0
0	0	617	19	494	74
0	0	580	17	477	74
0	4423	40317	31587	116787	17820

5-21 农业机

	2010	2011	2012	2013
农业机械总动力合计（万千瓦）	140.54	145.12	153.42	159.53
柴油发动机动力（万千瓦）	99.16	103.95	110.00	114.04
汽油发动机动力（万千瓦）	6.16	6.08	6.09	6.05
电动机动力（万千瓦）	35.21	35.09	37.33	39.45
农业机械原值（亿元）	7.26	7.01	8.48	8.84
农业机械净值（亿元）	4.58	4.46	5.24	5.56
农用大中型拖拉机（台）	875	1764	2302	2769
大中型拖拉机（万千瓦）	2.24	3.83	5.35	5.90
小型拖拉机（台）	20944	25546	29439	33224
小型拖拉机（万千瓦）	20.92	25.04	28.05	31.63
大中型拖拉机配套农具（部）	1169	3119	3770	4683
小型拖拉机配套农具（部）	33359	56517	71900	81261
农用排灌动力机械动力（万千瓦）	29.02	28.54	28.28	28.33
联合收获机（台）	34	44	43	52
机动脱粒机（台）	732	717	1298	1452
机动喷雾机（部）	332	480	528	348
农用运输车（辆）	58490	58755	58911	59432

注：2017年起，农用运输车指标农口不再统计，2019年起农业机械原值、农业机械净值、农用排灌动力机械动力、机动喷雾机农口不再统计，本表数据由兰州市农业农村局提供。

械拥有量

2014	2015	2016	2017	2018	2019
163.84	173.31	177.44	110.48	115	116.44
115.93	124.67	127.92	63.10	66.2	68.32
6.62	6.42	6.94	3.49	3.1	3.23
41.28	42.19	42.58	43.89	45.6	44.89
8.26	8.42	8.73	2.75	2.93	
5.06	5.16	5.42	1.61	1.72	
2999	3676	4088	4582	2072	2234
6.63	9.88	9.43	11.58	7.7	8.39
33221	38878	41186	41500	44320	44113
31.90	38.52	40.20	42.14	47	46.85
5500	9130	9411	9823	6216	8936
84525	85919	89910	92538	101905	176452
28.41	28.72	28.89	28.99	29.3	
80	73	90	76	44	70
3031	3070	3186	3208	5355	5475
2134	2302	2497	4928	5078	
58039	58067	60505			

5-22 水库、

	2010	2011	2012	2013
水库数（座）	11	14	14	24
大型水库				
中型水库	1	1	1	5
小型水库	10	13	13	19
水库库容量（万立方米）	1591	12951	12951	15105
大型水库				
中型水库	1034	7594	7594	12520
小型水库	557	5357	5357	2585
灌溉面积（万亩）	158.73	160.92	163.47	156.95
有效灌溉面积（万亩）	135.00	136.05	137.05	133.50
旱涝保收面积（万亩）	115.50	82.28	86.91	120.11
机电灌溉面积（万亩）	67.06	57.28	53.66	51.39
机电提灌面积（万亩）	61.22	92.58	70.18	77.08
水利工程年供水量（万立方米）	138770	138447	180898.01	117833.14
为水利发电年供水量（万立方米）			5567	
为农业年供水量（万立方米）	44841	44928	69188	62759
为工业年供水量（万立方米）	70909	71092	57559	28211
为城乡生活年供水量（万立方米）	19991	19617	25108	15113

注：此表数据由水利部门提供，自2018年起，机电类指标水利部门不再统计。

灌溉情况

2014	2015	2016	2017	2018	2019
24	24		25	26	26
5	5	5	5	5	5
19	19	20	20	21	21
15105	15105.4	21470.47	21470.47	13955.73	13955.73
12520	12520	18480	18480	11158	11158
2585	2585.4	2990.47	2990.47	2797.73	2797.73
157.41	105.16	157.725	105.22	157.51	156.84
134.19	121.62	134.73	134.84	133.87	132.37
120.53	86.86				
47.95	38.52	52.8792	52.88		
55.58		79.3188	79.32		
121089.47	114182.18	115362.07	110179.92	105623.22	101568.14
53663	56072.21	58172.74	53463.46	50005.95	45651.47
44861	37834.67	32166.67	32501.3	29406.01	28040.03
18650	19244.09	20623.16	19059.5	18232.55	20409.3

主要统计指标解释

农林牧渔业总产值 指以货币表现的农、林、牧、渔业全部产品的总量，它反映一定时期内农业生产总规模和总成果。农林牧渔业总产值的计算方法通常是按农、林、牧、渔业产品及其副产品的产量分别乘以各自单位产品价格求得分项产品产值，产量不易统计的，则采用间接方法匡算其产值；然后将四业产品产值相加即为农林牧渔业总产值。

粮食产量 指全社会的产量。包括国有经济经营的、集体统一的和农民家庭经营的粮食产量，还包括工矿企业办的农场和其他生产单位的产量。粮食除包括稻谷、小麦、玉米、高粱、谷子及其他杂粮外，还包括薯类和豆类。其产量计算方法，豆类按去豆荚后的干豆计算；薯类（包括甘薯和马铃薯，不包括芋头和木薯）1963年以前按每4公斤鲜薯折1公斤粮食计算，从1964年开始改为按5公斤鲜薯折1公斤粮食计算。大中城市（50万以上和省会城市）郊区作为蔬菜的薯类（如马铃薯等）按鲜品计算，并且不作粮食统计。其他粮食一律按脱粒后的原粮计算。

油料产量 指全部油料作物的生产量。包括花生、油菜籽、芝麻、向日葵籽、胡麻籽（亚麻籽）和其他油料。不包括大豆、木本油料和野生油料。花生以带壳干花生计算。

水产品产量 指人工养殖的水产品和天然生长的水产品的捕捞量。包括海水的鱼类、虾蟹类、贝类和藻类以及内陆水域的鱼类、虾蟹类和贝类，不包括淡水生植物。

猪、牛、羊肉产量 指当年出栏并已屠宰、除去头蹄下水后带骨肉（即胴体重）的重量。

期初（末）畜禽存栏头（只）数 指报告期初（末）农村各种合作经济组织和国营农场、农民个人、机关、团体、学校、工矿企业、部队等单位以及城镇居民饲养的大牲畜、猪、羊、家禽等畜禽的存栏数。

常用耕地 是指耕地总资源中专门种植农作物并经常进行耕种、能够正常收获的土地。包括当年实际耕种的熟地；弃耕、休闲不满三年，随时可以复耕的地；开荒利用三年以上的地。不包括临时种植农作物的坡度在25度以上的陡坡地；在河套、湖畔、库区临时开发的成片或零星土地；也不包括已列为国家和省（区、市）退耕计划但临时耕种的土地。

农作物播种面积 指实际播种或移植有农作物的面积。凡是实际种植有农作物的面积，不论种植在耕地上还是种植在非耕地上，均包括在农作物播种面积中。在播种季节基本结束后，因遭灾而重新改种和补种的农作物面积，也包括在内。

有效灌溉面积 指具有一定的水源，地块比较平整，灌溉工程或设备已经配套、在一般年景下当年能够进行正常灌溉的耕地面积。在一般情况下，有效灌溉面积应等于灌溉工程或设备已经配备，能够进行正常灌溉的水田和水浇地面积之和。

农用化肥施用量 指本年内实际用于农业生产的化肥数量，包括氮肥、磷肥、钾肥和复合肥。化肥施用量要求按实物量及折纯量两种方法统计。折纯量是指把氮肥、磷肥、钾肥分别按含氮、含五氧化二磷、含氧化钾的百分之一百成份进行折算后的数量。复合肥按其所含主要成分折算。实物量统计，就是按化肥实际施用的重量计算，即不论何种化肥，均按固有的实物形态计算，有一斤算一斤。

农业机械总动力 指主要用于农、林、牧、渔业的各种动力机械的的动力总和。包括耕地机械、排灌机械、收获机械、农用运输机械、植物保护机械、牧业机械、林业机械、渔业机械和其他农业机械内燃机按引擎马力折成瓦特计算、电动机按功率折成瓦特计算。不包括专门用于乡、镇、村、组办工业、基本建设、非农业运输、科学试验和教学等非农业生产方面用的动力机械与作业机械。

农林牧渔业劳动力 指农村社会直接参加农林牧渔业生产活动的劳动力。

六、投资、建筑

6-1 固定资产投资

单位：万元

年份	固定资产投资总额	国有经济	集体经济	个体经济	其他经济	市属固定资产投资总额
1979	30970	30970				8875
1980	45515	45189				8629
1981	49608	46869				14099
1982	65863	54724				17282
1983	68185	63869				18693
1984	80607	73520	7087			24117
1985	106617	92987	11230	2401		32386
1986	135289	120540	10166	4583		40495
1987	170828	155704	9647	5477		49620
1988	184714	161854	14337	8523		50458
1989	163592	142486	13312	7794		50598
1990	203301	186193	8878	8230		60796
1991	205313	188241	8505	8567		57760
1992	255004	231065	15316	8623		79856
1993	362019	275363	42470	10629	33557	130755
1994	545365	405267	46822	18178	75098	174739
1995	660237	528561	40131	16630	74915	179779
1996	902797	732937	57879	16140	95841	186265
1997	1036486	841993	59069	18058	117366	209781
1998	1248269	993449	62958	21496	170366	322432
1999	1391029	1080780	60885	44423	204941	429830
2000	1537434	1188921	69891	33154	245468	596366
2001	1724216	1230185	46631	50677	396723	667010
2002	1945440	1389500	68088	48789	439063	807061
2003	2106367	1420813	41905	46482	597167	908420
2004	2319181	1469824	50025	42277	757055	1024253
2005	2595851	1520212	96180	48942	930517	1237937
2006	2982056	1572539	82446	40928	1286143	1607977
2007	3586085	1726413	98337	46380	1714955	2099459
2008	4319841	2084418	152440	81385	2001598	2626370
2009	5061847	2736103	151086	85631	2089027	2961185
2010	6606877	3432545	191678	64072	2918582	3683399
2011	8705683	3815066	249850	19436	4621331	5701293
2012	12391809	5089519	321357	259869	6721064	9525441
2013	13168629	5679060	241479		7248090	9708727
2014	16106818	5178419	198120	12240	10718039	12045301
2015	18037526	5079472	307645	82329	12568080	15059612
2016	19909541	4217895	100726	40963	15549957	16389407
2017	13153496	4921582	4461	4570	8222883	11050966
2018						
2019						

注：1.2012年起国有经济投资专业发生变化；
2.2014年统计口径发生变化，房地产、国有也包括国有独资；
3.根据国家规定，2018年起投资数据不对外公布绝对量。

6-2 固定资产投资主要指标增长情况

单位：%

指 标	合计增速	其中：5000万元以上增速	500-5000万元增速	房地产开发增速
固定资产投资	-4.66	-0.13	-19.47	-5.83
其中：国有及国有控股	-8.64	-1.01	-24.05	-23.28
民间投资（新口径）	-2.88	4.33	-10.75	-4.58
分项目隶属关系				
中央项目	19.59	38.17	-20.80	20.29
地方	-5.71	-2.46	-19.30	-6.03
分产业				
第一产业	82.95	159.52	-21.78	
第二产业	20.74	19.33	25.24	
其中：工业	21.31	19.33	27.85	
第三产业	-8.62	-7.28	-30.94	-5.83
按构成分				
建筑安装工程	-10.15	1.19	-23.76	-19.41
设备工具器具购置	-10.50	3.45	-13.96	-74.28
其他费用	17.27	-7.48	36.83	33.16
新增固定资产	39.49	-14.24		151.78
本年资金来源				
本年资金来源小计	-6.19	-5.86		-6.45
（1）国家预算资金	-48.39	-48.39		
（2）国内贷款	25.27	2.33		75.98
（3）债券	-31.30	-31.30		
（4）利用外资	430.98	430.98		
（5）自筹资金	-7.28	-6.05		-9.10
（6）其他资金来源	-18.68	2.92		-20.19

6–3 固定资产投资分行业增长情况

单位：%

指 标	合计增速	其中：5000万元以上增速	500–5000万元增速	房地产开发增速
固定资产投资	–4.66	–0.13	–19.47	–5.83
按行业分组				
农、林、牧、渔业	82.95	159.52	–21.78	
采矿业	51.84	–57.60	277.11	
制造业	22.89	33.30	–6.41	
电力、热力、燃气及水生产和供应业	8.79	3.17	47.14	
建筑业	–42.91		–42.91	
批发和零售业	–6.03	1.77	–75.02	
交通运输、仓储和邮政业	20.52	20.60	18.97	
住宿和餐饮业	–76.59	–80.17	–67.29	
信息传输、软件和信息技术服务业	–28.06	–29.98	–23.41	
金融业	–65.24	–100.00	–59.01	
房地产业	–4.50	–1.50	–88.59	
租赁和商务服务业	–27.69	–27.45	–30.07	
科学研究和技术服务业	23.96	91.90	–25.81	
水利、环境和公共设施管理业	–36.92	–34.68	–43.32	
居民服务、修理和其他服务业	41.67	–100.00	157.90	
教育	–1.74	1.79	–15.77	
卫生和社会工作	–6.74	–2.44	–14.81	
文化、体育和娱乐业	20.76	22.58	12.66	
公共管理、社会保障和社会组织	–25.28	–38.86	–14.03	
国际组织				

6-4　固定资产投资按经济类型增长情况

单位：%

指 标	合计增速	其中：5000万元以上增速	500-5000万元增速	房地产开发增速
固定资产投资	-4.66	-0.13	-19.47	-5.83
按经济类型分				
内资企业	-5.39	-0.29	-19.78	-7.20
国有企业	2.62	8.03	-26.82	1432.06
集体企业	-37.89	-8.50	-87.57	-51.39
股份合作企业	744.16	744.16		
联营企业	-100.00		-100.00	
国有联营企业	-100.00		-100.00	
集体联营企业	-100.00		-100.00	
国有与集体联营企业				
其他联营企业				
有限责任公司	-14.34	-10.32	43.65	-19.49
国有独资公司	-30.49	-8.01	81.43	-70.92
其他有限责任公司	0.12	-13.70	19.79	8.35
股份有限公司	32.54	27.67	-70.40	96.13
私营企业	-7.94	-14.54	-40.04	-2.97
私营独资企业	43.28	-29.29	-53.35	
私营合作企业	426.52		-100.00	
私营有限责任公司	-11.39	-14.46	-6.51	-10.56
私营股份有限公司	9.27	-31.46	-77.32	124.07
其他企业	14.62	-18.63	12.20	
港、澳、台商投资企业	130.83	-12.21		454.63
外商投资企业	38.00	53.58	-100.00	17.48
个体经营	754.43		754.43	

6–5 各区县固定资产投资增长情况

单位：%

	固定资产投资增速	其中：5000万元以上增速	500–5000万元增速	房地产投资增速
兰州市	**−4.66**	**−0.13**	**−19.47**	**−5.83**
城关区	−5.04	16.59	−12.54	−12.81
七里河区	−29.92	−40.01	−45.87	−23.39
西固区	−26.10	−24.35	−42.33	−12.36
安宁区	15.22	57.55	−35.07	−4.07
红古区	8.77	−0.86	13.05	18.17
永登县	14.29	20.91	16.75	−20.54
皋兰县	27.69	122.54	3.50	−29.54
榆中县	−15.26	−15.44	−41.15	−9.23
兰州新区	13.12	−0.15	−10.96	64.47

6–6 各区县固定资产投资项目个数

单位：个

	固定资产投资个数	其中：5000万元以上个数	500–5000万元个数	房地产投资个数
兰州市	**1807**	**581**	**865**	**361**
市直项目	33	30	3	
城关区	413	83	207	123
七里河区	134	47	43	44
西固区	255	63	178	14
安宁区	85	32	33	20
红古区	94	19	52	23
永登县	166	19	140	7
皋兰县	81	28	36	17
榆中县	178	62	65	51
兰州新区	368	198	108	62

6-7 房地产开发企业投资、资金来源和土地开发情况汇总表

单位：万元、平方米

	总计	按经济类型分组			按隶属关系分组	
		国有	集体	其他	中央	地方
计划总投资	37836099	4331057	5980	33499062	339685	37496414
自开始建设累计完成投资	22667555	2100249	4280	20563026	212933	22454622
本年完成投资	5524047	497767	1400	5024880	51900	5472147
按构成分						
建筑工程	3099931	349615	1400	2748916	32644	3067287
安装工程	268544	55819	0	212725	0	268544
设备工器具购置	21547	3050	0	18497	0	21547
其他费用	2134025	89283	0	2044742	19256	2114769
旧建筑物购置费	846	0	0	846	0	846
土地购置费	1575223	57748	0	1517475	10268	1564955
按工程用途分						
商品住宅	3468400	322804	1330	3144266	26272	3442128
90平方米以下	547209	51682	0	495527	14163	533046
140平方米以上	441492	40559	0	400933	2094	439398
别墅、高档公寓	59748	0	0	59748	0	59748
办公楼	150047	7918	0	142129	9000	141047
商业营业用房	673747	57999	70	615678	5251	668496
其他	1231853	109046	0	1122807	11377	1220476
本年新增固定资产	1540595	86455	0	1454140	0	1540595
本年资金来源合计						
上年末结余资金	2028303	193578	0	1834725	18481	2009822
本年资金来源小计	5684753	561876	0	5122877	86555	5598198
国内贷款	1167265	221300	0	945965	14811	1152454
银行贷款	987524	181300	0	806224	14811	972713
非银行金融机构贷款	179741	40000	0	139741	0	179741
自筹资金	1614968	92731	0	1522237	6552	1608416
自有资金	0	0	0	0	0	0
其他资金来源	2902520	247845	0	2654675	65192	2837328
定金及预收款	1858257	175781	0	1682476	57021	1801236
个人按揭贷款	943276	66555	0	876721	4583	938693
本年各项应付款合计	**3285492**	**885137**	**1400**	**2398955**	**34117**	**3251375**
工程款	2394977	850786	1400	1542791	25330	2369647
待开发土地面积	1507602	145980	0	1361622	0	1507602
本年购置土地面积	465050	122281	0	342769	0	465050
本年土地成交价款	244924	19419	0	225505	0	244924
其中：拆迁补偿费	0	0	0	0	0	0
土地使用权出让金	0	0	0	0	0	0
契税	0	0	0	0	0	0

6-7 房地产开发企业投资、资金来源和土地开发情况汇总（续一）

单位：万元、平方米

	总计	按资质等级分					
		一级	二级	三级	四级	暂定	其他
计划总投资	37836099	1656000	6643324	7876236	8187752	13177857	294930
自开始建设累计完成投资	22667555	854743	4681333	6202257	3551332	7106622	271268
本年完成投资	5524047	301654	946923	746184	1152111	2375555	1620
按构成分							
建筑工程	3099931	92665	689770	428331	544666	1343759	740
安装工程	268544	10808	22281	88097	19929	126779	650
设备工器具购置	21547	0	3997	2070	4382	10868	230
其他费用	2134025	198181	230875	227686	583134	894149	0
旧建筑物购置费	846	0	0	13	833	0	0
土地购置费	1575223	121876	154913	158584	371432	768418	0
按工程用途分							
商品住宅	3468400	131553	529133	444999	718012	1643083	1620
90平方米以下	547209	30052	62943	130328	100178	223708	0
140平方米以上	441492	15097	47480	73069	129852	175304	690
别墅、高档公寓	59748	14035	5643	50	4523	35497	0
办公楼	150047	3457	74949	13744	21173	36724	0
商业营业用房	673747	79948	94229	122005	76621	300944	0
其他	1231853	86696	248612	165436	336305	394804	0
本年新增固定资产	1540595	425000	227534	592009	132475	163577	0
本年资金来源合计							
上年末结余资金	2028303	162430	527827	379866	493752	441408	23020
本年资金来源小计	5684753	322750	627659	802004	1036675	2869473	26192
国内贷款	1167265	182160	103874	94861	163055	623315	0
银行贷款	987524	140160	98874	94661	149050	504779	0
非银行金融机构贷款	179741	42000	5000	200	14005	118536	0
自筹资金	1614968	76650	120917	275008	230534	901207	10652
自有资金		0	0	0	0	0	0
其他资金来源	2902520	63940	402868	432135	643086	1344951	15540
定金及预收款	1858257	55940	289967	272728	387887	837945	13790
个人按揭贷款	943276	8000	53182	141552	245520	493272	1750
本年各项应付款合计	**3285492**	**120184**	**408642**	**755072**	**880578**	**1121016**	**0**
工程款	2394977	96996	372739	573694	705031	646517	0
待开发土地面积	1507602	0	20498	758995	260550	467559	0
本年购置土地面积	465050	0	41831	0	188024	235195	0
本年土地成交价款	244924	0	13192	0	83949	147783	0
其中：拆迁补偿费	0	0	0	0	0	0	0
土地使用权出让金	0	0	0	0	0	0	0
契税	0	0	0	0	0	0	0

6-8 房地产开发企业（单位）财务状况汇总表

单位：万元

	总计	按经济类型分组			按隶属关系分组	
		国有	集体	其他	中央	地方
开发企业个数（个）	528	55	7	466	5	523
年初存货	15189313	882605	2798	14303910	155456	15033858
期末资产负债						
流动资产	36238595	1673757	7609	34557229	206051	36032544
存货	19767917	1032806	2935	18732175	146152	19621765
固定资产原价	974130	17257	633	956240	47263	926867
累计折旧	235104	5451	71	229582	6400	228704
本年折旧	42893	1226	61	41606	1655	41238
资产总计	42737765	3748625	8171	38980970	256915	42480850
负债合计	37516018	3139011	5877	34371130	164756	37351262
所有者权益	5221747	609613	2294	4609840	92159	5129589
实收资本	3108808	360657	1084	2747067	69213	3039595
损益及分配						
主营业务收入	4493295	351565	1410	4140320	104979	4388316
土地转让收入	8245	0	0	8245	0	8245
商品房屋销售收入	4303222	338935	1410	3962877	75350	4227873
房屋出租收入	42566	3451	0	39115	2395	40171
其他收入	136285	7931	0	128355	27235	109051
主营业务成本	3459198	424970	947	3033281	73608	3385590
主营业务税金及附加	168189	18243	75	149872	5740	162449
其他业务利润	24372	58	0	24314	-30	24402
销售费用	164412	8139	0	156272	1396	163016
管理费用	219479	9021	277	210182	3919	215560
税金	0	0	0	0	0	0
财务费用	142761	10869	51	131842	-45	142806
利息收入	8532	337	0	8194	61	8471
利息支出	102658	3686	51	98921	0	102658
投资收益	16815	6908	0	9907	0	16815
营业利润	331741	-28319	60	360001	20377	311365
营业外收入	15814	3005	0	12809	13	15800
营业外支出	37832	1023	0	36809	52	37781
利润总额	299888	-26338	60	326166	20339	279549
应交所得税	133217	14471	0	118746	5622	127594
人工成本						
应付职工薪酬	166826	7510	78	159238	3462	163363

6-8 房地产开发企业（单位）财务状况汇总表（续一）

单位：万元

	合计	按企业资质等级分组					
		一级	二级	三级	四级	暂定	其他
开发企业个数（个）	528	7	63	186	109	157	6
年初存货	15189313	731564	3551032	4189401	2658068	3995453	63796
期末资产负债							
流动资产合计	36238595	1788507	10059237	8365632	6193656	9554911	276652
年初存货存货	19767917	611467	5229137	4446720	3496253	5911198	73141
固定资产原价	974130	34240	570279	271168	36231	54233	7980
累计折旧	235104	3155	103090	90265	15381	20658	2554
本年折旧	42893	1241	17910	14241	3807	5268	425
资产总计	42737765	2502037	11641052	9011417	7353893	11616817	612548
负债合计	37516018	2225292	9900086	7941772	6555382	10522569	370917
所有者权益合计	5221747	276746	1740966	1069645	798511	1094248	241631
实收资本	3108808	102875	763277	814747	715889	704151	7870
损益及分配							
主营业务收入	4493295	399825	1539815	1127396	606818	819050	392
土地转让收入	8245	0	2660	5585	0	0	0
商品房屋销售收入	4303222	399792	1406378	1087979	597927	811146	0
房屋出租收入	42566	33	18362	21138	1158	1793	83
其他收入	136285	0	111245	11777	6860	6111	293
主营业务成本	3459198	344698	1045131	839647	550539	678879	304
主营业税金及附加	168189	−3320	50637	46833	34198	39138	703
其他业务利润	24372	121	19333	3309	948	212	449
销售费用	164412	11063	24743	34479	31785	62096	247
管理费用	219479	8383	56176	69876	37202	46782	1061
税金	0	0	0	0	0	0	0
财务费用	142761	8199	56239	31925	15906	20837	9654
利息收入	8532	794	4546	1449	1102	604	36
利息支出	102658	7503	38372	20940	9043	17715	9086
投资收益	16815	30	9554	351	11	6870	0
营业利润	331741	28795	142102	104574	−19668	78180	−2243
营业外收入	15814	389	1841	6695	1189	5644	56
营业外支出	37832	1503	7690	16412	4784	7442	3
利润总额	299888	27682	136051	86666	−26616	78295	−2189
应交所得税	133217	7733	49770	33219	25471	17024	0
人工成本							
应付职工薪酬	166826	15624	39690	42296	26120	42376	720

6-9 房地产开发企业施工、销售和空置情况汇总表

单位：万元、平方米

	总计	按经济类型分组			按隶属关系分组	
		国有	集体	其他	中央	地方
房屋施工面积合计	53050392	4847634	17699	48185059	749099	52301293
住宅	35322758	3008102	16823	32297833	535568	34787190
90平方米以下住宅	7663462	555332	0	7108130	434930	7228532
140平米以上住宅	3966638	224013	0	3742625	5192	3961446
别墅、高档公寓	504389	62795	0	441594	0	504389
办公楼	2055014	231810	0	1823204	35728	2019286
商业营业用房	6341679	611416	876	5729387	47352	6294327
其他	9330941	996306	0	8334635	130451	9200490
房屋竣工面积合计	1310962	27900	0	1283062	0	1310962
住宅	880586	27900	0	852686	0	880586
90平方米以下住宅	208404	0	0	208404	0	208404
140平米以上住宅	51564	0	0	51564	0	51564
别墅、高档公寓	23383	0	0	23383	0	23383
办公楼	68268	0	0	68268	0	68268
商业营业用房	222855	0	0	222855	0	222855
其他	139253	0	0	139253	0	139253
商品房销售面积	7312533	843416	635	6468482	12064	7300469
住宅	6849588	829764	635	6019189	3421	6846167
90平方米以下住宅	933476	146611	0	786865	3093	930383
140平米以上住宅	613711	146037	0	467674	0	613711
别墅、高档公寓	35392	0	0	35392	0	35392
办公楼	83782	0	0	83782	1540	82242
商业营业用房	274707	13652	0	261055	2371	272336
其他	104456	0	0	104456	4732	99724
商品房销售额	5533724	421627	258	5111839	16442	5517282
住宅	4980388	403638	258	4576492	4180	4976208
90平方米以下住宅	665424	79546	0	585878	3798	661626
140平米以上住宅	512328	78388	0	433940	0	512328
别墅、高档公寓	48324	0	0	48324	0	48324
办公楼	118941	0	0	118941	2616	116325
商业营业用房	343078	17989	0	325089	6287	336791
其他	91317	0	0	91317	3359	87958
空置面积	1384422	21255	0	1363167	5156	1379266
住宅	525045	13761	0	511284	0	525045
90平方米以下住宅	186523	0	0	186523	0	186523
140平米以上住宅	93029	0	0	93029	0	93029
别墅、高档公寓	0	0	0	0	0	0
办公楼	158857	0	0	158857	0	158857
商业营业用房	574622	7494	0	567128	5156	569466
其他	125898	0	0	125898	0	125898

6-9 房地产开发企业施工、销售和空置情况汇总表（续一）

单位：万元、平方米

	总计	按资质等级分					
		一级	二级	三级	四级	暂定	其他
房屋施工面积合计	53050392	2025624	11134568	12431516	8178871	18586683	693130
商品住宅	35322758	1547175	7265491	8427688	5694112	11699065	689227
90平方米以下住宅	7663462	228085	2967224	2362909	655376	1449868	0
140平米以上住宅	3966638	94488	687476	706028	602448	1821484	54714
别墅、高档公寓	504389	9292	91115	227853	24195	151934	0
办公楼	2055014	20299	613555	455202	174211	791747	0
商业营业用房	6341679	148444	1271104	1314357	600352	3003519	3903
其他	9330941	309706	1984418	2234269	1710196	3092352	0
房屋竣工面积合计	1310962	0	407303	557566	142321	203772	0
商品住宅	880586	0	302642	273270	138526	166148	0
90平方米以下住宅	208404	0	22619	60176	100828	24781	0
140平米以上住宅	51564	0	41613	9951	0	0	0
别墅、高档公寓	23383	0	0	0	0	23383	0
办公楼	68268	0	0	68268	0	0	0
商业营业用房	222855	0	39354	155109	1201	27191	0
其他	139253	0	65307	60919	2594	10433	0
商品房销售面积	7312533	197833	707681	1674040	1344775	3204222	183982
商品住宅	6849588	192845	665502	1550482	1301244	2955533	183982
90平方米以下住宅	933476	58888	60885	458784	154390	200529	0
140平米以上住宅	613711	2738	93528	185583	107543	200077	24242
别墅、高档公寓	35392	0	241	288	0	34863	0
办公楼	83782	0	12535	8493	4103	58651	0
商业营业用房	274707	3894	8026	93279	31910	137598	0
其他	104456	1094	21618	21786	7518	52440	0
商品房销售额	5533724	208894	649469	1247147	944969	2409165	74080
商品住宅	4980388	202223	568020	1118530	863133	2154402	74080
90平方米以下住宅	665424	61215	59365	286676	105917	152251	0
140平米以上住宅	512328	1970	89533	154195	86049	172624	7957
别墅、高档公寓	48324	0	246	211	0	47867	0
办公楼	118941	0	18187	16052	7335	77367	0
商业营业用房	343078	5320	22539	94945	69756	150518	0
其他	91317	1351	40723	17620	4745	26878	0
空置面积合计	1384422	0	208766	571040	169920	434696	0
商品住宅	525045	0	52002	231609	92283	149151	0
90平方米以下住宅	186523	0	4120	115742	38153	28508	0
140平米以上住宅	93029	0	3736	24915	15820	48558	0
别墅、高档公寓	0	0	0	0	0	0	0
办公楼	158857	0	47917	31417	0	79523	0
商业营业用房	574622	0	94860	239729	65877	174156	0
其他	125898	0	13987	68285	11760	31866	0

6-10 建筑业总承包和专业

	企业个数（个）	合同情况（万元）		
		签订的合同额	其中：上年结转合同额	其中：本年新签合同额
总　计	**459**	**30956687**	**12335713**	**18620975**
按经济行业分				
房屋建筑业	124	13174311	4874973	8299338
土木工程建筑业	132	14881383	6896625	7984757
建筑安装业	84	1746068	344524	1401544
建筑装饰、装修和其他建筑业	119	1154926	219590	935336
按登记注册类型分				
内资企业	457	30955682	12335713	18619969
国有企业	16	4113096	1385437	2727659
集体企业	18	64084	18376	45708
有限责任公司	204	20442822	8390541	12052281
股份有限公司	18	3087572	1213162	1874410
私营企业	201	3248109	1328198	1919911
港、澳、台商投资企业	1			
外商投资企业	1	1005		1005
按控股情况分				
国有控股	79	25109397	9891638	15217759
集体控股	36	480985	187687	293298
私人控股	312	4832277	2101307	2730970
其他	32	534027	155080	378947
按资质等级分				
特级	3	8563282	3693334	4869948
一级	74	18345683	7390152	10955532
二级	230	1897964	747155	1150809
三级及以下	152	2149757	505072	1644686
按隶属关系分				
中央	16	10356592	5118741	5237851
地方	74	12722964	4407245	8315719
其他	369	7877132	2809726	5067405
按区县分				
城关区	290	10572002	4499842	6072160
七里河区	63	6540596	2744390	3796207
西固区	33	2803896	916061	1887835
安宁区	15	7997360	3144451	4852909
红古区	9	102045	61671	40374
永登县	8	39741	11531	28210
皋兰县	7	27677	3229	24449
榆中县	6	153401	71273	82128
兰州新区	28	2719968	883265	1836702

承包生产情况汇总表

承包工程完成情况（万元）				建筑业总产值（万元）			
直接从建设单位承揽工程完成的产值	其中：自行完成施工产值	其中：分包出去工程的产值	从建设单位以外承揽工程完成的产值	合计	其中：装配式建筑工程产值	其中：装饰装修产值	其中：在外省完成的产值
11843212	10229116	1614096	58328	10287444	38879	234526	2483270
5181084	5127480	53604	28944	5156424	34199	58761	877460
5249934	3838806	1411128	24149	3862955		26931	1346179
1046258	937091	109167	2885	939976	4680	8713	252464
365936	325740	40196	2350	328090		140122	7168
11842207	10228111	1614096	58328	10286439	38879	233521	2483270
1777980	1719749	58231	273	1720022		24499	508265
43502	43502		316	43818		9679	
8067423	6514875	1552548	41667	6556542	37399	118860	1530178
1088291	1088291			1088291		7765	115452
865010	861693	3317	16073	877766	1480	72717	329376
1005	1005			1005		1005	
9713411	8129514	1583897	17905	8147418	28383	91219	2041059
249362	224960	24402	2418	227378		11061	2071
1597289	1592992	4296	18799	1611791	5496	125781	436026
283150	281650	1500	19207	300857	5000	6466	4115
2397699	1057073	1340626		1057073		17280	109879
7541662	7397556	144106		7397556	28899	119960	2273746
1071461	1055811	15650	13907	1069717	5000	77526	35551
832390	718677	113714	44421	763098	4980	19762	64095
3061526	1674509	1387017		1674509	17796	26285	872382
5264154	5065774	198380	31701	5097475	15587	68177	862213
3517532	3488833	28699	26627	3515461	5496	140064	748675
4031888	4007837	24051	6622	4014459	4016	145657	830420
3100294	3073880	26414	17438	3091318	1180	51953	846962
1398467	1316911	81556	4629	1321540	10587	24535	257681
2493352	1151123	1342228	2102	1153226	5000	9559	423685
48066	48066			48066			
32948	32848	100	100	32948			
26680	26664	16	1445	28109	300	1685	1429
66527	66527			66527			
644990	505259	139731	25993	531252	17796	1138	123093

6-10 建筑业总承包和专业

	建筑业总产值按构成分（万元）			竣工产值（万元）
	建筑工程产值	安装工程产值	其他产值	
总 计	**8687427**	**1233717**	**366300**	**3230932**
按经济行业分				
房屋建筑业	4841746	139866	174812	2163719
土木工程建筑业	3277610	455661	129684	623268
建筑安装业	338306	558581	43090	262989
建筑装饰、装修和其他建筑业	229766	79610	18715	180956
按登记注册类型分				
内资企业	8686794	1233346	366300	3229927
国有企业	1165376	494898	59748	396696
集体企业	39212	1596	3010	25844
有限责任公司	5646955	628883	280704	1826768
股份有限公司	1081509	2542	4241	634391
私营企业	753742	105427	18597	346228
港、澳、台商投资企业				
外商投资企业	634	372		1005
按控股情况分				
国有控股	6833046	989040	325333	2384109
集体控股	211103	6538	9737	75093
私人控股	1408114	178936	24741	660440
其他	235164	59204	6489	111290
按资质等级分				
特级	1028870		28203	358977
一级	6180423	979781	237353	1994532
二级	898247	153388	18082	575110
三级及以下	579888	100548	82662	302314
按隶属关系分				
中央	1173624	415429	85456	492869
地方	4571430	278124	247920	1684510
其他	2942373	540164	32924	1053553
按区县分				
城关区	3759887	177176	77396	1397060
七里河区	2444195	627817	19306	719410
西固区	873902	248153	199485	460399
安宁区	961426	162494	29305	322307
红古区	44529	3537		29729
永登县	26023	6105	820	27130
皋兰县	24246	1720	2143	21439
榆中县	66232		295	81165
兰州新区	486987	6715	37550	172293

承包生产情况汇总表（续一）

房屋建筑施工面积（平方米）		企业总产值（万元）	从业人员情况（人）	
施工面积	本年新开工面积		从事建筑业活动的平均人数	企业期末人数
56438296	**20078501**	**12118739**	**209579**	**199569**
52881793	18554523	5276903	110073	111033
3108689	1240734	5304554	62024	52304
414950	257394	1024704	26053	25119
32864	25850	512578	11429	11113
56438296	20078501	12117734	209545	199535
9250322	3441419	1935816	30029	30230
73928	50118	44016	2153	2409
32521754	12151438	8149796	136180	127602
13275189	4048010	1088327	22331	23150
1317103	387516	899779	18852	16144
		1005	34	34
49075762	18085114	9872236	160783	157676
503903	344743	234214	5451	5996
6051485	1485105	1684606	38299	30479
807146	163539	327683	5046	5418
11084757	4929862	2397699	18051	19498
40679467	13274894	7783262	141917	135502
3085271	758005	1149116	30798	28599
1588801	1115740	788662	18813	15970
3591884	1498033	3084458	22732	22062
42582129	15722486	5455398	107217	101224
10264283	2857982	3578883	79630	76283
21842144	6601040	4251183	82596	82520
17193884	6665164	3221826	51597	54201
7162928	3524576	1425865	39607	32452
6738495	1637538	2499533	14914	14706
353104	57850	48066	2523	1620
154790	104047	32948	1243	862
92435	81802	28294	932	820
736192	321722	68807	1830	1921
2164324	1084762	542217	14337	10467

6-10 建筑业总承包和专业

	房屋建筑竣			
	合计	住宅房屋	商业及服务用房屋	办公用房屋
总 计	**10293153**	**6999107**	**477222**	**412787**
按经济行业分				
房屋建筑业	9607347	6412721	455356	397826
土木工程建筑业	532823	472418	20000	13081
建筑安装业	132688	105568	1866	1880
建筑装饰、装修和其他建筑业	20295	8400		
按登记注册类型分				
内资企业	10293153	6999107	477222	412787
国有企业	1063475	577005	28310	39942
集体企业	74200	42000	28000	
有限责任公司	5690808	3854601	383395	54177
股份有限公司	2800395	1962333	33771	300622
私营企业	664275	563168	3746	18046
港、澳、台商投资企业				
外商投资企业				
按控股情况分				
国有控股	8068429	5094784	405476	377212
集体控股	178137	133718	28000	7724
私人控股	1654925	1474329	3746	19046
其他	391662	296276	40000	8805
按资质等级分				
特级	1553509	1040936		194403
一级	7217960	4904776	405476	188109
二级	1091555	788735	68000	24800
三级及以下	430129	264660	3746	5475
按隶属关系分				
中央	542813	517574		9995
地方	6427326	4058014	204588	373242
其他	3323014	2423519	272634	29550
按区县分				
城关区	3963962	2597085	65747	368157
七里河区	2189098	1705176	75185	17993
西固区	1302274	877934	38322	11336
安宁区	1685492	937866	297888	12073
红古区	71826	26104		
永登县	117775	114875		900
皋兰县	65622	10586	80	2328
榆中县	526596	473050		
兰州新区	370508	256431		

承包生产情况汇总表（续二）

工面积（平方米）				
科研、教育、医疗用房屋	文化、体育、娱乐用房屋	厂房及建筑物	仓库	其他未列明的房屋建筑物
636839	**114446**	**668875**	**20377**	**963500**
633539	106745	662570	10297	928293
	7701	2810	10080	6733
800		3200		19374
2500		295		9100
636839	114446	668875	20377	963500
90685		8438	10080	309015
1700				2500
316800	42209	485789	9043	544794
209497	68739	164137		61296
18157	3498	10511	1254	45895
528545	109948	647162	18123	887179
1700				6995
89794	3498	17363	1254	45895
16800	1000	4350	1000	23431
148806	59889	54266		55209
298370	50059	550531	8043	812596
74919	1551	59051	11080	63419
114744	2947	5027	1254	32276
	7701	2810		4733
510504	103247	566589	20377	590765
126335	3498	99476		368002
286210	78267	187783		380713
98043		289270		3431
43501	33508	94391	8043	195239
48270	1000	47068	1000	340327
		45722		
				2000
9707	551	4641	1254	36475
53546				
97562	1120		10080	5315

6-11 建筑业总承包和

	年初存货	年末资产负债（万元）		
		流动资产合计	应收工程款	存货
总　计	**2709796**	**17880207**	**5042124**	**3508231**
按经济行业分				
房屋建筑业	1855202	9886222	2977551	2702869
土木工程建筑业	636674	6629422	1650012	665177
建筑安装业	138598	793616	291573	66906
建筑装饰、装修和其他建筑业	79323	570947	122988	73279
按登记注册类型分				
内资企业	2709796	17878716	5041287	3508231
国有企业	319885	3829502	704959	581399
集体企业	3818	35545	19833	4054
有限责任公司	1698477	10784979	3158568	2151572
股份有限公司	439745	1848805	713485	520909
私营企业	247870	1379885	444441	250298
港、澳、台商投资企业				
外商投资企业		1491	837	
按控股情况分				
国有控股	2262649	14500113	3639608	3020065
集体控股	12487	265259	137274	12346
私人控股	369751	2723477	1058118	409438
其他	64909	391359	207124	66382
按资质等级分				
特级	339041	5468397	768775	612122
一级	1989902	8891904	3162291	2128898
二级	239272	1620012	554929	268877
三级及以下	141582	1899895	556129	498334
按隶属关系分				
中央	145714	3995126	869088	96581
地方	1760079	9544886	2611603	2577555
其他	804004	4340196	1561433	834095
按区县分				
城关区	1421318	6752607	2317563	1576769
七里河区	512569	5114081	1281081	953081
西固区	511889	1158820	399428	336222
安宁区	201497	3114738	464607	234940
红古区	4009	47737	20905	3899
永登县	1987	32323	20397	7407
皋兰县	1427	20780	9502	1983
榆中县	91	68158	30831	3083
兰州新区	55010	1570963	497810	390847

专业承包财务情况汇总表

固定资产减值准备	固定资产原价			累计折旧		在建工程
		房屋和构筑物	机器设备		本年折旧	
5015	1577533	461471	342474	423715	57535	277167
2787	903365	276886	71365	109184	14779	148708
1100	460286	118871	220081	224232	33825	116736
471	169360	51468	39335	69612	4662	3226
657	44522	14246	11693	20688	4268	8498
5015	1577469	461471	342474	423651	57535	277167
471	311251	82946	37283	47284	3051	10356
	8962	542	1456	3015	511	1243
1149	928380	253409	248954	304608	42500	208971
	239042	114621	11643	21683	2700	1012
3395	89834	9954	43138	47062	8773	55585
	64			64		
497	1310093	390932	239569	281177	38561	205645
	49026	28939	11455	27600	1872	3184
4516	185212	31385	76137	97037	14863	68240
2	33202	10214	15312	17901	2240	98
	331618	134176	17255	26997	2460	10134
471	994174	279278	231664	292483	31113	207595
1659	183001	43631	50281	74961	10925	28046
2885	68740	4386	43274	29274	13037	31392
497	206631	52153	97570	131373	13361	2010
	893566	291418	93827	111849	18776	139214
4518	477336	117900	151077	180493	25398	135943
1631	621051	215733	151769	190060	24509	137591
	471613	157499	73896	105304	10604	14347
497	269603	50995	58975	67483	11431	103269
2	166077	30837	33095	36862	4737	12009
	6135		6081	2833	150	2666
	4656	189	274	1117	142	29
2785	1266	38	1094	383	149	200
	6252	1084	127	3221	967	959
100	30880	5096	17162	16452	4846	6098

6-11 建筑业总承包和

	年末资产负债（万元）				
	无形资产	土地使用权	资产总计	流动负债合计	应付账款
总 计	**169801**	**138039**	**24456581**	**15945506**	**7037096**
按经济行业分					
房屋建筑业	45414	25759	14154494	8568608	3759131
土木工程建筑业	120374	108990	8601637	6116230	2832787
建筑安装业	1228	870	1002979	802383	300684
建筑装饰、装修和其他建筑业	2784	2420	697471	458285	144494
按登记注册类型分					
内资企业	169801	138039	24453786	15945361	7037043
国有企业	6585	6279	6739274	3474524	1127004
集体企业			47145	21265	13081
有限责任公司	147629	121580	13341408	9674297	4678791
股份有限公司	6619	6266	2274348	1803845	853768
私营企业	8967	3914	2051611	971430	364399
港、澳、台商投资企业					
外商投资企业			2795	144	53
按控股情况分					
国有控股	150975	125708	20183196	13385194	6019169
集体控股	126		341650	209827	107165
私人控股	15789	10429	3507751	2017120	738616
其他	2911	1901	423984	333365	172145
按资质等级分					
特级	6614	5825	8958473	5317865	1984519
一级	64229	43295	11378866	8146256	3959656
二级	23420	15047	1967811	1199737	507050
三级及以下	75538	73872	2151431	1281648	585871
按隶属关系分					
中央	18529	17381	4841728	3918827	1960308
地方	124808	103483	13956163	8527508	3638807
其他	26464	17174	5658690	3499171	1437980
按区县分					
城关区	69770	46790	8690324	5719029	2624547
七里河区	11372	5186	8234336	4551911	1806363
西固区	1309	869	1539524	1207431	584127
安宁区	12912	11058	4019538	3243894	1380958
红古区			54189	36516	21703
永登县	43	38	46473	34563	8954
皋兰县			27735	10499	2838
榆中县	270		76296	54321	23596
兰州新区	74125	74097	1768166	1087342	584009

专业承包财务情况汇总表（续一）

年末资产负债（万元）				
非流动负债合计	负债合计	所有者权益合计		
			实收资本	个人资本
1787725	17792094	6664486	2227814	278838
1249742	9832563	4321931	892916	137114
490128	6643233	1958404	989852	55040
36261	842179	160800	167890	21819
11594	474120	223352	177155	64866
1787725	17791950	6661836	2227314	278838
882315	4356839	2382436	293087	
20	36806	10339	14413	1933
617877	10316431	3024977	1304530	142234
53791	1857636	416712	124425	8527
233722	1224239	827372	490858	126145
	144	2651	500	
1499530	14885157	5298040	1316833	8915
31275	261372	80277	51377	6403
248617	2301959	1205792	793199	259960
8303	343606	80378	66405	3560
953384	6271248	2687225	334800	
695995	8846312	2532553	1042162	119240
27927	1266670	701141	579786	112419
110419	1407864	743567	271066	47179
114594	4045642	796086	556779	1499
1261268	9790206	4165956	718203	65715
411862	3956246	1702444	952832	211624
521658	6284011	2406313	1164907	206847
947658	5504327	2730009	428300	31807
109759	1320487	219037	136572	18592
106315	3350210	669328	316371	1914
	40232	13957	13445	6450
	34563	11910	10919	4509
43	12130	15605	11835	6800
	54321	21975	21037	
102292	1191813	576353	124427	1920

6-11 建筑业总承包和

	损益及分配 （万元）				
	营业收入	主营业务收入	营业成本	主营业务成本	营业税金及附加
总　计	11777500	11437735	11058829	10752750	41584
按经济行业分					
房屋建筑业	5291485	4992715	5014802	4738467	20696
土木工程建筑业	4997554	4963300	4668937	4644140	14247
建筑安装业	1039809	1034278	979475	976416	4633
建筑装饰、装修和其他建筑业	448652	447442	395614	393728	2008
按登记注册类型分					
内资企业	11776594	11436829	11058043	10751965	41580
国有企业	1716684	1568981	1640548	1498880	3911
集体企业	38406	38316	36220	35855	385
有限责任公司	8007995	7823371	7551997	7389315	27067
股份有限公司	1001856	997021	937553	937358	5754
私营企业	1011654	1009141	891725	890557	4463
港、澳、台商投资企业					
外商投资企业	906	906	785	785	3
按控股情况分					
国有控股	9492019	9180232	9015107	8718575	27700
集体控股	218945	215712	195736	193386	2658
私人控股	1756813	1750914	1579162	1575557	8196
其他	309723	290877	268824	265233	3029
按资质等级分					
特级	2239305	2234331	2157570	2157144	6334
一级	7400150	7097988	6987546	6693542	22531
二级	1238404	1211524	1120087	1113969	8949
三级及以下	899641	893892	793625	788096	3769
按隶属关系分					
中央	2934611	2923311	2810395	2800424	6012
地方	5217132	4921026	4914699	4632584	19345
其他	3625757	3593398	3333735	3319742	16227
按区县分					
城关区	4268893	4243503	3912277	3898396	18358
七里河区	2945865	2770478	2786726	2633783	10485
西固区	1347378	1215278	1288702	1162596	5091
安宁区	2359541	2357370	2290825	2282222	3274
红古区	50504	50504	46793	46793	676
永登县	33197	33190	30437	30437	1117
皋兰县	25868	25868	24364	24364	248
榆中县	71047	71047	66811	66811	732
兰州新区	675208	670498	611894	607349	1602

专业承包财务情况汇总表（续二）

损益及分配（万元）							
主营业务税金及附加	其他业务利润	销售费用	管理费用	研发费用	财务费用	利息收入	利息支出
38274	9903	27730	303803	45697	104668	122412	207256
19249	3387	4177	118276	13960	55828	84321	120035
13341	5137	18062	121263	30413	42531	34926	79491
3789	1254	2331	43159	281	3252	3039	5511
1894	126	3160	21106	1044	3057	127	2219
38270	9903	27730	303722	45697	104668	122412	207256
3024	3409	837	35724	7115	9316	74438	83304
289		260	1697		49	–4	41
25043	5785	14748	186052	31478	68823	40415	92579
5645	121	243	31391	5268	7593	850	3821
4270	588	11643	48859	1836	18888	6714	27512
3			81				
25834	9098	10463	193220	42399	70936	113339	165019
2559		433	18057		250	1852	2070
7872	803	15779	78106	1836	30520	7094	37408
2009	2	1055	14422	1462	2963	128	2758
6162		6264	37514	10231	10946	96072	101479
21011	7611	5968	169096	33107	71753	25182	86807
7585	2085	5159	56401	1032	14148	121	8912
3516	207	10339	40793	1327	7820	1037	10057
5419	3164	9148	43939	30408	5240	30315	32663
18537	5189	1178	133077	10506	57525	78177	126249
14318	1551	17404	126787	4784	41903	13920	48344
17855	2716	17727	145141	27131	64841	8702	69386
9089	2439	1620	71649	4541	18269	76750	91437
4889	3959	333	34102	696	8187	1416	7046
3066	471	7086	34119	8833	7233	34143	30044
676		147	1874		9	–7	
169		56	709		83		83
248		71	886		20		16
732		233	1552		919	84	970
1549	318	458	13773	4497	5107	1324	8273

6-11 建筑业总承包和

	损益及分配（万元）				
	资产减值损失	公允价值变动收益	投资收益	其他收益	营业利润
总　计	33352	75	36017	5438	182980
按经济行业分					
房屋建筑业	763	73	3174	2048	70470
土木工程建筑业	3893	2	32676	3023	136969
建筑安装业	27574		64	57	-47940
建筑装饰、装修和其他建筑业	1123		102	310	23482
按登记注册类型分					
内资企业	33352	75	36017	5438	182944
国有企业	27818		1529	1020	-35128
集体企业					256
有限责任公司	5100	75	27678	2790	157653
股份有限公司	444		45	1601	20525
私营企业	-10		6764	27	39638
港、澳、台商投资企业					
外商投资企业					36
按控股情况分					
国有控股	32190	75	29073	5167	123658
集体控股	411		39	3	1904
私人控股	-10		6905	258	51089
其他	761			10	6328
按资质等级分					
特级	2573	2	17331	998	28263
一级	27761	73	8479	3941	79688
二级	2392		10206	488	30097
三级及以下	626		1	11	44932
按隶属关系分					
中央	31398	2	24529	745	-3393
地方	4414		3103	2910	99060
其他	-2460	73	8385	1783	87312
按区县分					
城关区	2354		17442	3814	110832
七里河区	165		1747	490	46676
西固区	28063		198	101	-43739
安宁区	2677	75	16626	605	28428
红古区					1006
永登县					796
皋兰县			4		283
榆中县					801
兰州新区	94			428	37897

专业承包财务情况汇总表（续三）

损益及分配 （万元）				应付职工薪酬（本年贷方累计发生额）（万元）	应交增值税（万元）	建筑业企业在境外完成的营业收入
营业外收入	营业外支出	利润总额	应交所得税			
23536	**11863**	**194653**	**41023**	**717076**	**209369**	**243438**
1537	1852	70154	16160	297573	84234	142109
19855	8868	147956	16739	315041	84039	96779
1291	497	–47146	2685	56340	19443	4550
853	645	23689	5439	48122	21653	
23536	11863	194617	41019	717033	209342	243438
1732	413	–33810	3344	62547	21473	142302
1	21	236	85	7013	1652	
20195	9380	168469	27014	488787	145632	96586
243	863	19905	3421	86526	20237	
1366	1186	39817	7155	72160	20347	4550
		36	4	42	27	
19740	9186	134213	29234	530506	156665	218097
616	618	1902	883	25791	4429	
1719	1769	51039	9087	136886	42255	25341
1461	290	7499	1819	23893	6020	
7025	4769	30520	1647	77971	16419	68397
11732	4034	87386	24680	459657	128285	170491
4018	2151	31965	5506	126164	32565	
761	910	44783	9190	53284	32101	4550
13184	5695	4096	992	219355	27751	75988
3323	2696	99687	23291	250949	98517	162900
7030	3472	90870	16741	246771	83101	4550
11797	3919	118710	20858	341641	76273	4550
2062	1828	46910	8536	143752	60814	149507
254	458	–43943	3076	78070	28269	20791
8834	5329	31934	1485	79451	21102	68590
1	5	1002	136	5710	1066	
1	7	790	221	6323	922	
	6	277	57	3352	822	
	4	797	142	7987	1273	
587	308	38177	6511	50789	18828	

主要统计指标解释

固定资产投资（不含农户） 指城镇和农村各种登记注册类型的企业、事业、行政单位及城镇个体户进行的计划总投资500万元及500万元以上的建设项目投资和房地产开发投资，包含原口径的城镇固定资产投资加上农村企事业组织项目投资，该口径自2011年起开始使用。

房地产开发投资 指各种登记注册类型的房地产开发法人单位统一开发的包括统代建、拆迁还建的住宅、厂房、仓库、饭店、宾馆、度假村、写字楼、办公楼等房屋建筑物，配套的服务设施，土地开发工程（如道路、给水、排水、供电、供热、通讯、平整场地等基础设施工程）和土地购置的投资；不包括单纯的土地开发和交易活动。

施工项目 指报告期内进行建筑或安装工程施工活动的建设项目，包括报告期内新开工项目、报告期以前开工跨入报告期继续施工的项目以及报告期施过工并在报告期内全部建成投产或停缓建的项目。

全部建成投产项目 工业项目是指设计文件规定形成生产能力的主体工程及其相应配套的辅助设施全部建成，经负荷试运转，证明具备生产设计规定合格产品的条件，并经过验收鉴定合格或达到竣工验收标准，与生产性工程配套的生活福利设施可以满足生产的需要，正式移交生产的建设项目。非工业项目是指设计文件规定的主体工程和相应的配套工程全部建成，能够发挥设计规定的全部效益，经验收鉴定合格或达到竣工验收标准，正式移交使用的建设项目。

房屋建筑面积 指从房屋外墙线算起的各层平面面积的总和，包括可供使用的有效面积和房屋结构（如柱、墙）占用的面积。多层建筑按各层（包括地下室）面积总和计算。

住宅建筑面积 指施工和竣工房屋建筑面积中供居住用的施工和竣工房屋建筑面积。

房屋施工面积 指报告期内施工的全部房屋建筑面积。包括本期新开工的面积、上期跨入本期继续施工的房屋面积、上期停缓建在本期恢复施工的房屋面积、本期竣工的房屋面积及本期施工后又停缓建的房屋面积。

房屋竣工面积 指在报告期内房屋建筑按照设计要求已全部完工，达到住人和使用条件，经验收鉴定合格，正式移交使用单位的建筑面积。

房屋建筑面积竣工率 指一定时期内房屋竣工面积占同期房屋施工面积的比率。它是从房屋建筑施工速度的角度反映投资效果和建筑业经济效益的指标。

新增固定资产 是指已经完成建造和购置过程，并已交付生产或使用单位的固定资产的价值，包括已经建成投入生产或交付使用的工程投资和达到固定资产标准的设备、工具、器具的投资及有关应摊入的费用。该指标是表示固定资产投资成果的价值指标，也是反映建设进度，计算固定资产投资效果的重要指标。

固定资产交付使用率 指一定时期新增固定资产与同期完成投资额的比率。它是反映各个时期固定资产动用速度，衡量建设过程中投资效果的一个综合性指标。

建筑业统计单位 指从事房屋、构筑物建造和设备安装活动的法人企业。建筑业法人企业应同时具备的条件是：①依法成立，有自己的名称、组织机构和场所，能够承担民事责任；②独立拥有和使用资产，承担负债，有权与其他单位签订合同；③独立核算盈亏，能够编制资产负债表；④具有建筑业资质。

建筑业总产值（即自行完成施工产值） 是以货币表现的建筑安装企业在一定时期内生产的建筑业产品和服务的总和。建筑业总产值包括：

（1）建筑工程产值：指列入建筑工程预算内的各种工程价值。

（2）设备安装工程产值：指设备安装工程价值，不包括被安装设备本身价值。

（3）房屋、构筑物修理产值：指房屋、构筑物修理所完成的价值，但不包括被修理房屋、构筑物本身的价值和生产设备的修理价值。

（4）非标准设备制造产值：指加工制造没有定型的、非标准的生产设备的加工费和原材料价值，以及附属加工厂为本企业承建工程制作的非标准设备的价值。

房屋建筑施工面积 指在报告期内施过工的全部房屋建筑面积，包括本期新开工的房屋面积、上期施工跨入本期继续施工的房屋面积、上期停缓建在本期恢复施工的房屋面积、本期竣工的房屋面积及本期施工后又停缓建的房屋面积。

房屋建筑竣工面积 指在报告期内房屋建筑按照设计要求已全部完工，达到了住人和使用条件，经验收鉴定合格，正式移交使用单位的房屋建筑面积。

自有机械设备年末总台数 指归本企业所有，属于本企业固定资产的生产性机械设备年末总台数。包括施工机械、生产设备、运输设备以及其他设备。

自有机械设备年末总功率 指年末企业自有的直接用于工程施工的各种机械设备的台数，包括施工机械、生产设备、运输设备以及其他设备等列入在册固定资产的生产性机械设备年末总功率，按设定能力或查定能力计算。包括施工机械本身的动力和为该机械服务的单独动力设备，如电动机等。计算单位用千瓦，动力换算可按1马力=0.735千瓦折合成千瓦数。电焊机、变压器、锅炉不计算动力。

营业收入 指企业经营主要业务和其他业务所确认的收入总额。营业收入包括“主营业务收入”和“其他业务收入”。

主营业务收入 指企业确认的销售商品、提供劳务等主营业务的收入。

营业成本 指企业经营主要业务和其他业务所发生的成本总额。包括企业（单位）在报告期内从事销售商品、提供劳务等日常活动发生的各种耗费。包括“主营业务成本”和“其他业务成本”。

主营业务成本 指企业经营主要业务所发生的成本总额。

税金及附加 指企业因从事生产经营活动按税法规定应缴纳的消费税、城市维护建设税、资源税、教育费附加及房产税、土地使用税、车船使用税、印花税等相关税费。

营业利润 指企业从事生产经营活动所取得的利润，如亏损以“–”号表示。

利润总额 指企业在一定会计期间的经营成果，是生产经营过程中各种收入扣除各种耗费后的盈余，反映企业在报告期内实现的盈亏总额。利润总额为营业利润加上营业外收入，减去营业外支出后的金额。

七、城市建设

7-1 城市主要经济指标

	单位	全市合计	市区合计	市区占全市比重（%）
人口、劳动力及土地面积				
年末户籍人口	万人	331.92	212.04	63.88
年平均人口	万人	377.23	270.55	71.72
常住人口	万人	379.09	271.81	71.70
年出生人口	人	40727	25504	62.62
年死亡人口	人	18116	10667	58.88
年末总户数	万户	114.61	79.09	68.13
年末单位就业人员数	万人	70.03	59.58	85.07
第一产业（农、林、牧、渔业）	万人	396	370	93.43
第二产业	万人	26.81	22.61	84.32
采矿业	万人	1.10	1.09	99.68
制造业	万人	8.70	5.50	63.19
电力、燃气及水的生产和供应业	万人	1.94	1.81	93.33
建筑业	万人	15.08	14.21	94.23
第三产业	万人	43.17	36.93	85.54
交通运输、仓储及邮政业	万人	3.42	2.89	84.57
信息传输、计算机服务和软件业	万人	3.06	2.61	85.17
批发和零售业	人	1.13	0.93	82.53
住宿、餐饮业	人	2.12	2.11	99.57
金融业	万人	2.52	2.45	97.08
房地产业	万人	3.00	2.66	88.56
租赁和商业服务业	万人	2.14	2.05	95.54
科学研究、技术服务和地质勘查业	万人	3.82	3.72	97.36
水利、环境和公共设施管理业	万人	2.12	1.84	86.72
居民服务和其他服务业	万人	0.08	0.07	96.14
教育	万人	7.18	5.22	72.68
卫生和社会工作	人	3.86	3.32	85.96
文化、体育和娱乐业	万人	1.07	1.01	94.85
公共管理和社会组织	万人	7.64	6.05	79.11
城镇私营和个体从业人员	人	1256160	907301	72.23
年末城镇登记失业人员数	人	30942	29170	94.27
行政区域土地面积	平方公里	13164.80	1631.6	12.39
建成区面积	平方公里	343.12	235.10	68.52
城市建设用地面积	平方公里	350.5	223.32	63.71
居住用地面积	平方公里	91.56	67.99	74.26
公共设施用地面积	平方公里	37.49	29.71	79.25
工业用地面积	平方公里	79.29	53.56	67.55

7-1 城市主要经济指标（续一）

	单位	全市合计	市区合计	市区占全市比重（%）
综合经济				
地区生产总值（当年价格）	万元	28373558	22920873	80.78
第一产业增加值	万元	516748	155408	30.07
第二产业增加值	万元	9453813	7092347	75.02
第三产业增加值	万元	18402997	15673119	85.17
地区生产总值（2015年价格）	万元	27074266	20655269	76.29
人均地区生产总值	元	75217	84720	
地区生产总值增长率	%	6	3.2	
财政、金融、保险				
公共财政预算收入	万元	2332261	1963627	84.19
税收收入	万元	1773252	1478426	83.37
企业所得税	万元	177667	157704	88.76
个人所得税	万元	61328	57651	94.00
公共财政预算支出	万元	4566617	3328248	72.88
一般性公共服务支出	万元	714154	584503	81.85
科学技术支出	万元	78947	31918	40.43
教育支出	万元	882874	640992	72.60
文化体育与传媒支出	万元	71996	59183.00	82.2
医疗卫生支出（卫生健康支出）	万元	381588	303689	79.59
节能保护支出	万元	62399	44201	70.85
城乡社区事务支出	万元	710404	584228	82.24
交通运输支出	万元	142323	74729	52.51
社会保障和就业支出	万元	499315	378931	75.89
住房保障支出	万元	93423	83926	89.83
年末金融机构各项存款余额	万元	88344650	74989452	84.88
其中：住户存款	万元	35711760	31351169	84.79
年末金融机构各项贷款余额	万元	120285107	76142310	63.30

7-1 城市主要经济指标（续二）

	单位	全市合计	市区合计	市区占全市比重（%）
工业				
工业企业数	个	353	161	45.6
内资企业	个	343	146	45.50
国有企业	个	10	10	100.00
私营企业	个	121	52	43.00
港、澳、台商投资企业	个	5	1	20.00
外商投资企业	个	5	4	80.00
工业总产值（当年价）	万元	20180900	13429800	66.50
内资企业	万元	17401900	13162400	75.60
国有企业	万元	2104300	2104300	100.00
私营企业	万元	1830700	762500	41.20
港、澳、台商投资企业	万元	1963500	43800	2.20
外商投资企业	万元	324500	223600	68.90
从业人员年平均人数	万人	11.51	7.43	64.55
流动资产合计	万元	12056800	6847600	56.79
固定资产合计	万元	6977500	3792400	54.35
主营业务收入	万元	19962510	12918100	64.70
主营业务成本	万元	16018300	9955000	62.15
主营业务税金及附加	万元	2142600	2109800	98.45
本年应交增值税	万元	402800	163300	40.54
利润总额	万元	628100	554400	88.26
年末邮政局（所）数	处	156	98	62.82
邮政业务收入	万元	35138		
电信业务收入	万元	506649		
固定电话年末用户数	万户	61.58		
移动电话年末用户数	万户	646.67		
3G以上移动电话用户	万户	559.32		
互联网宽带接入用户数	万户	194.65		
综合能源消费量	万吨/标准煤	2451.64		
全社会用电量	万千瓦时	2754514.38		
工业用电	万千瓦时	1944745.33		
城乡居民生活用电	万千瓦时	246539.72		

7-1 城市主要经济指标（续三）

	单位	全市合计	市区合计	市区占全市比重（%）
内外贸易、外经				
限额以上批发零售贸易业商品销售总额	万元	45618127.4	33947939	74.40
社会消费品零售总额	万元	16720017.9	15051882.6	90.00
限额以上批发零售企业数（法人数）	个	620	521	84.00
零售业	个	262	223	85.10
货物进口额（海关数据）	人民币	475780	254332	53.46
货物出口额（海关数据）	人民币	718309	509732	70.96
外商直接投资				
外商直接投资合同项目	个	7	5	71.43
当年实际使用外资金额	万美元	7482.96	1631.53	21.80
固定资产投资				
固定资产投资额（不含农村）	万元			
房地产开发投资额	万元	5524047	3457984	62.60
住宅	万元	3468400	2038063	58.76
全年新增固定资产	万元	2637492	2013570	76.34
商品房屋销售面积	万平方米	731.25	391.32	53.51
住宅	万平方米	684.96	360.24	52.59
高档别墅公寓	万平方米	3.54	2.83	79.94
商品房屋销售额	万元	5533724	3560356	64.34
住宅	万元	4980388	3150624	63.26
高档别墅公寓	万元	48324	37974	78.58
待售面积	万平方米	138.44	94.47	68.24
教育、科技、文化、卫生				
学校数				
普通高等学校	所	23	23	100
中等职业教育学校	所	58	49	84.48
普通中学	所	206	121	58.74
小学	所	507	220	43.39
专任教师数				
普通高等学校	人	18370	18370	100
中等职业教育学校	人	2168	1546	71.31
普通中学	人	16560	11125	67.18
小学	人	14439	10216	70.75
在校学生数				
普通高等学校	人	486557	486557	100

7-1 城市主要经济指标（续四）

	单位	全市合计	市区合计	市区占全市比重（%）
高中阶段在校学生数	人	98006	72810	74.29
中等职业教育学校学生数	人	34972	29690	84.9
普通中学学生数	万人	16.51	11.54	69.9
小学学生数	万人	23.39	16.83	71.95
初中毕业生升学率	%	99.04	100.00	
成人高等学校在校学生数	人	7739	7739	100
体育场馆数	个	10	5	50.00
剧场、影剧院数	个	43	36	83.72
公共图书馆图书总藏量	千册	1712.04	1446.29	84.48
广播节目综合人口覆盖率	%	99.74	99.81	63.80
电视节目综合人口覆盖率	%	99.75	99.94	63.82
有线电视入户率	%	83.69	--	
医院、卫生院数	个	196	118	60.20
医院、卫生院床位数	张	28616	23311	81.46
医生数（执业医师+执业助理医师）	人	14337	12174	84.91
注册护士	人	19308	16567	85.80
社会保障				
居民消费价格指数（上年为100）	%	102.2		
城镇职工基本养老保险参保人数	人	1030827	936966	90.89
城镇居民基本医疗保险参保人数	人	1057869	979566	92.60
失业保险参保人数	人	600165	568142	94.66
社会福利院数	个	6	3	50.00
社会福利院床位数	张	1292	1046	80.96
社区服务设施数	个	409	388	94.87
城市社区综合服务设施覆盖率	%	100	100	100.00
城镇居民最低生活保障人数	人	32796	26882	81.97
社会治安				
交通事故死亡人数	人	73	34	46.6
交通事故损失额	万元	151.85	24.08	15.9
火灾事故死亡人数	人	1	1	100.0
火灾事故损失额	万元	1070	834	77.9
刑事案件立案数	起	14616	11086	75.8
犯罪人数	人	7571	4481	59.2
青少年人数（年龄16-25周岁）	人	1348	750	55.6

7-2 城市设

	2010	2011	2012	2013
建成区面积（平方公里）	196.26	196.97	198.67	207.00
城市人口密度（人/平方公里）	1614.00	1613.00	9561.00	8931.00
燃气普及率（%）	89.37	88.98	88.71	90.10
年末公用自来水生产能力（万立米/日）	156.51	157.97	150.78	144.60
地下水	12.60	12.60	12.00	10.00
全年供水总量（万立方米）	24275.92	29401.10	26827.67	21818.49
居民家庭用水	9804.14	10132.90	9644.75	9337.83
用水人口（万人）	188.54	187.10	186.46	174.27
道路长度（公里）	906.60	909.81	926.57	1093.22
道路面积（万平方米）	2161.50	2168.35	2218.89	2910.44
人均拥有道路面积（平方米）	10.89	10.97	11.18	14.79
排水管道长度（公里）	724.00	765.49	832.39	1360.50
桥梁数（个）	199	202	205	206
污水年排放量（万立方米）	22318	16097.3	19785	19285
污水年处理量（万立方米）	12845	10760	13401	14781
污水日处理能力（万立方米）	44.0	44.5	71.9	71.9
污水处理率（%）	60.00		67.73	82.03
防洪堤长度（公里）	180.00	180.00	180.00	235.20
绿化覆盖面积（公顷）	5495.00	4940.00	6548.00	7730.00
建成区绿化覆盖率（%）	25.02	25.08	30.01	34.52
园林绿地面积（公顷）	4441.00	4471.00	5494.00	6584.00
公共绿地面积（公顷）	1714.00	1720.00	1762.00	2058.00
人均公共绿地面积（平方米）	8.63	8.70	8.88	10.46
公园个数（个）	14	14	14	16
公共汽（电）车营运车辆（辆）	2149	2163	2270	2745
标准运营台数（标台）	2666	2682	2924	3326
公共汽（电）车客运总量（万人次）	61554	62050	3373	76428
出租汽车（辆）	6738	6738	6738	7913

注：2007年道路长度、道路面积等市政设施数据为市政管理系统内数据，与往年数据不可比。

施水平

2014	2015	2016	2017	2018	2019
282.20	310.86	310.85	356.79	366.84	343.12
5878.00	7274	7253	7211	7054.5	7734
86.93	87.3	87.64	87.65	92.93	91.3
148.85	165.27	161.27	175.17	175.67	178.07
10.70	12.3	13.81	13.86	13.86	13.84
23902.57	27491.6	26441.37	27178.06	28463.3	28800.71
10230.56	11082.04	10327.2	10405.87	11556	11770.77
205.31	257.49	264.46	269.49	257.01	270.58
1513.50	1678.95	1834.33	1963.26	2213.37	2355.22
3545.53	4294.88	4536.73	4805.11	5611.84	5872.34
16.56	16	16.57	17.43	20.75	20.77
2311.01	2783.7	3028.7	3241.22	3219.11	3193
254	337	375	419	423	435
19018	19971	18686	19986		19684
15881	17766	17743	19081		19207
75.1	77.6	70.7	74		60
83.51	88.96	94.95	95.47		97
260.12					327.77
7919.36	8369.36	9311	10733.87	11285.42	11451.07
26.46	25.2	26.69	29.98	31.07	33.14
7201.62	7742.59	7852.3	9592.07	10076.76	10003.6
2333.13	2526.9	2586.3	3454.5	3660.24	3693.27
10.90	9.41	9.52	12.53	13.54	13.06
25	29	29	35	36	37
2769	2739	2800	2801	3319	3109
3115	3094	3162	3165	4191.7	3928
77676	75004	80186	81756	79733.9	78335
7591	8221	9583	9648	10309	10566

7-3 工业废水排

	2005	2006	2007	2008	2009
工业废水					
工业废水排放量（万吨）	4352.00	4029.00	3725.00	3737.12	2945.18
化学需氧量（吨）	3583.00	3095.00	2112.00	2199.38	1834.62
氨氮（吨）	267.11	281.95		205.34	134.89
石油类（吨）	207.16	140.60		79.68	40.19
挥发酚（吨）	0.94	0.61		0.15	0.21
氰化物（吨）	0.59	0.11		0.13	0.10
砷（吨）	0.17	0.15	0.18	0.21	0.20
铅（吨）	1.04	1.23	1.20	0.28	0.14
镉（吨）	0.25	0.19	0.25	0.20	0.09
六价铬化合物（吨）	0.10	0.88	0.64	0.29	0.11
工业废气					
工业废气排放量（亿标立方米）	1338	1342	1766	1870	2070
二氧化硫排放量（吨）	60924	69947	64044	71865	70687
氮氧化物排放量（吨）		34349	37431	36644	43738
工业烟尘排放量（吨）		36457	27237	24084	19424
工业固体废物					
工业固体废物产生量（万吨）	160.54	258.39	412.41	372.41	485.82
工业固体废物处置量（万吨）	0.48	34.94	21.67	22.26	30.35
工业固体废物综合利用量（万吨）	152.31	181.66	344.60	290.75	364.88
工业固体废物贮存量（万吨）	4.64	41.78	54.39	59.42	102.00
生活污水					
城镇生活污水排放量（万立方米）	12375	12625	12740	13859	13923
城镇生活污水处理量（万立方米）	4839	5200	5002	5564	8555
城镇生活污水处理率（%）	39.10	41.19	39.26	40.15	61.45

注：2011年环境统计国家启动“十二五”环境统计系统，与“十一五”环境统计在统计口径、方法、范围等方面有所调整变动，故部分统计指标数据与往年不可比。

放处理情况

2010	2011	2012	2013	2014	2015
2529.10	4097.28	4624.55	4909.07	4563.49	4138.48
3103.38	4658.62	4348.47	4445.77	4005.99	3307.95
209.84	2431.58	2642.68	2723.12	2648.30	2656.1
28.42	86.57	68.79	87.85	93.53	541.15
0.17	8.40	0.39	0.79	3.14	1.75
0.12	0.02	0.03	0.02	0.02	0.02
0.12				0.00	0.001
0.05	0.09			0.01	0.009
0.04	0.02			0.01	0.004
0.12	0.15	0.00	0.01	0.01	0.006
1805	3183	3954	4068	3768	3576.57
69800	92722	68654	72148	67616	61240
45243	79722	83804	79915	66026	54079
21269	39710	33598	40109	64214	45209
507.31	604.55	627.88	624.58	638.62	607.75
29.17	43.39	23.19	14.75	7.22	7.4
413.23	561.15	603.04	608.17	628.73	598.4
82.19	0.04	1.65	1.66	2.67	2.07
15147	12000	13687		19018	19971
10636	9502	9670		15881	17766
70.22	79.19	70.65		83.51	88.96

7-3 工业废水排放处理情况（续一）

	2016	2017	2018	2019
工业废水				
工业废水排放量（万吨）	3341.89	3527.75	3780.53	3260.03
化学需氧量（吨）	899.96	2168.76	1093.25	1043.78
氨氮（吨）	66.54	68.43	43.62	32.77
石油类（吨）	17.13	45.43	38.47	43.17
挥发酚（千克）	0.80	24530.59	331.84	159.28
氰化物（千克）	0.04	83.74	34.7	0.30
砷（千克）	1.06	6.56	5.3	5.75
铅（千克）	1.37	13.15	2.75	2.69
镉（千克）	4.15	6.22	1.80	1.16
六价铬化合物（千克）	2.77	7.68	4.00	2.67
工业废气				
工业废气排放量（亿标立方米）	2566.45	2146.49	2731.78	2467.52
二氧化硫排放量（吨）	19192.01	20095.17	21376.50	17442.80
氮氧化物排放量（吨）	28557.87	27618.2	29608.39	30149.17
工业烟尘排放量（吨）	15891.59	15786.31	19986.35	24878.54
工业固体废物				
工业固体废物产生量（万吨）	291.05	307.8	402.02	413.47
工业固体废物处置量（万吨）	10.07	28.74	12.32	15.29
工业固体废物综合利用量（万吨）	280.72	279.22	389.51	398.39
工业固体废物贮存量（万吨）	0.55	0.48	1.93	1.16
生活污水				
城镇生活污水排放量（万立方米）	17530.51	17773.26	21468.35	19684
城镇生活污水处理量（万立方米）	17342.91	17364.35	19665.14	19207
城镇生活污水处理率（%）	98.93	97.7	91.6	97.58

注：2011年环境统计国家启动“十二五”环境统计系统，与“十一五”环境统计在统计口径、方法、范围等方面有所调整变动，故部分统计指标数据与往年不可比。

7-4 环境保护

	2016	2017	2018	2019
工业废水排放量（万吨）	3341.87	3527.75	3780.53	3260.03
工业废气排放量（亿立方米）	2566.45	2146.49	2731.78	2467.52
工业二氧化硫产生量（吨）	108371.78	94777.47	121178.64	105708.15
工业二氧化硫排放量（吨）	19192.01	20095.17	21376.50	17442.80
工业氮氧化物产生量（吨）	54119.06	54896.46	54518.43	61612.82
工业氮氧化物排放量（吨）	28557.87	27618.2	29608.39	30149.17
工业烟（粉）尘产生量（吨）	3199993.62	2738546.55	3123671.39	3576534.80
工业烟（粉）尘排放量（吨）	15891.59	15786.31	19986.35	24878.54
一般工业固体废物综合利用率（%）	96.45	90.52	96.48	96.04
城镇污水处理率（%）	95.72	95.49	96.00	97
污水处理厂集中处理率（%）	95.72	95.49	96.00	97
生活垃圾无害化处理率（%）	40.40	100.0	99.39	100.0
空气质量达到及好于二级的天数（天）	243		213	296
空气质量达到及好于二级的比例（%）		68.9	67	81.1

注：2014年环境统计在统计口径、方法、范围等方面有所调整变动。

主要统计指标解释

年末自来水生产能力 指年底城建部门管理的自来水厂和自备水源的社会单位取水、净化、送水、出厂输水干管等环节的实际生产能力。

年末供水管道长度 指从送水泵到用户水表之间所有管道的长度。

全年供水总量 指公用自来水厂和自备水源的社会单位全年的供水总量，包括有效供水量及损失水量。

生活用水量 指居民日常生活与公共福利设施的用水量，包括居民、饮食店、旅馆、医院、理发店、浴池、洗衣店、游泳池、商店、学校、机关、部队等单位的用水量。

城市人口用水普及率 指城市用水人口数与城市人口总数之比。计算公式为：

用水普及率=城市用水人口数/城市人口总数×100%

全年供气总量 指全年售给各类用户的全部煤气量，包括工业用量、家庭用量和其他用量。

城市用气普及率 指使用煤气（包括人工煤气、液化石油气、天然气）的城市人口数与人口总数之比。计算公式为：

城市用气普及率=城市用气人口数/城市人口总数×100%

年底实有铺装道路长度 指除土路外，路面经过铺装宽度在3.5米以上的道路，包括高级、次高级道路和普通道路。

城市桥梁 指城市范围内，修建在河道上的桥梁和道路与道路立交、道路跨越铁路的立交桥及人行天桥。包括永久性桥和半永久性桥、不包括临时性桥、铁路桥、涵洞。

城市下水道总长度 指所有排水总管、干管、支管及暗渠、检查井、连接井进出水口等长度之和。

城市污水日处理能力 指污水处理厂每昼夜处理污水量的设计能力。

年末实有公共汽（电）车 指年底可参加营运的全部车辆数，包括营运车辆数和库存查封未参加营运的车辆。不包括非营运车辆，如架线车、油罐车、工程车、货车及其他专用车辆和借入的客运车辆。

城市园林绿地面积 指城市公共绿地、专用绿地、生产绿地、防护绿地、郊区风景名胜区的全部面积。

公共绿地 指供游览休息的各种公园、动物园、植物园、陵园以及花园、游园和供游览休息用的林荫道绿地、广场绿地，不包括一般栽植的行道树及林荫道的面积。

工业废水排放量 指经过企业厂区所有排放口排到企业外部的工业废水量。包括生产废水、外排的直接冷却水、超标排放的矿井地下水和与工业废水混排的厂区生活污水，不包括外排的间接冷却水（清污不分流的间接冷却水应计算在内）。

工业废水排放达标量 指各项指标都达到国家或地方排放标准的外排工业废水量，包括未经处理外排达标和经过处理后外排达标两部分。

工业废气排放量 指企业厂区内燃料燃烧和生产工艺过程中产生的各种排入空气的含有污染物的气体总量，按标准状态（273K，101325Pa）计算。

工业二氧化硫排放量 指企业在燃料燃烧和生产工艺过程中排入大气的二氧化硫数量。

烟尘排放量 指企业厂区内燃料燃烧产生的烟气中夹带的颗粒物数量。

工业粉尘排放量 指企业在生产工艺过程中排放的颗粒物重量，如钢铁企业的耐火材料粉尘、焦化企业的筛焦系统粉尘、烧结机的粉尘、石灰窑的粉尘、建材企业的水泥粉尘等。不包括电厂排入大气的烟尘。

工业固体废物产生量 指企业在生产过程中产生的固体状、半固体状和高浓度液体状废弃物的总量，包括危险废物、冶炼废渣、粉煤灰、沪渣、煤矸石、尾矿、放射性废物和其他废物等；不包括矿山开采的剥离废石和掘进废石（煤矸石和呈酸性或碱性的废石除外）。酸性或碱性废石指采掘的废石其流经水、雨淋水的PH值小于4或PH值大于10.5者。

工业固体废物处置量 指将固体废物焚烧或者最终置于符合环境保护规定要求的场所，并不再回取的工业固体废物量（包括当年处置往年的工业固体废物累计贮存量）。处置方法有填埋（其中危险废物应安全填埋）、焚烧、专业贮存场（库）封场处理、深层灌注、回填矿井等。

八、商业、物价

8-1 社会消费品零售总额

	社会消费品零售总额（万元）				构成（%）总额=100		
		市	县	县以下	市	县	县以下
1979	64608	53500	3259	4849	82.8	5.04	7.51
1980	79602	72573	2237	4792	91.2	2.81	6.02
1981	92916	84135		5501	90.5	3.53	5.92
1982	98106	87569		6446	89.3	4.17	6.57
1983	109073	99474		6032	91.2	3.27	5.53
1984	166936	151828			90.9	9.05	
1985	203181	177743	25438		87.5	12.52	
1986	238390	216103	22287		90.7	9.35	
1987	267759	237787	29972		88.8	11.19	
1988	366358	326329	40029		89.1	10.93	
1989	408412	365089	43323		89.4	10.61	
1990	354709	311443	43266		87.8	12.20	
1991	394014	354217	39797		89.9	10.10	
1992	493967	448676	45291		90.8	9.17	
1993	605588	564094	41494		93.1	6.85	
1994	770741	708005	31824	30912	91.9	4.13	4.01
1995	966709	888130	40517	38062	91.9	4.19	3.94
1996	1104678	1015253	49537	39888	91.9	4.48	3.61
1997	1218665	1129795	47545	41325	92.7	3.90	3.39
1998	1354030	1260477	47222	46331	93.1	3.49	3.42
1999	1474674	1373534	48077	53063	93.1	3.26	3.60
2000	1600561	1509263	39784	51514	94.3	2.49	3.22
2001	1738827	1639730	46915	52182	94.3	2.70	3.00
2002	1905594	1794946	57227	53421	94.2	3.00	2.80
2003	2065349	1926373	54154	54822	93.3	2.62	2.65
2004	2280165	2159442	59866	60857	94.7	2.63	2.67
2005	2566724	2427080	67019	72625	94.6	2.61	2.83
2006	2897169	2745380	73430	78359	94.8	2.53	2.70
2007	3375659	3203985	83606	88068	94.9	2.47	2.63
2008	3950438	3757344	94160	98934	95.1	2.38	2.50
2009	4697711	4476705	107783	113223	95.3	2.30	2.40
2010	5451055	4744277	706778		87.0	13.0	
2011	6397231	5603581	793649		87.6	12.4	
2012	7491157	6560692	930465		87.6	12.4	
2013	8438727	7391130	1047597		87.6	12.4	
2014	10568321	9300122	1268198		88.0	12.0	
2015	11521498	10138918	1382580		88	12.00	
2016	12633456	10653889	1979567		84.3	15.7	
2017	13587245	11558602	2028643		85.1	14.9	
2018	13520905	12632395	888510		90.0	10.0	
2019	16720018	14705755	2014263		88.0	12.0	

8-1 社会消费品零售总额（续一）

	分行业社会消费品零售总额（万元）			构成（%）总额=100		
	批零贸易业	住宿和餐饮业	其他行业	批零贸易业	住宿和餐饮业	其他行业
1979	55977	2386	3245	86.64	3.69	5.02
1980	67896	3290	8416	85.29	4.13	10.57
1981	77210	4031		83.10	4.34	12.57
1982	81043	3874		82.61	3.95	13.44
1983	87159	4648		79.91	4.26	15.83
1984	101189	5664		60.62	3.39	35.99
1985	137567	17350	48264	67.71	8.54	23.75
1986	165123	21034	52233	69.27	8.82	21.91
1987	192654	23405	51700	71.95	8.74	19.31
1988	263426	32784	70148	71.90	8.95	19.15
1989	301917	33918	72577	73.92	8.30	17.77
1990	251581	34456	68672	70.93	9.71	19.36
1991	293871	33568	66575	74.58	8.52	16.90
1992	370852	49427	73688	75.08	10.01	14.92
1993	461105	58999	85484	76.14	9.74	14.12
1994	540727	111711	118303	70.16	14.49	15.35
1995	653752	127310	185647	67.63	13.17	19.20
1996	754505	140560	209613	68.30	12.72	18.98
1997	788732	186582	243351	64.72	15.31	19.97
1998	880561	180563	292906	65.03	13.34	21.63
1999	914579	201725	358370	62.02	13.68	24.30
2000	1084917	221303	294341	67.78	13.83	18.39
2001	1138362	232434	368031	65.47	13.37	21.17
2002	1244846	257582	403196	65.33	13.52	21.16
2003	1654686	273156	107507	80.12	13.23	5.21
2004	1845340	334777	100048	80.93	14.68	4.39
2005	2057580	413882	95262	80.16	16.12	3.71
2006	2307010	484796	105363	79.63	16.73	3.64
2007	2700054	555978	119627	79.99	16.47	3.54
2008	3208468	652704	89266	81.22	16.52	2.26
2009	3842104	764723	90884	81.79	16.28	1.93
2010	4568077	882978		83.00	17.00	
2011	5288752	1108479		83.00	17.00	
2012	6195624	1295533		83.00	17.00	
2013	7033071	1405656		83.00	17.00	
2014	10568321	8877389	1690931	84.00	16.00	
2015	9678058	1843440		84	16	
2016	10560442	2047318		83.80	16.20	
2017	11398918	2188327		83.89	16.11	
2018	12030848	1490057		88.98	11.02	
2019	14903676	1816342		89.14	10.86	

8-2 区县主要经济指标完成情况

	社会消费品零售总额（万元）	
	2019	比上年增长（%）
兰州市	**16720017.9**	**7.6**
城关区	9220185.2	6.5
七里河区	2500385.5	8.9
西固区	1415184.6	8.8
安宁区	1652093.1	8.9
红古区	264034.2	9.1
永登县	308072.4	8.6
皋兰县	465024.4	8.9
榆中县	302823.4	9.2
兰州新区	592215.1	10.0

8-3 星级住宿业和限额以上餐饮业经营情况

	法人企业数（个）	从业人员期末人数（人）	营业额（万元）	客房数（间）	床位数（个）	餐位数（位）	年末餐饮营业面积（平方米）
总计	252	22408	407031.4	29557	48269	103612	826649
住宿业	121	10596	201137.5	27677	45074	40709	460622
按住宿业行业小类分							
旅游饭店	39	5241	104372.2	15835	26471	31208	239932
一般旅馆	74	4861	89274.6	10842	16875	7338	182097
其他住宿业	7	294	4435.9	846	1497	1483	36093
按登记注册类型分							
内资企业	120	10272	196924.1	27381	44571	40293	458600
国有企业	12	1999	33843.2	1999	3316	7740	38254
集体企业	2	159	952.6	318	581	80	5100
有限责任公司	45	4423	82701.0	7583	12160	9391	187869
国有独资公司	11	1570	39976.6	2736	4315	3957	24157
其他有限责任公司	34	2853	42724.4	4847	7845	5434	163712
私营企业	58	3614	77986.2	17224	28042	22882	218877
私营独资企业	2	38	820.2	166	272	12	3963
私营有限责任公司	53	3383	72713.2	16516	26924	22430	204714
私营股份有限公司	3	193	4452.8	542	846	440	10200
外商投资企业	1	324	4213.4	296	503	416	2022
中外合资经营企业	1	324	4213.4	296	503	416	2022
按控股情况分							
国有控股	36	4975	97398.7	6815	11011	13691	145968
集体控股	2	159	952.6	318	581	80	5100
私人控股	76	4640	90727.5	19459	31682	25331	286442
外商控股	1	324	4213.4	296	503	416	2022
其他	6	498	7845.3	789	1297	1191	21090
按经营形式分							
独立门店	109	9732	180011.0	24696	40821	40191	441899
连锁总店（总部）	1	168	4070.8	377	544		
其他	6	576	13749.6	2107	3103	518	4923
按星级分							
大型	1	411	11025.4	298	500	2500	6600
中型	21	5403	99878.9	6933	10726	10754	116161
小型	94	4755	74736.6	19642	32690	26531	328861
微型	5	27	15496.6	804	1158	924	9000
五星	4	1164	30475.9	1009	1466	5374	12801
四星	14	2581	41707.5	3085	5213	5818	113044
三星	15	1290	17742.3	2146	3570	3667	89973
二星	1	90	1106.7	74	105	280	3000
其他	87	5471	110105.1	21363	34720	25570	241804

8-3 星级住宿业和限额以上餐饮业经营情况（续一）

	法人企业数（个）	从业人员期末人数（人）	营业额（万元）	客房数（间）	床位数（个）	餐位数（位）	年末餐饮营业面积（平方米）
餐饮业	131	11812	205893.9	1880	3195	62903	366027
按餐饮业行业小类分							
正餐服务	118	8803	153325.2	1880	3195	56353	335349
快餐服务	8	2335	43895.5			6362	24588
饮料及冷饮服务							
咖啡馆服务							
其他餐饮业	3	134	2207.4			188	3590
其他未列明餐饮业	1	24	528.1			128	960
按登记注册类型分							
内资企业	130	9898	172007.6	1880	3195	58603	350977
国有企业							
有限责任公司	22	1882	32355.7	966	1631	8433	53950
国有独资公司							
其他有限责任公司	22	1882	32355.7	966	1631	8433	53950
股份有限公司	4	292	5612.6			1112	5276
私营企业	102	7676	133323.6	851	1375	48296	290942
私营独资企业	5	246	7930.0			1654	9232
私营有限责任公司	91	7243	120529.4	742	1239	45350	264508
私营股份有限公司	6	187	4864.2	109	136	1292	17202
其他企业							
港、澳、台商投资企业							
港澳台商独资企业							
外商投资企业	1	1914	33886.3			4300	15050
外资企业	1	1914	33886.3			4300	15050
按控股情况分							
国有控股	3	488	8911.1	639	1003	1632	20398
集体控股	2	191	3335.7	63	189	1260	3046
私人控股	121	9052	156034.1	1178	2003	54497	323215
港澳台商控股							
外商控股	1	1914	33886.3			4300	15050
其他	4	167	3726.7			1214	4318
按经营形式分							
独立门店	114	6471	117892.1	1293	2262	49921	285761
连锁总店	4	2072	36631.1			4838	18020
其他	13	3269	51370.7	587	933	8144	62246

8-4 限额以上批发零售贸易业商品分类销售额

单位：万元

	销售合计		批发		零售	
	2018	2019	2018	2019	2018	2019
总计	41063526.1	45603643.8	36206640.8	40807350.0	4856885.3	4796293.8
通过互联网实现的商品销售	119345.5	135258.8	92693.6	99017.9	26651.9	36240.9
粮油、食品、饮料、烟酒类						
粮油、食品类	693233.4	462500.1	472230.3	239033.0	221003.1	223467.1
粮油类	90387.0	100118.9	50423.5	55859.8	39963.5	44259.1
肉禽蛋类	47305.8	72572.2	15710.3	33595.4	31595.5	38976.8
水产品类	9123.9	10283.0	2060.6	489.8	7063.3	9793.2
蔬菜类	288457.0	38544.7	267601.5	20119.7	20855.5	18425.0
干鲜果品类	39461.8	40394.6	19554.8	20221.1	19907.0	20173.5
饮料类	68193.9	47776.5	40967.1	25478.9	27226.8	22297.6
烟酒类	710534.7	742609.6	648890.6	688801.1	61644.1	53808.5
服装、鞋帽、针纺织品类	519992.5	529477.7	107240.6	125690.6	412751.9	403787.1
服装类	407847.9	418449.0	66415.5	75101.5	341432.4	343347.5
鞋帽类	96438.9	98192.0	40825.1	50589.1	55613.8	47602.9
针、纺织品类	15705.7	12836.7			15705.7	12836.7
化妆品类	128028.7	133025.1	28868.9	16396.6	99159.8	116628.5
金银珠宝类	451335.2	356585.7	195439.7	211855.0	255895.5	144730.7
日用品类	104761.1	97317.0	15390.4	19303.8	89370.7	78013.2
洗涤用品类						
儿童玩具类	2259.4	0.0			2259.4	
五金、电料类	14862.6	19351.8	13441.8	18851.1	1420.8	500.7
体育、娱乐用品类	14159.8	13696.5		13.8	14159.8	13682.7
书报杂志类	151984.4	194729.1	131547.0	183946.8	20437.4	10782.3
电子出版物及音像制品类	175.7	156.2			175.7	156.2
家用电器和音像器材类	218734.1	182762.1	51059.1	29625.6	167675.0	153136.5
中西药品类	1834399.1	1924215.9	1503230.4	1575108.2	331168.7	349107.7
西药类	1462078.5	1442189.0	1236942.9	1222277.6	225135.6	219911.4
中草药及中成药类	175877.4	167174.5	162951.4	150392.3	12926.0	16782.2
文化办公用品类	111340.3	125241.4	48430.7	59341.4	62909.6	65900.0
家具类	110779.4	110324.7	95.7	1443.4	110683.7	108881.3
通讯器材类	552462.0	541127.8	469866.0	463487.4	82596.0	77640.4
煤炭及制品类	399609.6	450185.1	399609.6	447623.7		2561.4
木材及制品类	7419.6	18266.9	7419.6	18266.9		
石油及制品类	18389905.1	18623705.2	17095721.9	17391215.6	1294183.2	1232489.6
化工材料及制品类	1637900.4	1355353.2	1637900.4	1355353.2		
化肥类	127412.5	107774.6	127412.5	107774.6		
金属材料类	11092142.7	15525535.8	11091139.9	15525535.8	1002.8	
建筑及装潢材料类	379045.7	959800.2	368063.3	951566.6	10982.4	8233.6
机电产品及设备类	693863.0	617860.3	671032.7	596759.8	22830.3	21100.5
农机类	0.0	1636.6		1636.6		
汽车类	1789606.3	2014699.0	273742.2	345101.7	1515864.1	1669597.3
种子饲料类	80872.7	130981.7	80872.7	130981.7		
棉麻类	0.0	0.0				
其他类	908184.1	426359.2	854440.2	386568.3	53743.9	39790.9

8-5 限额以上批发零售贸易业商品销售数量

	计量单位	购进量		销售量		期末库存量	
		2018年	2019年	2018年	2019年	2018年	2019年
大米（稻米）	千克	5508893	3054653	5543888	3041695	254028	143232
面粉（小麦面）	千克	6842210	1467008	6910210	1556879	198049	39825
杂粮	千克	57854370	81872472	57939134	84380916	2167380	2674034
食用植物油	千克	5426233	6878833	6075118	7573353	2374552	1475864
猪肉	千克	2950105	19060	3052769	19060	66406	
牛肉	千克	591099	331306	614883	331306	4548	
羊肉	千克	210722	242466	216122	242466	1125	
禽肉	千克	1218669		1235272		18899	
鲜蛋	千克	2197309		2245972		55760	
彩色电视机	台	108566	47168	136590	49688	9551	3256
家用电冰箱	台	41721	8136	64831	7742	1011	1067
房间空调器	台	61377		69703		120	
电脑（微型计算机）	台	124577	27752	151500	27765	14157	469
汽车	辆	255474	266661	273574	266512	61526	37954
轿车	辆	42922	8257	42122	8297	5867	1312
钢材	吨	5810220	9493417	5915565	7615721	264546	2103745
铜	吨	860585	1227188	860585	1227188	0	
铝	吨	1270699	2460783	1261833	2466410	22089	15108
水泥	吨	3533758	12348051	3701816	10177158	103610	377057
化学肥料	吨	566952	441834	589459	448925	35281	76576

8-6 限额以上批发和零售业

	法人企业数（个）	从业人员期末人数（人）	商品购进额	进口
总计	658	51669	44001560.4	364380.4
批发业	387	19187	40029930.5	262715.1
按批发行业小类分				
农、林、牧产品批发	6	110	147860.2	151.2
谷物、豆及薯类批发	1	17	12013.2	
饲料批发				
棉、麻批发				
其他农牧产品批发	2	19	8786.1	151.2
食品、饮料及烟草制品批发	40	4384	733404.2	255.5
米、面制品及食用油批发	8	380	55218.9	255.5
糕点、糖果及糖批发				
果品、蔬菜批发	4	255	16244.0	
肉、禽、蛋、奶及水产品批发	4	211	16166.4	
盐及调味品批发	1	544	9173.3	
营养和保健品批发	1	40	4248.0	
酒、饮料及茶叶批发	14	1648	197072.4	
烟草制品批发	1	316	354647.8	
其他食品批发	7	990	80633.4	
纺织、服装及家庭用品批发	18	1166	138806.8	
纺织品、针织品及原料批发				
服装批发	6	420	53568.2	
鞋帽批发	2	76	30040.5	
化妆品及卫生用品批发	2	98	12157.1	
家用电器批发				
其他家庭用品批发	2	335	17725.3	
文化、体育用品及器材批发	13	1032	258397.2	26485.9
文具用品批发	2	44	12767.9	
图书批发	2	61	17675.2	
首饰、工艺品及收藏品批发	8	832	213280.0	26485.9
医药及医疗器材批发	74	5825	1795716.9	23158.2
西药批发	35	4245	1331800.0	
中药批发	19	1118	339126.6	22647.7
医疗用品及器材批发	20	462	124790.3	510.5
矿产品、建材及化工产品批发	167	3571	35796623.0	151488.2
煤炭及制品批发	22	569	440515.4	3108.1
石油及制品批发	23	929	17288642.2	137711.0
非金属矿及制品批发	6	122	43746.1	
金属及金属矿批发	58	836	14284549.1	10447.2
建材批发	30	587	2437715.6	221.9
化肥批发	3	131	69908.1	
其他化工产品批发	25	397	1231546.5	
机械设备、五金产品及电子产品批发	65	3046	1101280.8	22571.3
农业机械批发				
汽车及零配件批发	13	615	286045.2	3408.2
摩托车及零配件批发	1	6	2536.6	
五金产品批发	3	60	108554.3	5872
电气设备批发	3	63	51731.1	
计算机、软件及辅助设备批发	8	207	40378.6	
通讯设备批发	18	764	432198.5	
广播影视设备批发	1	55	12805.2	
其他机械设备及电子产品批发	18	1276	167031.3	13291.1
其他批发业	3	37	22117.0	2880.4
再生物资回收与批发	1	30	18417.0	
其他未列明批发业	2	7	3700.0	2880.4

商品购进、销售、库存总额

单位：万元

商品销售额	批发额	出口	零售额	期末商品库存额	年末零售营业面积（平方米）
47208775.7	42298539.1	79493.2	4904659.2	2479552.2	2194471
41944372.5	41749554.0	79493.2	189241.1	1961966.3	230697
167976.6	167326.0	9265.3	650.6	21299.8	575
12761.3	12761.3			6120.4	17
9474.8	8824.2	4140.0	650.6	2171.8	390
1024381.5	986090.8		38290.7	108167.4	12349
53758.2	53758.2			14554.5	550
16390.1	13902.6		2487.5	1525.2	4393
27603.8	24548.5		3055.3	844.4	3120
19533.3	19533.3			2248.2	
5013.3	5013.3			51.5	230
308904.3	278372.1		30532.2	27186.8	2056
504567.3	504567.3			54105.3	
88611.2	86395.5		2215.7	7651.5	2000
174318.6	164286.1		10032.5	38206.8	4792
79249.6	77944.6		1305	24304.9	1264
30204.3	30204.3			5931.2	
13945.4	13754.3		191.1	1174.4	800
22863.6	14327.2		8536.4	4565.1	2368
261190.8	261071.9		118.9	78381.9	777
14259.2	14235.2		24.0	244.8	665
18646.2	18646.2			785.2	32
210745.8	210650.9		94.9	59812.3	80
1992707.7	1971085.4	2660	21622.3	202942.5	56818
1459522.6	1437900.3		21622.3	163279.6	42965
374584.5	374584.5	2660		25519.5	12809
158600.6	158600.6			14143.4	1044
36548971.7	36513612.4	17884.2	35359.3	1431479.3	139731
539200.3	532678.2	1043.9	6522.1	10977.7	25830
17600509.2	17579159.7	10689.5	21349.5	1271857.4	22952
53279.8	53279.8			1246.4	36
14517517.6	14516886.9	1062.8	630.7	96877.6	22302
2478497.2	2478119.6		377.6	29481.4	66486
73613.9	73613.9			8682.4	
1286353.7	1279874.3	5088.0	6479.4	12356.4	2125
1706939.4	1623772.6	48383.7	83166.8	79983.9	15655
356668.3	284681.7		71986.6	27483.7	9710
2734.6	2734.6			84.1	
124110.1	123748.1	6246.8	362.0	2732.5	603
53082.2	53082.0		0.2	6332.5	2200
47243.5	46002.0		1241.5	1999.9	1193
455899.8	455892.8		7.0	12916.4	402
14175.9	12758.3		1417.6	2420.2	100
653025.0	644873.1	42136.9	8151.9	26014.6	1447
30075.9	24498.5	1300.0		528.9	
20298.5	20298.5			500.0	
9777.4	4200.0	1300.0		28.9	

8-6 限额以上批发和零售业

	法人企业数（个）	从业人员期末人数（人）	商品购进额	进口
按登记注册类型分				
内资企业	384	18349	40005015.0	262715.1
国有企业	4	579	586027.7	
集体企业	1	7	2464.9	
有限责任公司	133	7225	17942092.5	27959.3
国有独资公司	20	1113	8073857.6	15556.7
其他有限责任公司	113	6112	9868234.9	12402.6
股份有限公司	8	713	16787724.5	
私营企业	237	9795	4683975.4	234755.8
私营独资企业	1	70	2443.0	
私营合伙企业				
私营有限责任公司	225	8322	4504285.6	212108.1
私营股份有限公司	11	1403	177246.8	22647.7
其他企业	1	30	2730.0	
港、澳、台商投资企业	1	156	16684.7	
港澳台商独资企业				
外商投资企业	2	682	8230.8	
外资企业	2	682	8230.8	
按控股情况分				
国有控股	60	3823	32576677.7	24536.8
集体控股	4	127	93893.4	
私人控股	289	11480	5670634.0	238178.3
港澳台商控股	1	156	16684.7	
外商控股	2	682	8230.8	
其他	30	2889	1661079.9	
按经营形式分				
独立门店	226	11285	7271052.0	62209.4
连锁总店				
其他	161	7902	32758878.5	200505.7

商品购进、销售、库存总额（续一）

商品销售额	批发额		零售额	期末商品库存额	年末零售营业面积（平方米）
		出口			
41836234.3	41641415.8	79493.2	189241.1	1955090.2	230234
756103.3	747721.0		8382.3	68981.6	2600
3388.2	3388.2			3010.0	
18802642.6	18672040.9	49160	130601.7	313770.4	120380
8549463.4	8527105.6	37692.5	22357.8	61145.9	82159
10253179.2	10144935.3	11467.5	108243.9	252624.5	38221
17038955.9	17038955.9			1223078.3	
5232679.7	5176880.2	30333.2	50222.1	345974.5	106024
3116.0	1560.0		1556.0	230.0	1200
5028931.6	4976059.6	25245.2	47294.6	332832.7	104824
200632.1	199260.6	5088.0	1371.5	12911.8	
2464.6	2429.6		35.0	275.4	1230
20026.5	20026.5			10.5	463
88111.7	88111.7			6865.6	
88111.7	88111.7			6865.6	
33637349.9	33597743.8	49160	39606.1	1423196.0	85569
98871.2	98871.2			12055.9	
6288040.6	6203237.0	30333.2	79226.2	383661.4	122071
20026.5	20026.5			10.5	463
88111.7	88111.7			6865.6	
1809508.0	1739134.2		70373.8	135901.5	21364
8066448.1	7943034.6	24208.6	117836.1	414562.0	166417
33877924.4	33806519.4	55284.6	71405	1547404.3	64280

8-6 限额以上批发和零售业

	法人企业数（个）	从业人员期末人数（人）	商品购进额	进口
零售业	271	32482	3971629.9	101665.3
按零售行业小类分				
综合零售	45	6083	413896.6	639.6
百货零售	31	4879	362282.3	639.6
超级市场零售	11	1042	34071.7	
其他综合零售	1	27	3120.5	
食品、饮料及烟草制品专门零售	24	2624	171872.1	
粮油零售	3	176	10989.6	
糕点、面包零售	2	261	2411.9	
果品、蔬菜零售	3	96	1809.5	
肉、禽、蛋、奶及水产品零售	5	1337	119776.7	
营养和保健品零售	1	54	50.7	
酒、饮料及茶叶零售	5	436	18535.5	
烟草制品零售	2	187	15265.8	
其他食品零售	3	77	3032.4	
纺织、服装及日用品专门零售	16	1164	61879.5	
纺织品及针织品零售				
服装零售	12	877	53677.3	
鞋帽零售	1	8	924.3	
化妆品及卫生用品零售				
钟表、眼镜零售	1	140	3610.7	
文化、体育用品及器材专门零售	13	2431	67519.5	
文具用品零售				
体育用品及器材零售				
图书、报刊零售	3	2247	39137.1	
珠宝首饰零售	5	111	13966.0	
工艺美术品及收藏品零售	1	8	569.4	
医药及医疗器材专门零售	11	9389	258304.1	
药品零售				
医疗用品及器材零售				
汽车、摩托车、燃料及零配件专门零售	116	8645	2687654.0	101025.7
汽车新车零售	96	5859	1533438.1	101025.7
汽车零配件零售	7	93	28108.0	
机动车燃油零售	10	2626	1118855.9	
机动车燃气零售	1	25	4157.3	
家用电器及电子产品专门零售	30	1599	248911.8	
家用视听设备零售				
日用家电设备零售	6	673	122585.6	
计算机、软件及辅助设备零售	13	397	42411.2	
通信设备零售	7	426	70863.6	
其他电子产品零售	4	103	13051.4	
五金、家具及室内装饰材料专门零售	10	352	10604.2	
五金零售	1	9	858.1	
灯具零售				
家具零售	6	320	2418.5	
木质装饰材料零售	1	9	5218.5	
陶瓷、石材装饰材料零售	1			
其他室内装饰材料零售				
货摊、无店铺及其他零售业	6	195	50988.1	
货摊纺织、服装及鞋零售				
旧货零售				
生活用燃料零售	1	22	2640.4	

商品购进、销售、库存总额（续二）

商品销售总额	批发额	出口	零售额	期末商品库存额	年末零售营业面积（平方米）
5264403.2	548985.1		4715418.1	517585.9	1963774
767735.9	24128.8		743607.1	70837.5	717381
686286.5	22923.1		663363.4	66704.5	602866
60966.9			60966.9	3143.8	94041
3305.9	1205.7		2100.2	12.5	19874
205504.2	15557.1		189947.1	17586.0	176019
14973.1	3831.4		11141.7	820.7	2448
3486.4			3486.4	19.0	660
2025.7			2025.7	60.5	1380
109836.5	5084.3		104752.2	11245.6	118853
1734.8			1734.8	670.7	1202
53639.6	5766.3		47873.3	1432.7	34712
15775.0	518.8		15256.2	2854.3	562
4033.1	356.3		3676.8	482.5	16202
91817.4	7449.4		84368	15065.2	60934
64013.5	1696.8		62316.7	11019.1	54851
1197.0	1197			147.5	300
6860.9	1521.3		5339.6	1711.1	2800
319483.5	193381.1		126102.4	105380.8	63664
284813.3	169448.2		115365.1	34437.6	60100
17410.7	10359.2		7051.5	67808.1	1833
758.7			758.7	785.0	200
355091.8	14736.3		340355.5	46551.9	179600
3087245.4	246252.0		2840993.4	243347.4	513078
1782821.9	67165.3		1715656.6	185552.6	395779
29047.0	2504.5		26542.5	4083.1	5126
1266303.2	174536.6		1091766.6	52467.4	104333
4926.3			4926.3	501.3	3400
300553.6	41965.8		258587.8	15703.6	127502
153688.3	9482.3		144206.0	3923.3	115870
48785.2	6994.3		41790.9	3736.2	1508
82275.2	16078.6		66196.6	2804.3	7671
15804.9	9410.6		6394.3	5239.8	2453
116175.0	5514.6		110660.4	2008.4	120190
1005.9			1005.9	1.4	120
107355.4			107355.4	1523.6	119492
5514.6	5514.6			1.7	140
20796.4			20796.4	1105.1	5406
2861.9			2861.9	6.0	5296

8-6 限额以上批发和零售业

	法人企业数（个）	从业人员期末人数（人）	商品购进额	进口
按登记注册类型分				
内资企业	265	31091	3827264.1	101665.3
国有企业	4	314	18814.0	
集体企业	3	46	6859.5	
有限责任公司	80	16009	1448738.2	58165.2
国有独资公司	3	451	16554.2	
其他有限责任公司	77	15558	1432184.0	58165.2
股份有限公司	12	5023	1065318.4	15325.1
私营企业	165	9670	1284215.2	28175.0
私营有限责任公司	160	9475	1217002.2	28175.0
私营股份有限公司	3	183	66213.9	
其他企业	1	29	3318.8	
港、澳、台商投资企业	4	752	79706.6	
港澳台商独资企业	2	337	40949.1	
外商投资企业	2	639	64659.2	
外资企业	1	500	433.7	
按控股情况分				
国有控股	25	6464	1346981.4	15057.8
集体控股	4	120	23965.4	
私人控股	204	14319	1749956.4	50310.0
港澳台商控股	5	891	143932.1	
外商控股	1	500	433.7	
其他	31	10159	703042.1	36297.5
按经营形式分				
独立门店	216	14209	2269458.5	101665.3
连锁总店	15	12179	319645.8	
连锁门店	6	1833	168236.2	
其他	34	4261	1214289.4	
按零售业态分				
有店铺零售	260	32206	3877859.8	101665.3
食杂店	3	24	5317.2	
便利店	14	2024	410878.4	
超市	14	811	27390.7	
大型超市	12	3228	174659.2	639.6
百货店	17	2859	265242.2	
专业店	76	15762	1526353.2	
专卖店	109	6561	1426541.6	100435.1
家居建材商店	4	271	916.9	
购物中心	5	425	24754.8	
厂家直销中心	6	241	15805.6	590.6
无店铺零售	11	276	93770.1	
网上零售	1	4	1468.5	

商品购进、销售、库存总额（续三）

商品销售额	批发额	出口	零售额	期末商品库存额	年末零售营业面积（平方米）
5059995.8	548985.1		4511010.7	503165.8	1853809.0
22139.3	3831.4		18307.9	1289.0	3848.0
7349.3	1205.7		6143.6	826.2	22174.0
1912220.1	50187.1		1862033.0	161108.5	812186.0
29852.4			29852.4	974.1	12100.0
1882367.7	50187.1		1832180.6	160134.4	800086.0
1368566.7	345300.7		1023266.0	150437.9	295440.0
1746342.5	148460.2		1597882.3	189441.4	719661.0
1666885.6	135410.3		1531475.3	184413.8	712484.0
76569.3	10978.3		65591.0	4997.7	4810.0
3377.9			3377.9	62.8	500.0
129031.7			129031.7	6915.3	76854.0
58840.9			58840.9	1940.6	32020.0
75375.7			75375.7	7504.8	33111.0
8151.1			8151.1	243.6	18997.0
1732885.0	362592.8		1370292.2	108143.5	240486.0
25588.6	1205.7		24382.9	2526.7	28100.0
2404609.2	163067.9		2241541.3	310483.9	1001718.0
196256.3			196256.3	14176.5	90968.0
8151.1			8151.1	243.6	18997.0
893535.1	22118.7		871416.4	81948.9	583005.0
3062523.2	176688.6		2885834.6	292075.8	1186086.0
677645.3	166296.6		511643.7	87009.6	252145.0
216388.1			216388.1	12278.7	281212.0
1307846.6	206294.9		1101551.7	126221.8	244331.0
5205607.8	511148.5		4694459.3	451321.7	1963078.0
5019.5	2500.3		2519.2	675.5	1175.0
442015.2	93245.8		348769.4	34174.7	112557.0
30852.7	33.8		30818.9	4047.3	43519.0
222206.2	7149.9		215056.3	18277.4	288670.0
521349.3			521349.3	54305.6	502624.0
2117412.1	329348.0		1788064.1	152268.6	365394.0
1652977.3	76533.7		1576443.6	178623.0	449965.0
105662.4			105662.4	326.0	118587.0
82341.0	349.5		81991.5	3843.8	54381.0
25772.1	1987.5		23784.6	4779.8	26206.0
58795.4	37836.6		20958.8	66264.2	696.0
1443.5			1443.5	348.0	

8-7 限额以上批发和

	法人企业数（个）	执行《2006年企业会计准则》企业数（个）	年初存货	流动资产合计
总计	658	442	3039789.9	9742955.1
批发业	387	261	2567350.9	7304342.5
按批发行业小类分				
农、林、牧产品批发	6	2	11525.8	47270.4
谷物、豆及薯类批发	1		4840.0	12549.4
饲料批发				
棉、麻批发				
其他农牧产品批发	2		175.5	4928.9
食品、饮料及烟草制品批发	40	31	101175.4	325142.9
米、面制品及食用油批发	8	5	10376.0	34915.9
糕点、糖果及糖批发				
果品、蔬菜批发	4	3	332.5	6434.2
肉、禽、蛋、奶及水产品批发	4	3	360.8	2769.1
盐及调味品批发	1	1	9271.2	50364.9
营养和保健品批发	1	1	125.7	1489.3
酒、饮料及茶叶批发	14	12	24366.1	93016.1
烟草制品批发	1	1	49421.1	63605.7
其他食品批发	7	5	6922.0	72547.7
纺织、服装及家庭用品批发	18	10	42519.9	84898.5
纺织品、针织品及原料批发				
服装批发	6	3	26062.9	41352.2
鞋帽批发	2		5831.5	10211.7
化妆品及卫生用品批发	2	2	1410.3	6448.7
厨房、卫生间用具及日用杂货批发				
日用家电批发	5	3	2727.3	11061.6
其他家庭用品批发	2	2	6117.9	14114.8
文化、体育用品及器材批发	13	6	42945.4	104258.0
文具用品批发	2	1	442.1	3437.3
图书批发	2	1	1188.5	29730.6
首饰、工艺品及收藏品批发	8	4	34932.7	63831.2
医药及医疗器材批发	74	48	195747.4	1220115.5
西药批发	35	23	157892.5	885158.2
中药批发	19	13	27538.9	234910.5
医疗用品及器材批发	20	12	10316.0	100046.8
矿产品、建材及化工产品批发	167	123	2100103.1	4929292.3
煤炭及制品批发	22	16	16938.3	280465.8
石油及制品批发	23	18	1913636.6	1542676.8
非金属矿及制品批发	6	5	1470.6	52429.8
金属及金属矿批发	58	44	125043.7	1642734.9
建材批发	30	20	23344.9	1242086.4
化肥批发	3	1	11835.2	35329.1
其他化工产品批发	25	19	7833.8	133569.5
机械设备、五金产品及电子产品批发	65	40	70561.6	581853.5
农业机械批发				
汽车及零配件批发	13	8	30879.1	246208.1
摩托车及零配件批发	1		172.7	943.4
五金产品批发	3	3	3656.7	65672.7
电气设备批发	3	2	7248.6	19212.7
计算机、软件及辅助设备批发	8	5	2357.8	19993.0
通讯设备批发	18	9	4769.8	97057.6
广播影视设备批发	1		1904.1	13119.1
其他机械设备及电子产品批发	18	13	19572.8	119646.9
其他批发业	3	1	1892.2	9792.7
再生物资回收与批发	1		1071.4	3297.4
其他未列明批发业	2	1	820.8	6495.3

零售业企业财务状况

单位：万元

应收帐款	存货	固定资产合计	固定资产原价	累计折旧	本年折旧	在建工程	资产总计
2219864.6	2423443.4		1717583.6	740012.9	298186.2	282293.6	13985846.4
1931799.8	1893584.8		1081601.8	469357.1	181961.1	157156.4	10299464.4
3567.5	21273.7		1318.8	546.9	309.1	25.3	54578.3
	6120.4		545.0	242.0	242.0	25.3	13988.4
724.4	2172.0		154.5	113.2	9.0		4959.0
52557.8	103676.7		83186.4	40668.1	2629.0	11078.4	500892.1
6364.3	19064.5		9684.0	2501.2	348.1	111	49640.9
3960.7	391.8		5572.2	371.6	138.5	3436.3	15909.4
1264.3	549.4		888.8	143.3	82.2	3023.3	7048.9
569.2	2480.5		35505.8	20367.4	304.5	4255.6	75730.7
1114	51.5		11.3	7.0	4.5		1493.6
12192.4	27274.8		7381.5	4356.8	509.2		97281.1
	47884.2		22533.7	11720.8	1089.4	252.2	179207.4
27092.9	5980.0		1609.1	1200.0	152.6		74580.1
18445.1	37619.6		13114.4	3774.7	594.5		98773.4
5666.6	22744.0		3043.7	569.0	71.6		45706.1
2008.8	5357.6		1872.9	272.6	8.9		11948.2
3608.4	1059.1		341.7	45.7	45.7		8994.2
4874.3	1451.9		454.1	398.8	35.3		11229.1
2273.1	6928.6		7303.2	2447.2	423.1		19128.9
12107.9	52090.5		4139.9	2357.5	415.1		109153.9
3025.7	227.4		159.2	124.6	7.8		3465.9
6152.2	785.2		740.3	654.5	80.3		29816.3
2930.0	44299.8		3083.7	1518.4	309.7		68516.1
696389.3	199028.6		66446.5	22477.4	6090.4	27576.3	1555800.5
499774.3	166763.5		50886.8	14093.3	3947.4	20958.2	1192174.2
139943.9	25080.8		10559.8	6281.4	1273.7	6618.1	259462.7
56671.1	7184.3		4999.9	2102.7	869.3		104163.6
979166.8	1404821.3		861161.7	387058.4	175850.9	116789.9	7308043.0
73446.6	12579.7		20536.0	4537.9	1367.1	1275.2	1311945.1
92755.4	1228641.7		770226.5	361911.1	170120.7	92785.8	2203313.3
4759.4	1120.0		21693.3	2264.0	1010.1	177	113445.3
466746.9	110729.3		20142.4	7744.0	2117.8	20898.8	1815330.8
318072.0	30132.1		16300.6	6834.3	767.8	702.1	1674928.5
304.1	9542.7		7333.9	1789.5	98.0	918.8	42889.6
23082.4	12075.8		4929.0	1977.6	369.4	32.2	146190.4
167662.1	72796.9		49854.9	12041.3	–4098.0	1645.7	656992.3
62079.8	28883.6		32696.8	6136.2	–5976.9	45	287754.6
574.6	84.1		46.6	44.5	1.0		945.5
12936.9	3576.5		2640.7	419.5	260.9		68153.6
5920.5	5741.6		237.9	92.2	32.5	1427.6	20910.6
8848.7	1998.7		1008.7	691.2	62.6		22081.4
2604.1	12861.0		3271.1	562.4	151.0		104410.3
4015.3	2141.8		1183.3	279.3	65.9	8.1	14031.2
70682.2	17509.6		8769.8	3816.0	1305.0	165	138705.1
1903.3	558.8		2045.6	262.2	141.9	40.8	13178.5
			742.3	46.5	46.5		3993.2
1903.3	558.8		1303.3	215.7	95.4	40.8	9185.3

8-7 限额以上批发和零售

	法人企业数（个）	执行《2006年企业会计准则》企业数（个）	年初存货	流动资产合计	应收帐款	存货
按登记注册类型分						
内资企业	384	258	2562813.8	7264672.0	1929250.1	1886708.7
国有企业	4	4	61028.1	182176.2	70291.8	62760.5
集体企业	1	1	3443.7	3168.6	479.8	2663.7
有限责任公司	133	105	386611.5	3497338.4	1177426.8	427551.8
国有独资公司	20	18	158842.9	1257577.9	536260.4	183293.1
其他有限责任公司	113	87	227768.6	2239760.5	641166.4	244258.7
股份有限公司	8	7	1778721.3	1479422.1	16986.8	1092060.5
私营企业	237	140	333009.2	2101535.4	663157.7	301672.2
私营独资企业	1		142.2	182.0	56.0	25.6
私营合伙企业						
私营有限责任公司	225	131	312907.4	1913110.8	577443.7	288507.6
私营股份有限公司	11	9	19959.6	188242.6	85658.0	13139.0
其他企业	1	1		1031.3	907.2	
港、澳、台商投资企业	1	1	0.7	7084.7		10.5
港澳台商独资企业						
外商投资企业	2	2	4536.4	32585.8	2549.7	6865.6
外资企业	2	2	4536.4	32585.8	2549.7	6865.6
按控股情况分						
国有控股	60	57	2080829.9	4067568.4	953276.2	1408655.3
集体控股	4	4	14954.9	41833.7	-2048.8	12910.4
私人控股	289	176	366892.8	2379994.2	774863.9	338724.7
港澳台商控股	1	1	0.7	7084.7		10.5
外商控股	2	2	4536.4	32585.8	2549.7	6865.6
其他	30	20	100136.2	774244.4	202251.6	126418.3
按经营形式分						
独立门店	226	149	481412.9	3112591.4	845658.7	491647.8
连锁总店						
其他	161	112	2085938.0	4191751.1	1086141.1	1401937.0

业企业财务状况（续一）

单位：万元

固定资产合计	固定资产原价	累计折旧	本年折旧	在建工程	资产总计
	1077743.7	467606.3	181883.9	157156.4	10257347.8
	23382.3	12068.3	1186.6	252.2	304684.0
	296.0	200.0	11.7		3836.0
	639506.1	234695.6	190152.2	110521.6	5278419.6
	515973.2	187172.5	183936.5	95951.6	1830715.4
	123532.9	47523.1	6215.7	14570.0	3447704.2
	293692.0	181423.5	−11488.3	16713.9	2098017.8
	120565.7	39204.4	2007.2	29668.7	2570684.9
	719.1	7.1	7.1		901.1
	105717.8	35996.0	1268.7	24759.9	2158346.6
	14128.8	3201.3	731.4	4908.8	411437.2
	301.6	14.5	14.5		1705.5
	186.1	156.5	2.5		7114.3
	3672.0	1594.3	74.7		35002.3
	3672.0	1594.3	74.7		35002.3
	904108.7	408163.2	175692.0	118579.8	6471806.6
	6872.4	1818.5	111.8	918.8	49981.5
	135446.4	46180.3	3093.4	36849.4	2876157.1
	186.1	156.5	2.5		7114.3
	3672.0	1594.3	74.7		35002.3
	31014.6	11429.8	2972.2	808.4	857697.1
	652760.4	240124.7	185911.8	121088.8	4442066.1
	428841.4	229232.4	−3950.7	36067.6	5857398.3

8-7 限额以上批发和零售

	法人企业数（个）	执行《2006年企业会计准则》企业数（个）	年初存货	流动资产合计	应收帐款	存货
零售业	271	181	472439.0	2438612.6	288064.8	529858.6
按零售行业小类分						
综合零售	45	32	29353.5	403100.5	12844.0	111343.5
百货零售	31	24	25489.2	368528.9	11636.8	104342.2
超级市场零售	11	7	3216.3	30888.8	566.4	6018.3
其他综合零售	1		12.5	505.2	7.6	21.9
食品、饮料及烟草制品专门零售	24	13	20356.7	68153.3	12734.0	20563.6
粮油零售	3	1	980.7	6891.7	253.5	921.6
糕点、面包零售	2		124.0	1092.4	78.0	111.7
果品、蔬菜零售	3	2	65.5	2961.0	431.4	55.7
肉、禽、蛋、奶及水产品零售	5	3	14876.6	31417.0	10173.8	13907.3
营养和保健品零售	1	1	663.9	4244.4	987.1	612.4
酒、饮料及茶叶零售	5	3	1331.3	13347.0	280.0	2524.1
烟草制品零售	2	2	2076.4	5452.5	45.8	2027.6
其他食品零售	3	1	238.3	2747.3	484.4	403.2
纺织、服装及日用品专门零售	16	6	14526.4	29773.0	7678.1	14591.9
纺织品及针织品零售						
服装零售	12	4	10099.7	22229.5	6328.2	10868.8
鞋帽零售	1		151.8	758.9	499.2	147.5
化妆品及卫生用品零售						
钟表、眼镜零售	1	1	1566.9	3049.1	41.6	1478.1
文化、体育用品及器材专门零售	13	11	79103.8	825675.6	126712.4	91374.1
文具用品零售						
体育用品及器材零售						
图书、报刊零售	3	3	18582.2	241663.3	45832.4	17955.3
珠宝首饰零售	5	3	54924.0	573453.7	77245.2	67922.8
工艺美术品及收藏品零售	1	1	839.3	2004.3	795.2	785.0
医药及医疗器材专门零售	11	8	46884.4	150073.6	43529.2	46085.2
西药零售	11	8	46884.4	150073.6	43529.2	46085.2
医疗用品及器材零售						
汽车、摩托车、燃料及零配件专门零售	116	81	263495.1	766067.1	63424.8	227387.3
汽车新车零售	96	69	215591.8	664406.8	46335.7	174865.2
汽车零配件零售	7	5	4584.4	19050.4	10368.6	4272.5
机动车燃油零售	10	6	42230.2	76456.5	4157.6	45535.0
机动车燃气零售	1		471.2	1300.1		501.3
家用电器及电子产品专门零售	30	23	13667.8	116579.7	17349.2	14519.1
家用视听设备零售						
日用家电设备零售	6	6	1021.8	65106.3	3733.2	1115.3
计算机、软件及辅助设备零售	13	9	3713.1	21310.9	7468.2	3777.3
通信设备零售	7	6	5878.3	20441.2	4448.9	4954.9
其他电子产品零售	4	2	3054.6	9721.3	1698.9	4671.6
五金、家具及室内装饰材料专门零售	10	4	2145.8	53048.5	3375.6	2378.2
五金零售	1	1	27.4	472.5	380.9	1.4
灯具零售						
家具零售	6	3	1541.1	48660.9	1700.7	1893.4
木质装饰材料零售	1		59.7	2080.5	793.3	1.7
陶瓷、石材装饰材料零售	1					
其他室内装饰材料零售						
货摊、无店铺及其他零售业	6	3	2905.5	26141.3	417.5	1615.7
货摊纺织、服装及鞋零售						
旧货零售						
生活用燃料零售	1	1	5.6	104.8	33.1	6.0

业企业财务状况（续二）

单位：万元

固定资产合计	固定资产原价	累计折旧	本年折旧	在建工程	资产总计
	635981.8	270655.8	116225.1	125137.2	3686382.0
	150870.2	78266.6	34629.7	20020.0	666998.8
	147109.3	76444.2	34206.3	19926.4	624039.1
	2743.0	1628.1	308.3	56.7	38208.5
	728.9	80.2	1.0	36.9	1190.8
	30578.6	16180.7	2206.0	536.8	91077.1
	5153.7	1154.3	650.5	70.0	10961.2
	558.5	262.5	22.5	326.1	1663.2
	2235.3	426.7	23.4		4646.7
	12802.8	7140.5	621.1		44512.6
	365.2	296.2	19.4		4589.1
	8642.1	6281.2	844.8	140.7	16234.9
	194.2	143.1	16.3		5553.6
	626.8	476.2	8.0		2915.8
	6230.8	2391.8	371.4		37287.1
	4788.7	1616.8	260.3		27129.4
	12.6	0.1	0.1		788.5
	1123.8	600.8	82.8		4137.8
	84583.9	45954.0	26929.2	36432.7	1149975.2
	72475.0	44193.6	26715.6	33583.9	319057.3
	5804.4	1333.6	200.6		808403.8
					2016.7
	17018.6	6500.1	3648.3	67.3	189772.2
	17018.6	6500.1	3648.3	67.3	189772.2
	338282.7	115813.2	47068.1	68080.4	1329940.2
	143387.6	58420.4	17219.0	8681.0	925760.0
	318.6	252.0	105.0		19720.9
	189889.6	55886.2	29485.3	59399.4	372931.7
	1506.1	946.9	245.0		2179.8
	3862.7	2701.5	1042.3		123589.2
	1379.3	1038.7	392.3		68220.8
	1502.6	1077.9	264.3		22580.8
	573.7	436.6	364.2		22781.4
	407.1	148.3	21.5		10006.2
	939.7	555.0	133.7		68804.1
	56.4	0.1	0.1		528.9
	826.1	535.8	129.5		64322.0
	43.6	15.6	4.1		2108.5
	3614.6	2292.9	196.4		28938.1
	0.3	0.1	0.1		111.3

8-7 限额以上批发和零售

	法人企业数（个）	执行《2006年企业会计准则》企业数（个）	年初存货	流动资产合计	应收帐款	存货
按登记注册类型分						
内资企业	265	175	458954.1	2391757.1	286107.4	515373.8
国有企业	4	3	1096.4	2939.4	182.3	628.6
集体企业	3	1	902.3	2578.2	842.8	835.6
有限责任公司	80	59	156296.0	718875.7	80833.1	229753.2
国有独资公司	3	3	2272.3	42555.5	282.1	673.2
其他有限责任公司	77	56	154023.7	676320.2	80551.0	229080.0
股份有限公司	12	10	130590.8	911597.6	120540.2	134378.0
私营企业	165	102	169946.7	755366.0	83406.5	149715.6
私营独资企业	2		67.6	605.7	7.0	29.9
私营有限责任公司	160	101	164286.4	740600.5	80404.3	144694.0
私营股份有限公司	3	1	5592.7	14159.8	2995.2	4991.7
其他企业	1		121.9	400.2	302.5	62.8
港、澳、台商投资企业	4	4	4425.2	32780.2	541.8	7226.7
港澳台商独资企业	2	2	1519.0	18095.3	96.9	1955.4
港、澳、台商投资股份有限公司	1	1	2906.2	10083.3	202.8	5271.3
外商投资企业	2	2	9059.7	14075.3	1415.6	7258.1
外资企业	1	1	238.9	1521.5	102.6	185.7
按控股情况分						
国有控股	25	21	82646.8	405656.7	58585.4	82589.8
集体控股	4	2	3453.6	10684.4	1188.4	2536.1
私人控股	204	129	273325.1	1615451.5	187657.4	345699.5
港澳台商控股	5	5	13246.0	45334.0	1854.8	14299.1
外商控股	1	1	238.9	1521.5	102.6	185.7
其他	31	23	99406.7	359564.3	38373.7	84485.6
按经营形式分						
独立门店	216	144	277724.6	1231883.8	103148.4	319703.5
连锁总店	15	11	70760.3	386822.2	80675.7	69567.4
连锁直营店	6	4	11645.7	77312.3	10281.3	14902.9
其他	34	22	112308.4	742594.3	93959.4	125684.8
大型	16	14	124019.2	663410.3	87024.7	130549.6
中型	109	85	221611.4	927489.4	73533.2	267233.1
小型	111	64	61711.6	239989.9	39672.4	62168.4
微型	35	18	65096.8	607723.0	87834.5	69907.5
按零售业态分						
有店铺零售	260	175	416795.4	1846888.9	200066.4	464314.2
食杂店	3	1	4169.9	2144.0	960.5	610.1
便利店	14	7	36044.8	64114.5	1327.9	34096.9
超市	14	8	2647.4	5029.3	496.0	2875.0
大型超市	12	10	18303.4	89281.7	19786.0	23554.2
百货店	17	13	14266.9	249679.9	1642.8	17648.2
专业店	76	51	133027.8	646908.8	118565.4	132516.1
专卖店	109	75	197519.1	643763.6	52090.8	168149.0
家居建材商店	4	3	617.3	44908.9	1215.9	695.8
购物中心	5	2	2467.8	89579.3	736.7	79389.1
厂家直销中心	6	5	7731.0	11478.9	3244.4	4779.8
无店铺零售	11	6	55643.6	591723.7	87998.4	65544.4
网上商店	1		436.5	1623.3	356.3	473.6

业企业财务状况（续三）

单位：万元

固定资产合计	固定资产原价	累计折旧	本年折旧	在建工程	资产总计
	610190.1	258078.4	114357.3	125052.5	3621626.0
	5642.4	1295.2	686.3		7286.9
	836.9	98.2	3.0	36.9	3303.5
	124124.3	41548.5	13093.7	6792.6	1049705.9
	1770.0	1160.2	97.9	383.7	43551.9
	122354.3	40388.3	12995.8	6408.9	1006154.0
	310625.8	130823.3	58021.3	108279.8	1590660.7
	168855.7	84216.1	42553.0	9943.2	970226.1
	2.6	1.5	1.5		606.7
	166841.6	82576.0	42305.1	9943.2	953125.7
	2011.5	1638.6	246.4		16493.7
	105.0	97.1			442.9
	14836.5	8288.0	1122.8	84.7	42547.9
	1950.0	969.7	403.2	67.5	20531.2
	6595.6	1846.5	551.2		16578.7
	10955.2	4289.4	745.0		22208.1
	654.3	557.6	41.4		1618.2
	283322.1	107153.2	57625.8	92983.3	795132.2
	1887.0	884.5	21.3	36.9	11674.7
	233376.8	98119.5	49063.7	10431.7	2243357.7
	25137.4	12019.8	1826.4	84.7	63137.8
	654.3	557.6	41.4		1618.2
	91499.2	51824.1	7646.5	21600.6	571018.5
	283349.2	119618.5	51843.3	16664.1	1728527.9
	93375.9	52288.2	30844.1	33335.0	507475.6
	13734.2	8025.3	1145.2		97329.9
	245522.5	90723.8	32392.5	75138.1	1353048.6
	393228.3	182295.7	91659.7	108285.5	1209995.4
	179795.8	65143.8	19815.2	13660.6	1332382.0
	53127.0	20464.1	3482.8	3191.1	293649.0
	9830.7	2752.2	1267.4		850355.6
	628699.7	268405.2	115777.2	125137.2	2858395.9
	96.9	25.6	9.9		2456.7
	138249.6	34869.9	8088.2	37297.0	288421.2
	2379.3	760.2	340.9		7918.7
	24033.6	16331.9	1371.4	457.6	114347.7
	115859.9	73426.2	32387.3	19584.8	381847.9
	185487.7	90847.7	57128.4	60707.0	955766.2
	115166.5	42576.1	14912.6	6816.7	818753.7
	555.0	366.5	95.9		60468.1
	29314.5	1165.3	961.1	274.1	206126.2
	17556.7	8035.8	481.5		22289.5
	7282.1	2250.6	447.9		827986.1
					1623.3

8-7 限额以上批发和零售

	流动负债合计	应付帐款	非流动负债合计	负债合计	所有者权益合计
总计	7679797.4	1509909.7		8396652.9	5534929.5
批发业	5444697.5	1070146.9		5945211.7	4354003.2
按批发行业小类分					
农、林、牧产品批发	36566.9	-3293.7		36727.8	17850.5
谷物、豆及薯类批发	12406.1	34.0		12567.0	1421.4
饲料批发					
棉、麻批发					
其他农牧产品批发	4286.8	1525.5		4286.8	672.2
食品、饮料及烟草制品批发	206959.7	32819.3		218052.0	282840.1
米、面制品及食用油批发	41368.9	9296.4		41562.1	8078.8
糕点、糖果及糖批发					
果品、蔬菜批发	-818.9	-1693.0		1629.3	14280.1
肉、禽、蛋、奶及水产品批发	3304.5	106.9		3366.5	3682.4
盐及调味品批发	10024.8	2113.7		17512.8	58217.9
营养和保健品批发	1073.5	-870.1		1073.5	420.1
酒、饮料及茶叶批发	72090.1	14360.7		72613.0	24668.1
烟草制品批发	7062.0	835.7		7440.0	171767.4
其他食品批发	72854.8	8669.0		72854.8	1725.3
纺织、服装及家庭用品批发	74815.9	37615.6		74815.9	23957.5
纺织品、针织品及原料批发					
服装批发	39760.6	25716.9		39760.6	5945.5
鞋帽批发	10423.7	7808.6		10423.7	1524.5
化妆品及卫生用品批发	5022.5	161.0		5022.5	3971.7
厨房、卫生间用具及日用杂货批发					
日用家用批发	10387.9	2256.3		10387.9	841.2
其他家庭用品批发	7969.8	1672.8		7969.8	11159.1
文化、体育用品及器材批发	76802.0	50945.2		93174.6	15979.3
文具用品批发	-117.6	-174.4		-117.6	3583.5
图书批发	28278.6	20372.5		28278.6	1537.7
首饰、工艺品及收藏品批发	42716.4	30791.6		57489.0	11027.1
医药及医疗器材批发	1079295.5	366692.2		1150390.6	405409.9
西药批发	843668.6	251973.5		891866.5	300307.7
中药批发	168934.1	83907.1		184799.0	74663.7
医疗用品及器材批发	66692.8	30811.6		73725.1	30438.5
矿产品、建材及化工产品批发	3528436.9	499053.8		3805320.2	3503708.0
煤炭及制品批发	251796.2	33409.3		260355.5	1051589.6
石油及制品批发	766142.0	195573.1		797161.8	1406151.5
非金属矿及制品批发	41390.2	9943.4		87783.9	26646.6
金属及金属矿批发	1408230.9	103228.0		1429905.3	385425.5
建材批发	920601.2	128499.0		1089264.5	585664.0
化肥批发	30624.6	4381.0		32377.8	10511.8
其他化工产品批发	109651.8	24020.0		108471.4	37719.0
机械设备、五金产品及电子产品批发	436314.4	85928.8		557649.2	99343.1
农业机械批发					
汽车及零配件批发	192091.2	17589.4		261956.2	25798.4
摩托车及零配件批发	708.5	685.7		708.5	237.0
五金产品批发	15645.8	-1836.2		59719.2	8434.4
电气设备批发	17395.6	670.4		17395.6	3515.0
计算机、软件及辅助设备批发	9688.1	7241.3		9749.7	12331.7
通讯设备批发	80547.0	1613.6		80547.1	23863.2
广播影视设备批发	12237.3	-142.9		12237.3	1793.9
其他机械设备及电子产品批发	108000.9	60107.5		115335.6	23369.5
其他批发业	4225.0	385.7		7800.1	4143.7
再生物资回收与批发	3870.4	111.9		3870.4	122.8
其他未列明批发业	354.6	273.8		3929.7	4020.9

业企业财务状况（续四）

单位：万元

实收资本	国家资本	集体资本	法人资本	个人资本	港澳台资本	外商资本
2589722.7				301222.2		
2061576.6				219730.6		
15767.0				5808.0		
1214.0						
468.0				368.0		
46479.7				12793.7		
6091.7				200.0		
6679.0				6679.0		
1584.2				250.0		
8737.4						
300						
13992.7				3400.0		
5820.0						
3274.7				2264.7		
13380.0				8845.0		
5750.0				5500.0		
800.0				500.0		
4000.0				1715.0		
2130.0				1130.0		
200.0						
20400.0				14700.0		
3200.0						
1200.0				1200.0		
16000.0				13500.0		
204449.0				54107.7		
135308.6				28768.2		
49025.4				18129.5		
20115.0				7210.0		
1682760.9				101622.6		
118261.8				15793.1		
961461.0				12109.7		
4363.1				800.0		
404131.7				37424.5		
145813.0				10893.3		
3100.0						
45630.3				24602.0		
77540.0				21253.6		
19530.0				476.0		
237.0						
6750.0				3000.0		
2528.9				428.9		
10384.0				8010.0		
13569.0				3593.0		
1000.0				1000.0		
23541.1				4745.7		
600.0				600.0		
600.0				600.0		

8-7 限额以上批发和零售

	流动负债合计	应付帐款	非流动负债合计	负债合计	所有者权益合计
按登记注册类型分					
内资企业	5405569.3	1060125.2		5905845.0	4351253.3
国有企业	98761.6	26190.8		102624.4	202059.6
集体企业	3638.0	2141.4		4288.0	-452.0
有限责任公司	2863845.3	480378.5		3184280.9	2094138.7
国有独资公司	1212739.8	166844.2		1303917.6	526797.8
其他有限责任公司	1651105.5	313534.3		1880363.3	1567340.9
股份有限公司	568390.7	92619.5		589943.2	1508074.6
私营企业	1870202.3	458136.5		2023977.1	546458.3
私营独资企业	52.0	52.0		199.9	701.2
私营合伙企业					
私营有限责任公司	1610600.1	408818.6		1742022.4	416074.7
私营股份有限公司	259550.2	49265.9		281754.8	129682.4
其他企业	731.4	658.5		731.4	974.1
港、澳、台商投资企业	4800.5	252.0		4800.5	2313.8
港澳台商独资企业					
外商投资企业	34327.7	9769.7		34566.2	436.1
外资企业	34327.7	9769.7		34566.2	436.1
按控股情况分					
国有控股	2660614.7	409749.1		2979971.2	3491835.4
集体控股	32196.0	5469.5		35575.5	14406.0
私人控股	2084160.1	501599.0		2257441.2	618466.4
港澳台商控股	4800.5	252.0		4800.5	2313.8
外商控股	34327.7	9769.7		34566.2	436.1
其他	627867.1	142649.1		632125.7	225571.4
按经营形式分					
独立门店	2572007.7	443298.4		2811883.3	1629933.3
连锁门店					
其他	2872689.8	626848.5		3133328.4	2724069.9
大型	1142932.8	253423.3		1194012.5	1363803.0
中型	2877023.2	499444.1		3151756.2	2603812.9
小型	1250873.0	298254.7		1406928.8	370060.5
微型	173868.5	19024.8		192514.2	16326.8

业企业财务状况（续五）

单位：万元

实收资本	国家资本	集体资本	法人资本	个人资本	港澳台资本	外商资本
2060206.8				219730.6		
13820.0						
500.0						
556525.4				38583.5		
88223.7						
468301.7				38583.5		
1025928.9				3798.7		
462832.5				176748.4		
500.0				500.0		
442550.3				170208.4		
19782.2				6040.0		
600.0				600.0		
5.0						
1364.8						
1364.8						
1380443.0				392.0		
6100.0						
523291.0				209983.6		
5.0						
1364.8						
149772.8				8755.0		
562156.2				141056.7		
1499420.4				78673.9		
1010520.4				3710.0		
614563.0				93324.6		
412503.7				111826.5		
23989.5				10869.5		

8-7 限额以上批发和零售

	流动负债合计	应付帐款	非流动负债合计	负债合计
零售业	**2235099.9**	**439762.8**		**2451441.2**
按零售行业小类分				
综合零售	527955.0	123203.2		528647.5
百货零售	497410.9	115214.6		497978.0
超级市场零售	24362.9	5177.4		24478.5
其他综合零售	812.1			821.9
食品、饮料及烟草制品专门零售	50426.1	12893.8		54225.1
粮油零售	8379.9	347.1		10937.5
糕点、面包零食	1017.9	850.9		1017.9
果品、蔬菜零售	593.2	64.0		594.7
肉、禽、蛋、奶及水产品零售	21800.7	7151.3		22879.7
营养和保健品零售	6637.0	1754.1		6637.0
酒、饮料及茶叶零售	8756.4	1722.7		8917.3
烟草制品零售	620.1	32.3		620.1
其他食品零售	2620.9	971.4		2620.9
纺织、服装及日用品专门零售	32625.7	11313.9		33028.3
纺织品及针织品零售				
服装零售	25355.3	9367.6		25757.9
鞋帽零售	485.8	189.8		485.8
化妆用品及卫生用品零售				
钟表、眼镜零售	2820.4	1853.7		2820.4
文化、体育用品及器材专门零售	450034.6	114551.3		593745.8
文具用品零售				
体育用品及器材零售				
图书、报刊零售	176587.2	103468.1		207182.3
珠宝首饰零售	269543.2	10241.8		382659.3
工艺美术品及收藏品零售	1216.9	0.3		1216.9
医药及医疗器材专门零售	111376.5	49229.2		126183.8
西药零售	111376.5	49229.2		126183.8
医疗用品及器材零售				
汽车、摩托车、燃料及零配件专门零售	917916.2	90116.4		949277.6
汽车新车零售	694733.8	57612.5		710185.1
汽车零配件零售	13193.7	6900.8		13233.7
机动车燃油零售	206584.8	23587.2		215790.0
机动车燃气零售	1198.2			1198.2
家用电器及电子产品专门零售	74246.5	31038.2		91008.1
家用视听设备零售				
日用家电设备零售	53139.4	22528.5		53219.6
计算机、软件及辅助设备零售	8821.7	4614.8		9010.8
通信设备零售	9983.0	2611.1		21019.0
其他电子产品零售	2302.4	1283.8		7758.7
五金、家具及室内装饰材料专门零售	60833.0	3485.3		60833.0
五金零售	433.2	294.3		433.2
灯具零售				
家具零售	57834.6	2641.9		57834.6
木质装饰材料零售	1060.6	393.5		1060.6
陶瓷石材装饰材料零售				
其他室内装饰材料零售				
货摊、无店铺及其他零售业	9686.3	3931.5		14492.0
货摊纺织、服装及鞋零售				
旧货零售				
生活用燃料零售	89.9	34.4		89.9

业企业财务状况（续六）

单位：万元

所有者权益合计	实收资本	国家资本	集体资本	法人资本	个人资本	港澳台资本	外商资本
1180926.3	**528146.1**				**81491.6**		
138351.3	70824.0				14260.1		
126061.1	66779.0				14183.0		
13730.0	3540.4				64.0		
368.9	351.6				13.1		
36852.0	24656.8				4372.5		
23.7	619.0				119.4		
645.3	620.0				320.0		
4052.0	520.0				30.0		
21632.9	15110.1				10.1		
-2047.9	1000.0				1000.0		
7317.6	2702.1				341.5		
4933.5	1700.0				500		
294.9	2385.6				2051.5		
4258.8	11044.3				3922.0		
1371.5	8764.3				2922.0		
302.7	280.0						
1317.4	1000.0				1000.0		
556229.4	177064.9				10157.5		
111875.0	16686.2						
425744.5	150771.5				1000.0		
799.8	1000.0				1000.0		
63588.4	37717.1				5967.7		
63588.4	37717.1				5967.7		
323374.0	168242.3				26996.1		
214465.0	156013.0				21636.6		
6487.2	5582.5				5249.5		
100963.0	6646.8				110		
981.6							
32581.1	26132.4				12639.5		
15001.2	7464.4				384.9		
13570.0	10830.4				7577.0		
1762.4	5800.0				3700.0		
2247.5	2037.6				977.6		
7971.1	9091.7				2123.6		
95.7	5.6				5.6		
6487.4	7636.1				2118.0		
1047.9	950.0						
17720.2	3372.6				1052.6		
21.4	15.0						

8-7 限额以上批发和零售

	流动负债合计	应付帐款	非流动负债合计	负债合计
按登记注册类型分				
内资企业	2203384.8	427228.1		2419714.4
国有企业	4454.0	242.7		6449.4
集体企业	2029.0	0.3		2044.8
有限责任公司	747404.9	101555.5		790413.7
国有独资公司	12712.2	3608.0		21602.1
其他有限责任公司	734692.7	97947.5		768811.6
股份有限公司	744255.3	177357.8		896309.3
私营企业	704918.5	147790.5		724174.1
私营独资企业	327.1			477.9
私营有限责任公司	689985.9	146621.5		709090.7
私营股份有限公司	14605.5	1169.0		14605.5
其他企业	323.1	281.3		323.1
港、澳、台商投资企业	19742.8	5505.8		19742.8
港澳台商独资企业	7442.2	5060.6		7442.2
港、澳、台商投资股份有限公司	9520.7	190.3		9520.7
外商投资企业	11972.3	7028.9		11984.0
外资企业	1687.5			1687.5
按控股情况分				
国有控股	442043.2	138798.5		492080.6
集体控股	6695.2	108.5		6807.6
私人控股	1368951.0	200656.4		1526766.3
港澳台商控股	30027.6	12534.7		30039.3
外商控股	1687.5			1687.5
其他	385372.3	87383.4		393736.8
按经营形式分				
独立门店	1262271.4	176456.2		1307494.1
连锁总店	284398.8	148116.5		329880.8
连锁直营店	77797.1	34346.4		78856.4
其他	610632.6	80843.7		735209.9
大型	707249.4	252509.5		762139.4
中型	1027705.1	131667.1		1058408.3
小型	214821.8	40991.8		226666.8
微型	285323.6	14594.4		404226.7
按零售业态分				
有店铺零售	1956396.3	423616.6		2059364.9
食杂店	1613.1	1314.3		1613.1
便利店	188925.5	28569.0		196940.6
超市	2931.5	1861.0		3171.5
大型超市	71206.6	25836.6		72594.3
百货店	266213.6	90655.1		266850.5
专业店	506741.7	172945.6		582883.1
专卖店	625627.8	89731.1		640855.3
家居建材商店	56855.0	2369.4		56855.0
购物中心	205814.3	5185.2		205934.3
厂家直销中心	30467.2	5149.3		31667.2
无店铺零售	278703.6	16146.2		392076.3
网上商店	320.0	256.3		320.0

业企业财务状况（续七）

单位：万元

所有者权益合计	实收资本	国家资本	集体资本	法人资本	个人资本	港澳台资本	外商资本
1147897.1	508925.1				81491.6		
837.5	579.6						
1258.7	1351.6				1013.1		
260257.6	158645.6				14148.2		
21949.8	2700.0						
238307.8	155945.6				14148.2		
640481.4	172451.6				3178.9		
244942.1	175886.7				63141.4		
128.8	110.0				110.0		
242925.1	172676.7				63031.4		
1888.2	3100.0						
119.8	10.0				10.0		
22805.1	9221.0						
13089.0	4000.0						
7058.0	3810.4						
10224.1	10000.0						
−69.3	2000.0						
249181.6	44518.5				644.7		
4867.1	2351.6				1013.1		
716446.9	364425.4				76025.5		
33098.5	17221.0						
−69.3	2000.0						
177281.7	97619.6				3798.3		
420889.3	278818.1				66413.9		
177594.8	55072.5				4208.3		
18473.5	16369.6				51.5		
563968.7	177885.9				10817.9		
391677.3	106967.4				9178.9		
276282.4	175656.5				27803.7		
66982.2	80231.9				35112.9		
445984.4	165290.3				9396.1		
742707.8	368006.0				75078.8		
843.6	834.2				0.1		
92446.0	5324.6				513.1		
4747.2	3639.6				488.1		
41753.4	23794.4						
114997.4	59296.0				17158.9		
316704.4	133841.7				26805.7		
176788.5	129157.9				25450.9		
3613.1	6118.1				1100.0		
191.9	2924.5				1522		
−9377.7	3075.0				2040.0		
438218.5	160140.1				6412.8		
1303.3	1052.6				1052.6		

8-7 限额以上批发和零售

	营业收入	主营业务收入	营业成本	主营业务成本
总计	45177109.0	44929813.5	43502272.2	
批发业	40429440.8	40245099.8	39345453.3	
按批发行业小类分				
农、林、牧产品批发	157891.8	157881.0	147734.7	
谷物、豆及薯类批发	12772.1	12761.3	12013.2	
饲料批发				
棉、麻批发				
其他农牧产品批发	9474.8	9474.8	8782.1	
食品、饮料及烟草制品批发	930609.6	916786.3	710632.6	
米、面制品及食用油批发	56575.4	50146.4	50651.8	
糕点、糖果及糖批发				
果品、蔬菜批发	16435.9	16390.1	13498.2	
肉、禽、蛋、奶及水产品批发	27424.1	27424.1	22751.7	
盐及调味品批发	19477.2	16547.6	9173.3	
营养和保健品批发	4421.2	4420.7	3793.5	
酒、饮料及茶叶批发	277402.8	277369.0	222320.2	
烟草制品批发	446902.0	443081.6	315642.2	
其他食品批发	81971.0	81406.8	72801.7	
纺织、服装及家庭用品批发	156790.1	156603.6	135499.2	
纺织品、针织品及原料批发				
服装批发	68704.3	68704.3	59650.9	
鞋帽批发	29145.4	29119.1	26544.6	
化妆品及卫生用品批发	12341.2	12341.2	11124.0	
厨房、卫生间用具及日用杂货批发				
日用家用批发	23309.0	23154.3	20919.6	
其他家庭用品批发	20689.6	20684.1	14867.5	
文化、体育用品及器材批发	245103.9	244974.5	233276.3	
文具用品批发	12477.1	12477.1	11464.2	
图书批发	18646.2	18646.2	17621.9	
首饰、工艺品及收藏品批发	198540.0	198410.6	189575.1	
医药及医疗器材批发	1775911.5	1766093.5	1615203.5	
西药批发	1325036.2	1316292.4	1223227.6	
中药批发	309542.5	308559.4	278407.8	
医疗用品及器材批发	141332.8	141241.7	113568.1	
矿产品、建材及化工产品批发	35570255.7	35417982.6	34997681.0	
煤炭及制品批发	496245.1	495067.4	466571.9	
石油及制品批发	18416869.3	18277673.4	17994983.2	
非金属矿及制品批发	51512.3	47681.8	46088.9	
金属及金属矿批发	13151045.3	13147081.3	13087704.2	
建材批发	2253861.5	2249792.5	2224674.1	
化肥批发	73581.3	73581.3	72595.3	
其他化工产品批发	1127140.9	1127104.9	1105063.4	
机械设备、五金产品及电子产品批发	1531685.3	1523585.4	1447437.7	
农业机械批发				
汽车及零配件批发	326407.8	326330.7	311487.6	
摩托车及零配件批发	2718.2	2718.2	2625.2	
五金产品批发	109824.7	103508.5	106648.2	
电气设备批发	46705.5	46555.8	44465.6	
计算机、软件及辅助设备批发	43237.8	43083.3	38297.4	
通讯设备批发	400748.4	400620.0	377977.2	
广播影视设备批发	12517.1	12447.6	10801.2	
其他机械设备及电子产品批发	589525.8	588321.3	555135.3	
其他批发业	26504.5	26504.5	25213.6	
再生物资回收与批发	18163.2	18163.2	17746.1	
其他未列明批发业	8341.3	8341.3	7467.5	

业企业财务状况（续八）

单位：万元

税金及附加	主营业务税金及附加	其他业务利润	销售费用	管理费用	税金
111382.9		183324.7	851660.6	345208.6	
92392.4		149563.2	478251.1	215348.0	
167.5		207.5	6134.7	1533.3	
0.7		207.5	114.5	557.8	
4.3			359.5	236.0	
63976.9		3000.1	69998.3	25262.1	
165.0		165.3	3120.0	1914.2	
0.2			264.8	151.9	
33.7			2064.3	593.5	
739.6		1192.1	8045.8	2231.8	
7.6		0.5	306.4	245.6	
969.7		28.4	36871.9	6801.4	
61911.2		1320.8	11796.7	11582.1	
149.9		293	7528.4	1741.6	
374.6		156.3	13577.7	5865.4	
142.1			7677.0	1334.9	
46			2496.2		
15.6			676.0	364.7	
40.8		154.7	1830.3	583.9	
126.9		1.6	694.5	3581.9	
306.3			8302.9	3834.1	
19.0			612.2	88.2	
			521.2	230.8	
273.7			6773.7	2890.1	
3605.7		483.1	61938.0	55190.6	
2504.0		137.5	36919.7	34983.3	
613.5		255.5	14138.4	7746.2	
488.2		90.1	10879.9	12461.1	
21917.5		141476.9	273252.3	104197.7	
607.3			21368.6	5788.7	
10069.3		137476.2	199290.0	67262.2	
238.7		5	2378.2	1873.4	
8749.6		502.0	17064.9	13351.6	
1803.5		3483.8	12024.6	13359.2	
78.0		9.9	1713.4	640.7	
371.1			19412.6	1921.9	
1770.4		4239.3	43378.2	18648.5	
320.7		1794.8	5042.1	4734.1	
1.9		91.1	95.3		
104.2		686.1	1160.8	635.9	
63.4		708.2	1542.7	445.3	
87.7		154.4	1023.7	1424.4	
485.0		136	13431.3	4459.9	
35.6		69.5	105.5	615.9	
671.9		599.2	20976.8	6333.0	
233.4			270.6	511.7	
223.8			61.5	170.4	
9.6			209.1	341.3	

8-7 限额以上批发和零售

	营业收入	主营业务收入	营业成本	主营业务成本
按登记注册类型分				
内资企业	40334276.7	40149969.5	39280416.0	
国有企业	672578.4	668757.1	527856.6	
集体企业	2958.4	2958.4	2915.8	
有限责任公司	19877516.3	19715696.9	19329020.1	
国有独资公司	10754103.8	10608135.5	10387233.1	
其他有限责任公司	9123412.5	9107561.4	8941787.0	
股份有限公司	15105238.5	15097911.7	15002721.5	
私营企业	4673520.5	4662180.8	4415930.3	
私营独资企业	3116.0	3116.0	2575.5	
私营合伙企业				
私营有限责任公司	4474987.5	4466785.9	4244180.9	
私营股份有限公司	195417.0	192278.9	169173.9	
其他企业	2464.6	2464.6	1971.7	
港、澳、台商投资企业	17595.3	17595.3	14083.0	
港澳台商独资企业				
外商投资企业	77568.8	77535.0	50954.3	
外资企业	77568.8	77535.0	50954.3	
按控股情况分				
国有控股	33000431.5	32831095.9	32329191.6	
集体控股	95841.7	95841.7	94146.7	
私人控股	5603260.9	5590114.5	5289873.9	
港澳台商控股	17595.3	17595.3	14083.0	
外商控股	77568.8	77535.0	50954.3	
其他	1632278.0	1630452.8	1565232.1	
按经营形式分				
独立门店	10178134.3	10018132.3	9433484.8	
连锁总店				
其他	30251306.5	30226967.5	29911968.5	
大型	16127654.9	16115311.0	15794447.8	
中型	13729592.8	13564021.1	13113185.2	
小型	10020936.2	10016431.6	9894865.7	
微型	551256.9	549336.1	542954.6	

业企业财务状况（续九）

单位：万元

税金及附加	主营业务税金及附加	其他业务利润	销售费用	管理费用	税金
92000.8		149562.2	455075.0	212411.2	
62344.3		1320.8	14907.6	12862.4	
4.1			103.1	16.5	
22307.7		140004.3	261628.7	83284.4	
13142.6		135705.0	174908.6	31205.4	
9165.1		4299.3	86720.1	52079.0	
2027.6		5295.7	29882.4	53968.5	
5317.1		2941.4	148468.8	62249.1	
			41.0	25.8	
4792.1		2941.4	133673.5	55587.1	
525.0			14754.3	6636.2	
			84.4	30.3	
67.0			2940.1		
324.6		1	20236.0	2936.8	
324.6		1	20236.0	2936.8	
83578.9		143308.0	239074.9	111782.8	
80.2		9.9	1747.7	1435.0	
6675.9		3872.0	180411.2	75127.5	
67.0			2940.1		
324.6		1	20236.0	2936.8	
1665.8		2372.3	33756.8	24035.6	
76765.4		144876.9	352564.8	106843.8	
15627.0		4686.3	125686.3	108504.2	
65942.9		4535.4	92714.9	87791.8	
18944.5		141922.2	316950.1	91104.4	
7165.8		2780.6	61804.1	35434.7	
339.2		325.0	6782.0	1017.1	

8-7 限额以上批发和零售

	营业收入	主营业务收入	营业成本	主营业务成本
零售业	**4747668.2**	**4684713.7**	**4156818.9**	
按零售行业小类分				
综合零售	716290.5	701386.5	600089.3	
百货零售	637930.1	624722.7	530023.5	
超级市场零售	57858.1	56204.2	51279.0	
其他综合零售	3296.0	3296.0	3253.4	
食品、饮料及烟草制品专门零售	206950.0	204802.8	179162.8	
粮油零售	15236.4	14973.1	14091.9	
糕点、面包零售	3240.9	3240.9	2265.2	
果品、蔬菜零售	2564.1	2564.1	2311.4	
肉、禽、蛋、奶及水产品零售	110564.6	110538.4	95143.5	
营养和保健品零售	1588.5	1588.5	1196.2	
酒、饮料及茶叶零售	56712.8	55049.9	47924.3	
烟草制品零售	13815.3	13815.3	13620.1	
其他食品零售	3227.4	3032.6	2610.2	
纺织、服装及日用品专门零售	77361.3	75354.0	59257.2	
纺织品及针织品零售				
服装零售	52375.4	50388.8	40456.0	
鞋帽零售	1052.3	1052.3	971.5	
化妆品及卫生用品零售				
钟表、眼镜零售	6046.4	6025.7	2790.5	
文化、体育用品及器材专门零售	306555.4	305184.8	250466.4	
文具用品零售				
体育用品及器材零售				
图书、报刊零售	275385.9	274344.0	222337.5	
珠宝首饰零售	16782.5	16453.8	15631.8	
工艺美术品及收藏品零售	678.2	678.2	624.4	
医药及医疗器材专门零售	332307.8	326144.9	224265.6	
西药零售	332307.8	326144.9	224265.6	
医疗用品及器材零售				
汽车、摩托车、燃料及零配件专门零售	2777913.7	2743246.9	2563538.4	
汽车新车零售	1600429.1	1585166.6	1471414.8	
汽车零配件零售	27848.1	27704.7	25895.6	
机动车燃油零售	1140999.3	1121739.9	1059420.7	
机动车燃气零售	4519.5	4519.5	3783.9	
家用电器及电子产品专门零售	278267.7	276874.0	242285.9	
家用视听设备零售				
日用家电设备零售	136988.0	135633.2	116691.8	
计算机、软件及辅助设备零售	47031.1	47026.1	40287.4	
通信设备零售	79517.4	79483.5	72560.9	
其他电子产品零售	14731.2	14731.2	12745.8	
五金、家具及室内装饰材料专门零售	30198.7	30198.7	20637.0	
五金零售	890.2	890.2	759.4	
灯具零售				
家具零售	22393.8	22393.8	13430.6	
木质装饰材料零售	4880.1	4880.1	4676.2	
陶瓷、石材装饰材料零售				
其他室内装饰材料零售				
货摊、无店铺及其他零售业	21823.1	21521.1	17116.3	
货摊纺织、服装及鞋零售				
旧货零售				
生活用燃料零售	2625.6	2522.2	2422.4	

业企业财务状况（续十）

单位：万元

税金及附加	主营业务税金及附加	其他业务利润	销售费用	管理费用	税金
18990.5		33761.5	373409.5	129860.6	
7938.1		7274.0	70915.9	30901.4	
7390.2		7267.5	63052.4	25449.0	
520.3			6603.9	4132.9	
0.3			2.9	40.6	
576.5		11252.0	26445.0	5605.5	
45.9			763.2	730.8	
39.0			553.5	279.3	
1.4			98.7	160.3	
294.7		9411.5	18032.9	1965.0	
1.7			221.7	592.1	
135.2		1645.7	4277.6	725.7	
44.5			1695.5	927.5	
14.1		194.8	801.9	224.8	
270.4		1954.4	13338.6	3992.8	
196.0		1933.8	10461.3	2558.8	
1.5			71.6		
50.4		20.6	2411.7	696.4	
753.4		268.0	21193.0	24290.1	
522.5		34.0	18678.6	22616.7	
215.4			1931.2	1331.0	
0.8			20.2	82.5	
1434.9		373.7	84788.8	11645.5	
1434.9		373.7	84788.8	11645.5	
6747.0		9988.9	123818.0	37900.2	
4253.8		8851.1	57922.9	33234.1	
42.3		2.3	961.5	289.5	
2434.0		1134.1	64416.6	3570.0	
9.1			426.4	288.3	
777.2			24104.9	10847.2	
273.0			15221.3	5377.1	
397.9			2541.4	3100.4	
79.1			5446.2	1907.6	
27.2			896.0	462.1	
320.6		4.9	5137.6	3667.6	
5.9				82.1	
310.4		4.9	5019.4	3334.0	
2.6			64.4	42.6	
172.4		2645.6	3667.7	1010.3	
3.9			126.2	83.6	

8-7 限额以上批发和零售

	营业收入	主营业务收入	营业成本	主营业务成本
按登记注册类型分				
内资企业	4553357.0	4496684.5	3993837.7	
国有企业	21632.8	21369.5	20279.6	
集体企业	7198.9	7198.9	7047.4	
有限责任公司	1651739.5	1629597.4	1420863.2	
国有独资公司	27095.3	26585.0	22186.4	
其他有限责任公司	1624644.2	1603012.4	1398676.8	
股份有限公司	1268576.6	1252508.3	1142210.2	
私营企业	1600831.3	1582632.5	1400344.8	
私营独资企业	2887.6	2887.6	2556.0	
私营有限责任公司	1530355.0	1513517.4	1340113.0	
私营股份有限公司	67588.7	66227.5	57675.8	
其他企业	3377.9	3377.9	3092.5	
港、澳、台商投资企业	118779.5	115857.4	95132.9	
港澳台商独资企业	53438.9	52570.5	37766.6	
港、澳、台商投资股份有限公司	34154.2	33746.2	30845.2	
外商投资企业	75531.7	72171.8	67848.3	
外资企业	7003.5	6043.1	5323.8	
按控股情况分				
国有控股	1585967.8	1560936.9	1429987.9	
集体控股	23348.6	23339.9	21790.5	
私人控股	2174218.2	2151185.5	1906486.4	
港澳台商控股	187307.7	181986.1	157657.4	
外商控股	7003.5	6043.1	5323.8	
其他	766444.5	757844.3	632480.4	
按经营形式分				
独立门店	2725305.2	2685331.8	2435719.9	
连锁总店	640427.5	632760.4	468333.6	
连锁直营店	180937.0	179891.3	147631.1	
其他	1200998.5	1186730.2	1105134.3	
大型	2237359.5	2205508.6	1916369.5	
中型	1974001.8	1945570.4	1756607.7	
小型	456979.0	455003.7	413159.9	
微型	79327.9	78631.0	70681.8	
按零售业态分				
有店铺零售	4692663.6	4630061.2	4106790.1	
食杂店	4919.6	4919.6	4568.3	
便利店	418527.2	417542.6	385007.9	
超市	27339.7	27303.1	23531.5	
大型超市	221466.1	215538.9	187635.7	
百货店	479765.0	469483.6	394849.9	
专业店	1920502.0	1891722.5	1645580.8	
专卖店	1500333.9	1485739.8	1365576.9	
家居建材商店	20903.2	20903.2	12206.2	
购物中心	75337.7	73442.1	69595.3	
厂家直销中心	23569.2	23465.8	18237.6	
无店铺零售	55004.6	54652.5	50028.8	
网上商店	3233.1	3233.1	2935.6	

业企业财务状况（续十一）

单位：万元

税金及附加	主营业务税金及附加	其他业务利润	销售费用	管理费用	税金
17819.3		30006.3	352858.4	125708.9	
39.9			946.2	626.5	
6.3			23.1	124.9	
8252.2		17255.7	172864.3	45093.4	
137.9		3156.0	1821.1	1001.5	
8114.3		14099.7	171043.2	44091.9	
3573.8		3195.0	76395.8	28252.8	
5947.0		9555.6	102600.3	51428.7	
1.1			79.2	0.3	
5862.1		9078.7	101299.1	50358.5	
83.8		476.9	1222.0	1069.9	
0.1			28.7	182.6	
641.7		2235.3	15524.7	2461.2	
430.9		181.6	10425.0	1608.7	
167.3		408.0	1254.2	852.5	
529.5		1519.9	5026.4	1690.5	
26.2		311.0	1747.6	567.1	
4102.3		7025.1	94186.3	33743.4	
47.6		44.5	344.4	461.1	
10365.3		12356.7	157073.8	69654.1	
1145.0		3444.2	18803.5	3584.6	
26.2		311.0	1747.6	567.1	
3304.0		10580.0	101225.2	21667.7	
12605.5		22415.5	157147.7	74654.3	
2059.9		762.2	111105.6	34683.1	
579.5		9411.5	32062.3	6551.0	
3745.6		1172.3	73093.9	13972.2	
8276.3		12543.7	214318.7	50207.3	
9495.3		19802.6	130107.9	54805.7	
1001.2		1181.2	23253.6	21790.2	
217.7		234.0	5729.3	3057.4	
18791.0		33761.5	368089.5	127299.9	
4.1			276.5	95.2	
722.4		209.6	37003.4	11384.3	
108.5			1839.8	1350.5	
590.9		11091.2	32567.4	7508.9	
4808.5		7149.3	41017.6	17488.7	
4940.6		4415.1	168480.2	42224.3	
4429.8		8826.2	66346.3	33487.0	
307.5		4.9	4955.5	3202.0	
2752.9		2065.2	10318.7	4552.7	
125.8			5284.1	6006.3	
199.5			5320.0	2560.7	
0.5			496.2	306.3	

8-7 限额以上批发和零售

指标名称	财务费用			资产减值损失
		利息收入	利息费用	
总计	161196.9	20491.1	147250.4	
批发业	106004.8	21420.6	103414.1	
按批发行业小类分				
农、林、牧产品批发	1237.4	101.9	470.6	
谷物、豆及薯类批发	271.1	81.8	352.1	
饲料批发				
棉、麻批发				
其他农牧产品批发	27.7	21.0		
食品、饮料及烟草制品批发	-415.6	2612.0	337.8	
米、面制品及食用油批发	900.7	200.1	145.8	
糕点、糖果及糖批发				
果品、蔬菜批发	3.4	0.1	0.3	
肉、禽、蛋、奶及水产品批发	345.7	0.1	26.1	
盐及调味品批发	-492.8	507.5		
营养和保健品批发	6.4		5.8	
酒、饮料及茶叶批发	196.3	-207.7	159.6	
烟草制品批发	-2110.0	2110.8		
其他食品批发	734.7	1.1	0.2	
纺织、服装及家庭用品批发	578.1	155.4	266.3	
纺织品、针织品及原料批发				
服装批发	127.6	38.3	20.7	
鞋帽批发	-17.3	29.1		
化妆品及卫生用品批发	166.0	5.8	171.7	
厨房、卫生间用具及日用杂货批发				
日用家电批发	145.3	10.6	27.3	
其他家庭用品批发	159.9	76.8	46.6	
文化、体育用品及器材批发	2426.9	74.9	2031.9	
文具用品批发	0.1	0.2	0.1	
图书批发	80.0	10.2	85.2	
首饰、工艺品及收藏品批发	2303.7	1.4	1926.6	
医药及医疗器材批发	24048.5	388.9	19886.5	
西药批发	21784.2	347.4	18624.1	
中药批发	1706.0	-83.3	1022.7	
医疗用品及器材批发	558.3	124.8	239.7	
矿产品、建材及化工产品批发	67851.5	17910.3	72751.3	
煤炭及制品批发	3211.5	2865.1	5660.1	
石油及制品批发	44772.1	3739.2	47822.1	
非金属矿及制品批发	76.1	19.5	49.7	
金属及金属矿批发	9472.5	9730.1	10214.5	
建材批发	7560.7	1162.4	5964.5	
化肥批发	783.1	77.5	802.8	
其他化工产品批发	1975.5	316.5	2237.6	
机械设备、五金产品及电子产品批发	10154.6	191.5	7646.0	
农业机械批发				
汽车及零配件批发	8492.1	103.0	6489.5	
摩托车及零配件批发	-0.7	-0.8		
五金产品批发	484.9	-23.8		
电气设备批发	-14.6	-22.1		
计算机、软件及辅助设备批发	-97.0	135.1	26.2	
通讯设备批发	60.6	-0.1	20.5	
广播影视设备批发	796.5		795.1	
其他机械设备及电子产品批发	432.8	0.2	314.7	
其他批发业	29.0	-12.9	9.9	
再生物资回收与批发	-0.4	0.4	-0.4	
其他未列明批发业	29.4	-13.3	10.3	

业企业财务状况（续十二）

单位：万元

公允价值变动收益	投资收益	营业利润	营业外收入	补贴收入
	73259.9	311399.7	35951.8	
	70691.5	282437.5	29575.1	
	14.3	1253.0	119.9	
		11.6	10.9	
		64.9	97.1	
	3003.4	64898.4	2000.6	
	2.8	-227.1	331.8	
		2467.6		
		2503.9	60.1	
		-76.0	1214.0	
		61.5		
	0.6	10313.5	313.2	
	3000.0	50801.9	0.2	
		-946.9	81.3	
		386.7	132.8	
		-208.8	12	
		75.9	5.9	
		-5.2		
		-242.7	114.8	
		763.0	0.1	
		-3266.8	153.9	
		293.4	0.2	
		192.3	10.0	
		-3500.4	133.6	
	3610.3	23940.7	6097.9	
	3729.6	13942.0	5662.7	
	-150.0	6617.4	363.9	
	30.7	3381.3	71.3	
	63978.6	183832.4	18331.6	
		-5421.8	238.7	
	1227.8	104845.2	12737.0	
		856.9	236.2	
	51.7	15313.4	1121.2	
	62695.0	72490.7	1656.2	
	4.1	-2215.4	2221.3	
		-2036.6	121.0	
	84.9	11070.9	2288.0	
		-478.5	2001	
		-3.5	10	
		908.3	10.8	
		203.1	10.1	
	12.6	1573.3	19.7	
	69.5	4411.3	141.3	
		162.2		
	2.8	4294.7	95.1	
		246.0	329.1	
		-38.3	0.9	
		284.3	328.2	

8-7 限额以上批发和零售

	财务费用			资产减值损失
		利息收入	利息费用	
按登记注册类型分				
内资企业	106146.7	21624.3	103402.2	
国有企业	-68.1	2204.2	1705.6	
集体企业	56.8	0.1	56.8	
有限责任公司	27442.5	14840.6	29684.9	
国有独资公司	14466.4	6310.4	12934.8	
其他有限责任公司	12976.1	8530.2	16750.1	
股份有限公司	40607.2	1309.1	41892.6	
私营企业	38108.2	3270.3	30062.3	
私营独资企业	2.0	0.1	0.3	
私营合伙企业				
私营有限责任公司	31291.7	3494.2	23914.4	
私营股份有限公司	6814.5	-224.0	6147.6	
其他企业	0.1			
港、澳、台商投资企业	0.2	0.8	1.0	
港澳台商独资企业				
外商投资企业	-142.1	-204.5	10.9	
外资企业	-142.1	-204.5	10.9	
按控股情况分				
国有控股	58868.7	17579.2	66814.4	
集体控股	854.1	48.2	860.5	
私人控股	41600.5	3523.5	33007.1	
港澳台商控股	0.2	0.8	1.0	
外商控股	-142.1	-204.5	10.9	
其他	4823.3	473.4	2720.2	
按经营形式分				
独立门店	42444.7	10708.7	39464.6	
连锁总店				
其他	63560.1	10711.9	63949.5	
大型	52885.3	2390.5	52628.9	
中型	39165.1	15354.6	37935.4	
小型	11261.2	3694.1	10386.2	
微型	2693.2	-18.6	2463.6	

业企业财务状况（续十三）

单位：万元

公允价值变动收益	投资收益	营业利润	营业外收入	
				补贴收入
	70690.9	278672.6	29444.3	
	2350.9	56056.8	3.9	
		–137.9	5.5	
	704.1	152534.5	19774.4	
	379.2	135581.0	11895.4	
	324.9	16953.5	7879.0	
	62828.2	49692.6	3084.8	
	4807.7	20152.5	6575.7	
		471.7		
	–4237.1	13240.2	6165.4	
	9044.8	6440.6	410.3	
		374.1		
	0.6	505.8	0.2	
		3259.1	130.6	
		3259.1	130.6	
	65280.9	250183.2	16914.7	
	4.1	–2408.1	2227.1	
	5055.2	23808.0	7209.0	
	0.6	505.8	0.2	
		3259.1	130.6	
	350.7	6715.4	3093.5	
	61146.6	248720.3	23997.0	
	9544.9	33717.2	5578.1	
	11746.4	51349.8	4144.2	
	58209.3	222896.8	23544.3	
	717.9	10623.0	1820.0	
	17.9	–2432.1	66.6	

8-7 限额以上批发和零售

	财务费用	利息收入	利息费用
零售业	**55192.1**	**-929.5**	**43836.3**
按零售行业小类分			
综合零售	5554.6	597.2	3947.3
百货零售	4812.5	593.4	3896.0
超级市场零售	724.4	1.2	42.9
其他综合零售	8.4		8.4
食品、饮料及烟草制品专门零售	169.4	186.6	283.0
粮油零售	-10.5	1.1	-9.9
糕点、面包零售	2.2	0.1	2.3
果品、蔬菜零售	10.9		4.7
肉、禽、蛋、奶及水产品零售	30.4	91.7	216.6
营养和保健品零售	45.9	-1.2	47.1
酒、饮料及茶叶零售	96.2	-6.7	-0.1
烟草制品零售	-59.8	101.6	9.4
其他食品零售	54.1		12.9
纺织、服装及日用品专门零售	274.7	0.1	124.3
纺织品及针织品零售			
服装零售	216.9	1.9	123.9
鞋帽零售	5.3		
化妆品及卫生用品零售			
钟表、眼镜零售	-1.4	-1.8	0.4
文化、体育用品及器材专门零售	19684.6	-2054.8	20440.0
文具用品零售			
体育用品及器材零售			
图书、报刊零售	-2157.8	-2220.6	-3.8
珠宝首饰零售	21800.2	165.4	20401.5
工艺美术品及收藏品零售	0.6		0.6
医药及医疗器材专门零售	1992.1	69.9	336.5
西药零售	1992.1	69.9	336.5
医疗用品及器材零售			
汽车、摩托车、燃料及零配件专门零售	23137.9	284.9	16292.4
汽车零售	20350.2	291.0	14336.8
汽车零配件零售	102.5	0.1	101.8
机动车燃油零售	2142.7	7.0	1311.3
机动车燃气零售	-5.4	-13.3	
家用电器及电子产品专门零售	2490.3	-18.0	585.2
家用视听设备零售			
日用家电设备零售	869.5	-21.0	501.3
计算机、软件及辅助设备零售	133.1	1.7	1.8
通信设备零售	1413.6	0.2	78.3
其他电子产品零售	74.1	1.1	3.8
五金、家具及室内装饰材料专门零售	1793.1	-1.2	1700.0
五金零售			
灯具零售			
家具零售	1719.4	-0.6	1699.8
木质装饰材料零售	-0.4	-0.6	0.2
陶瓷、石材装饰材料零售			
其他室内装饰材料零售			
货摊、无店铺及其他零售业	95.4	5.8	127.6
货摊纺织、服装及鞋零售			
旧货零售			
生活用燃料零售	-5.3	5.8	0.5

业企业财务状况（续十四）

单位：万元

资产减值损失	公允价值变动收益	投资收益	营业利润	营业外收入	
					补贴收入
		2568.4	28962.2	6376.7	
		556.7	16106.6	741.6	
		556.7	20074.2	684.9	
			−3064.7	54.0	
		45.4	7509.0	953.7	
			−384.9	433.2	
			101.7	0.5	
		0.1	−17.2		
		45.3	4742.6	390.8	
			−564.6	10.9	
			3802.3	110.7	
			83.7	7.6	
			−254.6		
			−1088.0	20.0	
			−1491.3	19.9	
			2.5		
			98.8	0.1	
		−710.0	−32721.1	570.3	
			9218.4	538.9	
		−710.0	−42748.0	19.1	
			−50.3		
		−510.5	19855.2	304.1	
		−510.5	19855.2	304.1	
		3123.7	22227.9	3399.4	
		2954.2	12286.0	2285.8	
		169.5	528.6	2.7	
			9437.9	1099.9	
			17.2	3.9	
		62.9	−2105.4	231.8	
			−1418.1	105.4	
		36.5	811.3	68.5	
			−1886.0	24.4	
		26.4	387.4	33.5	
			−1322.9	64.5	
			42.7		
			−1385.6	62.5	
			94.7	2	
		0.2	500.9	91.3	
			−3.7	5.7	

8-7 限额以上批发和零售

	财务费用			资产减值损失
		利息收入	利息费用	
按登记注册类型分				
内资企业	54933.2	-1053.5	43543.5	
国有企业	2.2	2.9	0.6	
集体企业	10.0		9.0	
有限责任公司	12949.8	521.5	8682.5	
国有独资公司	-140.9	24.0		
其他有限责任公司	13090.7	497.5	8682.5	
股份有限公司	23528.0	-1962.7	23041.6	
私营企业	18421.7	384.8	11809.8	
私营独资企业	0.2			
私营有限责任公司	17884.7	372.8	11261.6	
私营股份有限公司	536.8	12.0	548.2	
其他企业	21.5			
港、澳、台商投资企业	334.7	37.7	258.2	
港、澳、台商独资企业	7.7	24.2		
港、澳、台商投资股份有限公司	260.7	13.5	258.2	
外商投资企业	-75.8	86.3	34.6	
外资企业	-11.7	-12.5		
按控股情况分				
国有控股	1042.3	-1929.7	2538.4	
集体控股	33.5	-3.1	19.5	
私人控股	43894.5	723.2	33782.6	
港澳台商控股	270.6	136.5	292.8	
外商控股	-11.7	-12.5		
其他	9941.4	156.1	7203.0	
按经营形式分				
独立门店	27157.3	923.7	19295.0	
连锁总店	587.8	-2086.9	500.7	
连锁直营店	692.4	-79.7	517.5	
其他	26754.6	313.4	23523.1	
大型	5631.9	-1938.7	4686.9	
中型	18465.0	660.6	10765.8	
小型	9159.3	36.9	7738.0	
微型	21935.9	311.7	20645.6	
按零售业态分				
有店铺零售	33458.2	-1101.8	23584.0	
食杂店	25.4		0.1	
便利店	681.8	-6.1	218.8	
超市	162.5	0.2	105.7	
大型超市	1329.6	-126.6	695.5	
百货店	4015.2	427.9	3003.5	
专业店	8542.9	-2120.7	6813.1	
专卖店	11854.6	540.9	5747.2	
家居建材商店	1692.5	-0.7	1699.8	
购物中心	61.7	177.5	230.9	
厂家直销中心	5092.0	5.8	5069.4	
无店铺零售	21733.9	172.3	20252.3	
网上商店	25.1			

业企业财务状况（续十五）

单位：万元

公允价值变动收益	投资收益	营业利润	营业外收入	
				补贴收入
	2568.4	23475.7	5946.4	
		–261.6	286.6	
		–50.3		
	2091.4	36500.9	1964.6	
	0.2	2027.7	282.8	
	2091.2	34473.2	1681.8	
	–686.0	–27947.2	1569.0	
	1163.0	15181.4	2126.2	
		3.0	0.1	
	1163.0	14871.4	2094.6	
		307.0	31.5	
		52.5		
		4662.5	200.4	
		3199.9	192.2	
		743.6	6.2	
		824.0	229.9	
		–338.5	38.4	
	271.9	20090.9	2152.3	
		643.2	19.6	
	–322.9	–21566.1	2882.2	
		5825.0	391.9	
		–338.5	38.4	
	2619.4	24255.2	892.3	
	3683.0	32844.9	3424.1	
	–510.5	31420.1	821.8	
	45.3	3237.9	364.2	
	–649.4	–38540.7	1766.6	
	91.5	59454.6	2311.7	
	3139.1	21608.4	3254.0	
	10.4	–12210.0	718.9	
	–672.6	–39890.8	92.1	
	3273.8	72499.8	6292.4	
		27.6		
		–15635.5	591.3	
		–455.9	95.8	
	45.3	1439.0	609.2	
	556.7	20127.9	474.6	
	1761.8	59661.2	2004.9	
	910.0	18350.2	2402.0	
		–1426.1	62.5	
		1586.7	38.5	
		–11175.3	13.6	
	–705.4	–43537.6	84.3	
		–530.6		

8-7 限额以上批发和零售业企业财务状况（续十六）

单位：万元

	利润总额	所得税费用	应付职工薪酬（本年贷方累计发生额）	应交增值税
总计	302166.3	51001.9	529329.6	170563.6
批发业	275632.3	35738.2	323469.3	107241.1
按批发行业小类分				
农、林、牧产品批发	626.0	178.7	1004.6	71.9
谷物、豆及薯类批发	2.5	13.1	322.2	12.5
饲料批发				
棉、麻批发				
其他农牧产品批发	143.5	9.6	92.0	
食品、饮料及烟草制品批发	66409.3	15468.4	47477.1	24329.8
米、面制品及食用油批发	57.5	12.4	1699.2	246.2
糕点、糖果及糖批发				
果品、蔬菜批发	2467.6	0.1	1042.7	
肉、禽、蛋、奶及水产品批发	2562.5	18.5	665.9	179.8
盐及调味品批发	1116.1	11.5	5832.6	14.3
营养和保健品批发	56.9	10	313.5	60.0
酒、饮料及茶叶批发	10400.0	2764.1	16855.6	5151.0
烟草制品批发	50709.8	12413.6	18310.4	17716.5
其他食品批发	-961.1	238.2	2757.2	962.0
纺织、服装及家庭用品批发	496.8	312.6	6485.0	1978.0
纺织品、针织品及原料批发				
服装批发	-205.7	131.0	1699.2	913.6
鞋帽批发	81.5	10.7	782.9	317.2
化妆品及卫生用品批发	-5.4	1.3	553.2	27.6
厨房、卫生间用具及日用杂货批发				
家用电器批发	-127.9	2.0	1568.3	228.0
其他家庭用品批发	749.8	167.4	1826.0	464.7
文化、体育用品及器材批发	-3162.8	38.1	5693.8	-2550.5
文具用品批发	293.2	22.7	375.4	69.1
图书批发	199.9	14.7	398.2	
首饰、工艺品及收藏品批发	-3413.6	0.1	4544.6	-2733.3
医药及医疗器材批发	29024.2	5526.5	84119.4	20021.1
西药批发	19048.1	3321.8	56473.6	12631.8
中药批发	6670.5	1747.1	24490.3	4169.7
医疗用品及器材批发	3305.6	457.6	3155.5	3219.6
矿产品、建材及化工产品批发	168845.0	10712.9	155110.0	56812.1
煤炭及制品批发	-5270.0	178.2	4358.8	2467.2
石油及制品批发	85129.3	2767.7	126833.6	41906.9
非金属矿及制品批发	965.1	55.1	817.5	2056.6
金属及金属矿批发	16410.6	4724.4	10298.6	5524.6
建材批发	73547.1	2932.4	9454.8	3454.8
化肥批发	5.0	9.8	648.2	-74.9
其他化工产品批发	-1942.1	45.3	2698.5	1476.9
机械设备、五金产品及电子产品批发	12640.1	3457.1	23158.0	6454.0
农业机械批发				
汽车及零配件批发	1432.0	525.0	3448.5	-905.2
摩托车及零配件批发	6.5		37.5	16.4
五金产品批发	918.6	169.8	484.1	125.3
电气设备批发	212.8	22.1	4548.4	360.7
计算机、软件及辅助设备批发	1591.8	220.9	1344.5	592.3
通讯设备批发	4539.6	1600.5	5479.2	3305.1
广播影视设备批发	160.0	40.0	345.9	144.0
其他机械设备及电子产品批发	3778.8	878.8	7469.9	2815.4
其他批发业	574.9	30.4	195.7	24.9
再生物资回收与批发	-37.6		144.0	
其他未列明批发业	612.5	30.4	51.7	24.9

8-7 限额以上批发和零售业企业财务状况（续十七）

单位：万元

	利润总额	所得税费用	应付职工薪酬（本年贷方累计发生额）	应交增值税
按登记注册类型分				
内资企业	271935.2	34693.7	312372.9	104547.4
国有企业	55857.7	12826.2	20699.2	20195.8
集体企业	-133.1		33.7	16.8
有限责任公司	139092.2	12484.1	182134.0	53937.9
国有独资公司	114913.9	6050.8	119909.9	36157.2
其他有限责任公司	24178.3	6433.3	62224.1	17780.7
股份有限公司	52399.2	1575.3	21931.4	8001.8
私营企业	24345.1	7808.0	87389.6	22392.1
私营独资企业	471.7		364.2	
私营合伙企业				
私营有限责任公司	17903.1	6479.4	81246.4	19692.0
私营股份有限公司	5970.3	1328.6	5779.0	2700.1
其他企业	374.1	0.1	185.0	3.0
港、澳、台商投资企业	506.0	126.5	1781.1	470.0
港澳台商独资企业				
外商投资企业	3191.1	918.0	9315.3	2223.7
外资企业	3191.1	918.0	9315.3	2223.7
按控股情况分				
国有控股	233815.3	23573.9	196581.1	67704.3
集体控股	-182.6	11.2	691.0	27.1
私人控股	28331.2	9045.0	99367.7	29481.3
港澳台商控股	506.0	126.5	1781.1	470.0
外商控股	3191.1	918.0	9315.3	2223.7
其他	9597.2	2063.5	15548.1	7331.7
按经营形式分				
独立门店	237744.0	23106.0	235697.9	76629.7
连锁总店				
其他	37888.3	12632.2	87771.4	30611.4
大型	54831.5	16067.7	64918.7	37196.7
中型	211934.8	17450.7	236096.8	53140.7
小型	11238.5	2135.6	21766.2	16267.8
微型	-2372.5	84.2	687.6	635.9

8-7 限额以上批发和零售业企业财务状况（续十八）

单位：万元

	利润总额	应交所得税	应付职工薪酬（本年贷方累计发生额）	应交增值税
零售业	**26534.0**	**15263.7**	**205860.3**	**63322.5**
按零售行业小类分				
综合零售	16516.3	6727.1	44890.5	10096.2
百货零售	20462.5	6333.8	21034.1	8700.1
超级市场零售	-3045.2	378.6	22701.9	1385.1
其他综合零售			12.5	0.3
食品、饮料及烟草制品专门零售	7069.4	2292.7	14867.2	1892.2
粮油零售	35.5		584.9	9.7
糕点、面包零售	98.3	1.0	820.4	159.4
果品、蔬菜零售	-17.2	0.4	301.1	5.9
肉、禽、蛋、奶及水产品零售	3770.7	1211	7313.7	915.7
营养和保健品零售	-553.7		293.8	18.0
酒、饮料及茶叶零售	3910.2	1003.4	2019.9	440.0
烟草制品零售	91.2	75.7	3155.2	318.3
其他食品零售	-265.6	1.2	378.2	25.2
纺织、服装及日用品专门零售	-1153.4	-28.0	4762.6	1401.6
纺织品及针织品零售				
服装零售	-1554.8	-108.0	3414.5	1257.1
鞋帽零售	2.5	0.1	32.7	13.5
化妆品及卫生用品零售				
钟表、眼镜零售	97.0	4.8	1065.0	5.7
文化、体育用品及器材专门零售	-33397.7	-4364.0	21455.8	-1607.0
文具用品零售				
体育用品及器材零售				
图书、报刊零售	8551.3	6	20805.9	411.1
珠宝首饰零售	-42769.8	-4448.8	501.8	-2055.3
工艺美术品及收藏品零售	-50.3		30.6	6.3
医药及医疗器材专门零售	19800.0	3092.8	40490.2	11877.1
西药零售	19800.0	3092.8	40490.2	11877.1
医疗用品及器材零售				
汽车、摩托车、燃料及零配件专门零售	20559.3	6649.6	64393.6	35806.0
汽车零售	12884.0	5100.4	42724.6	22101.1
汽车零配件零售	531.0	19.4	413.5	200.8
机动车燃油零售	7164.7	1528.3	20897.2	13451.8
机动车燃气零售	16.8	1.5	142.4	22.5
家用电器及电子产品专门零售	-2151.6	120.0	9015.9	2369.5
家用视听设备零售				
日用家电设备零售	-1345.7	1.7	3083.8	810.0
计算机、软件及辅助设备零售	864.8	94.7	4198.4	1013.7
通信设备零售	-2087.7	9.0	1226.9	352.5
其他电子产品零售	417.0	14.6	506.8	193.3
五金、家具及室内装饰材料专门零售	-1262.0	323.1	3792.4	985.9
五金零售	42.7	2.2	34.8	45.6
灯具零售				
家具零售	-1326.2	316.1	3692.5	922.8
木质装饰材料零售	96.7	4.8	30.3	4.7
陶瓷、石材装饰材料零售				
其他室内装饰材料零售				
货摊、无店铺及其他零售业	553.7	450.4	2192.1	501.0
货摊纺织、服装及鞋零售				
旧货零售				
生活用燃料零售	1.7	0.4	127.0	-0.9

8-7 限额以上批发和零售业企业财务状况（续十九）

单位：万元

	利润总额	所得税费用	应付职工薪酬（本年贷方累计发生额）	应交增值税
按登记注册类型分				
内资企业	20920.5	14072.4	200184.8	61083.3
国有企业	14.3	0.3	1161.6	96.4
集体企业	-50.3		103.2	10.8
有限责任公司	35886.1	9477.3	102754.0	35851.8
国有独资公司	2309.4	535.8	3812.8	652.7
其他有限责任公司	33576.7	8941.5	98941.2	35199.1
股份有限公司	-30986.3	-4227.0	45891.6	6823.9
私营企业	16004.2	8821.7	50105.3	18300.3
私营独资企业	3.1		50.8	4.4
私营有限责任公司	15671.4	8666.7	49016.6	17870.1
私营股份有限公司	329.7	155.0	1037.9	425.8
其他企业	52.5	0.1	169.1	0.1
港、澳、台商投资企业	4619.8	836.0	3240.2	1460.5
港澳台商独资企业	3348.8	502.3	862.2	1055.7
港、澳、台商投资股份有限公司	550.3	153.5	729.5	42.4
外商投资企业	993.7	355.3	2435.3	778.7
外资企业	-300.1		364.9	47.2
按控股情况分				
国有控股	17449.4	2427.2	54281.0	17341.5
集体控股	662.8	102.7	663.8	67.3
私人控股	-20359.1	6072.3	73939.6	30321.2
港澳台商控股	5913.6	1191.3	5310.6	2192.0
外商控股	-300.1		364.9	47.2
其他	23114.9	5470.1	71131.3	13353.2
按经营形式分				
独立门店	33891.8	14416.9	98597.4	38642.3
连锁总店	30619.0	3559.5	61944.0	14525.9
连锁直营店	2251.2	1274.5	7863.9	2352.0
其他	-40228.0	-3987.2	37455.0	7802.3
大型	55287.3	11350.8	118564.5	27408.4
中型	23257.2	7274.4	71733.7	33325.6
小型	-12049.0	262.7	14335.7	3954.0
微型	-39961.5	-3624.2	1226.4	-1365.5
按零售业态分				
有店铺零售	70062.9	19669.9	203652.4	64843.6
食杂店	27.6	0.5	114.9	2.1
便利店	-15749.8	530.4	12843.2	5306.7
超市	-390.8	10.7	1876.6	233.1
大型超市	678.9	1984.6	33404.4	2465.8
百货店	20379.8	5139.0	13837.6	5951.1
专业店	56991.7	5914.1	87949.5	27235.6
专卖店	19046.7	5293.6	45354.6	21274.2
家居建材商店	-1366.7	315.4	3601.3	899.0
购物中心	1621.1	478.7	3153.0	1180.1
厂家直销中心	-11175.6	2.9	1517.3	295.9
无店铺零售	-43528.9	-4406.2	2207.9	-1521.1
网上商店	-530.6		15.0	2.1

8-8 星级住宿业和限额以

	法人企业数（个）	执行《2006企业会计准则》企业数（个）	年初存货	流动资产合计	应收帐款	存货
总计	252	145	11053.2	267991.6	32168.7	13610.1
住宿业	121	71	5786.0	206420.0	24674.0	6820.6
按住宿业行业小类分						
旅游饭店	39	27	3740.2	118171.7	19073.4	3964.9
一般旅馆	74	38	1793.5	84075.9	4003.2	2595.8
其他住宿业	7	5	142.0	2201.3	754.0	139.0
按登记注册类型分						
内资企业	120	70	5712.4	204177.6	24672.2	6741.9
国有企业	12	11	694.4	41560.7	1430.0	871.5
集体企业	2	2	25.5	2566.1	27.6	21.3
有限责任公司	45	32	3078.6	85682.8	9139.7	4254.5
国有独资公司	11	11	1319.3	33762.1	3806.3	1953.1
其他有限责任公司	34	21	1759.3	51920.7	5333.4	2301.4
私营企业	58	24	1806.3	72596.9	14055.2	1533.2
私营独资企业	2	1	13.7	700.9	207.0	13.6
私营有限责任公司	53	22	1732.8	69177.1	13509.8	1421.4
私营股份有限公司	3	1	59.8	2718.9	338.4	98.2
外商投资企业	1	1	73.6	2242.4	1.8	78.7
中外合资经营企业	1	1	73.6	2242.4	1.8	78.7
按控股情况分						
国有控股	36	32	2720.8	94019.3	6561.9	3553.6
集体控股	2	2	25.5	2566.1	27.6	21.3
私人控股	76	34	2551.4	92345.6	15469.2	2698.8
外商控股	1	1	73.6	2242.4	1.8	78.7
其他	6	2	414.7	15246.6	2613.5	468.2
按经营形式分						
独立门店	109	65	5294.1	185783.2	24071.9	6302.0
连锁总店（总部）	1	1	367.7	11881.1	160.3	459.8
连锁加盟店	5	1	12.4	695.8	101.8	16.5
其他	6	4	111.8	8059.9	340.0	42.3
按星级分						
五星	4	4	383.4	20935.1	1046.5	462.6
四星	14	12	918.0	58285.5	8809.9	810.3
三星	15	10	567.3	24751.4	3087.5	1051.0
二星	1	1	19.6	449.2	14.8	45.4
其他	87	44	3897.7	101998.8	11715.3	4451.3

上餐饮业企业财务状况

单位：万元

固定资产合计	固定资产原价	累计折旧	本年折旧	在建工程	资产总计
	452200.1	188892.2	23962.3	32154.2	658602.3
	366618.3	165732.4	18584.1	28091.2	510139.5
	228755.6	98845.9	9193.7	19254.0	322014.6
	128363.8	63634.7	8553.0	5808.2	174205.8
	5807.7	1495.9	424.1	3029.0	9872.8
	335435.9	145094.6	17853.2	28091.2	497303.2
	54143.8	37575.0	2700.8	512.5	66981.0
	8589.7	6022.2	200.5		5133.6
	231232.4	86600.6	11211.4	25729.3	304239.8
	160852.8	50036.8	5041.4	8686	168800.8
	70379.6	36563.8	6170.0	17043.3	135439.0
	41197.5	14735.9	3579.6	1849.4	117392.8
	608.0	201.7	101.3		1179.8
	39694.0	13857.7	3417.4	1834.2	112865.6
	895.5	676.5	60.9	15.2	3347.4
	31182.4	20637.8	730.9		12836.3
	31182.4	20637.8	730.9		12836.3
	256334.1	109655.8	12527.0	9666.7	285640.3
	8589.7	6022.2	200.5		5133.6
	55251.6	21183.9	4704.0	18376.3	183587.9
	31182.4	20637.8	730.9		12836.3
	15260.5	8232.7	421.7	48.2	22941.4
	349527.6	161207.2	17532.9	22135.9	462390.2
	12643.3	2542.8	660.6	5765.1	29407.2
	645.7	311.0	35.8		1468.5
	3801.7	1671.4	354.8	190.2	16873.6
	59499.5	39843.9	1920.1	−204.5	46592.5
	93321.2	45132.9	6089.2	14127.2	129384.5
	38897.6	21698.9	1835.7	596.0	72825.4
	2480.6	610.0	610.0	671.9	2996.7
	172419.4	58446.7	8129.1	12900.6	258340.4

8-8 星级住宿业和限额以

	法人企业数（个）	执行《2006企业会计准则》企业数（个）	年初存货	流动资产合计	应收帐款
餐饮业	**131**	**74**	**5267.2**	**61571.6**	**7494.7**
按餐饮业行业小类分					
正餐服务	118	68	3534.1	49045.5	6884.7
快餐服务	8	5	1134.1	9442.9	133.1
饮料及冷饮服务					
咖啡馆服务					
其他餐饮业	3		3.3	783.8	32.8
其他未列明餐饮业	1		2.9	416.2	14.6
按登记注册类型分					
内资企业	130	73	5029.1	58207.7	7485.4
国有企业					
有限责任公司	22	15	635.1	7844.9	1628.9
国有独资公司					
其他有限责任公司	22	15	635.1	7844.9	1628.9
股份有限公司	4	3	88.4	5542.4	45.0
私营企业	102	54	4304.4	44656.2	5724.8
私营独资企业	5	5	187.6	1861.7	407.8
私营有限责任公司	91	46	3887.7	40246.2	4782.1
私营股份有限公司	6	3	229.1	2548.3	534.9
其他企业					
港、澳、台商投资企业					
港澳台商独资企业					
外商投资企业	1	1	238.1	3363.9	9.3
外资企业	1	1	238.1	3363.9	9.3
按控股情况分					
国有控股	3	3	278.3	3235.5	879.7
集体控股	2	2	80.9	1130.8	106.9
私人控股	121	67	4617.5	53538.6	6494.3
港澳台商控股					
外商控股	1	1	238.1	3363.9	9.3
其他	4	1	52.4	302.8	4.5
按经营形式分					
独立门店	114	62	3784.6	40685.3	6139.3
连锁总店	4	2	467.1	4601.5	105.0
其他	13	10	1015.5	16284.8	1250.4
大型	2	2	359.9	7311.8	80.0
中型	15	11	1724.4	14938.8	2110.3
小型	103	58	3078.6	37111.5	5193.4
微型	11	3	104.3	2209.5	111.0

上餐饮业企业财务状况（续一）

单位：万元

存货	固定资产合计	固定资产原价	累计折旧	本年折旧	在建工程	资产总计
6789.5		85581.8	23159.8	5378.2	4063.0	148462.8
5685.0		77011.3	18755.3	4927.6	2754.1	124982.3
581.1		6344.1	3684.8	359.4	892.2	18383.8
4.4		982.9	9.5	6.8		2795.0
3.4		30.0	0.3	0.3		416.2
6466.6		81100.8	20506.0	5074.1	3170.8	138326.3
777.3		42470.9	6220.1	1499.4	59.5	46134.2
777.3		42470.9	6220.1	1499.4	59.5	46134.2
122.9		2574.6	2231.2	52.9		7377.9
5564.1		35046.2	11641.1	3408.8	2918.8	83817.3
139.2		3783.1	1646.4	16.7		3422.0
4937.9		29473.9	9478.4	3327.4	2918.8	75634.5
487.0		1789.2	516.3	64.7		4760.8
322.9		4481.0	2653.8	304.1	892.2	10136.5
322.9		4481.0	2653.8	304.1	892.2	10136.5
186.8		37629.4	4333.8	1197.9	59.5	37079.3
114.8		2029.0	1127.9	160.4	192.5	2289.3
6054.7		40903.1	14893.2	3649.6	2918.8	97682.3
322.9		4481.0	2653.8	304.1	892.2	10136.5
110.3		539.3	151.1	66.2		1275.4
4673.8		38137.7	13760.7	3382.8	2740.0	80628.5
822.8		5115.6	3249.1	336.6	892.2	11415.5
1292.9		42328.5	6150.0	1658.8	430.8	56418.8
791.7		4622.8	2691.8	330.4	906.3	14274.5
2232.7		48276.9	8047.6	2297.1		62772.7
3708.8		32400.7	12265.4	2709.2	3156.7	68480.7
56.3		281.4	155.0	41.5		2934.9

8-8 星级住宿业和限额以

	流动负债合计	应付帐款	非流动负债合计	负债合计	所有者权益合计
总计	301115.7	53767.7		459367.0	199322.9
住宿业	235112.5	35027.6		384407.9	125700.6
按住宿业行业小类分					
旅游饭店	129149.5	23188.3		260974.5	61040.1
一般旅馆	90245.2	8612.0		107695.5	66479.3
其他住宿业	7439.8	2582.3		7459.9	2412.9
按登记注册类型分					
内资企业	228066.1	34854.0		371580.4	125691.8
国有企业	29858.8	5857.9		30571.1	36409.9
集体企业	5448.5	59.7		5448.5	-314.9
有限责任公司	107260.9	14768.3		229100.7	75139.1
国有独资公司	48504.8	7465.6		150203.3	18597.5
其他有限责任公司	58756.1	7302.7		78897.4	56541.6
私营企业	85108.2	14168.1		104834.8	12558.0
私营独资企业	13.1	10.6		48.1	1131.7
私营有限责任公司	80520.4	13447.4		100212.0	12653.6
私营股份有限公司	4574.7	710.1		4574.7	-1227.3
外商投资企业	7046.4	173.6		12827.5	8.8
中外合资经营企业	7046.4	173.6		12827.5	8.8
按控股情况分					
国有控股	88920.5	15815.8		203839.5	81800.8
集体控股	5448.5	59.7		5448.5	-314.9
私人控股	121305.6	16932.5		145382.8	38205.1
外商控股	7046.4	173.6		12827.5	8.8
其他	12391.5	2046.0		16909.6	6000.8
按经营形式分					
独立门店	194738.5	31986.2		343970.4	118388.8
连锁总店（总部）	24335.2	196.7		24335.2	5072.0
连锁加盟店	1351.0	80.9		1351.0	117.5
其他	14687.8	2763.8		14751.3	2122.3
按星级分					
五星	25245.4	4274.7		39581.9	7010.6
四星	70165.8	7390.0		96084.7	33299.8
三星	21919.8	4776.7		26261.5	46563.9
二星	787.8	56.3		787.9	2208.8
其他	116993.7	18529.9		221691.9	36617.5

上餐饮业企业财务状况（续二）

单位：万元

实收资本	国家资本	集体资本	法人资本	个人资本	港澳台资本	外商资本
254707.4				24470.8		
182851.8				11007.0		
104460.2				7031.5		
74591.6				3475.5		
3300.0				500.0		
170322.1				11007.0		
23430.9						
5097.6						
113690.3				6061.6		
52237.7				247		
61452.6				5814.6		
27944.9				4945.4		
1260.0				1260.0		
25984.9				3685.4		
700.0						
12529.7						
12529.7						
104918.2				1038.5		
5097.6						
55060.7				8945.4		
12529.7						
5245.6				1023.1		
175627.0				10811.6		
5699.4						
200.0						
1325.4				195.4		
13408.7						
51438.2				1023.1		
38723.0				1088.5		
2520.0						
76761.9				8895.4		

8-8 星级住宿业和限额以

	流动负债合计	应付帐款	非流动负债合计	负债合计	所有者权益合计
餐饮业	**66003.2**	**18740.1**		**74959.1**	**73622.3**
按餐饮业行业小类分					
正餐服务	55998.1	15771.7		64164.8	60936.1
快餐服务	8237.8	1807.1		9001.7	9382.1
饮料及冷饮服务					
咖啡馆服务					
其他餐饮业	273.9	27.3		299.2	2495.8
其他未列明餐饮业	97.0			97.0	319.2
按登记注册类型分					
内资企业	62923.1	17770.0		71224.2	67220.7
国有企业					
有限责任公司	13091.8	2085.2		13472.7	32661.5
国有独资公司					
其他有限责任公司	13091.8	2085.2		13472.7	32661.5
股份有限公司	3640.1	562.7		4000.4	3377.5
私营企业	45512.3	14443.2		52848.7	31087.2
私营独资企业	477.1	43.7		1401.0	2021.0
私营有限责任公司	43328.8	14170.5		49632.4	26120.7
私营股份有限公司	1706.4	229.0		1815.3	2945.5
其他企业					
港、澳、台商投资企业					
港澳台商独资企业					
外商投资企业	3080.1	970.1		3734.9	6401.6
外资企业	3080.1	970.1		3734.9	6401.6
按控股情况分					
国有控股	6841.3	1024.8		6841.3	30238.0
集体控股	946.5	867.4		1395.8	893.5
私人控股	53454.8	15645.4		61247.4	36553.5
港澳台商控股					
外商控股	3080.1	970.1		3734.9	6401.6
其他	1680.5	232.4		1739.7	-464.3
按经营形式分					
独立门店	46008.7	14245.9		54125.2	26621.9
连锁总店	3743.2	1112.7		4398.0	7017.5
其他	16251.3	3381.5		16435.9	39982.9
大型	5271.9	1224.8		5926.7	8347.8
中型	19095.1	8266.6		23808.0	38964.7
小型	40607.5	8269.6		43311.2	25169.5
微型	1028.7	979.1		1913.2	1140.3

上餐饮业企业财务状况（续三）

单位：万元

实收资本	国家资本	集体资本	法人资本	个人资本	港澳台资本	外商资本
71855.6				13463.8		
64481.4				11913.8		
4024.2				500.0		
2050.0				1050		
70445.9				13463.8		
39436.1				1425.0		
39436.1				1425.0		
2142.7				1296.0		
28782.5				10742.8		
5.0				5.0		
26440.4				9383.9		
2337.1				1353.9		
1409.7						
1409.7						
36731.8						
286.5				246		
33133.5				13217.8		
1409.7						
294.1						
26865.9				10413.8		
2259.7				550		
42730.0				2500.0		
1759.7						
40412.9				1266.0		
29233.0				12097.8		
450.0				100		

8-8 星级住宿业和限额以

	营业收入	主营业务收入	营业成本	主营业务成本
总计	389112.1	380825.8	189537.0	
住宿业	192742.9	185545.9	84545.7	
按住宿业行业小类分				
旅游饭店	100644.4	96103.7	47205.8	
一般旅馆	84699.0	82251.4	32800.6	
其他住宿业	4489.0	4309.0	3461.9	
按登记注册类型分				
内资企业	188160.8	181571.0	83633.2	
国有企业	32514.2	31121.9	10951.7	
集体企业	1454.0	905.3	385.6	
有限责任公司	81144.5	77374.3	42773.2	
国有独资公司	38658.8	36935.4	25296.4	
其他有限责任公司	42485.7	40438.9	17476.8	
私营企业	71623.8	70745.2	29197.7	
私营独资企业	820.2	792.2	88.0	
私营有限责任公司	66554.8	65704.2	27160.0	
私营股份有限公司	4248.8	4248.8	1949.7	
外商投资企业	4582.1	3974.9	912.5	
中外合资经营企业	4582.1	3974.9	912.5	
按控股情况分				
国有控股	93630.9	90145.0	46208.2	
集体控股	1454.0	905.3	385.6	
私人控股	85224.1	83055.9	34258.8	
外商控股	4582.1	3974.9	912.5	
其他	7851.8	7464.8	2780.6	
按经营形式分				
独立门店	174998.2	168106.9	80161.0	
连锁总店（总部）	3840.5	3793.6	1891.0	
连锁加盟店	3217.6	3217.6	1066.5	
其他	10686.6	10427.8	1427.2	
按星级分				
五星	27910.3	27910.3	10294.6	
四星	40176.1	37861.9	11790.2	
三星	18269.2	16521.7	8829.4	
二星	1106.4	1106.4	1076.3	
其他	105280.9	102145.6	52555.2	

上餐饮业企业财务状况（续四）

单位：万元

税金及附加	主营业务税金及附加	其他业务利润	销售费用	管理费用	税金
5859.0		2740.4	121364.1	69048.2	
4260.0		724.8	52517.9	51019.7	
2004.5		580.9	23768.5	30859.9	
1681.6		143.9	26317.1	18801.4	
558.2			229.9	1263.7	
4009.5		724.8	50714.9	48785.8	
478.6			8741.3	13283.9	
132.3			317.6	645.7	
2647.9		612.9	17382.4	17677.3	
1356.5		59.4	7547.1	5239.2	
1291.4		553.5	9835.3	12438.1	
626.0		111.9	23419.2	16459.0	
7.4			9.6	551.3	
562.3		111.9	22347.7	15016.8	
56.3			1061.9	890.9	
250.5			1803.0	2233.9	
250.5			1803.0	2233.9	
2341.2		59.4	21420.0	25735.3	
132.3			317.6	645.7	
1425.6		328.3	28196.2	20601.7	
250.5			1803.0	2233.9	
110.4		337.1	781.1	1803.1	
4044.6		696.4	43327.0	47647.3	
144.9		27.6	967.7	317.0	
4.5			1542.2	515.9	
66.0		0.8	6681.0	2539.5	
394.5			5188.5	10756.1	
937.3		216.4	11477.6	16926.4	
645.7			4550.7	4151.5	
			64.8	109.4	
2282.5		508.4	31236.3	19076.3	

8-8 星级住宿业和限额以

	营业收入	主营业务收入	营业成本	主营业务成本
餐饮业	196369.2	195279.9	104991.3	
按餐饮业行业小类分				
正餐服务	146373.9	145284.6	77773.0	
快餐服务	41644.0	41644.0	20445.5	
饮料及冷饮服务				
咖啡馆服务				
其他餐饮业	2118.2	2118.2	820.7	
其他未列明餐饮业	524.5	524.5	217.8	
按登记注册类型分				
内资企业	164400.9	163311.6	89371.1	
国有企业				
有限责任公司	31454.9	31209.8	14591.3	
国有独资公司				
其他有限责任公司	31454.9	31209.8	14591.3	
股份有限公司	5399.6	5399.6	2701.4	
私营企业	126832.3	125988.1	71746.8	
私营独资企业	7648.0	7648.0	5788.2	
私营有限责任公司	115067.3	114261.7	63533.7	
私营股份有限公司	4117.0	4078.4	2424.9	
其他企业				
港、澳、台商投资企业				
港澳台商独资企业				
外商投资企业	31968.3	31968.3	15620.2	
外资企业	31968.3	31968.3	15620.2	
按控股情况分				
国有控股	8408.1	8408.1	2549.9	
集体控股	3168.7	3168.7	1620.4	
私人控股	149222.2	148132.9	83339.5	
港澳台商控股				
外商控股	31968.3	31968.3	15620.2	
其他	3601.9	3601.9	1861.3	
按经营形式分				
独立门店	112655.2	111565.9	63705.4	
连锁总店	34575.1	34575.1	16619.8	
其他	49138.9	49138.9	24666.1	
大型	46815.1	46815.1	23456.5	
中型	65351.3	64713.1	34379.9	
小型	79981.9	79530.8	44107.3	
微型	4220.9	4220.9	3047.6	

上餐饮业企业财务状况（续五）

单位：万元

税金及附加	主营业务税金及附加	其他业务利润	销售费用	管理费用	税金
1599.0		**2015.6**	**68846.2**	**18028.5**	
1456.7		1019.4	53918.8	14413.5	
114.3		996.2	12333.7	3102.5	
21.1			1005.2	223.8	
17.1			219.5	45.2	
1590.0		2015.6	60587.9	15548.8	
577.1		518.5	15480.6	3189.9	
577.1		518.5	15480.6	3189.9	
50.7			2210.5	434.9	
957.5		1497.1	42637.1	11638.8	
200.4			549.9	373.8	
732.3		1381.4	41135.0	10424.4	
24.8		115.7	952.2	840.6	
9.0			8258.3	2479.7	
9.0			8258.3	2479.7	
346.1			4530.5	1455.7	
12.2			1279.6	369.7	
1155.4		1513.7	53156.0	13385.2	
9.0			8258.3	2479.7	
76.3		501.9	1621.8	338.2	
1175.8		2015.6	37702.5	11934.2	
19.2			9335.6	2994.3	
404.0			21808.1	3100.0	
42.5			13308.5	3678.0	
514.7		1009.2	27921.6	4581.4	
1018.4		1006.4	26818.7	9396.0	
23.4			797.4	373.1	

8-8 星级住宿业和限额以上餐饮业企业财务状况（续六）

单位：万元

	财务费用	利息收入	利息费用	资产减值损失	公允价值变动收益	投资收益	营业利润	营业外收入	补贴收入
总计	12794.8	872.7	5418.2			96.6	−4424.6	2026.7	
住宿业	11496.0	700.4	4568.3			114.1	−7521.5	1614.4	
按住宿业行业小类分									
旅游饭店	10608.1	155.2	4204.9			56.2	−7989.6	348.3	
一般旅馆	842.6	544.8	344.6			57.9	1527.6	1243.5	
其他住宿业	28.9	0.4	18.8				−563.4	19.6	
按登记注册类型分									
内资企业	11495.2	700.4	4568.3			114.1	−6902.9	1588.6	
国有企业	−95.7	536.7	5.5			21.5	−613.2	625.9	
集体企业	1.4	−1.3					−28.6	1.7	
有限责任公司	4735.9	163.4	4543.1			56.2	−5612.8	125.3	
国有独资公司	4418.9	69.2	4451.7			43.8	−4813.1	72.7	
其他有限责任公司	317.0	94.2	91.4			12.4	−799.7	52.6	
私营企业	6830.1	0.6	17.3			36.4	−493.8	833.5	
私营独资企业	120.0						44.0	1.0	
私营有限责任公司	6706.2	−0.3	16.2			36.4	−398.0	827.8	
私营股份有限公司	3.9	0.9	1.1				−139.8	4.7	
外商投资企业	0.8						−618.6	25.8	
中外合资经营企业	0.8						−618.6	25.8	
按控股情况分									
国有控股	4217.4	696.0	4468.4			65.3	−5904.2	717.4	
集体控股	1.4	−1.3					−28.6	1.7	
私人控股	7024.5	1.5	91.0			36.4	−1090.3	849.2	
外商控股	0.8						−618.6	25.8	
其他	251.9	4.2	8.9			12.4	120.2	20.3	
按经营形式分									
独立门店	11051.0	700.2	4272.5			114.1	−7396.8	872.6	
连锁总店（总部）	315.7	0.6	295.6				205.4	3.1	
连锁加盟店	9.3						−70.2	1	
其他	120.0	−0.4	0.2				−259.9	737.7	
大型	−23.8						−12.2	38.3	
中型	963.6	550.8	443.7				186.1	1038.2	
小型	6547.4	106.1	77.5			114.1	−3606.1	501.2	
微型	4008.8	43.5	4047.1				−4089.3	36.7	
按星级分									
五星	404.3	1.0	−5.5				899.2	38.3	
四星	5403.8	112.6	19.1				−3367.2	270.9	
三星	245.4	104.7	48.5			65.3	−63.2	375.0	
二星	2.1						30.1		
其他	5440.4	482.1	4506.2			48.8	−5020.4	930.2	

8-8 星级住宿业和限额以上餐饮业企业财务状况（续七）

单位：万元

	财务费用	利息收入	利息费用	资产减值损失	公允价值变动收益	投资收益	营业利润	营业外收入	补贴收入
餐饮业	1298.8	172.3	849.9			−17.5	3096.9	412.3	
按餐饮业行业小类分									
正餐服务	1332.5	110.9	850.3			−17.5	−2700.1	381.1	
快餐服务	−38.1	59.9					5799.5	9.0	
饮料及冷饮服务									
咖啡馆服务									
其他餐饮业	4.2	1.5	−0.3				43.0	5.4	
其他未列明餐饮业	1.5	1.3					23.4	2.4	
按登记注册类型分									
内资企业	1355.2	115.9	849.9			−17.5	−2567.4	406.5	
国有企业									
有限责任公司	729.6	5.8	700.8			2	−2942.1	20.4	
国有独资公司									
其他有限责任公司	729.6	5.8	700.8			2	−2942.1	20.4	
股份有限公司	−5.7	1.6	−0.3				39.7	27.1	
私营企业	620.7	107.5	138.0			−19.5	171.5	358.8	
私营独资企业	7.5	0.5					559.8		
私营有限责任公司	607.4	105.7	137.7			−19.5	−344.9	321.0	
私营股份有限公司	5.8	1.3	0.3				−43.4	37.8	
其他企业									
港、澳、台商投资企业									
港澳台商独资企业									
外商投资企业	−56.4	56.4					5664.3	5.8	
外资企业	−56.4	56.4					5664.3	5.8	
按控股情况分									
国有控股	13.2	4.0				0.7	−373.2	4.5	
集体控股	8.9	−1.5	11.4				219.2	27.3	
私人控股	1321.5	112.9	829.1			−18.2	−2106.1	371.9	
港澳台商控股									
外商控股	−56.4	56.4					5664.3	5.8	
其他	11.6	0.5	9.4				−307.3	2.8	
按经营形式分									
独立门店	1085.8	108.0	844.0			−17.5	−3055.1	226.3	
连锁总店	−51.2	56.4	5.2				5664.2	13.3	
其他	264.2	7.9	0.7				487.8	172.7	
大型	−57.9	58.7	0.8				6421.0	82.4	
中型	946.9	6.3	633.0				−1920.5	127.3	
小型	391.8	102.8	204.4			−17.5	−1315.7	200.2	
微型	18.0	4.5	11.7				−87.9	2.4	

8-8 星级住宿业和限额以上餐饮业企业财务状况（续八）

单位：万元

	利润总额	所得税费用	应付职工薪酬（本年贷方累计发生额）
总计	-3457.8	2843.2	94156.5
住宿业	-6694.4	1166.8	49670.3
按住宿业行业小类分			
旅游饭店	-7802.5	226.7	24333.3
一般旅馆	2214.7	879.9	23060.3
其他住宿业	-546.4	60.2	1371.4
按登记注册类型分			
内资企业	-6085.3	1166.8	47451.5
国有企业	-59.4	431.7	11961.9
集体企业	-30.5	4.6	552.4
有限责任公司	-5978.4	451.7	18481.1
国有独资公司	-4796.0	124.1	5436.2
其他有限责任公司	-1182.4	327.6	13044.9
私营企业	136.3	278.7	16275.5
私营独资企业	45.0		127.1
私营有限责任公司	232.9	255.5	15374.2
私营股份有限公司	-141.6	23.2	774.2
外商投资企业	-609.1		2218.8
中外合资经营企业	-609.1		2218.8
按控股情况分			
国有控股	-5721.9	780.7	25899.6
集体控股	-30.5	4.6	552.4
私人控股	-481.5	404.1	18663.9
外商控股	-609.1		2218.8
其他	148.6	-22.6	2335.6
按经营形式分			
独立门店	-7277.0	933.8	46677.3
连锁总店（总部）	204.3	2.6	754.2
连锁加盟店	-69.9	1.2	407.9
其他	448.2	229.2	1830.9
大型	20.1		3042.0
中型	602.0	795.5	26399.5
小型	-3257.2	370.2	19915.3
微型	-4059.3	1.1	313.5
按星级分			
五星	900.7	9.3	8936.5
四星	-3642.8	51.9	15125.2
三星	283.5	218.0	5906.5
二星	30.1		407.5
其他	-4265.9	887.6	19294.6

8-8 星级住宿业和限额以上餐饮业企业财务状况（续九）

单位：万元

	利润总额	所得税费用	应付职工薪酬（本年贷方累计发生额）
餐饮业	3236.6	1676.4	44486.2
按餐饮业行业小类分			
正餐服务	−2529.7	236.6	35907.8
快餐服务	5769.5	1426.8	5607.5
饮料及冷饮服务			
咖啡馆服务			
其他餐饮业	27.1	3.9	724.2
其他未列明餐饮业	24.8	1.2	105.3
按登记注册类型分			
内资企业	−2394.7	294.4	40397.3
国有企业			
有限责任公司	−2952.2	21.4	7741.1
国有独资公司			
其他有限责任公司	−2952.2	21.4	7741.1
股份有限公司	55.3	9.4	1134.2
私营企业	339.3	263.6	31384.6
私营独资企业	559.8	24.8	1142.4
私营有限责任公司	−211.1	232.5	29536.9
私营股份有限公司	−9.4	6.3	705.3
其他企业			
港、澳、台商投资企业			
港澳台商独资企业			
外商投资企业	5631.3	1382.0	4088.9
外资企业	5631.3	1382.0	4088.9
按控股情况分			
国有控股	−370.8	4.9	2233.8
集体控股	234.5	4	623.6
私人控股	−1951.0	285.2	36784.5
港澳台商控股			
外商控股	5631.3	1382.0	4088.9
其他	−307.4	0.3	755.4
按经营形式分			
独立门店	−3008.3	160.0	30126.6
连锁总店	5631.2	1387.9	4980.8
其他	613.7	128.5	9378.8
大型	6462.5	1453.5	4428.4
中型	−1859.1	61.0	14855.0
小型	−1271.7	142.4	24940.2
微型	−95.1	19.5	262.6

8-9 各种物价总指数

（上年=100）

	居民消费价格总指数	商品零售价格指数	农产品收购价格指数
1979	100.8	100.9	
1980	105.1	105.3	
1981	101.8	101.7	
1982	101.0	101.1	
1983	100.4	100.0	
1984	102.7	101.5	
1985	112.7	113.0	
1986	105.7	106.0	
1987	109.8	109.8	
1988	124.5	125.1	
1989	116.1	116.3	
1990	101.3	99.5	
1991	106.3	105.6	
1992	107.2	106.0	
1993	115.7	113.2	112.0
1994	123.1	121.9	124.0
1995	119.0	115.5	124.1
1996	110.2	105.7	95.4
1997	103.5	101.5	104.4
1998	99.6	98.5	87.8
1999	96.9	97.5	97.3
2000	99.3	99.0	108.5
2001	102.1	99.1	102.4
2002	99.3	98.8	89.9
2003	100.9	99.2	107.5
2004	101.1	101.0	
2005	100.6	98.8	
2006	101.7	100.3	
2007	105.3	103.1	
2008	107.2	107.2	
2009	99.6	100.5	
2010	103.8	103.9	
2011	105.4	105.4	
2012	102.4	102.4	
2013	103.5	102.7	
2014	102.2	101.8	
2015	101.3	100.6	
2016	100.8	100.7	
2017	101.5	101.8	
2018	101.7	101.7	
2019	102.2	102.0	

8-10 居民消费价格分类指数

（上年=100）

	2016	2017	2018	2019
居民消费价格总指数	100.8	101.5	101.7	102.2
一、食品烟酒	101.8	100.1	101.3	105.6
食品	102.4	99.7	101.2	108.0
粮食	100.6	100.7	100.0	100.8
鲜菜	106.5	95.7	102.0	105.8
畜肉类	104.5	96.7	98.5	120.3
其中：猪肉	109.2	92.7	93.6	130.6
牛肉	100.7	101.5	101.1	110.2
羊肉	93.2	95.8	111.5	114.5
水产品	101.6	102.0	103.1	100.8
蛋类	97.3	95.7	112.9	106.3
奶类	100.3	101.1	102.2	101.6
鲜瓜果	95.2	107.0	103.4	118.1
烟草	100.5	100.0	100.0	100.0
酒类	99.9	101.9	104.6	102.1
二、衣着	101.6	101.2	101.2	101.3
三、居住	100.5	102.2	102.8	99.9
四、生活用品及服务	100.2	100.9	100.7	101.2
五、交通和通信	99.2	100.9	100.5	99.6
1.交通	98.8	101.6	101.2	100.4
2.通信	99.7	99.6	99.3	98.4
六、教育文化和娱乐	99.9	102.2	100.0	100.8
1.教育	100.0	102.1	100.0	101.4
2.文化娱乐	99.7	102.3	100.0	99.9
七、医疗保健	101.2	107.2	108.0	102.5
八、其他用品和服务	101.1	99.8	100.0	102.5

注：自2016年起，居民消费价格指标体系发生变化。

8-11 居民消费价格指数

（上年=100）

	2016	2017	2018	2019
居民消费价格总指数	100.8	101.5	101.7	102.2
一、食品烟酒	101.8	100.1	101.3	105.6
1.食品	102.4	99.7	101.2	108.0
粮食	100.6	100.7	100.0	100.8
薯类	117.6	107.6	99.9	100.6
豆类	102.9	99.9	99.6	101.1
食用油	101.2	103.4	101.7	102.5
菜	106.2	96.5	102.0	105.3
鲜菜	106.5	95.7	102.0	105.8
畜肉类	104.5	96.7	98.5	120.3
猪肉	109.2	92.7	93.6	130.6
牛肉	100.7	101.5	101.0	110.2
禽肉类	102.9	97.6	105.0	115.9
水产品	101.6	102.0	103.1	100.8
蛋类	97.3	95.7	112.9	106.3
鸡蛋	96.9	95.2	113.3	105.9
奶类	100.3	101.1	102.2	101.6
干鲜瓜果类	97.7	105.2	102.0	113.4
糖果糕点类	100.6	100.5	101.4	100.7
调味品	100.9	104.1	101.0	99.4
其他食品类	104.5	98.8	100.2	102.8
2.茶及饮料	99.7	102.0	103.4	101.0
茶叶	100.0	100.0	100.0	100.0
3.烟酒	100.2	100.8	101.9	100.9
烟草	100.5	100.0	100.0	100.0
酒类	99.9	101.9	104.6	102.1
4.在外餐饮	101.1	100.8	100.9	101.4
二、衣着	101.6	101.2	101.2	101.3
1.服装	103.0	100.5	100.6	101.5
2.服装材料	100.2	97.4	97.9	102.7
3.其他衣着及配件	101.8	105.4	98.8	99.5
4.衣着加工服务费	102.1	108.8	108.6	107.2
5.鞋类	97.2	102.3	103.0	100.1
三、居住	100.5	102.2	102.8	99.9
1.租赁房房租	100.7	103.0	102.2	98.3
2.住房保养维修及管理	100.0	102.8	103.2	100.5
3.水电燃料	100.0	101.4	103.8	100.3
4.自有住房	100.9	102.3	102.1	100.0

8-11 居民消费价格指数（续一）

（上年=100）

	2016	2017	2018	2019
四、生活用品及服务	100.2	100.9	100.7	101.2
1.家具及室内装饰品	100.8	100.9	101.1	100.6
家具	100.7	101.0	101.1	100.4
室内装饰品	101.4	99.4	101.0	102.8
2.家用器具	99.7	100.8	100.6	99.5
3.家用纺织品	100.2	98.1	99.6	102.2
床上用品	100.0	97.3	98.9	102.3
4.家庭日用杂品	100.1	101.4	101.0	102.3
5.个人护理用品	100.6	100.9	100.3	100.9
6.家庭服务	100.0	102.6	101.4	101.9
五、交通和通信	99.2	100.9	100.5	99.6
1.交通	98.8	101.6	101.2	100.4
交通工具	100.0	100.4	100.8	99.6
2.通信	99.7	99.6	99.3	98.4
通信工具	99.0	98.5	97.3	94.0
通信服务	100.0	100.0	100.0	100.0
六、教育文化和娱乐	99.9	102.2	100.0	100.8
1.教育	100.0	102.1	100.0	101.4
教育用品	100.1	100.5	99.7	99.6
教育服务	100.0	102.3	100.0	101.7
2.文化娱乐	99.7	102.3	100.0	99.9
文娱耐用消费品	97.9	101.2	99.7	99.7
其他文娱用品	102.2	102.1	100.4	100.2
书报杂志	101.5	100.1	100.0	100.0
文化娱乐服务	100.1	103.0	100.4	100.0
旅游	99.1	102.8	99.7	99.7
七、医疗保健	101.2	107.2	108.0	102.5
1.药品及医疗器具	102.8	110.0	107.1	105.5
中药	102.4	119.5	111.9	103.3
西药	102.2	104.0	103.7	107.2
滋补保健品	108.3	117.6	108.9	104.7
医疗卫生器具	102.6	106.5	105.1	102.0
保健器具	101.0	99.4	104.3	107.2
2.医疗服务	100.0	104.9	108.8	100.0
八、其他用品和服务	101.1	99.8	100.0	102.5

8-12 商品零售价格指数

（上年=100）

	2016	2017	2018	2019
商品零售价格指数	100.7	101.8	101.7	102.0
一、食品	102.1	100.0	101.3	106.6
1.粮食	100.5	100.7	99.9	100.8
2.薯类	117.6	107.6	99.9	100.6
3.豆类	102.9	99.9	99.6	101.1
4.食用油	101.2	103.4	101.7	102.5
5.菜	106.2	96.5	102.0	105.3
6.畜肉类	104.5	96.7	98.6	120.3
7.禽肉类	102.9	97.6	105.0	115.9
8.水产品	101.8	101.9	103.2	100.8
9.蛋类	97.3	95.7	112.9	106.3
10.奶类	100.3	101.3	102.2	101.8
11.干鲜瓜果类	97.7	105.2	102.0	113.4
12.糖果糕点类	100.6	100.5	101.5	100.7
13.调味品	100.7	104.5	101.2	99.4
14.其他食品类	103.6	98.6	100.4	103.4
15.在外餐饮	101.1	100.8	100.9	101.4
二、饮料、烟酒	100.1	100.9	102.0	101.0
1.茶及饮料	99.7	101.3	102.4	101.3
2.烟草	100.5	100.0	100.0	100.0
3.酒类	99.9	101.9	104.6	102.1
三、服装、鞋帽	101.4	101.2	100.8	101.1
1.服装	103.1	100.6	100.6	101.6
2.鞋帽袜	97.9	102.5	101.5	100.0
3.其他衣着配件	100.3	101.5	100.2	100.0
四、纺织品	100.1	97.3	98.5	102.3
1.服装材料	100.2	97.4	97.9	102.7
2.床上用品	100.0	97.3	98.7	102.2

8-12 商品零售价格指数（续一）

（上年=100）

	2016	2017	2018	2019
五、家用电器及音像器材	98.6	101.1	100.2	99.4
1.家庭设备	99.6	100.8	100.6	99.5
2.文娱用耐用消费品	96.2	102.0	99.5	98.8
3.专业音像器材	99.5	100.0	100.0	100.0
六、文化办公用品	100.4	102.7	101.1	99.8
七、日用品	100.1	101.5	100.8	101.5
1.日用百货	100.3	102.4	101.5	99.7
2.厨具餐具茶具	100.4	100.9	99.8	99.8
3.清洗用品	100.0	105.0	99.3	107.3
4.其他日用品	99.8	99.2	101.5	101.8
八、体育娱乐用品	103.4	101.0	99.5	101.2
九、交通、通信用品	99.7	99.3	99.6	98.1
1.交通运输机械	100.0	99.8	100.9	99.8
2.通信器材	99.4	98.7	97.6	95.2
十、家具	100.7	101.0	101.1	100.4
十一、化妆品	100.6	101.0	100.4	101.1
十二、金银饰品	103.3	99.2	95.2	108.6
十三、中西药品及医疗保健用品	102.6	109.6	106.8	105.2
1.医疗卫生器具	102.6	106.5	105.1	102.0
2.中药	102.4	119.5	111.9	103.3
3.西药	102.2	104.0	103.6	107.0
4.保健器具及用品	106.3	113.0	107.9	105.3
十四、书报杂志及电子出版物	100.7	100.2	99.9	99.9
1.教材及参考书	100.1	100.4	99.7	99.7
2.书报杂志	101.5	100.1	100.0	100.0
十五、燃料	97.3	106.3	106.5	98.8
十六、建筑材料及五金电料	100.1	105.8	104.9	100.6

主要统计指标解释

社会消费品零售总额 指国民经济各行业直接售给城乡居民和社会集团的消费品总额。这是反映各行业通过多种商品流通渠道向居民和社会集团供应的生活消费品总量，是研究国内零售市场变动情况、反映经济景气程度的重要指标。

社会消费品零售总额 包括：（1）售给城乡居民作为生活用的商品和修建房屋用的建筑材料；（2）售给社会集团的各种办公用品和公用消费品；（3）售给机关、团体、学校、部队、企业、事业单位的职工食堂和旅店（招待所）附设专门供本店旅客食用，不对外营业的食堂的各种食品、燃料；企业、单位和国营农场直接售给本单位职工和职工食堂的自己生产的产品；（4）售给部队干部、战士生活用的粮食、副食品、衣着品、日用品、燃料；（5）售给来华的外国人、华侨、港澳台同胞的消费品；（6）居民自费购买的中、西药品、中药材及医疗用品；（7）报社、出版社直接售给居民和社会集团的报纸、图书、杂志，集邮公司出售的新、旧纪念邮票、特种邮票、首日封、集邮册、集邮工具等；（8）旧货寄售商店自购、自销部分的商品；（9）煤气公司、液化石油气站售给居民和社会集团的煤气灶具和罐装液化石油气；不包括售给国民经济各部门企业、事业单位（包括国有经济的农场）生产经营用的各种原材料、燃料、设备、工具等和售给批发零售贸易业、餐饮业作为转卖用的商品，旧货寄售商店受托寄售卖出的商品，服务业的营业收入，邮局出售邮票的收入，自来水、电力、煤气生产（供应）单位的产品供应收入，也不包括农民之间的商品销售。

批发零售贸易业商品购、销、存总额 指各种登记注册类型的批发、零售贸易业企业（单位）以本企业（单位）为总体的商品购进、销售、库存总额。

商品购进总额 指从本企业（单位）以外的单位和个人购进（包括从境外直接进口）作为转卖或加工后转卖的商品总额。它反映批发零售贸易业从国内、国外市场上购进商品的总量。商品购进总额包括：（1）从工农业生产者购进的商品；（2）从出版社、报社的出版发行部门购进的图书、杂志和报纸；（3）从各种登记注册类型的批发零售贸易企业（单位）购进的商品；（4）从其他单位购进的商品，如从机关、团体、企业等单位购进的剩余物资，从餐饮业、服务业购进的商品，从海关、市场管理部门购进的缉私和没收的商品，从居民手中收购的废旧商品等；（5）从国（境）外直接进口的商品。不包括企业（单位）为自身经营用和未通过买卖行为而收入的商品以及销售退回、商品升溢等。

商品销售总额 指对本企业（单位）以外的单位和个人出售（包括对境外直接出口）的商品总额。它反映批发零售贸易业在国内市场上销售商品以及出口商品的总量。商品销售总额包括：（1）售给城乡居民和社会集团消费用的商品；（2）售给工业、农业、建筑业、运输邮电业、批发零售贸易业、餐饮业、服务业等作为生产、经营使用的商品；（3）售给批发零售贸易业作为转卖或加工后转卖的商品；（4）对国（境）外直接出口的商品。不包括出售本企业（单位）自用的废旧包装用品；未通过买卖行为付出的商品；经本单位介绍，由买卖双方直接结算，本单位只收取手续费的业务；购货退出的商品以及商品损耗和损失等。

批发零售贸易业库存 指报告期末各种登记注册类型的批发零售贸易企业（单位）已取得所有权的商品。它反映批发零售贸易企业（单位）的商品库存情况和对市场商品供应的保证程度。期末库存包括：（1）存放在批发零售贸易业经营单位（如门市部、批发站、经营处）仓库、货场、货柜和货架中的商品；（2）挑选、整理、包装中的商品；（3）已记入购进而尚未运到本单位的商品，即发货单或银行承兑凭证已到而货未到的部分；（4）寄放他处的商品，如因购货方拒绝承付而暂时存放在购货方的商品和已办完加工成品收回手续而未提回的商品；（5）委托其他单位代销（未作销售或调出）尚未售出的商品；（6）代其他单位购进尚未交付的商品。不包括所有权不属于本单位的商品，拨付除批发零售贸易业以外的其他行业所属独立核算加工厂等加工生产尚未收回成品的商品、代国家物资储备部门保管的商品等。

库存总额采用的计算价格是：农副产品采购单位按购进价计算；批发单位按进货价计算；零售单位按核算价格计算，即按什么价格核算就按什么价格计算。

消费品市场成交额 指从事消费品交易的商品市场的全部商品成交金额。消费品市场包括农副产品市场和工业消费品市场。

商品零售价格指数 是反映城乡商品零售价格变动趋势的一种经济指数。零售物价的调整变动直接影响到城乡居民的生活支出和国家财政收入，影响居民购买力和市场供需平衡，影响消费与积累的比例。因此，计算零售价格指数，可以从一个侧面对上述经济活动进行观察和分析。

居民消费价格指数 是反映一定时期内城乡居民所购买的生活消费品价格和服务项目价格变动趋势和程度的相对数，是对城市居民消费价格指数和农村居民消费价格指数进行综合汇总计算的结果。利用居民消费价格指数，可以观察和分析消费品的零售价格和服务价格变动对城乡居民实际生活费支出的影响程度。

工业品出厂价格指数 是反映全部工业产品出厂价格总水平的变动趋势和程度的相对数，包括工业企业售给本企业以外所有单位的各种产品和直接售给居民用于生活消费的产品。通过工业品出厂价格指数能观察出厂价格变动对工业总产值的影响。

财务指标变动说明：因国家财务制度变化财务状况表中部分指标无统计数据。

九、财政、金融

9-1 财政收入

单位：万元

	财政收入	公共财政预算收入	增值税	营业税	企业所得税	上划中央增值税、消费税收入
1994	158204	88841		29482	6132	69363
1995	186819	100866		36131	7963	85953
1996	208080	119915		45585	7081	88165
1997	231957	134178	26525	52192	8389	97779
1998	254583	150415	28794	56681	9406	104168
1999	267742	169540	27113	60673	16055	98202
2000	273425	166061	28781	66193	14353	107364
2001	347000	196111	33546	71218	18566	150889
2002	388905	210615	37123	90082	7358	178290
2003	729368	205660	21219	75850	7971	349323
2004	845186	249521	24031	84757	10948	421051
2005	961312	289256	23790	103951	14596	416381
2006	1061856	331417	25586	123385	18088	534057
2007	1340643	466256	33588	139944	23123	531790
2008	1524443	508618	35550	173450	33069	599240
2009	2548033	570385	87798	153147	36392	
2010	3041332	727579	101434	192306	43517	
2011	3506307	864897	96466	225601	63866	
2012	4060754	1037303	103850	272035	77186	
2013	3948217	1244956	125849	342964	79587	
2014	4674809	1523299	200393	381938	99058	
2015	5938067	1851917	239829	431860	140048	2504777
2016	6067450	2154794	452089	239810	138455	1434457
2017	6716478	2342001	703505	4162	197526	1679349
2018	7215296	2533169	764199	2362	212223	1790347
2019	6795136	2332261	649765		177667	2689425

注：自2003年后财政体制调整，收入范围重新划分，与往年不可比；财政收入为地区财政收入。

9-2 公共财政预算收入

单位：万元

	2016	2017	2018	2019
收入总计	**2154794**	**2342001**	**2533169**	**2332261**
税收收入	1584154	1746866	1926234	1773252
增值税	452089	703505	764199	649765
营业税	239810	4162	2362	
企业所得税	138455	197526	212223	177667
个人所得税	56634	71168	84864	61328
资源税	1617	3590	4444	5730
城市维护建设税	201214	215927	236273	229773
房产税	97333	105818	124139	122251
印花税	46717	47221	60610	57928
城镇土地使用税	63187	62414	75156	72308
土地增值税	120055	162681	174620	150517
车船使用税	32198	34935	38287	39800
耕地占用税	14300	27424	22895	18915
契税	120540	110488	124079	182964
烟叶税	5	7	4	7
环境保护税			2079	2638
非税收入	570640	595135	606935	559009
专项收入	202464	254401	271622	255930
行政性收费收入	73141	75514	44583	46108
罚没收入	62575	75284	67267	57923
国有资本经营收入	20			18875

9-3 公共财政预算支出

单位：万元

	2016	2017	2018	2019
支出总计	**4241597**	**4293614**	**4656417**	**4566617**
一般公共服务	501813	571899	631158	714154
国防	1024	252	4110	310
公共安全	308008	358153	322399	312430
教育	740910	803250	799798	882874
普通教育	538385	593941	562557	598262
职业教育	51238	89540	74861	122229
教育费附加安排的支出	86033	94517	90116	82962
科学技术	45156	67851	60572	78947
文化体育与传媒	69795	74210	69148	71996
文化和旅游	36286	35788	28266	35354
体育	7781	7532	9231	7235
广播影视	10288	13563	13770	9459
社会保障和就业	390553	382079	457801	499315
财政对社会保险基金的补助	165891	10929	19248	12909
就业补助	39336	30442	31734	31009
城市居民最低生活保障	31194	15083	19087	16787
农村最低生活保障	19351	17359	22283	20981
卫生健康支出	371618	396693	400375	381588
医疗保障	158627	116538	111005	110122
疾病预防控制	12122	15138	15260	18085
节能环保	104739	83264	134739	62390
污染防治	32179	27981	30839	21907
城乡社区事务	675652	588078	657737	710404
城乡社区公共设施	136535	212605	152996	224230
城乡社区环境卫生	108568	118927	133551	111334
农林水事务	347807	367586	478290	405006
交通运输	151360	131061	135357	142323
资源勘探电力信息等事务	76718	34554	70963	43643
商业服务业等事务	50652	30903	30912	21679
金融监管等事务支出			0	551
国土资源气象等事务	49135	60004	71463	31470
住房保障支出	134776	160328	140441	93423
粮油物资储备事务	7782	6589	22471	9074
债务付息支出	15793	20196	31054	35963
其他支出	198060	156580	137514	44585

注：2018年部分指标名称及范围有调整。

9-4 财政收入占地区生产总值比重

	财政收入（万元）	公共财政预算收入（万元）	地区生产总值（万元）	财政收入占地区生产总值比重（%）	公共财政预算收入占地区生产总值比重（%）
1978	43324	43324	218046	19.87	19.87
1979	41304	41304	245354	16.83	16.83
1980	40941	40941	256769	15.94	15.94
1981	38085	38085	240100	15.86	15.86
1982	39192	39192	258200	15.18	15.18
1983	43014	43014	294900	14.58	14.58
1984	46913	46913	354000	13.25	13.25
1985	48931	48931	435029	11.25	11.25
1986	55930	55930	507941	11.01	11.01
1987	61396	61396	561061	10.94	10.94
1988	72020	72020	643008	11.2	11.2
1989	84728	84728	736867	11.5	11.5
1990	92072	92072	778938	11.82	11.82
1991	100512	100512	852297	11.79	11.79
1992	111908	111908	1005752	11.13	11.13
1993	147391	147391	1267176	11.63	11.63
1994	158204	88841	1724940	9.17	5.15
1995	186819	100866	2104288	8.88	4.79
1996	208080	119915	2250126	9.25	5.33
1997	231957	134178	2374204	9.77	5.65
1998	254583	150415	2525504	10.08	5.96
1999	267742	169540	2674592	10.01	6.34
2000	273425	166061	3003209	9.1	5.53
2001	347000	196111	3416836	10.16	5.74
2002	388905	210615	3864069	10.06	5.45
2003	729368	205660	4408531	16.54	4.67
2004	845186	249521	5081461	16.63	4.91
2005	961312	289256	5766454	16.67	5.02
2006	1061856	331417	6494190	16.35	5.10
2007	1340643	466256	7463258	17.96	6.25
2008	1524443	508618	8681365	17.56	5.86
2009	2548033	570385	9388509	27.14	6.08
2010	3041332	727579	11295852	26.92	6.44
2011	3506307	864352	13916631	25.20	6.21
2012	4060754	1037303	16131559	25.17	6.43
2013	3948217	1244956	18102413	21.81	6.88
2014	4674809	1523299	19777719	23.64	7.70
2015	5938067	1851917	21022500	28.25	8.81
2016	6067450	2154794	22074224	27.49	9.76
2017	6716478	2342001	24450830	27.47	9.58
2018	7215296	2533169	26601946	27.12	9.52
2019	6795136	2332261	28373558	23.95	8.22

9-5 区县级财政收支

单位：万元

	财政收入	财政支出
城关区	375952	553780
七里河区	175062	318502
西固区	94206	215306
安宁区	99334	165822
红古区	69544	193381
永登县	44503	277717
皋兰县	69476	188905
榆中县	78274	341100
兰州新区	176381	430647

9-6 城乡居民人民币储蓄存款余额

单位：万元

	年末余额			年增加额		
	总计	城镇	农户	总计	城镇	农户
1987		134603	16491			4540
1988		154610			20007	3691
1989	239247	215032			60422	4033
1990	313850	282550		74603	67518	7085
1991	409783	369398		95933	86848	9085
1992	553872	501435	52437	144089	132037	12052
1993	716426	645629	70769	162554	144194	18332
1994	966770	874658	92112	250344	229029	21343
1995	1371564	1254593	116971	404794	379935	24859
1996	1726708	1578672	148036	355144	324079	31065
1997	1952386	1781451	170935	225678	202779	22899
1998	2339629	2146265	193364	387243	364814	22429
1999	2641568	2432391	209177	301939	286126	15813
2000	2979869	2750275	229524	338301	317884	20347
2001	3435122	3188167	246955	455253	437892	17431
2002	3942836	3659052	283784	507714	470885	36829
2003	4683830	4368966	314864	740994	709914	31080
2004	5254624	4904195	350429	570794	535229	35565
2005	5817105	5411754	405351	562481	507559	54922
2006	6877518	6394031	483487	1060413	982277	78136
2007	7105169	6496569	608600	227651	102538	125113
2008	9071007	8238267	832740	1965838	1741698	224140
2009	10899721	9756259	1143462	1828714	1517992	310722
2010	12959451	11447080	1512371	2059730	1690821	368909
2011	14801626	12874600	1927026	1842175	1427520	414655
2012	17431811	15155843	2275968	2630185	2281243	348942
2013	20215573	17164666	3050907	2783762	2008823	774939
2014	22629407	19127978	3501429	2413834	1963312	450522
2015	24772602	20789312	3983290	2143194	1673152	470042
2016	26475755	21533332	4942423	1703153	744020	959133
2017	27269741	21725267	5544474	793986	191935	602051
2018	29169405	23172783	5996622	1899664	1447516	452148
2019	35944824	29791457	6153367	3244664	3037695	206969

9-7 金融机构人民币信贷收支表

单位：万元

	2019
一、各项存款	88344650
（一）境内存款	88255724
1.住户存款	35711760
（1）活期存款	10490175
（2）定期及其他存款	25221585
2.非金融企业存款	31304565
（1）活期存款	19589112
（2）定期及其他存款	11715453
3.机关团体存款	16212215
4.财政性存款	807115
5.非银行业金融机构存款	4220069
（二）境外存款	88926
二、金融债券	1767931
其中：境外发行	
三、卖出回购资产	32900
四、借款及非银行业金融机构拆入	320058
五、联行往来（净）	42971284
六、应付及暂收款	2804884
七、各项准备	4049995
八、所有者权益	8604989
其中：实收资本	3727653
九、其他	2273842

注：2015年中国人民银行总行对金融机构人民币信贷收支表表式及统计指标口径进行了调整。

9-7 金融机构人民币信贷收支表（续一）

单位：万元

	2019
一、各项贷款	120285106
（一）境内贷款	120150683
1.住户贷款	17375026
（1）短期贷款	4117552
消费贷款	2200139
经营贷款	1917413
（2）中长期贷款	13257474
消费贷款	11426602
经营贷款	1830872
2.非金融企业及机关团体贷款	102765657
（1）短期贷款	19497497
（2）中长期贷款	68685850
（3）票据融资	9085260
（4）融资租赁	5102459
（5）各项垫款	394590
3.非银行业金融机构贷款	10000
（二）境外贷款	134424
二、债券投资	15940062
其中：境外债券	
三、股权及其他投资	11132659
四、买入返售资产	764511
五、存放非银行业金融机构款项	10
六、联行往来（净）	
其中：境内存放二级准备金	1135072
七、金银占款	
八、中央银行外汇占款	
九、应收及预付款	1758383
十、投资性房地产	632
十一、固定资产	1289169

注：2015年中国人民银行总行对金融机构人民币信贷收支表表式及统计指标口径进行了调整。

9-8 金融机构本外币信贷收支表

单位：万元

	2019
一、各项存款	88755045
（一）境内存款	88655734
1.住户存款	35944824
（1）活期存款	10611690
（2）定期及其他存款	25333134
2.非金融企业存款	31415987
（1）活期存款	19691997
（2）定期及其他存款	11723990
3.机关团体存款	16266939
4.财政性存款	807115
5.非银行业金融机构存款	4220868
（二）境外存款	99311
二、金融债券	1767931
其中：境外发行	
三、卖出回购资产	32900
四、借款及非银行业金融机构拆入	409614
五、联行往来（净）	44707238
六、应付及暂收款	2836422
七、各项准备	4301448
八、所有者权益	8673323
其中：实收资本	3727653
九、其他	2572457

注：1.本表统计机构包括人民银行、国家开发银行、进出口银行、农业发展银行、工商银行、农业银行、中国银行、建设银行、交通银行、中信银行、光大银行、华夏银行、招商银行、浦发银行、兴业银行、民生银行、浙商银行、邮储银行、甘肃银行、兰州银行、农村商业银行、农村合作银行、农村信用社、村镇银行、财务公司、信托投资公司、金融租赁公司等。

2.本表并表统计汇率采用即期期末汇率。

9-8 金融机构本外币信贷收支表（续一）

单位：万元

	2019
一、各项贷款	122728314
（一）境内贷款	121257883
1.住户贷款	17377145
（1）短期贷款	4119013
消费贷款	2201601
经营贷款	1917413
（2）中长期贷款	13258132
消费贷款	11426940
经营贷款	1831192
2.非金融企业及机关团体贷款	103870738
（1）短期贷款	20053419
（2）中长期贷款	69235010
（3）票据融资	9085260
（4）融资租赁	5102459
（5）各项垫款	394590
3.非银行业金融机构贷款	10000
（二）境外贷款	1470431
二、债券投资	16343331
其中：境外债券	
三、股权及其他投资	11132659
四、买入返售资产	764511
五、存放非银行业金融机构款项	26494
六、联行往来（净）	
其中：境内存放二级准备金	1135493
七、金银占款	
八、中央银行外汇占款	
九、应收及预付款	1771268
十、投资性房地产	632
十一、固定资产	1289169

注：1.本表统计机构包括人民银行、国家开发银行、进出口银行、农业发展银行、工商银行、农业银行、中国银行、建设银行、交通银行、中信银行、光大银行、华夏银行、招商银行、浦发银行、兴业银行、民生银行、浙商银行、邮储银行、甘肃银行、兰州银行、农村商业银行、农村合作银行、农村信用社、村镇银行、财务公司、信托投资公司、金融租赁公司等。

2.本表并表统计汇率采用即期期末汇率。

主要统计指标解释

财政收入 指国家财政参与社会产品分配所取得的收入，是实现国家职能的财力保证。财政收入所包括的内容几经变化，目前主要包括：

（1）各项税收：包括增值税、营业税、消费税、土地增值税、城市维护建设税、资源税、城市土地使用税、印花税、个人所得税、企业所得税、关税、农牧业税和耕地占用税等。

（2）专项收入：包括征收排污费收入、征收城市水资源费收入、教育费附加收入等。

（3）其他收入：包括基本建设贷款归还收入、基本建设收入、捐增收入等。

（4）国有企业亏损补贴：这项为负收入，冲减财政收入。

财政支出 国家财政将筹集起来的资金进行分配使用，以满足经济建设和各项事业的需要，主要包括：

（1）一般公共服务支出：反映政府提供一般公共服务的支出。

（2）外交支出：反映政府外交事务支出。包括外交行政管理，驻外机构、对外援助、国际组织、对外合作与交流、外界勘界联检等方面的支出。人大、政协、政府及所属各总部门（除国家领导人、外交部门）的出国费、招待费列相关功能科目。不在本科目反映。

（3）国防支出：反映政府用于现役部队、国防后备力量、国防动员等方面的支出。

（4）公共安全支出：反映政府维护社会公共安全方面的支出。有关事务包括武装警察、公安、国家安全、检察、法院、司法行政、监狱、劳教、国家保密。

（5）教育支出：反映政府教育事务支出。有关具体事务包括教育行政管理、学前教育、小学教育、初中教育、普通高中教育、普通高等教育、初等职业教育、中专教育、技校教育、职业高中教育、高等职业教育、广播电视教育、留学生教育、特殊教育、干部继续教育、教育机关服务等。

（6）科学技术支出：反映用于科学技术方面的支出。

（7）文化体育与传媒支出：反映政府在文化、文物、体育、广播影视、新闻出版等方面的支出。

（8）社会保障和就业支出：反映政府在社会保障与就业方面的支出。有关事项包括社会保障和就业管理事务、民政管理事务、财政对社会保险基金的补助、补充全国社会保障基金、行政事业单位离退休、企业关闭破产补助、就业补助、城市居民最低生活保障、其他城镇社会救济、自然灾害生活救助、红十字事务等。

（9）社会保险基金支出：反映政府由社会保险基金列支的各项支出，包括基本养老保险基金支出、失业保险基金支出、基本医疗保险基金支出、工伤保险基金支出等。特别说明：在将社会保险基金包括在内的统计政府支出时，应将财政对社会保险基金的补助以及由财政承担的社会保险缴款予以扣除，以免重复计算。

（10）医疗卫生支出：反映政府医疗卫生方面的支出。具体包括医疗卫生管理事务支出、医疗服务支出、医疗保障支出、疾病预防控制支出、卫生监督支出、妇幼保健支出、农村卫生支出等。

（11）环境保护支出：反映政府环境保护支出。具体包括：环境保护管理事务支出、环境监测与监察支出、污染治理支出、自然生态保护支出、天然林保护工程支出、退牧还草支出、已垦草原退耕还草支出等。

（12）城乡社区事务支出：反映政府城乡社区事务支出。具体包括：城乡社区事务管理支出、城乡社区规划与管理支出、城乡社区公共设施支出、城乡社区住宅支出、城区社区环境卫生支出、建设市场管理与监督支出等。

（13）农林水事务：反映政府农林水事务支出。具体包括：农林支出、林业支出、水利支出、扶贫支出、农业综合开发支出等。

（14）交通运输：反映政府交通运输方面的支出。包括公路运输支出、水路运输支出、铁路运输支出、民用航空运输支出等。

（15）工业商业金融等事务支出：反映政府工业、商业、金融等事务支出。具体包括：采掘业支出、制造业支出、建筑业支出、电力支出、邮政电信支出、旅游业支出、涉外发展支出、粮油事务支出、商业流通事务支出、安全生产支出、国有资产监管支出、中小企业发展支出、清洁生产支出等。

（16）其他支出：反映不能划分到上述功能科目的其他政府支出。

（17）转移性支出：反映政府的转移支付以及不同性质资金之间的调拨支出。

信贷资金 指金融机构以信用方式积聚和分配的货币资金。金融机构信贷资金的来源有各项存款、对国际金融机构负债、流通中货币、银行自有资金及当年结益等；信贷资金的运用有各项贷款、黄金占款、外汇占款、财政借款及在国际金融机构中的资产等。

存款 指企业、机关、团体或居民根据资金必须收回的原则，把货币资金存入银行或其他信用机构保管并取得一定利息的一种信用活动形式。根据存款对象的不同可划分为企业存款、财政存款、机关团体存款、基本建设存款、城镇储蓄存款、农村存款等科目。它是银行信贷资金的主要来源。

贷款 指银行或其他信用机构根据资金必须归还的原则，按一定利率，为企业、个人等提供资金的一种信用活动形式。我国银行贷款分为流动资金贷款、固定资产贷款、城乡个体工商户贷款以及农业贷款等科目。

十、劳动、工资

10-1 城镇非私营单位从业人员劳动报酬和在岗职工工资

单位：万元

	单位从业人员工资总额	在岗职工工资总额			
			国有单位	城镇集体单位	其他
工资总额	6095130	5328717	2822044	57679	2448995
按国民经济行业分					
农、林、牧、渔业	4076	3810	3576	49	186
采矿业	79146	76056			76056
制造业	758858	720293	71392	503	648398
电力、热力、燃气及水生产和供应业	459282	437058	373225		63834
电力、热力生产和供应业	428927	407672	372983		34690
燃气生产和供应业	14120	13821			13821
水的生产和供应业	16235	15565	242		15323
建筑业	885618	524731	69614	5472	449646
房屋建筑业	519625	296041	35529	1948	258564
批发和零售业	203884	193003	5822	1579	185601
批发业	75403	72901	4447	984	67470
零售业	128481	120102	1376	594	118132
交通运输、仓储和邮政业	212882	185948	17247	7	168694
道路运输业	127564	123002	4695	7	118300
住宿和餐饮业	51094	39295	10284	658	28353
住宿业	37844	29272	10284	552	18435
餐饮业	13250	10023		106	9918
信息传输、软件和信息技术服务业	172439	168176	25092		143085
电信、广播电视和卫星传输服务	135810	132410	25092		107318
金融业	243397	197125	63239		133886
房地产业	166892	125092	3161	1858	120073
租赁和商务服务业	116404	93671	16150	9925	67596
科学研究、技术服务业	447232	414415	214758	699	198958
研究和试验发展	80694	77941	52634	499	24808
专业技术服务业	345455	316149	148883	200	167066
水利、环境和公共设施管理业	134559	109279	90726	780	17773
居民服务、修理和其他服务业	4639	3481	1336	134	2011
教育	862086	838816	733911	27097	77808
卫生和社会工作	404883	370031	334246	6364	29421
卫生	396731	362835	328330	6311	28194
文化、体育和娱乐业	87711	80121	46041	2033	32047
新闻和出版业	30111	29702	7780		21922
广播、电视、电影和影视录音制作业	22997	17996	14234		3762
文化艺术业	26544	24918	18930		3955
公共管理、社会保障和社会组织	800050	748318	742226		5571

注：自2019年起，本表不包含铁路民航数据。（按照国家统一方案执行，铁路局数据国家不返到市州一级）

10-2 城镇非私营单位从业人员平均劳动报酬和在岗职工平均工资

单位：元

	单位从业人员平均劳动报酬	在岗职工平均工资	国有单位	城镇集体单位	其他
职工平均工资	**83542**	**88393**	**101541**	**64758**	**77677**
按国民经济行业分组					
农、林、牧、渔业	101388	116975	132070	81167	37878
采矿业	70780	78159			78159
制造业	86403	87782	90982	34432	87554
电力、热力、燃气及水生产和供应业	84871	85237	84757		88260
电力、热力生产和供应业	85277	85632	84764		96783
燃气生产和供应业	93139	93139			93139
水的生产和供应业	70557	71196	75676		71127
建筑业	60659	66305	58419	49741	69405
房屋建筑业	60481	63442	62200	41926	64161
批发和零售业	60493	61524	59504	46710	61749
批发业	69070	70226	69048	54387	70596
零售业	56383	57271	41155	37860	57668
交通运输、仓储和邮政业	70286	70504	75744	36000	69947
道路运输业	69742	69699	74114	36000	69513
住宿和餐饮业	45779	49853	52429	36586	49496
住宿业	53323	53527	52429	34742	54692
餐饮业	32604	41191		45750	41138
信息传输、软件和信息技术服务业	80942	81055	57354		87706
电信、广播电视和卫星传输服务	75354	75372	57354		81658
金融业	96559	105183	108209		103824
房地产业	54293	54704	63799	42519	54713
租赁和商务服务业	53761	55710	51944	37932	61207
科学研究、技术服务业	118679	121204	117230	55575	126086
研究和试验发展	107779	108875	110951	69233	105802
专业技术服务业	123522	126732	120999	37111	132356
水利、环境和公共设施管理业	63905	70772	74799	56514	56103
居民服务、修理和其他服务业	59621	60261	101253	53640	43276
教育	120718	128009	129709	105332	122066
卫生和社会工作	106302	112817	115644	105361	89926
卫生	106916	113369	116318	105533	89321
文化、体育和娱乐业	81342	84175	90539	63149	77070
新闻和出版业	88613	89532	95437		87600
广播、电视、电影和影视录音制作业	81261	82595	87482		64309
文化艺术业	79141	84617	96181	63149	59744
公共管理、社会保障和社会组织	104987	113111	113692	32824	81165

10-3 城镇非私营在岗职工平均工资及指数

	平均货币工资（元）				指数（上年=100）			
	合计	国有单位	城镇集体单位	其他单位	合计	国有单位	城镇集体单位	其他单位
1979	834	839	632		110.32	107.56	109.34	
1980	872	912	674		104.56	108.7	106.65	
1981	908	935			104.13	102.52	99.7	
1982	939	972			103.41	103.96	101.64	
1983	987	1025		562	105.11	105.45	103.51	
1984	1226	1256		665	124.21	122.54	140.59	118.33
1985	1388	1433	1088	829	113.21	114.09	109.46	124.66
1986	1562	1634	1105	1827	112.54	114.03	101.56	220.39
1987	1700	1773	1222	1831	108.83	108.51	110.59	100.22
1988	2010	2081	1531	2331	118.24	117.31	125.29	127.31
1989	2248	2332	1706	2472	111.84	112.06	111.43	106.05
1990	2507	2618	1866	2928	111.52	112.26	109.38	118.45
1991	2664	2799	2058	2746	106.26	106.91	110.29	93.78
1992	3031	3216	2289	3078	113.78	114.9	111.22	112.09
1993	3241	3434	2462	3109	106.93	106.78	107.56	101.01
1994	4618	4849	3588	5039	142.49	141.21	145.74	162.08
1995	5564	5776	4336	7785	120.49	119.12	120.85	154.49
1996	6188	6402	4981	8176	111.21	110.84	114.88	105.02
1997	6578	6820	5085	8712	106.3	106.53	102.09	106.56
1998	6828	6971	5785	7454	103.8	102.21	113.77	85.56
1999	7836	8071	6466	8031	114.76	115.78	111.77	107.74
2000	9147	9239	8622	9257	116.73	114.47	133.34	115.27
2001	10452	10608	8124	11266	114.27	114.82	94.22	121.7
2002	11861	12412	7558	11610	113.48	117.01	93.03	103.05
2003	13489	13860	9056	13664	113.73	111.67	119.82	117.69
2004	14854	15363	9289	13713	110.12	110.84	102.57	100.36
2005	16960	17839	11386	15209	114.18	116.12	122.58	110.91
2006	19090	21276	13598	16244	112.56	119.27	119.43	106.81
2007	22569	25081	13570	19666	118.22	117.88	99.79	121.07
2008	26118	28506	17547	22914	115.73	113.66	129.31	116.52
2009	28995	32260	20504	23393	111.02	113.17	116.85	102.09
2010	33966	36978	25891	28947	117.14	114.62	126.27	123.74
2011	38965	41816	31636	33858	114.72	113.08	122.19	116.97
2012	44492	48081	33889	38538	114.18	114.98	107.12	113.82
2013	48017	52375	34370	44514	107.92	108.93	101.42	115.51
2014	54005	60571	37996	48810	112.47	115.65	110.55	109.65
2015	60330	70847	42259	53178	111.71	116.97	111.22	108.95
2016	67011	77889	42327	56189	111.07	109.94	100.16	105.66
2017	72286	85128	52332	60394	107.87	109.29	123.64	107.48
2018	85575	95484	62247	75527	118.38	112.17	118.95	125.06
2019	88393	101541	64758	77677	103.29	106.34	104.03	102.85

主要统计指标解释

职工工资总额 指各单位在一定时期内直接支付给本单位全部职工的劳动报酬总额。工资总额的计算原则应以直接支付给职工的全部劳动报酬为根据。各单位支付给职工的劳动报酬以及其他根据有关规定支付的工资，不论是计入成本的还是不计入成本的，不论是按国家规定列入计征奖金税项目的，还是未列入计征奖金税项目的，不论是以货币形式支付的还是以实物形式支付的，均包括在工资总额内。

职工平均工资 指企业、事业、机关单位的职工在一定时期内平均每人所得的货币工资额。它表明一定时期职工工资收入的高低程度，是反映职工工资水平的主要指标。计算公式为：

职工平均工资=报告期实际支付的全部职工工资总额/报告期全部职工平均人数

城镇单位从业人员劳动报酬 指各单位在一定时期内直接支付给本单位全部从业人员的劳动报酬总额。包括在岗职工工资总额和其他从业人员的劳动报酬总额。

十一、教育、科技文化

11-1 平均每万人在校学生数

单位：人

年份	平均每万人口中在校学生数		
	大学生	中学生	小学生
1957	63	196	1184
1962	82	189	
1965	63	258	
1970	65	617	
1975	40	747	
1978	53	853	1819
1979	58	790	1778
1980	71	749	1724
1981	82	643	1577
1982	67	662	1458
1983	70	699	1297
1984	83	705	1252
1985	100	720	1197
1986	117	728	1123
1987	117	692	1057
1988	121	636	1002
1989	118	560	981
1990	112	533	952
1991	108	525	925
1992	113	518	933
1993	132	484	900
1994	130	472	1004
1995	144	484	1029
1996	148	500	1058
1997	153	507	1083
1998	160	519	1078
1999	186	544	1042
2000	249	586	1002
2001	308	634	961
2002	688	655	917
2003	660	682	877
2004	526	726	842
2005	580	688	810
2006	537	709	803
2007	546	687	794
2008	622	645	728
2009	1049	628	684
2010	1103	615	673
2011	1158	580	646
2012	1210	573	633
2013	1468	562	631
2014	1497	554	633
2015	1494	528	646
2016	1501	516	656
2017	1558	509	670
2018	1627	503	688
2019	1644	497	705

11-2　各类学校基本情况

单位：人

	学校（所）	毕业生数	招生数	在校学生数	教职工数	专任教师数
普通高等学校	23	73427	153653	486557	25221	18370
普通中等专业学校	40	10627	10072	27943	2072	1626
中等技术学校						
中等师范学校						
普通中学	206	55069	55817	165063	17833	16560
高中	64	22588	20560	63034	8661	7808
初中	142	32481	35257	102029	9172	8752
中等职业学校	12	1272	1991	4778	599	482
技工学校						
小学	507	35527	43425	233858	14683	14439
特殊教育学校	6	92	203	619	306	211
幼儿园	877	43704	41899	120223	16026	8781
成人中等专业学校	6	1036	1043	2251	114	60
成人高等学院	4	2743	3349	7739	466	347
民办高等院校	7	13333	12533	51309	3887	2908

11-3　各类学校女生和女教师数

单位：人

	2010	2011	2012	2013	2014	2015	2016	2017	2018	2019
女生数										
普通中学	96392	91122	89978	88235	86390	82547	81601	80808	80546	80230
职业中学	7530	8002	7346	1655	776	1364	1432	1701	2033	2164
小学	101854	97821	95288	94906	95080	97198	98990	101703	105868	109517
女学生占学生总数（%）										
普通中学	48.46	48.62	48.83	48.86	48.47	48.53	48.88	48.89	48.8	48.61
职业中学	56.43	56.6	56.89	53.96	51.56	47.63	46.74	51	46.44	45.37
小学	46.8	46.84	46.77	46.81	46.73	46.73	46.69	46.7	46.84	46.83
女教师										
普通中学	6990	7069	7650	7273	7539	7566	7722	7761	9727	10289
职业中学	528	525	473	172	174	211	194	198	317	283
小学	8812	9022	8915	8890	9092	9134	9569	10036	9468	10396
女教师占教师数（%）										
普通中学	50.61	51.51	50.5	52.24	53.17	54.18	55.18	55.89	56.67	57.70
职业中学	58.8	54.92	53.57	47.12	47.54	54.81	55.91	55.62	49.07	47.25
小学	61.41	61.65	61.99	62.5	63.76	64.85	66.61	68.4	69.01	70.80

11-4 分区县学校基本情况

	兰州市	城关区	七里河区	西固区	安宁区	红古区	永登县	皋兰县	榆中县	兰州新区
小学										
学校个数（个）	507	83	61	33	20	23	117	24	101	45
在校学生数（个）	233858	78465	37232	22224	20843	9559	20166	6641	25176	13552
招生数（人）	43425	14575	6990	4060	4117	1702	3203	1200	4533	3045
毕业生数（人）	35527	12105	5862	3761	2755	1597	3338	1138	3512	1459
专任教师数（人）	14439	3718	2267	1345	1052	538	1885	665	1853	1116
小学学龄人口入学率（%）	100	100	100	100	100	100	100	100	100	100
普通中学										
学校个数（个）	206	52	22	25	13	9	32	13	30	10
初中在校学生数（人）	102029	35092	14350	10416	8684	4535	9592	3556	11049	4755
招生数（人）	35257	12341	5034	3613	3131	1545	3157	1144	3596	1696
毕业生数（人）	32481	11009	4434	3331	2619	1473	3418	1238	3656	1303
初中学龄人口入学率（%）	100	100	100	100	100	100	100	100	100	100
高中在校学生数（人）	63034	19360	6017	9017	5355	2571	6531	2589	7058	4536
招生数（人）	20560	6684	1890	3000	1770	809	1889	700	2211	1607
毕业生数（人）	32481	11009	4434	3331	2619	1473	3418	1238	3656	1303
普通中学专任教师数（人）	16560	4980	1945	2113	1182	905	1752	804	1993	886
特殊教育学校										
学校个数（个）	6	2	1	0	0	0	1	0	1	1
在校学生数（人）	619	333	112	28	25	19	62	4	36	0
毕业生数（人）	92	64	0	0	0	1	21	0	6	0
幼儿园										
园数（所）	877	299	149	85	71	20	82	26	86	59
班数（个）	4862	1623	770	461	425	136	475	165	500	307
幼儿数（人）	120223	40660	19057	11204	11169	4617	9219	3536	12693	8068
教职员工数（人）	16026	6193	2670	1732	1630	458	798	341	1254	950

11-5 科技成果情况

	2000	2010	2011	2012	2013	2014	2015	2016	2017	2018	2019
基本情况（项）	106	714	674	809		334	538	864	782	781	1026
鉴定项目数	41	704	674	709	501	34	78	81	24	26	15
登记项目数	41	714	659	809	479	334	538	864	782	781	1026
奖励项目数	24		156	136	59			198			
成果水平（项）	41	714	662	721		222	379	495	380	467	521
国际领先	2	9	11	11	2	4	5	2	1	11	9
国际先进	3	111	121	132	34	12	18	2	1	28	15
国内领先	11	501	459	490	261	16	48	10	26	39	14
国内先进	16	91	71	77	68	3	7	5	10	32	28
其他	9	7	0	11	114	187	301	476	342	357	415
应用领域（项）	21	273	181	190		121	194	240	157	215	220
工业（交通、邮电、建筑、地质）	15	74	58	49	101	33	56	54	35	37	59
农业（林、牧、渔）	6	199	123	141	75	88	138	186	122	178	161

11-6 专利申请及授权情况

单位：项

	申请量						授权量					
	2014	2015	2016	2017	2018	2019	2014	2015	2016	2017	2018	2019
总计	**4288**	**5703**	**7488**	**7793**	**10708**	**13728**	**2139**	**2914**	**3505**	**4244**	**5206**	**6358**
按种类分												
发明专利	2071	2416	3083	2560	3242	4287	589	848	867	907	893	840
实用新型	2059	3019	4002	4783	7034	8844	1392	1930	2334	2988	4001	5099
外观设计	158	268	403	450	432	597	158	136	304	349	312	419
按对象分												
大专院校	1045	1314	2559	2886	3533	4162	554	814	1153	1550	1938	2119
科研单位	766	1180	1281	1202	1280	1317	354	653	679	658	592	672
工矿企业	870	1156	1498	1797	2472	4547	679	764	826	1065	1481	1992
机关团体	85	106	160	236	555	5750	78	77	94	123	208	437
个人	1522	1947	1982	1672	2868	2952	474	606	753	848	987	1138

11-7 图书、杂志、报刊出版数量

	2010	2011	2012	2013	2014	2015	2016	2017
图书出版								
种数（种）	1311	1350	1410	2906	2410	3412	3508	3209
出版（种）	1268	1297	1350	1520	1319	2161	2165	1998
总印数（万册）	9260	9502	9350	6573	5312	6650	7576	7288
总印张（千印张）	612100	613510	612820	573771	455834	566554	613445	540109
杂志出版								
种数（种）	134	135	134	133	133	131	131	131
总印数（万册）	13890	13920	13910	11038	10871	9672	9561	8769
总印张（千印张）	589900	590100	589996	559045	542126	525365	520776	476353
报纸出版								
种数（种）	68	68	68	61	61	61	61	61
总印数（万份）	48686	48720	48700	51548	50982	50828	50207	47025
总印张（千印张）	924000	924600	924650	1103325	1060569	1044639	1037892	844918

11-8 文化事业基本情况

	2000	2010	2011	2012	2013	2014	2015	2016	2017	2018	2019
文化事业机构数（个）	**28**	**16**	**16**	**31**	**31**	**32**	**32**	**32**	**55**	**48**	**47**
文化部门	28	16	16	31	31	32	32	32	55	48	47
文化事业人员数（人）	**1159**	**1187**	**1187**	**1113**	**1113**	**1167**	**1167**	**1277**	**1340**	**1167**	**1218**
文化部门	1159	1187	1187	1113	1113	1167	1167	1277	1340	1167	1218
各类文化艺术事业单位数（个）	**28**	**16**	**16**	**31**	**31**	**32**	**32**	**32**	**43**	**32**	**32**
文化馆、艺术馆	1	9	9	9	9	9	9	9	9	9	9
公共图书馆	1	8	8	8	8	8	8	8	8	8	8
博物馆	2	4	6	9	9	10	11	11	11	12	12
电影院	20	7	8	12	18	0	0	31	34	36	43
艺术表演场所	2	2	1	1	1	1	1	2	2	2	2
艺术表演团体	4	4	4	4	4	4	4	1	1	1	1

11-9 广播电视事业基本情况

	2010	2011	2012	2013	2014	2015	2016	2017	2018	2019
广播电台（座）	1	1	1	1	1	1	1	1	1	1
中短波广播发射和转播台（座）	1	1	1	1	1	1	1	1	1	1
中短波广播发射功率（千瓦）	10	10	10	10	10	10	10	10	10	10
发射台及转播台（座）	15	8	9	9	9	9	9	9	9	9
发射机功率（千瓦）	26.31	25	28	28	28	28	28	28	28	33
节目（套）	6	3	3	3	3	3	3	3	3	3
广播电台平均每日播出时间(时、分)		19:25:00			19:10:00	19:10:00	19:10:00	19:10:00	19:10:00	19:10:00
制作广播节目（小时）										
新闻节目	2:00	2:50	2:20:00	2:40:00	2:30:00	2:40:00	2:40:00	2:40:00	2:20:00	5:30:00
专题节目	3:00:00	2:30:00	2:30:00	3:30:00	3:50:00	3:50:00	3:50:00	3:50:00	3:20:00	4:50:00
教育节目	5:00:00	1:00:00	1:00:00	1:00:00	1:00:00	1:00:00	1:00:00	1:00:00	0:50:00	0:20:00
文艺节目	4:00:00	8:00:00	8:00:00	8:00:00	8:00:00	8:00:00	8:00:00	8:00:00	8:50:00	23:50:00
服务节目	11:00:00	8:00:00	11:00:00	10:00:00	11:00:00	11:00:00	11:00:00	11:00:00	11:00:00	13:30:00
县广播电视台（座）	3	7								
广播人口覆盖率（%）	98.27	98.56	98.58	98.6	98.6	98.6	99.64	99.64	87	90
电视台（座）		1	1	1	1	1	1	1	1	1
发射台及转播台（座）	8	1	1	9	9	9	9	9	9	9
发射机功率（千瓦）	26.5	20	20	20	20	20	20	20	20	20
节目（套）	8	4	4	4	4	4	4	4	4	4
电视台平均每日播出时间（时、分）	11:00	24:00:00	24:00:00	19:00:00	19:00:00	19:00:00	19:00:00	19:00:00	19:00:00	19:00:00
制作电视节目（小时）										
新闻节目	2:00:00	2:45:00	3:12:00	3:30:00	3:10:00	3:10:00	3:10:00	3:10:00	3:00:00	3:20:00
专题节目	3:00:00	1:05:00	1:07:00	1:05:00	1:00:00	1:00:00	1:00:00	1:00:00	1:00:00	2:40:00
文艺节目	4:00:00	0:50:00		1:20:00	0:30:00	0:30:00	0:30:00	0:30:00	0:28:00	0:20:00
服务节目	11:00:00	2:35:00	3:00:00	2:50:00	2:50:00	2:50:00	2:50:00	2:50:00	2:20:00	0:30:00
电视人口覆盖率（%）	98.55	98.55	98.55	98.55	98.55	98.55	99.7	99.7	99.7	99.75

11-10　文化产业基本情况

单位：亿元、人、%

	2010	2011	2012	2013	2014	2015	2016	2017	2018
文化产业增加值	19.70	24.89	32.85	40.79	50.22	48.17	56.71	63.76	70.76
文化产业增加值占GDP比重	1.79	1.83	2.10	2.23	2.51	2.30	2.50	2.53	2.59
文化产业法人单位机构数	871	918		2584	3283	3171	3194		5014
从业人员	22856	30526		46491	49709	48513	54301		42010
资产总计	152.98	122.08		198.53	230.69	213.53	236.48		546.1

主要统计指标解释

普通高等学校 指按照国家规定的设置标准和审批程序批准举办，通过国家统一招生考试，招收高中毕业生为主要培养对象，实施高等教育的全日制大学、独立设置的学院和高等专科学校、短期职业大学。

成人高等学校 指按照国家有关规定审批，招收通过全国成人高教统一招生考试的具有高中毕业或同等学历的在职从业人员，利用脱产、半脱产、业余或函授等多种形式对其实施高等学历教育，培养高等教育专科或本科毕业水平的专门人才，修业年限、课程设置和总学时数均按高等学历教育要求付诸实施的学校。包括广播电视大学、职工高等学校、农民高等学校、管理干部学院、教育学院、独立设置的函授学院等。

小学学龄儿童入学率 指调查范围内已入学学习的学龄儿童占校内外学龄儿童总数（包括弱智儿童，不包括盲聋哑儿童）的比重。计算公式为：

小学学龄儿童入学率＝已入学的小学学龄儿童数／校内外小学学龄儿童总数×100%

科技活动 指在自然科学、农业科学、医药科学、工程与技术科学、人文与社会科学领域（简称科学技术领域）中，与科技知识的产生、发展、传播和应用密切相关的有组织的活动。可分为研究与试验发展（R&D）、研究与试验发展成果应用及相关的科技服务三类活动。

科技活动人员 指直接从事科技活动、以及专门从事科技活动管理和为科技活动提供直接服务的人员。累计从事科技活动的实际工作时间占全年制度工作时间10%及以上的人员。（1）直接从事科技活动的人员包括：在独立核算的科学研究与技术开发机构、高等学校、各类企业及其他事业单位内设的研究室、实验室、技术开发中心及中试车间（基地）等机构中从事科技活动的研究人员、工程技术人员、技术工人及其它人员；虽不在上述机构工作，但编入科技活动项目（课题）组的人员；科技信息与文献机构中的专业技术人员；从事论文设计的研究生等。（2）专门从事科技活动管理和为科技活动提供直接服务的人员包括：独立核算的科学研究与技术开发机构、科技信息与文献机构、高等学校、各类企业及其他事业单位主管科技工作的负责人，专门从事科技活动的计划、行政、人事、财务、物资供应、设备维护、图书资料管理等工作的各类人员，但不包括保卫、医疗保健人员、司机、食堂人员、茶炉工、水暖工、清洁工等为科技活动提供间接服务的人员。

科学家与工程师 指科技活动人员中具有高、中级技术职称（职务）的人员和不具有高、中级的技术职称（职务）的大学本科及以上学历人员。

专业技术人员 指从事专业技术工作和专业技术管理工作的人员，即企事业单位中已经聘任专业技术职务从事专业技术工作和专业技术管理工作的人员，以及未聘任专业技术职务，现在专业技术岗位上工作的人员。包括工程技术人员，农业技术人员，科学研究人员，卫生技术人员，教学人员，经济人员，会计人员，统计人员，翻译人员，图书资料、档案、文博人员，新闻出版人员，律师、公证人员，广播电视播音人员，工艺美术人员，体育人员，艺术人员及企业政治思想工作人员，共十七个专业技术职务类别。

科技活动经费筹集 指从各种渠道筹集到的计划用于科技活动的经费，包括政府资金、企业资金、事业单位资金、金融机构贷款、国外资金和其他资金等。

政府资金 指从各级政府部门获得的计划用于科技活动的经费，包括科学事业费、科技三项费、科研基建费、科学基金、教育等部门事业费中计划用于科技活动的经费以及政府部门预算外资金中计划用于科技活动的经费等。

企业资金 指从自有资金中提取或接受其他企业委托的，科研院所和高校等事业单位接受企业委托获得的，计划用于科研和技术开发的经费。不包括来自政府、金融机构及国外的计划用于科技活动的资金。

金融机构贷款 指从各类金融机构获得的用于科技活动的贷款。

科技活动经费内部支出 指报告年内用于科技活动的实际支出包括劳务费、科研业务费、科研管理费，非基建投资购建的固定资产、科研基建支出以及其他用于科技活动的支出。不包括生产性活动支出、归还贷款支出及转拨外单位支出。

劳务费 指以货币或实物形式直接或间接支付给从事科技活动人员的劳动报酬及各种费用。包括各种形式的工资、津贴、奖金、福利、离退休人员费用、人民助学金等。

固定资产购建费 指报告年内使用非基建投资购建的固定资产和用于科研基建投资的实际支出额，即固定资产实际支出和科研基建投资实际完成额之和。固定资产是指长期使用而不改变原有实物形态的主要物资设备、图书资料、实验材料和标本以及其他设备和家具、房屋、建筑物。

新产品 指采用新技术原理、新设计构思研制、生产的全新产品，或在结构、材质、工艺等某一方面比原有产品有明显改进，从而显著提高了产品性能或扩大了使用功能的产品。既包括政府有关部门认定并在有效期内的新产品，也包括企业自行研制开发，未经政府有关部门认定，从投产之日起一年之内的新产品。

文化事业机构 指从事专业文化工作和为专业文化工作服务的独立建制的单位。不包括这些单位另外举办独立核算的其他机构和各部门的业余文化组织。

艺术表演团体 指从事戏曲、音乐、舞蹈、杂技等专业艺术表演，有独立帐户的单位，不包括半工半艺、半农半艺和民间职业剧团。

电影放映单位 指具有放映机器设备、固定或不固定的放映场所与专职或兼职的放映技术人员，经有关部门登记批准，经常为一定的观众对象放映电影的机构。包括经批准对外开放进行营业、并与电影发行放映管理机构分帐的专用放映单位和军委系统租片单位。

艺术表演观众人数（人次） 指售票、包场演出或民族地区免费演出的艺术表演观众人次数，不包括彩排审查和内部观摩演出的观看人次数。

十二、卫生、司法

兰州统计年鉴 2020
LANZHOU STATISTICAL YEARBOOK

12-1 卫生机构数

单位：个

年份	总计	医院	卫生院	门诊部、所	专科防治所、站	卫生防疫机构	妇幼保健所、站	医学科学研究机构
1979	758	141	85	590	3	11	9	1
1980	787	141		620	2	11	9	1
1981	827	145		653	4	11	9	1
1982	842	145		666	4	11	9	1
1983	870	145		696	4	11	9	1
1984	881	146		705	5	12	9	1
1985	839	116		685	5	9	7	1
1986	874	119	86	713	7	10	7	1
1987	903	128	87	731	8	10	7	1
1988	848	121	86	682	8	10	7	1
1989	895	125	87	723	8	10	7	1
1990	874	130	86	697	8	11	8	1
1991	882	129	86	706	7	11	8	1
1992	875	133	70	695	7	11	8	1
1993	956	151	70	755	8	13	8	2
1994	955	164	86	741	8	14	8	2
1995	957	165	85	740	8	14	8	2
1996	233	177		6	7	13	8	2
1997	243	179		153	7	13	8	2
1998	242	174		107	7	13	8	2
1999	241	170		201	7	13	8	2
2000	241	170		231	7	13	8	2
2001	238	171		194	7	13	8	2
2002	286	94	84	57	4	11	10	2
2003	295	101	84	59	3	11	10	2
2004	295	100	80	62	3	11	10	2
2005	285	99	71	86	2	11	10	2
2006	290	97	71	58	2	12	10	2
2007	1646	91	69	51	2	12	10	2
2008	1456	91	69	46	2	11	10	2
2009	1534	90	69	39	2	11	10	2
2010	2257	94	69	34	2	11	10	2
2011	2362	96	71	30	2	11	10	2
2012	2359	98	68	31	2	11	10	2
2013	2288	98	67	30	2	11	10	2
2014	2393	98	69	899	2	11	10	2
2015	2385	95	69	898	2	11	10	2
2016	2408	105	67	890	2	11	10	
2017	2464	127	67	945	2	10	10	1
2018	2211	125	67	808	2	10	10	0
2019	2277	129	67	850	2	10	10	0

注：卫生机构包括村卫生室。

12-2 卫生机构人数

单位：人

年份	总计	卫生技术人员						每千人口医生数
			医生				护师、护士	
				中医师	西医师	中、西医师		
1979	18993	13754		759	2448	2214	2657	2.58
1980	19769	14438		820	3559	1704	2930	2.84
1981	20898	15727		435	3887	2132	2696	2.99
1982	21657	16195		437	3807	2337	2829	2.97
1983	22582	16810	6994	500	4108	2386	2924	3.14
1984	23170	17329	7106	480	4000	2493	3584	3.15
1985	21468	16009	6784	522	4005	2182	3398	2.97
1986	22244	16594	6916	486	4071	2261	3519	2.96
1987	23090	17547	7403	691	4361	2255	3745	3.12
1988	23448	17949	7405	850	5444	1111	4624	3.06
1989	23680	17832	7699	988	5646	941	4942	3.12
1990	24295	18655	8326	1240	5978	969	5162	3.31
1991	24911	18964	8403	1196	5980	1080	5214	3.3
1992	25476	19467	8790	1239	6257	1151	5586	3.4
1993	27343	20906	9432	1299	6731	1105	5995	3.61
1994	27615	20923	9351	1416	6635	1137	6123	3.52
1995	28085	21344	9585	1410	6753	1240	6321	3.54
1996	24102	17581	7197	1029	5304	755	5627	2.61
1997	24378	17622	7195	1002	5288	776	5510	2.57
1998	24145	17527	7143	968	5210	857	5563	2.16
1999	23699	17125	6926	964	5124	728	5572	3.23
2000	21958	16650	6860	960	5092	705	5579	2.96
2001	21849	16778	6903	916	5203	661	5809	1.93
2002	20600	16319	6604				5996	2.19
2003	21138	16746	6818				5980	2.24
2004	20989	16485	6703				5876	2.75
2005	22387	18738	7951				6922	2.58
2006	25353	20651	8801				7310	2.82
2007	25778	20573	8890				7361	2.78
2008	25419	20721	8971				7427	2.79
2009	27312	22372	9440				8269	2.92
2010	29769	24388	10060				9195	3.11
2011	33448	26363	10745				10230	2.97
2012	34558	27914	11308				10943	3.07
2013	35326	28489	11349				11595	3.12
2014	39063	30859	12252				12967	3.34
2015	39758	30967	12354				13107	3.35
2016	40835	32153	13123				13917	3.54
2017	44089	35251	13692				16054	3.67
2018	45229	36775	13954				17112	3.72
2019	48752	39723	14337				19308	3.78

12-3 卫生机构床位数

单位：张

	总计	医院	卫生院	疗养院、所	其他卫生事业机构	每千人口医院床位数
1979	9442	8975	697	100		3.79
1980	9678	9117		100	100	3.75
1981	9895	9197		100	100	3.76
1982	10291	9678		100	100	3.81
1983	10567	9780		100	100	3.88
1984	10840	10056		100	113	3.89
1985	9711	9199	648		160	4.02
1986	10033	9395	621		159	4
1987	10508	9874	627	113	162	4.16
1988	10921	10329	616		150	1.27
1989	11303	10869	625	20	150	4.6
1990	11772	11181	645	30	150	4.5
1991	12450	11711	643	30	150	4.6
1992	12650	11990	693	30	150	4.9
1993	13552	12974				5.2
1994	13743	13219	720			5.2
1995	14098	13467	855		181	5.3
1996	13786	13589			170	4.9
1997	13857	13628			205	4.9
1998	14263	14113			150	5.9
1999	14192	13947			201	4.88
2000	14164	13862			195	4.8
2001	14373	14032			203	4.78
2002	14921	13720	1043		52	4.56
2003	15366	14484	1060		58	5.05
2004	16260	14484	1016		58	4.32
2005	14825	13303	917		871	4.79
2006	15658	13877	977		965	5
2007	17045	13624	2260			4.27
2008	24207	13071	8149			4.06
2009	21873	13728	1113			4.24
2010	25498	15788	1128			4.35
2011	25411	17292	1152			4.76
2012	27545	18734	1202			5.16
2013	23614	20281	1160			5.57
2014	24873	21577	1176			5.89
2015	22774	21230	1179			5.75
2016	26538	22822	1209			6.16
2017	29164	25382	1207			7.82
2018	30655	26886	1123			7.16
2019	31409	27532	1084			8.29

12-4 医院、卫生院诊疗人次及入院人数

	诊疗人次（万人次）	门、急诊	入院人数（万人）	每百诊次的入院人数（人）	每百门、急诊次的入院人数（人）
医院、卫生院合计	**1426.01**	**1367.14**	**85.23**	**5.77**	**4.28**
县及县以上医院合计	1339.24	1285.2	80.34	6	6.25
卫生部门	1147.58	1102.52	69.37	6.04	6.29
集体所有制	22.63	22.63	0.72	3.18	3.18
其他医院	75.83	71.86	4.42	5.83	6.15
卫生院	86.77	81.94	1.89	2.18	2.31

12-5 各区县医院、卫生院基本情况

	医院、卫生院（个）	医院、卫生院床位数（张）	医院、卫生院技术人员数（人）
兰州市	**196**	**28616**	**29617**
城关区	47	12964	15853
七里河区	29	6514	5764
西固区	17	2051	1769
安宁区	11	581	583
红古区	14	1201	901
永登县	37	2625	1949
皋兰县	9	537	687
榆中县	32	2143	2111

12-6 各区县卫生机构基本情况

	卫生机构数（个）	医院	卫生机构床位数（张）	每千人口床位数（张）	卫生机构技术人员（人）
兰州市	**2277**	**129**	**31409**	**8.29**	**39723**
城关区	474	47	13678	10.27	19503
七里河区	333	22	7786	13.35	8695
西固区	202	9	2121	5.7	2646
安宁区	192	11	794	2.76	1566
红古区	98	10	1456	10.13	1231
永登县	426	19	2791	6.22	2533
皋兰县	131	2	585	3.31	921
榆中县	421	9	2198	4.92	2628

12-7 社会福利事业单位基本情况

	院数（个）	工作人员（人）	床位（张）	收养人员（人）
社会福利事业单位	**17**	**901**	**2581**	**1408**
社会福利院	6	248	1262	641
儿童福利院	1	187	360	240
社会福利精神病院	1	192	300	245
城镇、乡村集体办养老院	**1**	**9**	**50**	**25**

12-8 工会组织情况

年份	工会基层组织数（个）	已建立工会组织的基层单位的职工与会员人数（万人）				工会专职干部人员数（人）
		职工人数	女职工	会员人数	女会员	
2001	1077	36.04		34	14.81	848
2002	997	45.14		35	15.25	839
2003	2456	30.36		35	10.88	894
2004	648	24.08		34	10.2	864
2005	3850	37.9		36.21	13.89	1316
2006	2261	42.73	18.75	39.03	17.79	978
2007	2790	51.28	19.85	39.15	19.03	299
2008	3189	60.32	23.45	48.5	22.46	850
2009	2490	64.74	23.61	62.93	23.09	1020
2010	2949	69.09	26.73	68	26.44	696
2011	3819	69.99	27.98	69.06	27.68	1045
2012	4602	71.05	29.35	70.01	29.08	1153
2013	5022	75.35	29.94	73.78	29.8	1167
2014	5387	71.67	28.36	70.01	27.97	1277
2015	5670	6654	27.14	64.88	26.78	1123
2016	5857	68.82	28	66.53	27.19	1072
2017	5982	71.05	28.77	68.84	27.95	1115
2018	6184	73.59	29.88	71.44	28.99	1095
2019	6089	74.03	29.32	72.3	28.45	906

12-9 优抚救济对象得到国家抚恤、补助、救助人员情况

	2010	2011	2012	2013	2014	2015	2016	2017	2018	2019
抚恤人数（人）	6244	7761	9400	10080	10687	11228	11812	12438	12170	12585
烈属定期抚恤人数	121	122	117	115	102	101	89	81	73	70
牺牲病故定期抚恤人数	144	130	130	138	78	77	147	148	139	132
革命伤残人员抚恤人数	2167	2130	2172	2314	2302	2340	2373	2399	2405	2495
优抚对象定补人数（人）					8141	8644	9203	9100	8839	9888
在乡复员军人	1302	779	716	629	545	463	395	338	261	232
在乡退伍军人	593	223	234	243	271	278	284	311	344	369
其他人员	1912	4377	6031	6641	22	25	40	61	109	67
社会救助对象（万人）	20.84	24.52	20.35	31.36	40.82	41.66	27.96	37.84	20.22	8.1
临时救助对象(万人次)	1.6	0.88	0.81	0.78	0.38	0.81	2.46	1.94	6.24	14.03
农村对象（人）	3997	4132	4121		96561	94300	91770	80029	63853	47100
集中供养五保户（人）	265	282	286	315	324	263	276			280
救济灾民人数（万人）	18	24.8	18	10.7	11.57	10.57	8.38	6.2	6.1	10.25
灾民生活救济费支出(万元)	1115	1494	1910	1906	2062	2139	1396.9	1191.97	1620.4	1435.35

12-10 各区县城乡居民最低生活保障情况

	城镇低保人数（人）	城镇保障资金（万元）	农村低保人数（人）	农村保障资金（万元）
兰州市	32796	19975.54	43731	11872.27
城关区	6301	4649	271	172.3
七里河区	6313	3867.18	2554	641.24
西固区	2750	1863.4	1529	525.12
安宁区	1965	1239.67	0	0
红古区	9553	4953.13	1747	533.27
永登县	1567	845.75	16093	4300.07
皋兰县	2899	1587.45	5915	1540.06
榆中县	1448	969.96	15622	4160.21

12-11 律师、公证及调解基本情况

	2010	2011	2012	2013	2014	2015	2016	2017	2018	2019
公证情况										
公证处（个）	9	9	9	9	9	9	9	9	10	10
公证员（人）	72	81	95	91	94	99	104	96	92	43
取得公证员资格	34	35	35	31	36	39	36	34	38	97
办理国内公证（件）	19277	19367	21150	17800	19704	22708	22858	24341	29183	36062
民事	10916	12347	12785	11550	12314	19338	19415	20598	22170	27202
经济合同	8361	7020	8365	6250	7390	3370	3443	3743	7013	8860
办理涉外公证（件）	5823	6783	5943	5300	5629	5520	5570	6087	7220	11086
人民调解工作										
司法助理员（人）	170	295	289	268	268	217	251	259	279	192
调解委员会（个）	1923	1937	1992	1996	1978	1947	1646	1643	1569	1475
调解人员（人）	9536	10761	11390	11570	10915	10901	8459	7369	7892	7396
调解纠纷（件）	9236	16580	23794	17517	31153	33079	35089	25164	21063	16712
律师工作										
律师事务所（个）	74	85	90	90	98	102	106	112	119	141
律师人员（人）	630	650	750	763	817	884	1036	1109	1341	1632
专职	595	611	699	715	762	840	986	1060	1229	1563
兼职	35	39	51	48	43	44	50	49	50	69

主要统计指标解释

医院 指设有固定床位，能收容病人住院并能为病人提供医疗、护理服务的医疗机构，包括县及县以上医院、农村乡卫生院和其他医院三部分。医院按所属性质不同分为卫生部门、工业及其他部门和集体经济单位三类。县及县以上医院按业务性质不同分为综合医院和专科医院。

卫生技术人员 指卫生事业机构支付工资的全部职工中现任职务为卫生技术工作的专业人员，包括中医师、西医师、中西医结合高级医师、护师、中药师、西药师、检验师、其他技师、中医士、西医生、护士、助产士、中药剂士、西药剂士、检验士、其他技士、其他中医、护理员、中药剂员、西药剂员、检验员和其他初级卫生技术人员。

医生 指经卫生部门审查合格，从事医疗工作的专业人员。分为中医医生和西医医生。包括卫生技术人员中的中医师、西医师、中西医结合高级医师、中医士、西医士和其他中医。

社会福利事业单位 指集中收养社会孤老、残、幼的机构，包括由民政部门管理的社会福利院、儿童福利院、精神病人福利院和城镇集体举办的福利院及农村集体举办的敬老院。

社会福利事业单位收养人数 包括民政部门管理和城镇、农村集体举办的社会福利事业单位中收养的老人、少年儿童、缺乏生活自理能力的残疾人员和精神病人。

社会福利企业单位 指以安置城镇有一定劳动能力的盲、聋、哑和肢体残疾人员就业为目的，享受国家减免税待遇的国有或集体企业。包括福利工厂、福利商业和服务业、假肢厂和安置农场等单位。

律师 指受聘参加法律顾问处工作，担任法律顾问、刑（民）事代理人、刑事辩护人，办理非诉讼事件、解答法律询问，代写法律事务文书等主要从事律师业务的专职法律工作者和兼职律师。

公证人员 指在国家公证机关依法办理公证事务的司法人员，包括公证员、助理公证员和在公证处工作的其他人员。

办理公证文书 指公证处在一定时期内办结的公证文书件数。公证文书按司法部规定或批准的格式制作，包括国内公证和涉外公证两部分。国内公证分为经济合同公证和民事法律关系公证两大类。

调解人员 指在人民调解委员会担负调解民间一般民事纠纷和轻微违法行为引起纠纷的工作人员，包括调解委员会的委员和调解小组的调解员。

调解民间纠纷 指调解委员会依照法律规定，根据自愿原则，用说服教育的方法调解民间发生的有关民事权利和义务的争执，促成当事双方达到协议和谅解，解决纠纷。包括婚姻家庭纠纷，财产权益纠纷等，不包括法院受理调解的民事案件数。

离休、退休、退职人员 指正式办理了离休、退休、退职手续，并享受相应的离休、退休、退职待遇的人员。

保险福利费用 指企业、事业、机关单位在工资以外实际支付给职工和离休、退休、退职人员个人以及用于集体的劳动保险和福利费用。

十三、人民生活

13-1 人民物质文化生活情况

	2000	2010	2011	2012	2013	2014	2015	2016	2017	2018	2019
就业											
每一农村劳动力负担人数（人）	2.00	2.0	2.0	2.15	1.5	1.6	1.5	1.44	1.43	1.5	1.5
每一城镇就业者负担人数（人）	1.81	2.05	2.22	2.13	2.14	1.9	1.84	1.95	1.39	1.37	1.4
城镇登记失业率（%）	1.50	3.12	2.72	1.63	1.71	1.77	1.77	2.17	2.04	2.09	3.38
收入											
农村居民人均可支配收入（元）	2005	4587	5252	6224	7114	8067	9621	10391	11305	12368	13605
城镇居民人均可支配收入（元）	5850	14062	15953	18443	20767	23030	27088	29661	32331	35014	38095
从业人员人均劳动报酬（元）	9147	33340	37754	43658	46621	51928	58967	64551	69555	82480	83542
人均消费水平（元）											
农村居民	2198	5136	5922	6063		7279	7940	8717	9442	9697	11245
城镇居民	5667	13321	14794	14168	15749	17236	20156	22893	24071	26130	27035
储蓄											
城乡居民年底储蓄存款余额（亿元）	297.99	1295.95	1480.16	1743.18	2021.56	2262.94	2477.26	2647.58	2726.97	2916.94	3594.48
平均每人储蓄存款余额（元）	10306	40052	45781	54067	62875	70356	76957	81657	83765	88804	108294
住房面积（平方米）											
农村平均每人居住面积	17.29	24.00	24.00	31.00	33.99	31.00	32.42	32.86	33	34.2	32.2
城市平均每人使用面积	12.10	18.46	18.42	19.08	22.45	33.50	34.67	36.18	36.42	41.24	40.2
交通											
城市每万人拥有出租车（辆）	55.00	20.38	20.84	20.95		20.71	22.26	29.56	29.64	31.38	31.83
城市每万人拥有公共车辆（辆）	5.00	10.21	10.31	11.95		7.56	7.42	8.64	8.6	10.1	9.37
城市公用事业											
自来水普及率（%）	94.68	94.96	94.61					82	85	90.2	90.48
用气普及率（%）	66.18	89.37	88.98	88.71	90.1	86.93	87.3	87.64	87.65	92.93	91.3
人均公共绿地面积（平方米）	2.56	8.63	8.7	8.88	10.46	10.9	9.41	9.52	12.53	13.54	13.06
文化											
城镇每百户有彩色电视机（台）	110.0	108.3	104.7	105.3	99.7	105.0	107.0	109.6	110.1	105.0	104.7
农村每百户有彩色电视机（台）	85.0	112.2	111.8	105.1	111.1	116.3	110.8	113.8	115.6	120.0	122.6
广播综合人口覆盖率（%）	97.0	98.3	98.6	98.6	98.6	98.6	99.0	99.6	99.6	87.0	99.7
电视综合人口覆盖率（%）	98.0	98.6	98.6	98.6	98.6	98.6	99.0	99.7	99.7	99.7	99.8
教育											
学龄儿童入学率（%）	99.30	99.99	99.99	99.99	99.99	100.0	100.0	100.0	96.5	100.0	100.0
每万人口中在校大学生数（人）	249	704	808	1210	1468	1497	1494	1501	1558	1627	1644
卫生											
每千人有医院病床数（张）	4.80	7.05	7.02	5.49	5.57	5.89	5.75	6.16	7.82	7.16	8.29
每千人有医生数（人）	2.96	3.11	2.97	3.11	3.12	3.34	3.35	3.54	3.67	3.72	3.78

13-2 城镇居民家庭生活基本情况

	每一城市就业者负担人数（人）	城镇居民人均生活费收入（元）	城镇居民人均可支配收入（元）	城镇居民人均消费性支出（元）	食品	人均居住面积（平方米）
1979		378.00		356.40		
1980	1.94	488.08		413.52	237.36	
1981	1.74	487.80		463.68	253.92	
1982	1.71	514.20		476.28	273.60	
1983	1.70	530.40		513.00	301.80	
1984	1.69	636.84		594.60	345.60	
1985	1.75	731.28		705.48	368.88	
1986	1.76	862.56		820.68	428.28	
1987	1.78	942.96		914.76	474.24	
1988	1.76	1142.76		1240.92	592.92	
1989	1.79	1322.04		1249.80	693.60	
1990	1.79	1431.60		1238.16	703.68	
1991	1.84	1660.20		1479.12	818.76	8.07
1992	1.80	1883.04	2027.85	1606.92	884.40	8.26
1993	1.74	2280.36	2462.58	2029.20	1031.76	8.18
1994	1.87	2873.28	3085.44	2625.96	1396.68	8.68
1995	1.87	3278.28	3539.92	3118.20	1677.00	8.81
1996	1.98	3565.34	3804.41	3307.47	1752.06	8.90
1997	2.17		3906.48	3196.66	1694.04	10.33
1998	2.22		4553.86	3567.21	1776.16	10.77
1999	2.04		5127.50	4505.61	1914.41	13.60
2000	1.72		5850.17	5047.60	1926.57	12.10
2001	1.56		6324.68	5238.47	2004.06	12.19
2002	2.05		6554.74	5688.24	2097.67	14.51
2003	2.04		7094.29	5679.21	2175.57	15.04
2004	1.81		7683.24	6483.06	2449.55	15.67
2005	2.02		8529.12	7180.55	2569.86	16.69
2006	2.14		9417.63	7468.95	2662.32	17.98
2007	1.97		10271.18	8049.75	3013.61	17.00
2008	2.02		11676.77	9033.70	3429.79	17.63
2009	1.99		12760.66	9653.36	3696.28	17.80
2010	2.05		14061.84	10930.39	4244.25	18.46
2011	2.22		15952.57	12352.09	4714.47	18.42
2012	2.13		18442.76	14167.9	5281.28	19.08
2013	2.14		20766.76	15748.61	5691.5	22.45
2014			23030.1	18852.64	6069.98	33.5
2015			27088	20156	6278	34.67
2016	0.51		29661	22893	4570	36.18
2017	1.39		32331	24071	4758	36.42
2018	1.37		35014	26130	4442	41.24
2019	1.4		38095	27035	4688	40.20

注：2002年以后人均居住面积口径为使用面积，1997年后取消城市居民人均生活费收入指标。

13-3 城镇居民家庭收入情况

单位：元/人

	2000	2010	2011	2012	2013	2014	2015	2016	2017	2018	2019
家庭总收入	**5882**	**15228**	**17314**	**19823**	**22061**	**25768**	**28866**	**31565**	**34626**	**37643**	**40484**
人均可支配收入	5850	14062	15953	18443	20767	23030	27088	29661	32331	35014	38095
工资性收入	4156	9624	11037	12457	13747	14135	15128	16577	18099	19850	21383
工资及补贴收入	3717	9264	10433	12202	13629	13630	14494	15855	16067	19144	20578
其他劳动收入	132	360	605	256	118	505	634	722	1216	706	805
经营净收入	221	350	663	865	992	946	689	768	897	1069	1232
财产净收入	33	87	228	433	532	3162	3567	3851	4139	4225	4468
利息收入	11	36	18	28	39	52	27	98	138	127	-50
红利收入	10	15	0	0	6	2	92	89	66	149	77
出租房屋净收入		35	194	400	480	927	1214	1411	1679	659	886
知识产权收入			7		0						
其他财产净收入	12		9	4	7	2	-6	74	84	11	9
转移净收入	1333	5167	5385	6068	6787	7526	7704	8465	9196	9870	11012
养老金或离退休金	1170	4754	4926	5474	6032	6585	7406	8079	8779	10576	11205
社会救济收入		119	114	143	64	49	72	107	110	81	294
赡养收入	51	40	83	80	139	138	194	302	319	179	416
捐赠收入	39	156	177	253	77			4			
出售资产所得	3	3	23	0	0	43	12	576	243	192	109
借贷收入	1622	5964	4189	7329	1268	973	620	1011	671	2181	3102
提取储蓄存款	1188	5891	4026	6399	1175	828	442	822	577	1691	2871
借入款	270	47	72	478	81	76	84	111	35	232	120

13-4 城镇居民家庭支出情况

单位：元/人

	2017	2018	2019
家庭总支出	30042	33860	33920
消费支出	24071	26130	27035
服务性消费支出	7670	8415	8327
购房与建房支出	359	793	556
转移性支出	1445	2046	1675
交纳的个人收入税	54	159	96
捐赠支出	31	0	1
购买彩票	9	10	9
赡养支出	60	105	114
各种非储蓄性保险性支出	2	11	4
财产性支出	13	158	251
社会保障支出	1218	1628	1398
借贷支出	1404	1461	1157

13-5 城镇居民家庭分组收入情况

单位：元/人

	低收入户	较低收入户	中间收入户	较高收入户	高收入户
家庭总收入	**18127.8**	**30378.8**	**40050.6**	**51981.9**	**81756.9**
可支配收入	16082.6	28431.4	37745	50073.3	77307.5
工资性收入	11520.7	19187.9	17899.3	26748.4	39688.1
工资及补贴收入	11326.6	18872.1	17152.3	25470.9	37549.1
其他劳动收入	194.1	315.8	747	1277.5	2138.9
经营净收入	1289.4	1873.2	1796.7	403	422.5
财产净收入	1012.9	3912.4	3036.4	8487.7	8013.3
利息收入	-300.5	-53.9	45.2	173.9	-19.9
出租房屋收入	122	1006.4	391.6	1936.9	1281.6
房屋虚拟租金	1140.7	2881.4	2531.4	6027.4	5754.7
转移净收入	2259.6	3457.9	15012.6	14434.2	29183.6
养老金或离退休金	2277	4273.3	15825.9	15379.4	26870.2
社会救济收入	144.6	0.8	0	29.1	1762.5
政策性补贴	31.9	27	17.7	21.9	101.9
赡养收入	259.9	140.4	172	104.2	1863.4
报销医疗费	282.6	67.3	560.7	405.4	1383.9
其他转移性收入	33.4	84.9	73.1	69.9	570
出售财物收入	66.1	119.1	5	339.7	0
出售住房收入					
借贷收入	1983.2	2258.4	3322.8	5155.3	3491.2
提取储蓄存款	1640.3	2132.4	3040.8	4816.6	3484.5
借入款	308.7	22.1	4.3	198.2	0
收回借出款	29	102.3	139.6	114.7	0
收回储蓄性保险本	0	0	0	0	0
住房贷款	0	0	11.7	25.5	4.1

13-6 城镇居民家庭分组支出情况

单位：元/人

	低收入户	较低收入户	中间收入户	较高收入户	高收入户
家庭总支出	18995.5	25787.8	36092.3	42277.4	59720.3
消费支出	15310.8	21495.2	29252.6	34947.4	43481.2
服务性消费支出	4951.9	6535.9	9701	10302.8	12832.2
食品烟酒	5223.6	6495	9817.9	10417.8	10573.4
衣着	1301.8	1558.6	2336.2	2240.3	3771.5
居住	3158.2	6158.4	5232.7	9870.4	11393.1
生活用品及服务	782.5	994.8	1252.1	1661.1	3892.6
交通通信	1302.4	2094.3	4443.1	4292.5	3255.8
教育文化娱乐	1854.9	2408.3	2557.7	2551.4	4221.6
医疗保健	1357.9	1388.2	2420.5	2463.2	5166.2
其他用品和服务	329.5	397.6	1192.4	1450.8	1206.9
购置资产支出	29.2	186.3	20.9	2054.6	2969.4
购房	0	19.3	0	1668.9	1660.7
建房	10.4	0.1	0	0	0
转移性支出	1052.3	1311.7	1642.8	1701	3370.8
交纳的个人收入税	77.4	19.9	62.6	82.6	313.6
购买彩票	12.3	7.5	0.4	21.5	0.8
赡养支出	36.6	14.4	236.9	87	290.6
其他非储蓄性商业保险	0	0	0	16.9	7.9
其他转移性支出	25	20	139	45.8	150.8
财产性支出	326.5	67.7	106	27.5	903.4
社会保障支出	909.7	1255.7	1204.4	1485.5	2615.8
借贷性支出	579.5	558.3	986.4	699.4	3972.3

13-7 城镇居民家庭人均全年购买商品量

单位：公斤/人

	低收入户	较低收入户	中间收入户	较高收入户	高收入户
大米	11.6	14.9	16.5	13	12.2
面粉	18.5	21.2	29.5	17.6	16
食用植物油	10.8	7.2	9.5	10.3	6.1
猪肉	13	11.6	18.4	16.2	12.6
牛肉	2.4	2.1	4.3	3.5	2.8
羊肉	2.1	1.5	3.7	2.9	2
鸡	4.8	3.5	5.8	5.1	4.7
鸭	0.1	0.1	0.3	0.1	0.1
鲜蛋	10.4	10.4	14.4	18	15.2
鲜菜	98.3	114.3	149.7	144.4	122.3
白酒	1.4	3.2	1.9	1.7	5.9
果酒	0.1	0.4	0.2	0.4	0.2
啤酒	3.3	3.2	3.2	4.9	3.3
鲜瓜果	63.5	70.8	97.5	109.8	113.3
坚果类	7.3	6.4	11.3	9.9	10.2
糕点	3.8	4.2	6.4	7.3	8.3
奶类	22	21.3	45.8	48.2	37.4
水（吨）	19	20.7	37.8	34.8	67.6
电（千瓦时）	383.9	480	575.3	757.3	719.1

13-8 城镇居民家庭消费品每百户拥有量

	低收入户	较低收入户	中间收入户	较高收入户	高收入户
家用汽车（辆）	26.1	27.5	35	39.2	25.8
摩托车（辆）	5.3	12.5	10	6.7	2.5
助力车（辆）	7.8	20.8	10	7.5	8.3
洗衣机（台）	98.8	101.7	102.5	100	100.8
电冰箱（柜）（台）	99.1	96.7	100.8	100.8	100
微波炉（台）	65.5	48.3	62.5	71.7	74.2
彩色电视机（台）	103.1	106.7	105	104.2	101.7
空调（台）	19.7	8.3	10	13.3	15
热水器（台）	76.9	69.2	70.8	89.2	86.7
洗碗机（台）	0.1	0.8	0	0.8	0
排油烟机（台）	91.3	71.7	83.3	91.7	95
固定电话（部）	25.1	12.5	23.3	18.3	27.5
移动电话（部）	236.2	259.2	262.5	257.5	250
接入互联网的移动电话（部）	182	204.2	205.8	214.2	195
计算机（台）	54.7	43.3	45.8	74.2	69.2
接入互联网的计算机（台）	43.9	33.3	36.7	61.7	57.5
照相机（架）	20.3	5	6.7	22.5	19.2
中高档乐器（件）	9.3	0.8	2.5	13.3	10
健身器材（套）	6.3	0.8	2.5	3.3	8.3
空气净化器（含新风系统）（台）	8.8	1.7	1.7	11.7	9.2
吸尘器（台）	7.1	2.5	4.2	8.3	9.2

13-9 城镇居民家庭人均全年购买的主要商品数量

	2000	2010	2011	2012	2013	2014	2015	2016	2017	2018	2019
粮食（千克）	79.88	93.73	80.39	81.21	86.12	86.67	91.15	129.36	103.43	122.19	
鲜菜（千克）	186.66	134.96	123.85	123.73	102.85	112.24	118.41	130.14	121.87	118.21	123.6
食用植物油(千克)	9.28	12.26	10.54	11.28	14.28	14.21	13.66	12.07	11.86	9.28	8.9
猪肉（千克）	14.54	13.79	13.05	15.46	14.02	13.25	13.52	12.57	12.75	16.15	14.2
牛羊肉（千克）	4.19	5.05	4.00	3.50	5.12	5.34	5.44	6.59	5.03	4.65	
家禽（千克）	4.28	3.82	5.61	5.63	4.70	5.29	5.11	5.70	6.06	5.71	6.7
鲜蛋（千克）	9.12	9.97	9.85	10.66	9.69	9.4	10.74	10.94	10.99	11.42	13.2
水产品（千克）	4.85	5.09	4.47	4.48	5.68	5.52	5.98	5.62	6.00	5.95	8.2
酒（千克）	5.71	4.86	4.96	6.27	6.05	17.85	4.14	5.05	5.06	20.66	
服装（件/人）	6.11	8.03	7.74	8.12							
衣着材料（元/人）	23.40	17.74	16.66	14.64	8.35	8.31	9.98	11.26	10.82	5.39	
鞋类（双）	2.61	2.73	2.81	2.98	2.58	3.05	2.57	2.91	2.97	2.88	2.8

注：“粮食（千克）”、“牛羊肉（千克）”、“酒（千克）”、“服装（件/人）”、“衣着材料（元/人）”无此指标。

13-10 城镇居民家庭平均每百户年底耐用消费品拥有量

	2017	2018	2019
家用汽车（辆）	24.41	37.51	34.8
洗衣机（台）	101.65	101.33	101.2
电冰箱（柜）（台）	99.18	99.17	99.5
微波炉（台）	63.95	62.18	67.5
彩色电视机（台）	110.09	105.17	104.7
空调（台）	11.84	13.84	13.8
洗碗机（台）	1.44	0.67	0.5
移动电话（部）	239.03	252.7	252.3
计算机（台）	68.49	60.84	62.2
照相机（架）	27.91	16.34	17.0
健身器材（套）	5.15	6.00	7.0

13-11 各区县城镇住户住房面积

	调查户户数（户）	调查户人数（人）	人均住房建筑面积（平方米/人）
兰州市	**600**	**1918**	**40.2**
城关区	120	363	48.2
七里河区	70	188	31.5
西固区	80	230	32.7
安宁区	80	229	31.4
红古区	50	138	29.2
永登县	50	183	30.8
皋兰县	50	175	53.7
榆中县	50	189	43.2

13-12 各区县城镇居民人均可支配收入

单位：元/人

	2011	2012	2013	2014	2015	2016	2017	2018	2019
兰州市	15953	18443	20767	23030	27088	29661	32331	35014	38095
城关区	16763	19339	21768	24250	30535	33399	36449	39401	42908
七里河区	15326	17685		22156	25737	28260	30814	33456	36468
西固区	17713	20440		25502	29677	32586	35530	38536	42043
安宁区	15522	17916		22540	27232	29846	32574	35369	38552
红古区	12609	14808		18586	23559	25716	28005	30346	32956
永登县	10010	11655	13409	14831	15246	16618	17998	23489	25462
皋兰县	8248	9650	10906	12095	14099	15375	16716	22385	24355
榆中县	9910	11519	13259	14691	14025	15322	16671	23769	25789

13-13 农村居民家庭基本情况

单位：元/人

	2010	2011	2012	2013	2014	2015	2016	2017	2018	2019
调查户数（户）	1020	550	550	422	343	343	341	339	470	470
平均每户常住人口（人）	4.14	3.97	3.95	4.03	4.11	3.89	3.87	3.83	3.97	4.3
平均每户整半劳动力（人）	2.77			2.79	2.52	2.76	2.67	2.68	2.64	2.6
平均每个劳动力负担人口(含本人)(人)	2			1.5	1.6	1.41	1.44	1.43	1.5	1.5
平均每人年总收入（元）	5567	6271	7598	8733	10785	11844	13364	15720	14728	21258
平均每人年可支配收入（元）	4587	5252	6224	7114	8067	9621	10391	11305	12368	13605
平均每人年现金收入（元）	4904	5823	7010	8437	9932	11253	12985	14919	14275	20811
平均每人年总支出（元）	4740	5572	6687	8277	11182	12188	13250	15297	13972	21134
平均每人全年现金支出（元）	4130	5211	6387	7918	9714	10718	11821	13749	12309	19377

13-14 农村居民家庭生活基本情况

	人均可支配收入（元）	人均生活费支出（元）	人均居住面积（平方米）
1979	92.17	79.17	
1980	96.03	82.17	
1981	99.38	91.1	
1982	107.55	88.31	
1983	181.6	142.75	
1984	261.27	201.45	
1985	352.77	269.54	
1986	385.85	333.1	11.97
1987	411.65	356.64	13.29
1988	461	412.41	14
1989	490	452.46	14.1
1990	563	460.39	17.2
1991	603	521.48	15.7
1992	650	531.16	17.4
1993	723	575.83	16.27
1994	882	748.2	16.52
1995	1142	1121.29	17.21
1996	1366	1219	17.4
1997	1563	1190	18.12
1998	1738	1168.87	19.59
1999	1923.66	1137.29	16.91
2000	2005	1409.97	17.21
2001	2134	1444.24	16.59
2002	2268	1494.02	16.69
2003	2397.63	1540.08	24.74
2004	2550	1872	20.34
2005	2712.69	1693.49	22.32
2006	2898.31	2136.65	21.94
2007	3102.64	2420.03	22.37
2008	3502.73	2842.78	22.9
2009	4001.04	3317.33	24.26
2010	4587	3686	25
2011	5252	4331	24
2012	6224	5019	31
2013	7114.08	6186.26	33.99
2014	8067.3	7130.27	31
2015	9621	7939.80	32
2016	10391	8717.22	32.86
2017	11305	9442	33
2018	12368	9697	34.2
2019	13605	11245	32.2

注：自2015年起，“农民人均纯收入”变更为“农村居民人均可支配收入”。

13-15 农村居民家庭总收入

单位：元

	2010	2011	2012	2013	2014	2015	2016	2017	2018	2019
总收入	**5567**	**6271**	**7598**	**8733**	**10785**	**11844**	**13364**	**15720**	**14728**	**21258**
工资性收入	2226	2643	3316	3815	4142	4674	5053	5475	6163	6874
在非企业组织中的劳动收入	366	284	354							
在本地企业中得到的收入	1183	1790	2212							
外出从业收入	678	569	750							
经营性收入	2767	2964	3433	3614	5114	5436	6402	8184	6103	11717
农业收入	1985	2149	2579	2507	3066	3014	2933	3321	3170	3248
林业收入	13	32	42	17	7	12	23	22	36	15
牧业收入	314	148	158	310	484	506	563	595	980	2635
渔业收入			0	0			0		0	0
工业收入	16	5				17	43	51	8	
建筑业收入	398	33	12	30	23	17	26		2	27
运输业、邮电业收入	176	223	272	229	340	314	420	547	127	332
批发和零售业、住宿和餐饮业	105	224	288	412	1028	1374	2145	3309	1326	5128
社会服务业收入	47	83	41	73	114	138	192	296	175	
其他家庭经营收入	53	57	37	36	33	39	43	41	33	150
转移性收入	291	333	435	690	1410	1594	1741	1877	2217	2406
财产性收入	283	331	414	614	119	140	168	184	246	260
平均每人可支配收入	4587	5252	6224	7114	8067	9621	10391	11305	12368	13605
工资性收入	2226	2643	3316	3815	4353	4674	5053	5475	6163	6874
在非企业组织劳动得到收入	366	284	354							
在本乡地域劳动得到收入	1183	1790	2212							
外出从业得到收入	678	569	750							
经营净收入	1806	1963	2068	2171	2439	3438	3662	4006	4155	4436
第一产业净收入	1430	1453	1690	1665		2389	2346	2579	2916	2741
第二产业净收入	41	26	9	2		8	56	45	6	15
第三产业净收入	334	485	368	504		1042	1260	1383	1233	1680
财产净收入	283	331	414	614	698	132	157	174	226	256
转移净收入	272	315	426	514	578	1377	1518	1650	1824	2038
现金纯收入	4182	4967	5824	6894						
实物纯收入	406	286	400	220						

13-16 农村居民家庭总支出

单位：元

	2017	2018	2019
总支出	**15296.81**	**13971.79**	**21133.84**
家庭经营费用支出	3923.1	1718.8	7069.9
农业生产支出	1016.13	723	675.5
林业生产支出	1.3	20.73	4.49
牧业生产支出	194.82	371.64	2381.99
渔业生产支出		0.91	0.6
工业生产支出		1.69	
建筑业生产支出		0	12.26
运输业、邮电业支出	125.64	1.93	39.35
批发和零售业住宿、餐饮业支出	2483.54	522.09	3837.84
社会服务业支出	98.97	13.2	
其他家庭经营支出		13.12	23.43
购置资产及非经常性转移支出	1514.09	1658.99	1528.03
缴纳税金			
生活消费支出	9441.52	9697.11	11244.95
财产性支出	9.36	19.98	4.58
转移性支出	227.08	392.18	369.05

13-17 农村居民家庭平均每人生活消费支出

单位：元

	2010	2011	2012	2013	2014	2015	2016	2017	2018	2019
生活消费支出	3686	4331	5019	6186	7130	7940	8717	9442	9697	11245
按消费类别分										
食品烟酒	1624	1831	2052	2374	2513	2721	2868	2980	3130	3565
其他食品	199	216	256	247				168	162	126
在外饮食	196	220	274	293				228	320	536
衣着	305	413	476	526	499	590	662	669	672	725
居住	622	695	932	1196	1564	1720	1665	2043	2102	2265
生活用品及服务	197	267	318	367	362	420	478	489	500	578
交通和通讯	290	367	424	542	783	842	1031	944	1046	1467
教育文化娱乐	334	215	339	467	681	841	1154	1242	1102	1252
医疗保健	250	452	383	537	545	652	712	923	961	1162
其他用品和服务	63	90	94	176	184	154	147	153	183	232
其他用品	38	69	72	126	83	89	81	77	107	120
其他服务	25	21	23	49	101	65	66	75	76	112
现金消费支出	3256	4030	4760	5888	5733	6508	7314	7962	8063	9548
食品烟酒	1194	1531	1794	2085	2031	2271	2500	2632	2858	3276
衣着	305	413	476	526	499	590	662	669	672	725
居住	622	695	931	1193	783	850	751	1025	879	1053
家庭设备用品及服务	197	267	318	364	357	414	471	478	498	576
医疗保健	250	452	383	536	427	549	601	944	841	970
交通通讯	290	367	424	542	773	842	1031	1239	1036	1465
文教娱乐用品及服务	334	215	339	466	681	841	1154	827	1101	1252
其他商品及服务	63	90	94	175	183	151	145	149	179	231
其他用品	38	69	72	126	83	86	81	75	104	120
其他服务	25	21	23	49	100	65	65	74	75	112

13-18　农村居民家庭平均每人生活消费支出构成

单位：%

	2016	2017	2018	2019
生活消费支出	100.00	100.00	100.00	100.00
按消费类别分				
食品	32.90	31.56	23.01	31.7
其他食品		5.64	7.27	1.12
在外饮食		7.67	14.35	4.76
衣着	7.59	7.08	6.93	6.44
居住	19.11	21.63	21.68	20.14
生活用品及服务	5.48	5.18	5.16	5.14
医疗保健	8.17	10	9.91	10.34
交通和通讯	11.83	13.16	10.79	13.04
教育文化娱乐	13.23	9.77	11.36	11.13
其他商品和服务	1.69	1.62	1.89	2.06
商品性支出	55.06	50.73	58.4	61.4
服务支出（含自有住房折算租金）	44.94	49.27	41.6	38.6
现金消费支出	100.00	100.00	100.00	100.00
食品烟酒	34.18	33.05	35.45	34.3
衣着	9.05	8.4	8.33	7.59
居住	10.26	12.87	10.9	11.03
家庭设备用品及服务	6.43	6	6.17	6.03
医疗保健	8.22	11.86	10.43	10.16
交通通讯	14.10	15.56	12.84	22.37
文教娱乐用品及服务	15.77	10.39	13.66	13.11
其他商品及服务	1.99	1.87	2.22	2.42
其他用品	55.42	50.16	58	1.25
其他服务	44.58	49.84	42	1.17

13-19　农村居民家庭平均每人主要消费品消费量

单位：千克

	2017	2018	2019
粮食	143.95	144.61	156.87
油脂类	10.51	10.7	12.13
蔬菜及菜制品	62.87	72.93	106.88
肉类	17.98	20.23	20.5
禽类	2.51	2.55	3.09
水产品	1.14	1.39	1.48
蛋类及蛋制品	6.73	7.68	9.36
奶和奶制品	10.55	10.52	14.32
干鲜瓜果类	38.36	38.44	46.92
糖果糕点类	4.97	5.93	6.4
饮料	0.71	0.72	0.65
烟叶	42.95	43.83	50.42
酒	10.39	7.73	10.32

13-20 农村居民家庭平均每百户年底耐用消费品拥有量

	2017	2018	2019
家用汽车（辆）	20.65	33.82	30.1
摩托车（辆）	60.18	45.1	43.6
助力车（辆）	26.25	27.66	126.99
洗衣机（台）	98.23	101.28	102.3
电冰箱（柜）（台）	77.58	99.57	101.8
微波炉（台）	17.11	19.36	56.46
彩色电视机（台）	115.63	120	122.6
空调（台）	3.24	5.11	2.2
热水器（台）	28.61	36.81	33.3
排油烟机（台）	23.01	38.3	125.29
固定电话（部）	30.68	12.98	9.1
移动电话（部）	268.14	303.19	306.8
计算机（台）	24.19	21.7	27.5
照相机（架）	4.42	3.19	0.9

13-21 农村居民家庭平均每户年末生产性固定资产原值

单位：元

	2010	2011	2012	2013	2014	2015	2016	2017	2018	2019
合计	9311						1235.44	7428.91		843.62
役畜、产品畜	1213.02	328.9	471.09	573.6		311	80.90	1155.31	660.19	79.91
大中型铁木农具	434.7	483.77	478.33	744.81			0.00		0	
农林牧渔业机械	2587.5	2618	2723.3	4240.45		4290	1154.54	4008.11	4944.83	763.71
工业机械	12.42						0.00		0	
运输机械	1035	1245	2883.8	2142.86		2239	0.00		0	

13-21 农村居民家庭人均期末农业生产性固定资产原价（续一）

单位：元

	2016	2017	2018	2019
期末农业生产性固定资产原价	4579.82	——	——	
农业固定资产原价	1767.34	1666.16	2121.03	1380.27
生产性用房及建筑物	456.91	445.41	320.72	435.45
役畜	80.90	70.53	176.35	54.18
农业设施	71.85	16.88	667.65	19.74
农业机械	1154.54	1108.53	940.43	763.71
林业固定资产原价	0		8.1	4.73
生产性用房及建筑物	0		0	
机械设备	0		8.10	
牧业固定资产原价	524.14	526.95	158.70	24.93
生产性用房及建筑物	190.05	192.25	4.62	0.2
产品畜	334.09	334.70	154.07	24.73
渔业固定资产原价	0		0	
农林牧渔服务业固定资产原价	0		0	

13-22 农村居民家庭平均每百户拥有主要生产性固定资产数量

	2017	2018	2019
汽车（辆）		0	
大中型拖拉机（台）	3.83	2.77	3.7
小型和手扶拖拉机（台）	53.69	38.09	172.8
农用排灌动力机械	0.88	0	0
收割机	0.29	0.43	0
机动脱粒机（台）	4.13	1.49	1.48
役畜（头）	2.65	1.06	
产品畜（头）	87.32	98.72	31.5
其他农业机械	8.55	138.94	1124

13-23 农村住户建房和居住情况

	2000	2010	2011	2012	2013	2014	2015	2016	2017	2018	2019
建房情况（户均）											
年内新建房屋面积（平方米）	2.99	1.33	1.6	2.90	0.83	0.58	0.31	1.32	0.58	1.76	1.89
年内新建房屋价值（元）	430.54	892.74	1162.23	2214.24	1314.29	1107.87	1020.4	853.91	1250	1468	1575
砖木结构面积（平方米）	1.08	1.01	0.23	1.27							
钢筋混凝土结构面积（平方米）	1.78	0.23	1.36	1.61	0.83						
居住情况（户均）											
年末住房面积（平方米）	83.94	97.77	108.03	125.28	147.36	129.72	134.45	133.35	134.34	171.64	253.69
砖木结构面积（平方米）	41.78	51.05	42.13	57.93	45.25						
钢筋混凝土结构面积（平方米）	22.4	33.40	59.32	54.27	82.71						
年末住房价值（元）	6622	40646	66305	102512	133600	133917	200157	208557	211022	331422	
人均指标											
平均每人年末居住住房面积（平方米）	17.21	24.00	27	31.41	33.99	30.95	31.46	32.86	33	34.2	32.2
平均每人年内新建房屋面积（平方米）	0.65	0.66	0.4	0.72	0.21	0.24	0.04	0.41	0.15	0.36	0.24

13-23 农村住户人均建房和居住情况（续一）

	单位	2016	2017	2018	2019
期末拥有房屋情况					
期末拥有房屋面积	**平方米**	**33.68**	**33.98**	**36.46**	
自有现住房面积	平方米	32.84	33.28	34.20	32.08
出租住房面积	平方米	0.64	0.52	0.12	
出租商用建筑物面积	平方米			0.94	
偶尔居住房面积	平方米	0.14	0.11	0.61	
空宅或其他用途房面积	平方米	0.07	0.07	0.59	
期末拥有房屋价值	**万元**	**3.53**	**3.67**	**4.89**	
自有现住房市场价估计值	万元	3.22	3.38	3.92	3.94
出租住房市场价估计值	万元	0.21	0.21	0.04	
出租商用建筑物市场价估计值	万元			0.49	
偶尔居住房市场价估计值	万元	0.05	0.04	0.27	
空宅或其他用途房市场价估计值	万元	0.05	0.05	0.17	
期末拥有房屋市场价月租金	**元**	**82.30**	**82.90**	**118.38**	
自有现住房市场价月租金	元	73.51	75.48	98.42	103.16
出租住房市场价月租金	元	8.79	7.42	1.38	0.27
出租商用建筑物市场价月租金	元			18.59	

13-24 各区县农村住户住房面积

	调查户户数（户）	调查户人数（人）	人均住房建筑面积（平方米/人）
兰州市	470	1951	32.2
城关区	50	229	42.2
七里河区	50	227	33
西固区	50	179	50.5
安宁区	0	0	0
红古区	50	201	51.7
永登县	70	286	27.9
皋兰县	70	291	26.2
榆中县	80	339	29.2

13-25 各区县农村居民人均可支配收入

单位：元/人

	2010	2011	2012	2013	2014	2015	2016	2017	2018	2019
兰州市	4587	5252	6224	7114	8067	9621	10391	11305	12368	13605
城关区	12381	14176	16274	18431	20919	19252	20780	22442	24484	26982
七里河区	6905	7899	9558	10825	12297	14365	15506	16904	18527	20435
西固区	7587	8702	10128	11466	13014	14290	15448	16823	18387	20263
安宁区	7869	9034	10514	11963						
红古区	7480	8505	10155	11485	12977	15023	16180	17540	19207	21108
永登县	3524	4053	4899	5642	6382	8287	8974	9716	10649	11692
皋兰县	3705	4257	5083	5758	6512	8375	9076	9843	10769	11814
榆中县	3156	3582	4263	4910	5558	8100	8763	9534	10459	11505

注：2015年开始，农民收入称为农村居民人均可支配收入。

主要统计指标解释

城镇居民家庭总收入 指被调查城市居民家庭调查户中生活在一起的所有家庭成员在调查期得到的工资性收入、经营性收入、财产性收入、转移性收入的总和，不包括出售财物和借贷收入。

城镇居民家庭可支配收入 指被调查的城市居民家庭可用于最终消费支出和其它非义务性支出以及储蓄的总和，即居民家庭可以用来自由支配的收入。它是家庭总收入扣除经营性支出、交纳的个人所得税、个人交纳的社会保障费以及调查户的记账补贴后的收入。

城市居民家庭消费性支出 指被调查的城市居民家庭用于本家庭日常生活的全部支出，包括食品、衣着、居住、家庭设备用品及服务、医疗保健、交通和通信、娱乐教育文化服务、其它商品和服务八大类等。包括用于赠送的商品或服务。不包括罚没、丢失款和缴纳的各种税款（如个人所得税、牌照税、房产税等），也不包括个体劳动者生产经营过程中发生的各项费用。

城镇居民家庭全部收入 指被调查城市居民家庭全部实际收入，包括经常或固定得到的收入和一次性收入。不包括周转性收入，如提取银行存款、向亲友借款、收回借出款以及其他各种暂收款。

农村居民家庭纯收入 指农村常住居民家庭总收入中，扣除从事生产和非生产经营费用支出、缴纳税款和上交承包集体任务金额以后剩余的，可直接用于进行生产性、非生产性建设投资、生活消费和积蓄的那一部分收入。农村居民家庭纯收入包括从事生产性和非生产性的经营收入，在外人口寄回带回和国家财政救济、各种补贴等非经营性收入；既包括货币收入，又包括自产自用的实物收入。但不包括向银行、信用社和向亲友借款等属于借贷性的收入。

农村居民家庭生活消费支出 指农村常住居民家庭用于日常生活的全部开支，是反映和研究农民家庭实际生活消费水平高低的重要指标。

兰州统计年鉴
LANZHOU STATISTICAL YEARBOOK
2020

十四、市州主要经济指标

14-1 地区生产总值

单位：亿元、%

	地区生产总值				地区生产总值构成			
		第一产业增加值	第二产业增加值	第三产业增加值		第一产业增加值	第二产业增加值	第三产业增加值
全　国	990865	70467	386165	534233	100.00	7.1	39.0	53.9
全　省	8718.3	1050.5	2862.4	4805.4	100.00	12.05	32.83	55.12
兰州市	2837.36	51.68	945.38	1840.30	100.00	1.82	33.32	64.86
嘉峪关市	283.40	4.66	178.10	100.60	100.00	1.7	62.8	35.5
金昌市	340.31	24.07	219.92	96.31	100.00	7.1	64.6	28.3
白银市	486.33	86.99	180.79	218.56	100.00	17.89	37.17	44.94
天水市	632.67	114.91	159.59	358.17	100.00	18.2	25.2	56.6
酒泉市	618.20	93.60	253.80	270.80	100.00	15.1	41.1	43.8
张掖市	448.73	114.88	87.62	246.23	100.00	25.6	19.5	54.9
武威市	488.46	144.06	76.11	268.28	100.00	29.5	15.6	54.9
定西市	416.38	77.98	66.26	272.14	100.00	18.7	15.9	65.4
陇南市	445.09	78.90	106.75	259.43	100.00	17.73	23.98	58.29
平凉市	456.58	91.29	123.68	241.61	100.00	20.0	27.1	52.9
庆阳市	742.94	85.20	372.56	285.18	100.00	11.5	50.1	38.4
临夏州	303.50	40.60	58.60	204.30	100.00	13.4	19.3	67.3
甘南州	218.33	41.72	33.22	143.39	100.00	19.11	15.21	65.68

14-2 地区生产总值指数

（上年=100）

单位：%

	地区生产总值	第一产业增加值	第二产业增加值	第三产业增加值
全　国	106.1	103.1	105.7	106.9
全　省	106.2	105.8	104.7	107.2
兰州市	106.0	105.5	101.9	108.4
嘉峪关市	106.5	105.2	107.6	104.2
金昌市	109.7	105.8	113.6	101.8
白银市	106.2	106.1	105.7	105.7
天水市	106.7	105.7	104.9	106.9
酒泉市	107.7	106.3	109.7	106.0
张掖市	106.5	103.1	107.5	106.3
武威市	104.0	106.0	105.7	103.9
定西市	106.2	106.2	103.5	106.9
陇南市	107.4	105.9	105.7	107.2
平凉市	106.4	103.1	106.2	106.6
庆阳市	105.3	105.8	107.5	102.2
临夏州	106.0	104.8	105.8	106.2
甘南州	103.5	105.1	96.4	105.1

14-3 工业、投资主要指标

单位：亿元、%

	全部工业增加值		规模以上工业增加值	建筑业增加值		固定资产投资
	总量	增速	增速	总量	增速	增速
全　　国	317109	5.7	5.7	70904	5.6	5.4
全　　省	2319.7	4.9	5.2	553.0	3.6	6.6
兰 州 市	749.98	2.0	2.0	197.19	1.6	–4.66
嘉峪关市	171.17	7.8	8.0	7.03	1.5	11.96
金 昌 市			15.9	23.15	–0.9	10.37
白 银 市		6.2	6.6		10.6	13.07
天 水 市			6.2		3.6	11.48
酒 泉 市	221.7	10.0	12.2	32.3	7.8	14.86
张 掖 市	50.56	9.2	11.8	37.4	5.0	13.46
武 威 市		1.5	1.8	29.54	0.3	14.25
定 西 市	34.36	3.0	3.9	31.94	4.1	15.4
陇 南 市		10.1	11.3			11.79
平 凉 市	93.41	5.8	6.2	30.27	7.8	12.32
庆 阳 市		7.9	8.2	30.9	2.4	14.9
临 夏 州	28.82	4.7	7.3	29.82	7.0	4.6
甘 南 州	26.77	–6.0	–9.5	6.46	9.3	3.11

14-4 消费、财政收入主要指标

单位：亿元、%

	社会消费品零售总额		一般公共预算收入		一般公共预算支出	
	总量	增速	总量	增速	总量	增速
全　　国	411649	8.0	190382	3.8	238874	8.1
全　　省	3700	7.7	850.2	5.2	3956.7	4.9
兰 州 市	1454.94	7.6	233.23	-0.1	456.66	-1.93
嘉峪关市	72.67	7.2	19.49	-1.0	31.86	-2.13
金 昌 市	102.51	7.8	20.83	-9.76	66.31	5.65
白 银 市	237.36	8.1	31.12	7.9	190.28	17.3
天 水 市	270.11	8.0	50.36	7.99	311.41	6.89
酒 泉 市	202.7	7.4	37	8.5	157.6	14.9
张 掖 市	190.5	8.2	26.92	2.1	153.85	-4.45
武 威 市	221.35	7.6	28.37	-1.56	204.6	1.7
定 西 市	141.14	7.7	24.67	2.6	260.16	3.7
陇 南 市	123.5	7.6	23.61	-6.9	278.53	6.2
平 凉 市	224.13	7.7	32.54	14.9	241.5	13.5
庆 阳 市	182.21	7.6	58.64	19.5	281.15	12.4
临 夏 州	101.4	8.0	16.38	5.52	275.63	9.2
甘 南 州	55.95	7.0	10.49	5.0	209.99	3.6

14-5 城乡居民收入、CPI

单位：元、%

	城镇居民人均可支配收入		农村居民人均可支配收入		居民消费价格指数	
	总量	增速	总量	增速	累计指数	涨幅
全　国	42359	7.9	16021	9.6	102.9	2.9
全　省	32323	7.9	9629	9.4	102.3	2.3
兰州市	38095	8.8	13605	10.0	102.2	2.2
嘉峪关市	42601	7.5	21027	9.0	102.0	2.0
金昌市	40553	8.2	15719	8.9	102.4	2.4
白银市	31769	7.8	9927	9.6	102.5	2.5
天水市	28708	8.0	8439	9.7	102.6	2.6
酒泉市	38234	8.5	18609	8.8	102.2	2.2
张掖市	27465	8.7	14944	9.0	101.9	1.9
武威市	30048	8.6	12566	9.1	102.2	2.2
定西市	26222	7.9	8226	9.8	102.2	2.2
陇南市	25613	7.7	7734	10.3	102.7	2.7
平凉市	29644	8.0	9084	9.4	102.4	2.4
庆阳市	32107	8.3	9686	9.3	102.0	2.0
临夏州	22376	7.4	7512	10.2	102.3	2.3
甘南州	26592	7.3	8437	9.9	102.0	2.0

十五、全国主要指标对比

15-1 地区生产总值

单位：亿元、%

	地区生产总值		第一产业增加值		第二产业增加值		第三产业增加值	
	总量	增速	总量	增速	总量	增速	总量	增速
直辖市								
北　京	35371.3	6.1	113.7	-2.5	5715.1	4.5	29542.5	6.4
上　海	38155.32	6.0	103.88	-5.0	10299.16	0.5	27752.28	8.2
天　津	14104.28	4.8	185.23	0.2	4969.18	3.2	8949.87	5.9
重　庆	23605.77	6.3	1551.42	3.6	9496.84	6.4	12557.51	6.4
省会城市								
兰　州	2837.36	6.0	51.68	5.5	945.38	1.9	1840.3	8.4
*西　安	9321.19	7.0	279.13	4.3	3167.44	7.6	5874.62	6.8
西　宁		7.5		4.2		6.1		9.3
银　川		6.3		2.0		6.4		6.5
乌鲁木齐	3413.26	6.5	27.69	2.1	906.14	1.1	2479.43	8.4
*成　都	17012.65	7.8	612.18	2.5	5244.62	7.0	11155.86	8.6
贵　阳	4039.6	7.4	161.34	5.6	1496.67	8.2	2381.59	7.0
昆　明	6475.88	6.5	270.29	5.5	2078.75	4.6	4126.84	7.7
呼和浩特	2791.46	5.5	114.21	1.2	823.84	2.2	1853.41	7.3
南　宁	4506.56	5.0	507.27	5.3	1044.97	4.4	2954.32	5.2
福　州	9392.3	7.9	526.47	3.8	3830.99	7.8	5034.84	8.3
*广　州	23628.6	6.8	251.37	3.9	6454	5.5	16923.23	7.5
海　口	1671.93	7.5	71.18	-1.4	276.0	3.6	1324.75	8.8
*哈尔滨	5249.4	4.4	569.5	2.6	1127.3	3.1	3552.6	5.2
*沈　阳	6470.3	4.2	284	3.8	2178.6	2.4	4007.6	5.2
*武　汉	16223.21	7.4	379.0	3.0	5988.88	6.5	9855.34	8.2
*南　京	14030.15	7.8	289.82	0.7	5040.86	6.7	8699.47	8.6
*长　春	5904.1	3.0	348.1	2.1	2495.4	5.3	3060.6	1.0
杭　州	15373.0	6.8	326.0	1.9	4875.0	5.0	10172.0	8.0
*济　南	9443.37	7.0	343.06	1.3	3265.22	7.8	5835.09	7.0
南　昌	5596.18	8.0	212.89	2.9	2653.82	8.0	2729.47	8.4
长　沙	11574.22	8.1	359.69	3.2	4439.32	8.0	6775.21	8.4
合　肥	9409.4	7.6	291.86	1.7	3415.32	7.7	5702.22	7.8
太　原	4028.51	6.6	42.48	2.1	1518.64	5.9	2467.39	7.1
郑　州	11589.7	6.5	140.9	-4.9	4617	6.2	6831.8	7.1
石家庄	5809.9	6.7	449.5	1.6	1831.7	2.1	3528.7	9.8
其他城市								
*大　连	7001.7	6.5	458.5	3.0	2799.8	11.9	3743.3	2.9
苏　州	19235.8	5.6	196.7	-6.5	9130.18	5.1	9908.92	6.3
无　锡	11852.32	6.7	122.5	-2.4	5627.88	7.6	6101.94	6.0
*厦　门	5995.04	7.9	26.49	0.7	2493.99	9.7	3474.56	6.6
*深　圳	26927.09	6.7	25.2	5.2	10495.84	4.9	16406.06	8.1
*青　岛	11741.31	6.5	409.98	1.6	4182.76	4.7	7148.6	8.0
*宁　波	11985.1	6.8	322.3	2.3	5782.9	6.2	5879.9	7.6
威　海	2963.73	3.6	288.61	1.2	1196.34	0.9	1478.78	6.5
烟　台	7653.45	5.5	550.42	2.6	3185.5	4.1	3917.55	7.1

注：加★号为副省级城市。

15-2 建筑业、工业

单位：亿元、%

	建筑业增加值		工业增加值		规模以上工业总产值		规模以上工业增加值	
	总量	增速	总量	增速	总量	增速	总量	增速
直辖市								
北　京	1513.7	8.0	4241.1	3.0				3.1
上　海	716.16	2.1	9670.68	0.4	34427.17	−0.3	9670.68	0.4
天　津	693.76	0.3	4394.27	3.6		4		3.4
重　庆	2840.12	6.6	6656.72	6.4				6.2
省会城市								
兰　州	197.19	1.6	749.98	2.0				2.0
*西　安	1358.48	9.1	1868.86	6.6	6208.65	6.5		6.9
西　宁				6.5				6.5
银　川				6.0				6.0
乌鲁木齐	177.22	1.9	731.78	0.9	2258.11	4.9	675.03	1.7
*成　都	1224.55	4.3	4118.4	7.8				7.8
贵　阳	627.67	11.0		6.5				6.3
昆　明	760.24	4.4	1319.21	4.6				4.8
呼和浩特			613.34	2.7				2.3
南　宁		9.2		1.0		1.4		1.0
福　州	1241.22	5.7	2610.31	8.6				8.7
*广　州	773.63	12.4	5722.94	4.8	19201.01	4.7	4582.95	5.1
海　口	117.07	4.5	162.59	3.0	555.3	−0.8		3.2
*哈尔滨	266.1	3.7	861.3	3.0				2.5
*沈　阳								2.8
*武　汉			4539.11	6.5				4.4
*南　京	826.97	5.7	4215.77	6.9		7.0	3092.26	7.0
*长　春	381.8	0.0	2126.8	6.1		1.5		6.2
杭　州	588.0	1.6	4288	5.3			3531	5.1
*济　南	1107.98	18.7		4.1				4.2
南　昌								8.5
长　沙								9.1
合　肥	1457.3	6.3						8.6
太　原								4.5
郑　州	1600.8	6.1	3029.5	6.3		9.1		6.1
石家庄								1.3
其他城市								
*大　连	438.2	−0.4	2386.7	14.3				16.1
苏　州					33592.11	1.4	7592.42	2.8
无　锡	594.09	5.4	5034.41	7.7	17590.93	8.2	3753.19	7.8
*厦　门	613.99	15.1	1908.94	8.4			1795.96	8.6
*深　圳	930.01	10.8	9587.94	4.4	36869.17	3.6		4.7
*青　岛	1042.24	13.7	3159.86	2.8				0.6
*宁　波	625.8	−1.1	5164.6	7.0			3991.5	6.4
威　海	179.49	−11.8						2.3
烟　台	474.82	−0.1	2719.52	4.7				5.0

15-3 固定资产投资

单位：亿元、%

	固定资产投资	房地产开发投资		工业投资
	增速	总量	增速	增速
直辖市				
北　京	-2.4		-0.9	
上　海	5.1		4.9	11.3
天　津	13.9		12.5	17.9
重　庆	5.7	4439.3	4.5	8.8
省会城市				
兰　州	-4.7		-5.83	21.31
*西　安	1.1		-2.1	2.0
西　宁	2.6	290.99	-0.4	3.3
银　川	-6.2	275.35	-6.7	
乌鲁木齐	2.0	553.85	-16.5	3.1
*成　都	10.0		14.9	1.2
贵　阳	1.5		19.3	2.0
昆　明	2.8		13.9	2.8
呼和浩特	5.2	175.2	0.6	11.3
南　宁	9.9	1461.08	32.1	4.1
福　州	9.0		25.9	16.4
*广　州	16.5	3102.26	14.8	9.1
海　口	-15.4	480.73	-21.1	
*哈尔滨	7.3		6.1	24.2
*沈　阳	13.2	1174.8	17.9	16.6
*武　汉	9.8		6.7	16.3
*南　京	8.0	2501.26	6.2	10.2
*长　春	-19.0		12.6	-36.6
杭　州	11.6		10.7	5.6
*济　南	12.6	1576.9	9.7	19.6
南　昌	10.2		2.5	15.7
长　沙	10.1			
合　肥	9.0	1556.08	1.9	10.2
太　原	10.2	698.25	31.3	19.4
郑　州	2.8		2.8	1.6
石家庄	6.1		-16.2	-5.9
其他城市				
*大　连	-19.8		3.3	-34.8
苏　州	8.3	2686.47	5.0	8.8
无　锡	6.1	1358.29	3.3	10.4
*厦　门	9.0	899.53	1.7	5.2
*深　圳	18.8		15.9	11.5
*青　岛	21.6	1803.8	21.5	20.2
*宁　波	8.1	1703.59	7.3	10.5
威　海	-15.0	383.22	11.0	-36.0
烟　台	5.0	661.86	12.8	0.0

15-4 进出口

单位：亿元、%

	进出口总额		出口总额		进口总额	
	总量	增速	总量	增速	总量	增速
直辖市						
北　京	28663.5	5.4	5167.8	6.1	23495.7	5.3
上　海	34046.82	0.1	13720.91	0.4	20325.91	-0.1
天　津	7346.03	-9.1	3017.81	-5.9	4328.22	-11.2
重　庆	5792.78	11.0	3712.92	9.4	2079.86	13.8
省会城市						
兰　州	119.41	-10.4	71.83	-4.6	47.58	-17.9
*西　安	3243.06	-1.8	1730.21	-11.6	1512.85	12.4
西　宁	26.38	-15.6	14.61	-28.1	11.77	7.6
银　川	157.6	-6.4	104.4	-18.1	53.2	29.8
乌鲁木齐	512.64	持平	334.36	-7.5	178.28	17.4
*成　都	5822.7	16.9	3309.8	20.6	2512.9	12.3
贵　阳	286.69	24.5	210.19	26.7	76.5	18.9
昆　明						
呼和浩特	124.3	6.5	63.5	13.6	60.7	0.0
南　宁	747.79	1.0	363.91	2.5	383.88	-0.3
福　州						
*广　州	9995.81	1.9	5257.98	-6.2	4737.83	12.7
海　口	331.38	-2.9	86.33	28.4	245.04	-10.6
*哈尔滨	251.5	19.9	119.8	15.7	131.7	24.0
*沈　阳	1072.8	9.0	315.9	-7.7	756.9	17.9
*武　汉	2440.2	13.7	1362.3	7.1	1077.9	23.3
*南　京	4828.15	11.8	3006.85	20.2	1821.3	0.3
*长　春	995.8	-5.6	148.6	-2.6	847.2	-6.1
杭　州	5597	6.7	3613	5.7	1984	8.5
*济　南	1103.3	17.9	622.5	5.2	480.8	39.6
南　昌	1061.77	34.8	645.78	43.0	415.99	23.8
长　沙	2002.03	56.4	1396.43	69.9	605.6	32.1
合　肥	2221.2	9.5	1392.45	15.7	828.75	0.4
太　原	1119.56	3.1	651.72	-1.7	467.84	10.6
郑　州	4129.91	0.6	2678.25	3.9	1451.6	-5.0
石家庄	1178.8	28.4	655.1	14.6	523.6	51.1
其他城市						
*大　连	4352.78	-7.5	1914.8	1.2	2437.98	-13.3
苏　州	21987.17	-5.9	13232.76	-3.1	8754.41	-9.9
无　锡	6366.63	3.3	3821.15	2.1	2545.48	5.3
*厦　门	6412.89	6.9	3528.71	5.7	2884.18	8.3
*深　圳	29773.86	-0.6	16708.95	2.7	13064.92	-4.7
*青　岛	5925.6	11.2	3411.9	7.4	2513.7	16.9
*宁　波	9170.3	6.9	5969.6	7.6	3200.6	5.8
威　海	1402.13	0.8	921.41	0.8	480.71	0.6
烟　台	2906.83	-4.8	1733.69	-2.2	1173.14	-8.4

15-5 社会消费品零售总额与财政

单位：亿元、%

	社会消费品零售总额		一般公共预算收入		一般公共预算支出	
	总量	增速	总量	增速	总量	增速
直辖市						
北　京	12270.1	4.4	5817.1	0.5		
上　海	13497.21	6.5	7165.1	0.8	8179.28	-2.1
天　津	5516.05	-0.3	2410.25	14.4	3508.71	13.0
重　庆	8667.34	8.7	2134.9	-5.8	4847.8	6.8
省会城市						
兰　州	1454.94	7.6	233.23	-0.10	456.66	-1.93
*西　安		6.0	702.55	2.6	1247.99	8.3
西　宁	592.59	5.0	101.79	9.5	328.04	10.3
银　川		6.2	154.7	-10.7	346.6	-4.6
乌鲁木齐	1389.19	2.6	472.46	3.1	620.28	-6.0
*成　都	7478.4	9.9	1483.0	7.9	2006.8	9.2
贵　阳	1380.41	6.2	417.26	1.4	718.72	15.1
昆　明	3056.57	9.7	630.03	5.8	820.86	8.5
呼和浩特	1646.53	2.7	203.12	-0.8	421.66	18.1
南　宁	2307.41	4.2	370.93	3.3	787.71	12.9
福　州	5120.26	9.6	668.08	-1.8	952.17	3.0
*广　州		7.8	1697.21	4.0	2865.12	14.3
海　口	785.58	4.7	185.34	9.1	265.18	11.3
*哈尔滨		5.6	370.9	-3.5	1101.1	14.4
*沈　阳	4479.6	10.6	730.3	1.3	1048.2	8.6
*武　汉	7449.64	8.9	1564.12	2.3	2237.1	15.9
*南　京	6135.74	5.2	1580.03	7.5	1658.6	8.2
*长　春		3.9	420.0	-12.1	896.0	0.2
杭　州	6215.0	8.8	1966.0	7.7	1952.9	13.7
*济　南	5162.2	8.1	874.2	7.2	1197.3	7.0
南　昌	2369.33	11.2	476.08	3.1	834.11	10.9
长　沙	5247.03	10.1	950.23	8.0	1456.52	12.0
合　肥	3234.51	8.7	745.99	4.7	1122.67	11.7
太　原	1952.81	7.8	386.62	3.6	610.62	12.6
郑　州	4671.52	9.5	1222.53	6.1	1910.56	8.3
石家庄	3545.3	8.3	569.1	9.5	1051.4	6.0
其他城市						
*大　连		1.8	692.8	-1.6	1016.3	1.5
苏　州	6088.84	6.0	2221.81	4.8	2141.34	9.7
无　锡	3983.41	8.5	1036.33	2.4	1117.58	5.8
*厦　门	1731.85	12.2	768.37	1.8	914.72	2.5
*深　圳	6582.85	6.7	3773.21	6.5	4551.03	6.2
*青　岛	5234.2	8.1	1241.7	0.8	1576.6	1.1
*宁　波	4473.7	7.7	1468.5	6.4	1767.9	10.9
威　海		9.3	249.85	-12.2	343.17	-5.7
烟　台	3306.46	7.4	595.42	-6.5	774.54	2.5

15-6 金融

单位：亿元、%

	金融机构（含外资）人民币存款余额		住户存款		金融机构（含外资）人民币贷款余额	
	总量	增速	总量	增速	总量	增速
直辖市						
北 京	164349.5				73575.9	
上 海	123330.06				73823.66	
天 津	30699.8	2.6	12639.64	17.6	34874.04	7.2
重 庆	37953.11	6.5	17860.4	12.3	36233.2	15.3
省会城市						
兰 州	8834.46	1.4	3517.18	10.1	12028.51	9.25
*西 安	23066.85	10.1	9653.29	14.0	22264.12	12.8
西 宁	4020.89	6.2	1548.93	7.8	5347.69	-1.3
银 川	4013.77	8.4	1867.01	12.2	5150.67	7.4
乌鲁木齐	8862.68	5.2	3171.71	10.5	7795.39	11.6
*成 都	38593.0	5.3	14901.0	13.4	35131.0	11.8
贵 阳	11936.17		3164.12		14057.59	
昆 明	14909.26	9.5	5355.45	9.6	17854.43	9.5
呼和浩特	5876.37	1.8	2391.64	10.0	8513.82	6.6
南 宁	10718.32	6.2	3960.31	11.8	13964.35	15.9
福 州	1534.97	11.1	969.13	19.2	2141.3	14.3
*广 州	56701.75	7.7	17980.56	12.0	46155.78	15.5
海 口	4866.22	0.4	1839.69	7.6	5330.02	8.2
*哈尔滨	12250.5	6.5	6291.8	16.6	12053.0	10.4
*沈 阳	18691.3	6.5	8337.6	14.4	16619.2	12.6
*武 汉	27980.43				30569.52	
*南 京	34671.17	2.8	8105.88	17.2	32991.93	16.2
*长 春	12597.7	9.7	5889.1	17.8	13076.9	13.3
杭 州						
*济 南	18303.2	4.0			17624.2	13.6
南 昌	11980.04	13.0			13864.69	16.0
长 沙						
合 肥						
太 原	12663.72	5.3	5252.08	10.1	13707.47	9.5
郑 州	23356.13	7.3	7957.04	11.1	25364.33	19.0
石家庄	14956.8		7630.0		11341.9	
其他城市						
*大 连						
苏 州	31652.1	10.8	10466.66		30116.73	13.2
无 锡	17165.33	10.2	6226.51	12.9	13387.19	11.7
*厦 门	10986.14	6.4	3053.52	11.7	10892.54	12.7
*深 圳	79552.35	15.8	16010.77	19.0	55998.2	15.5
*青 岛	17283.0		6755.0		17332.0	
*宁 波	20290.86	9.5	7475.47	13.9	21774.23	12.6
威 海	4153.17	16.0			2867.5	14.5
烟 台	8520.16	3.1	5053.42	592.8	5482.34	5.2

15-7 城乡居民收入与支出

单位：元、%

	城镇居民人均可支配收入		城镇居民人均消费性支出		农村居民人均可支配收入	
	总量	增速	总量	增速	总量	增速
直辖市						
北京						
上海	73615	8.2	48272	4.9	33195	9.3
天津	46119	7.3	34811	6.6	24804	7.5
重庆	37939	8.7	25785	6.8	15133	9.8
省会城市						
兰州	38095	8.8	27035	3.5	13605	10.0
*西安	41850	8.1	28140	8.4	14588	9.8
西宁	34846	7.4	24027	7.6	12577	9.4
银川	38217	7.4	27717	8.7	15282	7.9
乌鲁木齐	42667	6.4	35837	5.4	21448	9.3
*成都	45878	8.9	29720	8.8	24357	10.0
贵阳	38240	8.9			17275	10.4
昆明	46289	7.7			16356	9.8
呼和浩特	49397	6.1	31118	3.8	18974	10.4
南宁	37675	6.8			15047	10.2
福州	47920	7.8	32662	9.4	21320	9.8
*广州	65052	8.5	45049	6.8	28868	10.9
海口	38977	7.9			16116	8.3
*哈尔滨	40007	5.8	29235	6.9	18238	7.7
*沈阳	46786	6.2	34137	5.9	18124	9.6
*武汉	51706	9.2	34005	9.0	24776	9.4
*南京	64372	8.5	35933	7.1	27636	9.4
*长春	37844	7.0			15455	8.6
杭州	66068	8.0	44076	5.9	36255	9.2
*济南	51913	7.3	33439	6.7	19454	9.1
南昌	44136	8.1	28532	9.4	19498	9.1
长沙	55211	8.7			32329	8.8
合肥	45404	9.5	27319	7.8	22462	10.2
太原	36362	8.0	21305	7.0	18377	9.0
郑州	42087	7.8	27290	3.9	23536	8.7
石家庄	38550	8.4	23349	8.0	15853	9.2
其他城市						
*大连	46468	6.7			19974	10.3
苏州	68629	8.1	39648	6.0	35152	8.4
无锡	61915	8.6	37433	6.9	33574	9.1
*厦门	59018	8.5	38442	10.1	24802	10.7
*深圳						
*青岛	54484	7.2	35266	7.2	22573	8.4
*宁波	64886	7.9	38274	4.3	36632	8.9
威海	49044	6.9	31767	6.0	22171	8.6
烟台	47977	6.9	31259	6.0	21218	9.2

15-8 价格指数与职工工资

单位：元、%

	居民消费价格总指数		城镇非私营单位在岗职工年平均工资
	累计	增速	
直辖市			
北 京	102.3	2.3	（城镇单位从业人员平均工资）173205
上 海	102.5	2.5	（全部单位从业人员平均工资）149377
天 津	102.7	2.7	108002
重 庆	102.7	2.7	89714
省会城市			
兰 州	102.2	2.2	88393
*西 安	102.7	2.7	96867
西 宁	102.5	2.5	91494
银 川	102.2	2.2	94559
乌鲁木齐	102.0	2.0	（城镇单位从业人员平均工资）71408
*成 都	102.8	2.8	97519
贵 阳	102.7	2.7	92650
昆 明	102.3	2.3	94063
呼和浩特	102.6	2.6	84105
南 宁	103.4	3.4	90986
福 州			86100
*广 州	103.0	3.0	123498
海 口	103.3	3.3	85121
*哈尔滨	102.6	2.6	82385
*沈 阳	102.4	2.4	87696
*武 汉	103.2	3.2	98043
*南 京	103.1	3.1	124896
*长 春	102.9	2.9	85690
杭 州	103.1	3.1	（全社会从业人员平均工资）82009
*济 南	103.3	3.3	100593
南 昌	102.8	2.8	88470
长 沙	102.9	2.9	98459
合 肥	102.9	2.9	（城镇非私营单位从业人员平均工资）90115
太 原	102.7	2.7	82860
郑 州	103.1	3.1	88030
石家庄	102.7	2.7	78937
其他城市			
*大 连	102.4	2.4	95542
苏 州	103.0	3.0	105572
无 锡	102.9	2.9	102649
*厦 门	103.0	3.0	97779
*深 圳	103.4	3.4	127757
*青 岛	103.3	3.3	（城镇非私营单位从业人员平均工资）98604
*宁 波	103.0	3.0	（全部单位从业人员平均工资）76282
威 海	102.5	2.5	71202
烟 台	103.0	3.0	82280

中国统计出版社有限公司最新图书简目

(仅供参考,以实际出版为准)

统计资料

中国统计年鉴　中国统计摘要　中国第三产业统计年鉴
中国第三次全国农业普查综合资料　国际统计年鉴　金砖国家联合统计手册
中国-东盟国家统计手册　中国农村统计年鉴　中国县域统计年鉴
中国农产品价格调查年鉴　中国城市统计年鉴　中国价格统计年鉴
中国贸易外经统计年鉴　中国零售和餐饮连锁企业统计年鉴　中国商品交易市场统计年鉴
大中型批发零售和住宿餐饮企业统计年鉴　中国住户调查年鉴　中国工业统计年鉴
中国环境统计年鉴　中国能源统计年鉴　中国建筑业统计年鉴
中国房地产统计年鉴　投资领域统计年鉴　中国对外直接投资统计公报
中国人口和就业统计年鉴　中国劳动统计年鉴　中国社会统计年鉴
中国科技统计年鉴　中国高技术产业统计年鉴　全国企业创新调查年鉴
中国文化及相关产业统计年鉴　2018年时间利用调查资料　中国妇女儿童状况统计资料
中国基本单位统计年鉴　中国教育统计年鉴　中国教育经费统计年鉴
中国民族统计年鉴　中国残疾人事业统计年鉴　长江经济带发展统计年鉴

省级综合统计年鉴系列

北京 天津 河北 山西 内蒙古 辽宁 吉林 黑龙江 上海 江苏 浙江 安徽 福建 江西 山东 河南 湖北 湖南 广东 广西 海南 重庆 四川 贵州 云南 西藏 陕西 甘肃 青海 宁夏 新疆 新疆生产建设兵团

市(县)级综合统计年鉴系列

滨海新区 石家庄 唐山 邯郸 保定 沧州 邢台 廊坊 承德 衡水 秦皇岛 张家口 太原 大同 阳泉 长治 晋城 朔州 晋中 运城 忻州 临汾 吕梁 呼和浩特 鄂尔多斯 包头 沈阳 大连 长春 延吉 四平 白山 通化 哈尔滨 齐齐哈尔 黑龙江垦区 上海浦东新区 南京 无锡 徐州 常州 苏州 南通 连云港 淮安 盐城 扬州 镇江 泰州 宿迁 江阴 丹阳 海门 张家港 杭州 宁波 温州 嘉兴 湖州 绍兴 金华 衢州 舟山 台州 丽水 合肥 安庆 福州 厦门 宁德 漳州 龙岩 莆田 泉州 三明 南平 南昌 九江 上饶 新余 抚州 赣州 景德镇 济南 青岛 枣庄 潍坊 聊城 郑州 洛阳 平顶山 三门峡 南阳 商丘 信阳 济源 汝州 武汉 十堰 荆州 宜昌 荆门 咸宁 黄冈 长沙 鹰潭 广州 深圳 惠州 东莞 汕尾 湛江 肇庆 南宁 柳州 桂林 贵港 梧州 来宾 河池 防城港 海口 三亚 儋州 成都 内江 贵阳 黔南 毕节 昆明 文山 德宏 西安 延安 安康 铜川 汉中 商洛 银川 兰州 庆阳 乌鲁木齐 昌吉 阿勒泰 兵团一师、二师、三师、四师、六师、七师、八师、十师、十三师、十四师

调查年鉴系列

天津 内蒙古 上海 河南 湖北 湖南 广东 广西 重庆 四川 云南 甘肃 宁夏 南宁 贵港 昆明

统计方法应用/实用手册

Python数据分析基础（第二版）　非参数统计（第五版）　现代金融投资统计分析（第四版）
国民经济核算初级教程（第二版）　国民经济核算教程（第五版）　概率统计基础
全国统计专业技术资格考试系列考试用书：统计业务知识（第四版修订版）　统计业务知识学习指导与习题
全国统计专业技术资格考试系列考试用书：统计相关知识（第四版）　统计相关知识学习指导与习题

统计通俗读物/统计科普图书

领导干部统计知识问答　统计公文写作及会议办理实用手册　大数据在统计工作中的应用案例汇编
中国国民经济核算知识问答（修订版）　地区生产总值核算国际比较研究　新中国统计制度方法的发展与改革

重点图书

中国农业统计资料1949-2019　第四次全国经济普查地图集　中国经济普查年鉴2018
新编英汉汉英统计大词典　中国国民经济核算体系2016　国民经济行业分类注释
挑大学选专业2020—考研择校指南　挑大学选专业2020—高考志愿填报指南　中华医学统计百科全书